Peter Pfrunder · Pfaffen, Ketzer, Totenfresser

Meinen Eltern

Peter Pfrunder

PFAFFEN
KETZER
TOTENFRESSER

Fastnachtskultur
der Reformationszeit—
Die Berner Spiele
von Niklaus Manuel

Die vorliegende Arbeit wurde von der
Philosophischen Fakultät I der Universität Zürich
im Sommersemester 1988 auf Antrag von
Prof. Dr. Alois M. Haas
als Dissertation angenommen.

CIP-Titelaufnahme der Deutschen Bibliothek

Pfrunder, Peter:
Pfaffen, Ketzer, Totenfresser: Fastnachtskultur der
Reformationszeit – Die Berner Spiele von Niklaus Manuel
Peter Pfrunder – Zürich: Chronos, 1989
Zugl.: Zürich, Universität, Dissertation, 1988
ISBN 3-905278-37-5

Umschlag: Fritz Ritzmann

Satz und Druck: Zürichsee Druckerei Stäfa, 8712 Stäfa

© 1989 Chronos Verlag, Zürich

Also zwuschend der wiennäch und der alten vasnacht,
da ward die welt rouw und ungotz förchtig.

Gerold Edlibach (1524)

Inhaltsverzeichnis

«Sy sind wol in der fassnacht geboren»   9

I. Chronik der Ereignisse   13

Berner Alltag   13
Fastnacht 1523   19
Die Stadt Bern am Anfang des 16. Jahrhunderts   25
Niklaus Manuel: Vom Künstler zum Politiker   35

II. Zur Lektüre von Fastnachtspielen   39

Manuel-Forschung   40
Aufführungen als soziale Ereignisse   46

III. Konzepte der historischen Fastnachtsforschung   49

IV. Eidgenössische Fastnachtskultur im 15. und 16. Jahrhundert   67

Eine ungebärdige Fastnachtsgesellschaft   68
Freundschaften und Feindschaften: Das Fest des sozialen Körpers   72
Völlerei und Maskerade: Das Fest des individuellen Körpers   95
Spektakel und Belustigung: Das Fest der Spiele   116
Die vielen Gesichter der Fastnacht   122

V. Das reformatorische Fastnachtspiel: Tradition, Politik, Propaganda — 133

Fastnachtspielforschung — 133
Zwischen Mündlichkeit und Schriftlichkeit:
Reformatorische Kommunikationsprozesse — 143
Die Berner Aufführungen — 158
Der Bohnenlied-Umzug an der Berner Fastnacht 1523 — 176

VI. Text und Kontext in Manuels Fastnachtspielen — 189

Analyse der Spiele — 189
Die Fastnacht als Rahmenhandlung — 203
Spiegelungen der Fastnachtskultur im Inhalt der Spiele — 217

VII. Die reformatorische Botschaft — 231

Einstellungen zur alten Kirche — 231
Die evangelische Alternative — 236

VIII. Die Bedeutung von Fastnachtspielen für die Reformation — 241

Belege zur Rezeption der Berner Spiele — 241
Erfolgreiche Vermittlung reformatorischer Ideen — 243

IX. Das Fastnachtspiel als Konfliktritual – ein Versuch — 249

Anmerkungen — 261

Bildnachweise — 311

Bibliographie — 313

«Sy sind wol in der fassnacht geboren»

Was hat die Fastnacht, was haben Fastnachtspiele mit der Reformation zu tun? Auf den ersten Blick mag die Frage befremden, gilt doch gerade die Reformation als fastnachtsfeindlich und mitverantwortlich für die Unterdrückung der blühenden Festkultur des Spätmittelalters. Allerdings bezieht sich diese Einschätzung meist auf Tendenzen, die sich nach der Durchsetzung der reformatorischen Bewegungen in den betreffenden Gebieten erst richtig auszuwirken begannen. *Vor* dem eigentlichen Durchbruch, in jenen Jahren und Jahrzehnten, in denen ein ganzes Weltbild und damit auch eine Gesellschaftsordnung ins Wanken gerieten, war die Fastnacht eines der wichtigsten Feste im städtischen Jahreslauf und bildete nach wie vor den Höhepunkt einer weit über den Kalendertermin hinausreichenden Fastnachtskultur. Diese Fastnachtskultur prägte und spiegelte einige zentrale Bereiche des sozialen Lebens in der Stadt und hatte deshalb auch Einfluss auf den Prozess der Reformation. Aus dieser Optik ist es vielleicht doch nicht so abwegig, nach der Bedeutung der Fastnacht für die Verbreitung reformatorischer Ideen und für den damit verbundenen sozialen und kulturellen Wandel zu fragen.

«Sy sind wol in der fassnacht geboren»[1]: Mit diesen Worten verspottete ein unbekannter katholischer Eidgenoss in einem Lied von 1531 die reformierten «Ketzer» aus Zürich und Bern. Ob es Zufall ist, dass er damit einen Zusammenhang herstellte, der rückblickend, vor dem Hintergrund der zeitgenössischen Fastnachtskultur, doch nicht so zufällig erscheint?

Wohl mag er nur gemeint haben, die Reformierten seien lächerliche Fastnachtsnarren und die Reformation gleiche einem fastnächtlichen, nicht ernstzunehmenden Spuk. Dennoch treffen seine Worte: Die Anhänger der Reformation erkannten nämlich in der Ausnahmesituation der Fastnacht sehr wohl eine Chance, ihre Ideen zu popularisieren und ihre Bewegung auf jene breite Basis abzustützen, auf die sie zum Erreichen ihrer Ziele angewiesen waren. Im spielerischen Freiraum und Grenzbereich Fastnacht wurden die religiösen, politischen und ideologischen Konzepte der Reformation zwar nicht entwickelt; aber deren Umsetzung in die soziale Realität konnte nicht zuletzt in der Fastnacht erprobt und propagiert werden. Der Übergang vom fastnächtlichen Spiel zum alltäglichen Ernst war fliessend. In diesem Sinn sind die Reformierten tatsächlich teilweise in der Fastnacht geboren.

Meine Untersuchung setzt also an jenem Punkt des reformatorischen Kommunikationsprozesses ein, wo es um die Vermittlung eines bestimmten Weltbildes und einer Ideologie an eine breitere Bevölkerung geht. Zwar hat sich die Reformationsforschung in jüngerer Zeit mit dieser Frage beschäftigt, dabei aber zur Hauptsache das Medium der Flugschrift untersucht. Gleichzeitig hat sie da und dort darauf hingewiesen, dass wir es im 16. Jahrhundert mit einer vorwiegend oralen Kultur zu tun haben, auf welche die Schriftkultur nur begrenzten Einfluss nehmen konnte. Was liegt daher näher, als einmal das Medium ‹Fastnachtspiel› näher zu betrachten, das geradezu ideale Voraussetzungen mit sich bringt, um zwischen schriftlicher und mündlicher Kultur zu vermitteln? Im Fastnachtspiel der Reformationszeit verschmelzen neue religiöse und gesellschaftspolitische Strömungen mit den Ausdrucksformen einer traditionellen Festkultur; dabei lassen sich in einem mikrosozialen Modell die Bedingungen erforschen, die nötig waren, damit ein so weitreichender gesellschaftlicher Umwandlungsprozess wie die Reformation sich überhaupt vollziehen konnte. «Il s'agit au fond de s'interroger sur les rapports de la tradition instituée, ritualisée, avec l'événement, la chronique politique.»[2] Die Optik, die der französische Historiker Yves-Marie Bercé für seine Untersuchung der populären Festkultur in der frühen Neuzeit einnimmt, ist auch für meine eigene Studie wegweisend. In der Tat hat man lange Zeit die Bedeutung kultureller und symbolischer Ausdrucksformen für den Prozess der Reformation unterschätzt.[3]
Dabei scheinen mir die Aufführungen von Niklaus Manuels Fastnachtspielen in Bern 1523 für eine solche Untersuchung geeignet, weil sie analysierbare Texte bieten, deren Aufführungskontext relativ gut erschlossen werden kann. Diese zur Fastnachtszeit aufgeführten Spiele bilden daher exemplarische Fälle, an denen sich die Wechselwirkungen zwischen Fastnacht und Reformation in der alten Eidgenossenschaft erhellen lassen.
So stehen zwar literarische Texte im Zentrum dieser Arbeit, aber es versteht sich, dass die gewählte Fragestellung nur interdisziplinär, durch die Vernetzung von literaturwissenschaftlichen, sozialhistorischen, volkskundlichen, kommunikationswissenschaftlichen, ethnologischen oder sozialpsychologischen Forschungen behandelt werden kann. Wenn ich dabei trotzdem der Literaturwissenschaft verpflichtet bleibe, so deshalb, weil ich zunächst anhand von Literatur gelernt habe, Texte zu entziffern und zu interpretieren. Der Umgang mit literarischen Zeichensystemen

sensibilisierte aber auch für die Lektüre von anderen ‹Texten›, seien es alltägliche oder symbolische Handlungen, seien es historische Prozesse, seien es räumliche Strukturen oder seien es soziale Ereignisse wie die Aufführung eines Schau-Spiels während der Fastnacht im Zentrum einer Stadt. So gesehen beinhaltet der hier praktizierte interdisziplinäre Ansatz einfach eine Ausweitung des Begriffs der Lektüre und eine Aufhebung der strikten Trennung von literarischen und anderen Texten.

Der Ethnologe Clifford Geertz spricht von Kultur als einer «Montage von Texten», deren Untersuchung «dem Durchdringen eines literarischen Textes» gleiche.[4] Dass eine solche ‹durchdringende› Lektüre von kulturellen Äusserungen mitunter recht kompliziert werden kann, weil sich verschiedene Zeichensysteme überlagern, ist wohl in meiner Untersuchung da und dort zu spüren. So musste ich beispielsweise die Tradition und das Umfeld anderer literarischer Texte, die für die Interpretation ebenfalls von Bedeutung wären, in den Hintergrund schieben, um wichtigere Bezüge sichtbar zu machen. In diesem Sinn beinhaltet die Arbeit, neben dem übergreifenden Ziel, die bislang kaum untersuchte eidgenössische Fastnachtskultur der Reformationszeit zu erforschen, auch einen Versuch: nämlich den Versuch, ein spezifisches Ereignis – eben die Aufführung von Niklaus Manuels Fastnachtspielen in Bern 1523 – aus der Perspektive einer «histoire totale» zu lesen und daraus wieder Rückschlüsse zu ziehen auf die Kultur, die Gesellschaft und den historischen Prozess, die jene symbolischen Handlungen hervorbrachten.

*

Dass dieses Projekt zur Ausführung gelangte, ist auch dem anteilnehmenden Interesse und der Ermutigung meines Lehrers Alois M. Haas zu verdanken. Er hat mir die respektvolle Neugierde vermittelt, die es ermöglicht, durch Literatur in einen fruchtbaren Dialog mit einer fernen Zeit und einer fremd-vertrauten Kultur zu treten und diese in unmittelbarer Nähe und Gegenwart wieder aufleben zu lassen. Grossen Dank verdient auch Rudolf Schenda, als dessen Schüler und Assistent ich lernte, Literatur in grössere sozialhistorische Zusammenhänge zu stellen und unabhängig von einzelnen akademischen Disziplinen in ihrer gesellschaftlichen Funktion zu begreifen. Er lehrte mich, Texte aller Art mit kritisch-volkskundlichem Blick zu entziffern und Kultur in einem grundsätzlichen Sinn auf ihre Normen, Werthaltungen, Machtverhältnisse und die Bedeutung ihrer alltäglichen Praktiken hin zu befragen.

Ferner möchte ich all jenen danken, die mich moralisch und fachlich unterstützt haben, allen voran Marianne Preibisch; gerne erinnere ich mich der Diskussionen und Gespräche mit Kathrin Biegger, Christine Göttler, Robert Scribner, Ueli Gyr, Peter Bretscher, Werner Thut und der Hilfsbereitschaft meiner EDV-Beraterin Anna Beck; sie alle haben auf ihre Weise zum Entstehen dieser Arbeit beigetragen.
Spezielle Erwähnung verdient schliesslich die Zürichsee Druckerei Stäfa, die mir bei der Publikation der Dissertation mit Rat und Tat zur Seite gestanden ist. Ebensohoch schätze ich die freundschaftliche Zusammenarbeit mit dem Chronos Verlag ein.

Zürich, 24. Dezember 1987   Peter Pfrunder

I. Chronik der Ereignisse

Berner Alltag

Eine grosse Kälte kommt zu Beginn des Jahres 1523 übers Land. Ende Januar liegt das Eis nicht nur auf den kleinen Seen. Hans Stockar, der Schaffhauser Kaufherr und Chronist, notiert zum 23. Jänner: «Uff den dag verfror der Underseyg, und was vast kalt, und mochtend die schiff von Kostantz nit herab faren, und erfrurend uns die reben ettlich, und was ain strengin grüni keltin, kalt lufft.»[1]
Es ist die Zeit, in der die meisten Feldarbeiten ruhen und gesellige Aktivitäten in den Vordergrund treten – offenbar nicht immer zur Freude der Obrigkeit, die in den Städten und Ortschaften, in welchen gewisse Vergnügungsmöglichkeiten bestehen, um die öffentliche Ordnung besorgt ist.
Zum Beispiel Bern: Einmal mehr muss der Rat sein Gebot betreffend «Schwerens und zutrinkens» am 19. Februar 1523 wiederholen, diesmal an die Untertanen in der Landschaft gerichtet:

> Wiewol wir ein gemeine landesordnung der schwüren und gotzlesterungen halb angesächen und söllichs üch und andern zugeschriben [...], nit destominder vernämen wir, dass derselben ordnung by üch nit geläpt, und die, so dawider thund, nit gestraft werden, das uns nit gefallt.[2]

Valerius Anshelm fügt in seiner Berner Chronik den obrigkeitlichen Massnahmen von 1523 gegen «gotslästren, zutrinken und dolchentragen» noch einen Satz bei: «Item geboten, die lands-, kriegs- und Jacobsbetler, husierer, heiden, frömden veldsiechen, und derglichen lüt hinweg zewisen und nit zehusen».[3]

Das Mass an sozialen Spannungen vor dem Hintergrund der Reformation scheint eine gewisse Grenze erreicht zu haben, an der nicht nur Geselligkeit und unkontrollierte Kommunikation, sondern auch störende Randgruppen als ernsthafte Bedrohung der herrschenden Ordnung betrachtet werden.

Soziale Spannungen: Das können zum Beispiel die Folgen von Ängsten und Gefahren sein, welche die unteren Schichten besonders betreffen. Dass etwa die Pest in Bern 1519 von diesen Schichten realer erlebt wurde als von den Herren in der Stadt, hat schon Anshelm beobachtet: «Diss jars ist ein grosse, lantstrichende pestilenz gewesen, die sunderlich uber knecht und mägt ist gangen [...]»[4] – aber die Gefahr lauert auch jetzt noch: Was man 1523 aus der Stadt Mailand hört, mit der die Eidgenossen intensive Handelsbeziehungen pflegen, könnte jederzeit als Strafe des Himmels auch wieder über Bern hereinbrechen. «Pestis sive pestilencia ingruit in civitate Mediolanensi et crassata est illic depopulationes plurimas faciens, aliis abeuntibus, aliis fugientibus, aliis castra sequentibus, grandem urbem semivacuam dimiserunt»[5], weiss Anton Tegerfeld von Mellingen in diesem Jahr zu berichten.

Soziale Spannungen manifestieren sich ganz bestimmt auch in den umwälzenden Ereignissen, die seit einigen Jahren im Prozess der Glaubenserneuerung die Berner Bevölkerung beschäftigen und in verfeindete Gruppen spalten. Der ins reformierte Lager übergelaufene Chronist Werner Steiner wird am 27. Dezember 1523 in Zug Opfer eines Anschlags, der sich ebensogut in Bern hätte abspielen können:

> [...] am St. Johanns Tag des Evangelisten, was Samstag zu Nacht, fuhrind die mutwilligen gsellen mit einem grossen Ubermuth und grusamen gschrey uf der gassen umher, schlugend den lüten, die sy verdacht hattend umb den glauben, an die thüren, zerbrachind mir ein felladen, und schruwind: lutherischer Käzer. Und zu 8 tagen umben ghied's mir ein todte Katz für min huss, und beschissind mir die hinterthüren mit luter koth.[6]

Die Angst vor gewalttätigen Ausbrüchen und Missachtung der herrschenden Normen geht allenthalben durch die Reihen der Obrigkeit. Im Berner Stadtschreiberrodel findet sich ein undatierter Eintrag aus der ersten Hälfte des Jahres 1523: «Denne in statt und land von des pundtschuchs

und ufloufs wegen, 35 missiven, von einer plaphart, tut: 35 plaphart.»[7]
Am 13. April erkundigt sich der Rat beim Vogt von Arburg, «ob (d)er pur die helgen verbrönt hab, und wo dem also ist, aldann inn inzulegen und uff burgschaft usszulassen und danathin mit rat der nachpuren ein steinin cappell zu machen und den puren heissen zu bezalen»[8].

Was auf den ersten Blick nur als Kampf um den richtigen Glauben erscheint, erweist sich bei näherer Betrachtung als ein ganzes Bündel von Spannungen, die durch das Machtgefälle zwischen Ober- und Unterschichten, zwischen Stadt und Land oder zwischen Klerus und Laien verursacht werden.

Hinter den sozialen Konflikten stehen aber auch wirtschaftliche Faktoren. Nicht nur die langfristige Teuerung von Lebensmitteln seit Ende des 15. Jahrhunderts hat die Lage der kleinen Leute und besonders der Menge von Tagelöhnern allgemein verschlechtert – ihr Verdienst passt sich kaum den steigenden Lebenskosten an.[9] Nachdem der Herzog von Mailand die Handelsbeschränkungen im Jahr 1522 rückgängig gemacht hat, erfasst gerade jetzt eine neue Teuerungswelle auch Bern: «Und uf das ward ein so gross hininfüeren vechs und korns [nach Mailand], dass ein wärender ufschlag und türe daruss ist entsprungen in hochtütschen landen und in einer Eidgnoschaft, [...].»[10] Die Obrigkeit muss Vorschriften zur Preisüberwachung erlassen: «Die wirt sollen ein mal geben mit fleisch und fisch umb 2 gross und ein nachtfutter umb ein gross [= 20 Pfennig].»[11] Zum Vergleich: Ein Tagelöhner verdient zu dieser Zeit bei Erdarbeiten, Zimmermannshandwerk, im Maurer- oder Dachdeckergewerbe zwischen 60 und 80 Pfennig pro Tag (exklusiv Mahlzeiten)[12] – sofern er überhaupt Arbeit findet. Wirte oder Weinhändler haben natürlich alte Tricks, mit denen sie trotz Preisvorschriften ihr Einkommen zu verbessern versuchen; am 18. März 1523 wird in Bern Niklaus Fruting mit einer Busse von 50 Pfund hart bestraft, «darumb, das er den win mitt wasser gemischlet hab»[13].

Wie immer zu dieser Jahreszeit dürfte die Teuerung auch jetzt, zu Beginn des Jahres 1523, wieder einen Höchststand erreicht haben; ein zusätzlicher, zeitlich beschränkter Faktor vergrössert somit das gesellschaftliche Konfliktpotential jeweils in den ersten Monaten des Jahres: «Nach der Ernte waren die Preise tief, um dann während des Winters bis in den Frühling hinein anzusteigen [...]. Die Preisschwankungen innerhalb eines Erntejahres waren häufig beträchtlich»[14], folgert H. Wermelinger aus seiner Untersuchung der Lebensmittelteuerungen im frühneuzeitlichen Bern.

Es überrascht nicht, dass der Solddienst im Krieg zwischen Frankreich und Habsburg viele Eidgenossen anzieht, die so rasch zu Geld kommen wollen. Gross ist 1522 der Andrang der Berner, die sich dem Feldzug des französischen Königs nach Mailand anschliessen möchten, zumal die Söldner gerade im arbeitsarmen und teuren Monat Januar angeworben werden:

> Nach verordnetem uszug ist durch des küngs anwält an bestimpten orten in der Eidgnoschaft die erste mustrung und bezalung beschehen, und namlich so beschach die zu Bern uf on ein letsten tag Jenner, an der obren ankenwag von der Barfussen kilchoftor haruss; und da wurden vil uszogner ussgemustret und ander unuszogen angenomen. Es was Claudo Hagelstein, ein mezger, an einem bein so lam, dass er uf einem starken münch [= Wallach] mit siner büchs und gwer wolgerüst an die mustrung reit [...].[15]

Hagelstein wird angenommen. Viele werden abgewiesen, obschon das Berner Kontingent für diesen Feldzug beträchtlich ist: Bern stellt immerhin 2100 von 16 000 Eidgenossen, muss aber die Menge der Ausgemusterten finanziell entschädigen, um einen Aufruhr zu verhindern.

Feldzüge sind attraktiv; der Monatssold beträgt zu dieser Zeit für den gewöhnlichen Knecht viereinhalb Gulden (das sind neun Pfund bernischer Währung)[16] – kein schlechter Verdienst, verglichen mit den Tages- oder Jahreslöhnen der Zeit. So kommt der einfache Mann auf Feldzügen in kurzer Zeit zu viel barem Geld, ganz abgesehen davon, dass die Hoffnung auf zusätzliche Beute wohl manch einen vom grossen Glück und vom sozialen Aufstieg träumen lässt. Die Mailänder Kriege bringen tatsächlich – neben Toten, Krüppeln, Bettlern, Witwen und Waisen[17] – direkt oder indirekt auch viel Geld und neue Umgangsformen nach Bern. Schon 1521 sieht sich Valerius Anshelm zu seiner berühmten Klage veranlasst:

> Wie dan vornacher bisshar alle ubermass, üppikeit und ändrung der siten in ein schlechte, tapfere Eidgnoschaft uss frömden kriegen gebracht ist worden, also ist ouch zu diser zit beschehen, dass das kriegsvolk uf Spangischen siten mit hosen und wammess so zerhowen ist kommen, dass ein stat Bern, die nie liechtlich nüw siten hat angenommen, semlichs zerhowen bi straf 5 pfund in ir stat und land lies verbieten; item blaterhosen, hosenbändel, [...]; item Spangisch, in einer Eidgnoschaft hievor nie gebrucht kappen; item blattenbaretli,

Niklaus Manuel: Allegorie auf den Krieger, der zum Bettler wird (um 1514/1515)

schläpli, ouch von sammat, und schuch, an zehen hangend, und doch zwifach türer, dan vornacher puntschuch. [...]
Wie nun die üppige hochfart zunimpt und stet nüws erdenkt, also nimpt ouch der unkosten zu und erdenkt kostbarkeit; und wie der unkosten zunimpt und kostbarkeit erdenkt, also muss ouch zunemen aller betrug und list, gelt zehaben, dahar die stät vol müessiger und schädlicher krämerîen und gremplerîen.[18]

Auch 1523 sieht man wohl diese neue Mode auf Berns Gassen und Plätzen. Möglicherweise hat sich die Anzahl der Kriegsgeschädigten und die Menge des in bestimmten Kreisen zirkulierenden Geldes inzwischen noch erhöht. Und was die norditalienischen Kriegsschauplätze vielleicht als Kompensation zum Elend und Horror des eigentlichen Kampfes sonst noch prägt: Spiele, Huren und Wein, dürfte im zunehmend spannungsgeladenen Berner Alltag einen mächtigen Aufschwung erleben. Es häufen sich die Vorschriften und Gebote zur Sicherung der öffentlichen Ordnung und zur Verminderung des Konfliktpotentials in allen Bereichen des Alltags.

8. Oktober 1522:

Mh. haben geraten, das deheiner in der Statt, es syen müller oder ander ingesässen, nitt mer dann 4 Swin haben und welicher mer dann viere hat, die sollen im die weibel nämen und in Spital thun; dessglichen, so sol einer sine swin für den Hirt triben, und so si harheim komen, inthun und nitt uff den gassen lassen louffen [...].[19]

28. April 1524:

Wir sächen und vernämen, wie dann die frömbden, starcken bättler und landstricher, tütsch und wälsch, allenthalb mit mercklichen scharen in unser landtschaft ziechen, und üch und ander die unsern merklichen beschweren und beladen [...]. Und damit wir ouch sölicher schädlicher lüt mögen abkomen, ouch ir dero gerüwigt beliben, so wöllend die, so sich ungehorsam erzöugen und über gethane warnung unser landtschaft nit würden rumen, väncklich annämen [...].[20]

18. März 1525:

Haben m.h. gerratten, das fürhin die münch inn iren klöstern beliben und nit also vagieren und den huren nachlouffen söllen.[21]

16. April 1526:

> An predicanten ze verbietten, das niemand uff den kilchhöffen [...] weder den stein stoss, ross ryten, keigel noch ander unpurigs handeln [...].[22]

Schlaglichtartig, fragmentarisch und manchmal rätselhaft beleuchten diese zusammenhangslos überlieferten Aufzeichnungen den städtischen Alltag im Bern der frühen zwanziger Jahre. Die Dokumente sollen hier nicht gedeutet werden, sondern nur eine Ahnung vermitteln von der Stimmungslage und den konkreten Lebensumständen zu Beginn des Jahres 1523. Dass gesellschaftliche Konflikte in der Luft liegen, wird überall dort besonders deutlich, wo das öffentliche Leben, das heisst Kommunikation und Interaktion in oder zwischen verschiedenen gesellschaftlichen Gruppen, ins Blickfeld rückt. Kollektive Äusserungen ‹von unten›, zumal wenn sie am Rand der gesellschaftlich normierten und kontrollierbaren Sphäre auftreten, wirken doppelt bedrohlich. Zu den wunden Punkten der herrschenden Ordnung gehört demnach die gesteigerte Fest- und Vergnügungslust, die sich in einer gewissen Abhängigkeit zur sozialen Spannungslage zu entwickeln scheint. Kein Wunder, dass zum Beispiel am 23. Juli von der Obrigkeit befohlen wird, «das tantzen, ouch das nachtgeschrei zu verbieten»[23]. Noch weniger erstaunt es, dass der Prediger Berchtold Haller am 20. Februar 1523 angewiesen wird, «an der cantzel die abstellung der vassnacht [zu] verkünden, also das niemand den andren uberlouffen solle, er werde dann geladen»[24] – schliesslich gehört die Fastnacht zu den allerwichtigsten Festen im Jahreslauf.

Fastnacht 1523

In diese kalte, teure und an geselligen Aktivitäten reiche Zeit fallen einige bemerkenswerte Ereignisse. Am Sonntag, den 15. Februar, also an der Herrenfastnacht, wird in der Kreuzgasse, im Zentrum von Bern, ein aufwendiges Schauspiel aufgeführt.[25]

> Des ersten trug man ein toten in einem boum, in gestalt in ze vergraben. Und sass der bapst da in grossem gepracht mit allem hofgesind, pfaffen und kriegslüten, hoch und niders stands. Und stund aber Petrus und Paulus wit hinden, sahend zu mit vil verwundrens. Ouch warend

da edel, leien, bettler und ander. Und es gingend aber zwen leidmann nach der bar, die klagtend den toten. Und do die bar für die pfeffisch rott ward nider gestellt, do fiengend die leidlüt an ir klag [...].²⁶

Der Gewohnheit und der päpstlichen Lehre gemäss wollen die «leidlüt» durch Geldabgaben an den Klerus das Seelenheil des Verstorbenen erkaufen. Da es sich beim Toten um einen «richen meier» handelt, wittern die Geistlichen sofort das Geschäft; der kirchliche Ausbeutungsapparat setzt sich in Bewegung. Der Messner fordert das «bottenbrot» vom «kilchhern» für die Überbringung der freudigen Todesnachricht; dieser wiederum wünscht sich noch viel mehr Tote, damit sein Geschäft läuft, während sich die «pfaffenmätz» über einen neuen Rock und der «tischdiener» schon auf die nächste Beute freuen: «Und ee ir den werdent verzeren, / Wirt üch Got ein besseren bscheren.» (Totenfresser, V. 45/46)
Es folgt die ganze kirchliche Hierarchie, vom Papst über den Kardinal, den Bischof und den Propst bis zum Dekan, die alle auf ihre Weise vom Toten profitieren. Diese «Totenfresser» sprechen einer nach dem andern unverhohlen aus, worauf ihre Macht und ihr Reichtum beruhen: auf Totenmessen, Jahrzeiten, Einschüchterungskraft des päpstlichen Banns, Opfergaben, Ablass, Zinsen und nicht zuletzt auf Kriegen.
Ihrer Macht nicht mehr ganz sicher sind die kirchlichen Vertreter, die einander anschliessend in kurzen Monologen ablösen: «pfarrer», «pfaffenmätz», «caplan», «appt», «prior», «schaffner», «jung münch», «nonn», «alt begin» und «Nollbruder» beklagen sich über die subversive neue Lehre, die am Fundament ihres Wohlstands nagt. Ein Gespenst geht um im konservativen Klerus: das Evangelium. «Die leyen sind ietz so styf und scharf / Und wend all das evangelium lesen» (Totenfresser, V. 278/279), sagt der Kaplan; die Wirksamkeit der päpstlichen Machtmittel habe nachgelassen, weiss der Prior aus eigener Erfahrung: «Sprich ich, es muss ein römscher ablass sin, / So spricht der pur frefenlich, er schiss drin!» (Totenfresser, V. 353/354)
Aber auch innerhalb der Kirche herrschen Korruption und Unterdrückung, die sich in gegenseitigen Anklagen, Vorwürfen und tiefen Zweifeln äussern; neben der «pfaffenmätz» (Totenfresser, V. 251–274) wagt es auch der junge Mönch, darüber zu sprechen:

Der tüffel hat mich in d'kutten gsteckt
Die mir doch so angstlich übel schmeckt,
Und kan doch nit mit fug entrunnen,
Wie wol ich tag und nacht druff sinnen,
Wie ich der regel ledig wurde,
[...]. (Totenfresser, V. 397–401)

Auf der untersten Stufe der kirchlichen Hierarchie klagt sogar ein Jakobspilger, der «landvarisch bettler», dass ihm die Vortäuschung von Armut nichts mehr einbringe. (Totenfresser, V. 507–528) Schliesslich kommen zwei ‹Sozialfälle› zu Wort, ein «armm kranck husman» und ein verarmter «edelman», die den Klerus für ihr Elend verantwortlich machen. (Totenfresser, V. 529–628) Das Spiel nimmt weiter seinen Lauf in diese Richtung, indem sich jetzt der Reihe nach einige Vertreter der päpstlichen Streitmacht zum Papst und dessen Kriegslust bekennen: ein «Guardyhoptman», einige «Guardyknechte» und «ein fins hurly», das zusammen mit einem ganzen Heer von Profiteuren aus Krieg und Kirche Gewinn schlägt:

Ich sing ‹Ich weiss mir ein fine frow vischerin›
Das kan mir ein kriegscher psalm sin –,
Den Bennzenower für den ymmss!
Gitt man dir noch me pfrund, so nimss!
Wir wend s'wol verschlemmen und temmen,
Huren und buben ee z'hilf nemmen! (Totenfresser, V. 679–684)

Einen neuen Handlungsimpuls erhält das Spiel durch einen Ritter, der, von Rhodos her kommend, in die Menge der umstehenden Spieler stürmt und den Papst zur Verteidigung der von den Türken belagerten Insel auffordert. Aber der Papst erweist sich im Dialog mit dem Ritter nicht interessiert am Einsatz für das Christentum, da er sich davon zu wenig Gewinn verspricht: «[...] es git nit speck in d'rüben!» (Totenfresser, V. 849) Enttäuscht wendet sich der Ritter ab, beschwört Gottes Rache herauf und schimpft den Papst einen wahren «antichrist» (Totenfresser, V. 902). Ein Türke verspottet die romgläubigen Christen, und ein Prediger tritt auf, der nicht nur Kritik am Papst übt, sondern auch eine Gruppe von Bauern gegen ihn aufhetzt: «Dise schindery kompt vom bapst us Rom. / Ir frommen landlüt, wüssend ir nit darvon?». (Totenfresser, V. 981/982)

Die sieben Bauern, die einander erzählen, wie sie vom Papst und seiner Priesterschaft überlistet und betrogen worden sind, haben sich durch das Evangelium bereits vom ‹falschen› Glauben befreit und Mut geschöpft, ihre kritischen Ansichten zu äussern. Es geht dabei hauptsächlich um den Ablasshandel. Einer berichtet von seinem Gesinnungswandel: vor kurzem noch habe er für sein letztes Geld in Bern einen Ablassbrief erstanden.

Ich macht mich heim ungessen und -trunken,
[...].
Do mir min husfrow entgegen lief,
Knüweten wir beide für den brief,
Betetend beide mit nassen trähen.
Ich wond, ich hette Gott selber gesehen –,
Bis dass ich vernam, es sölte nüt:
Des ward ich bericht durch witzig lüt.
Do ward ich ganz von zorn entrüst
Und han den ars an brief gewüst. (Totenfresser, V. 1023–1034)

Ein anderer macht sich lustig über einen Mönch, der

[...] offenlich redt
Dass er all Berner erlösen wett
Die gestorben vor vil tusend jaren:
Die söltind grad all von stund an zu himel faren.
Ich was fro dass er mich nit ouch faren hiess
Und dass er mich noch den tag hienniden liess,
Dann ich hatt mine schu noch nit gewüst
Und was sunst ouch vast übel gerüst. (Totenfresser, V. 1089–1096)

Die Bauern sind sich einig: «Man solt die ablasskrämer all ertrenken!» (Totenfresser, V. 1251)
Petrus und Paulus, die bis jetzt als Zuschauer das Geschehen verfolgt haben, treten nun aus dem Hintergrund hervor. Petrus lässt sich von einem untertänigen Höfling über den Papst, also seinen Stellvertreter, unterrichten – der Vergleich zwischen den beiden wirkt grotesk und entbehrt nicht der Komik. Im Gespräch kommen Petrus und Paulus zum Schluss, dass der Papst, an den Kriterien des Evangeliums gemessen, eher «widercrist» heissen müsste. (Totenfresser, V. 1546)
Tatsächlich zeigt sich der Heilige Vater gleich anschliessend als durchtriebener Feldherr und Feind der Christenheit, indem er zu einem Kriegszug

aufrüsten lässt. Die Zeit – Fastnachtszeit – ist günstig: Vor dem Frühlingsanfang sind die Söldner leicht anzuwerben; nur das Geld fehlt noch:

> Der winter ietz zum poden strucht,
> Der sommer tringt daher mit dem glentz,
> Und sol man schnell und angentz
> Ein aplass füren in Tütsche land
> Damit man bringt vil gelt zur hand
> Damit der zug besoldet werd
> On römsch bladung und beschwerd. (Totenfresser, V. 1558–1564)

Hauptleute verschiedener Söldnertruppen bieten sich und ihre guten Kriegsdienste an und empfangen dafür den päpstlichen Segen. (Totenfresser, V. 1581–1664)

Das Spiel endet mit einem Epilog: Nachdem die Darsteller die Spielfläche geräumt haben, spricht der bereits bekannte Prediger ein Gebet, das sich als Absage an die bestehende Kirche und als klares Bekenntnis zum Evangelium erweist. (Totenfresser, V. 1665–1770)

Die Fastnacht geht weiter – das fastnächtliche Treiben entwickelt sich nach seinen eigenen Gesetzmässigkeiten.

Drei Tage später, am Aschermittwoch (18. Februar), folgt ein neues Spiel. Als Parodie auf den Ablasshandel entsteht «uss dem ablas und sinen briefen uf der Aeschen-Mitwoch ein offen vasnachtspil, und [wird] mit dem bonenlied durch alle gassen getragen; [...]»[27]. Am selben Tag wird im Rathaus für das leibliche Wohl der «weibel» gesorgt – die Rechnung von vier Pfund, sechs Schilling und vier Pfennig übernimmt die Staatskasse.[28]

Am darauffolgenden Sonntag, den 22. Februar, ist wiederum in der Kreuzgasse ein Spiel zu sehen, das mehr einem Umzug gleicht. Jetzt, «uff der alten Fassnacht», kann man zuschauen,

> wie uff einer syten der gassen der einig heiland der welt Jesus Christ, unser lieber herr ist uff einem armen esslin geritten, uff sinem houpt die dörnin kron, by im sine jünger, die armen blinden, lamen, und mancherley bresthaftigen.[29]

Zwei Bauern unterhalten sich über den ungewöhnlichen Aufzug. Der eine, Vetter Cläiwe, wundert sich über die «armen stinkenden ellenden lüt» (Gegensatz, V. 15), die dem grau gekleideten, auf einem schlichten Esel reitenden frommen «biderman» (Gegensatz, V. 3) nachhinken und -kriechen. Auf seine Fragen hin erklärt ihm der andere, Vetter Rüede, um wen es sich handelt und wer die Bettler und Krüppel sind. Auf der andern Seite der Kreuzgasse, wohl in entgegengesetzter Richtung, taucht plötzlich – begleitet von Fanfaren und Musik – der farbige, grandiose Zug des Papstes auf,

> in grossem triumph in harnisch mit grossem kriegszüg zu ross und fuss mit grossen panern und fenlinen von allerlei nationen lüt. – Sin eidgnossen gwardi all in siner farb, trumeten, pasunen, trummen, pfifen, kartonen, schlangen, huren und buben und was zum krieg gehört, richlich, hochprachtlich, als ob er der türkisch keiser wär. (Gegensatz, Kommentar vor V. 63)

Wieder wundert sich Vetter Cläiwe über den grossen Kaiser, der «zween spicherschlüssel im paner fiert» (Gegensatz, V. 68), und dessen fastnächtlich gekleidetes Gefolge:

> So meinte ich doch, es wärind Türken und heiden
> Mit denen seltsamen kappen und wilden kleiden:
> Der rot, der schwarz, der brun, der blaw,
> Und etlich ganz schier eselgraw,
> Der wiss und schwarz in ägristen wis,
> Und hand darneben ouch grossen fliss,
> Dass ieder ein besondre kappen hab;
> Der ein in lougsacks wis hinden ab,
> Der ander wie ein pfannenstiel,
> Der dritt gross holzschuch tragen wil;
> Rot hüet, schwarz hüet und die flach, breit,
> Der drit zwen spitz am hut uftreit.
> Das sind doch wärlich wild fassnachtbutzen,
> Die sich doch gar seltsamlich mutzen. (Gegensatz, V. 71–84)

Vetter Rüede weiss auch diesen Zug zu deuten. Natürlich drängt sich im weiteren Gespräch ein Vergleich der sich kreuzenden Umzüge auf – ein Vergleich, der die beiden Beobachter immer heftiger gegen den Papst und für Christus Stellung nehmen lässt: «Botz verden, angstiger schwininer wunden! / Wie hend uns die pfaffen geschaben und geschunden!» (Gegensatz, V. 155/156), flucht Vetter Cläiwe, während Rüede klagt, man habe «die schölmen müessen mesten!» (Gegensatz, V. 165). Dem pfäffischen Fress- und Saufgelage stellt er eine andere, utopische Vorstellung vom Essen gegenüber:

> Dann Christus hat uns selber gladen
> Zu dem himelischen nachtmal
> In des öbristen küngs sal;
> Da lebt man wol und gibt nieman nüts,
> Die ürten hat er selbs bezalt am crütz. (Gegensatz, V. 194–198)

Damit findet auch dieses Spektakel sein Ende. Valerius Anshelm fasst später die Ereignisse zur Fastnachtszeit 1523 mit folgenden Worten zusammmen:

> Es sind ouch dis jars zu grosser fürdrung evangelischer friheit hie zu Bern zwei wolgelerte und in wite land nuzlich ussgespreite spil, fürnemlich durch den künstlichen malermeister Niclausen Manuel, gedichtet und offenlich an der krüzgassen gespilet worden, eins, namlich der totenfrässer, berüerend alle misbrüch des ganzen babstums, uf der Pfaffen-Vassnacht, das ander von dem gegensaz des wesens Kristi Jhesu und sines genämten stathalters, des Römschen babsts, uf die alten Vassnacht. Hiezwischen uf der Aeschen mitwochen ward der Römsch ablas mit dem bonenlied durch alle gassen getragen und verspotet.
> Durch dis wunderliche und vor nie, als gotslästerliche, gedachte anschowungen ward ein gross volk bewegt, kristliche friheit und bäbstliche knechtschaft zu bedenken und ze underscheiden.
> Es ist ouch in dem evangelischen handel kum ein büechle so dik getrukt und so wit gebracht worden, als diser spilen.[30]

Die Stadt Bern am Anfang des 16. Jahrhunderts

Beim mehr oder weniger synchronistischen Schnitt durch Zustände und Ereignisse in Bern um 1523 fällt Licht auf verschiedene Dokumente, deren Bedeutung und Zusammenhang vielfach unverständlich bleibt. Ob es sich um einen Chronik-Text, einen Auszug aus einer Aktensammlung oder einen Fastnachtspiel-Text handelt: Alle diese willkürlich ausgewählten Dokumente sind zunächst einmal einfach Facetten aus dem Abbild einer bestimmten historischen Situation. In diesem Sinn wurde bei der Präsentation des Untersuchungsmaterials bewusst keine strenge Grenze gezogen zwischen den ‹Fakten› von Chroniken oder Archivalien einerseits und der Fiktion von Fastnachtspielen anderseits. Die Voraussetzungen und Prämissen für beide Formen von kulturellen Äusserungen liegen in denselben realen Verhältnissen, die sie abbilden. Es bedarf daher eines historischen Rasters, um sie überhaupt einmal zu jener Realität in Beziehung zu setzen und dadurch ihren Sinn ermitteln zu können. Im Zentrum des Interesses stehen dabei immer die Fastnachtspiele. Der folgende historische Überblick soll erste Hintergrundsinformationen liefern zum Verständnis ihrer äusseren Einbettung.[31]

Die Zähringerstadt Bern gehört am Ende des Mittelalters zu den mittelgrossen, politisch aber bedeutsamen Städten der Eidgenossenschaft. Trotz wirtschaftlich eher ungünstiger Lage, da alle wichtigen Handelsstrassen an ihr vorbeiführen, ist es der Stadt gelungen, sich einige Macht und Autonomie zu verschaffen gegenüber dem Reich, zu dem der eidgenössische Bund immer noch lockere vertragliche Bindungen besitzt. So beansprucht Bern denn auch die Herrschaft über eine grosse Landschaft, die seiner Expansionsfreudigkeit unterlegen ist. Am Ende des 15. Jahrhunderts hat es sich mit seinen rund 5000 Einwohnern in der Stadt und der 70 000 bis 80 000 Seelen zählenden Bevölkerung auf dem Land zum mächtigsten Ort der Eidgenossenschaft entwickelt.[32]

Auf der politischen Ebene sind für Bern die gleichen Tendenzen festzustellen, die vor allem seit dem 15. Jahrhundert in vielen Städten wirksam sind: Mit der Erstarkung der bürgerlichen Schichten gehen Entwicklung und Machtzunahme der städtischen Behörden einher. Ein Verwaltungsapparat hat sich ausgebildet, der seine Kompetenzen gegenüber der Landschaft einerseits, gegenüber der Kirche anderseits immer mehr auszuweiten versucht. Das öffentliche Leben in Bern wird zu Beginn des 16. Jahrhunderts nach Richard Feller so geregelt:

> Antrieb, Gewicht und Verantwortung lagen beim Kleinen Rat. Er bestand aus dem regierenden und dem stillstehenden Schultheissen, dem Seckelmeister, den vier Vennern, den zwei Heimlichern und 18 Ratsherren, insgesamt 27 Mitgliedern. Er besorgte die laufende Verwaltung und trat täglich mit Ausnahme des Dienstags, des Markttags, zusammen. Der Kleine Rat sass im Grossen Rat; dieser hiess auch Rat der Zweihundert, umfasste aber gewöhnlich gegen 300 Mitglieder; er

versammelte sich einmal in der Woche. Die Befugnisse zwischen den beiden Räten waren nicht klar ausgeschieden; doch fielen dem Grossen Rat die wichtigen Entscheide in der Gesetzgebung und in der Aussenpolitik zu. Ein Ausschuss des Grossen Rates, die Sechzehner, unterstützte den Kleinen Rat in schwierigen Fällen und wachte über der Gesetzmässigkeit der Verwaltung.[33]

Was auf den ersten Blick recht demokratisch erscheint, ergibt jedoch bei der Berücksichtigung der realen Machtverhältnisse eine Konzentration der politischen und wirtschaftlichen Gewalt in den Händen einer kleinen Oberschicht. Nur schon die Vermögensverteilung in der Bevölkerung Berns liefert aufschlussreiche Daten, die François De Capitani für die Jahre 1389 und 1494 in anschaulichen Kurven dargestellt hat[34]:

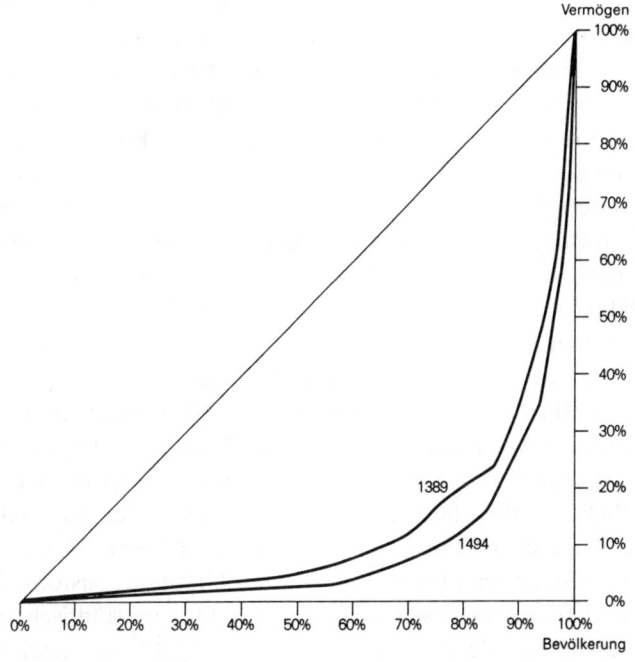

Zwar sind die quantitativ messbaren Unterschiede nicht unbedingt mit dem politischen Machtgefälle gleichzusetzen. Aber das Bild einer kleinen Minderheit von Herrschenden wird auch durch die Sozialstruktur und die rechtliche oder wirtschaftliche Organisation der Bevölkerung unterstützt.

An der Spitze der Gesellschaft steht eine Oberschicht «aus bürgerlichen Adligen und adeligen Bürgern»[35]. Eine klare Abgrenzung zwischen oberem Bürgertum und Adel ist zu Beginn des 16. Jahrhunderts in Bern nicht mehr möglich, da für den Adel keine gesetzliche Privilegierung vorgesehen ist; ausserdem haben sich die beiden Stände vermischt, indem Adelige aus der Landschaft in die bürgerlich-städtische Oberschicht integriert werden und reiche Bürger durch Erwerb von Herrschaften auf dem Land adeligen Status erlangen. So teilt sich denn die Oberschicht mit Kirche und Klöstern in den Besitz und die Verwaltung grosser Ländereien im bernischen Territorium. Die Konzentration von Macht und Kapital wird dadurch verstärkt, dass sowohl wichtige städtische als auch kirchliche Ämter immer wieder von einer beschränkten Anzahl einflussreicher Familien besetzt werden: Die aufgrund von Familienverbindungen eng verflochtenen Bereiche der Politik, der Wirtschaft und immer mehr auch der Kirche ermöglichen somit einen starken Einfluss auf die Regelung des öffentlichen Lebens.[36] Aus diesem Grund hat man auch die Empfänger von Pensionen in der städtischen Elite zu suchen. Es sind enorme Geldsummen, die in ihre Hände gelangen, nachdem die Eidgenossenschaft im Zusammenhang mit den europäischen Spannungen und Kriegen im 15. Jahrhundert den Export von Söldnern als Hauptquelle für wirtschaftlichen Aufschwung und Reichtum entdeckt hat. Alleine die Kontrolle über die Pensionen, die zum Beispiel 1513 in Bern die Hälfte der städtischen Ausgaben für das ganze Jahr erreichen[37], veranschaulichen die Macht der städtischen Oberschicht.

Dabei gilt Bern in erster Linie als Handwerkerstadt; parallel zur Entwicklung des öffentlichen Wesens wächst im 15. Jahrhundert die Bedeutung der Gesellschaften, zunftähnlicher Verbände, die ursprünglich die Interessen des Gewerbes vertraten. Sie werden am Ende des 15. Jahrhunderts zur eigentlichen politischen Basis, über die allein der gesellschaftliche Aufstieg in die oberen Schichten möglich wird. In diesem Sinn entwickeln sich die Gesellschaften auch zur wichtigsten Organisationsform der Bürgerschaft und zu einem wesentlichen Machtfaktor im städtischen Leben, wobei innerhalb der Gesellschaften ein breites Spektrum verschiedenster sozialer Schichten vertreten ist. Was Erich Maschke diesbezüglich für die Handwerkerzünfte in deutschen Städten des späten Mittelalters festgestellt hat, gilt im allgemeinen auch für die Berner Gesellschaften:

Die Handwerkerzünfte waren in sich sozial stark differenziert. Nach Vermögenslage und Geltung unterschieden sie sich untereinander sehr beträchtlich. Ebenso gross waren die Unterschiede in der einzelnen Zunft. An ihrer Spitze fanden sich eine Untergruppe wohlhabender Männer, die nur dem Namen nach Handwerker, in Wirklichkeit aber Kaufleute waren, die ihr Vermögen aus Handelsgewinnen akkumulierten. Am anderen Ende der sozialen Skala befand sich eine oft grosse Gruppe von Zunftgenossen mit geringem oder keinem Vermögen und Einkommen. Zwischen beiden Polen existierte eine breite Mittelschicht mit mittlerem Einkommen und Vermögen aus handwerklicher Tätigkeit. Angesichts dieser Differenzierung in den Zünften, die den weitaus grössten Bevölkerungsanteil stellten, bestätigt sich die Dreischichtigkeit der mittelalterlichen Stadtgesellschaft. Jede Zunft reichte wenn auch in ungleichmässiger Weise durch Oberschicht, Mittelschicht und Unterschicht hindurch.[38]

Dass die Gesellschaften und Zünfte nicht einfach einer Sozialschicht zugeordnet werden dürfen, hängt nicht zuletzt mit der obligatorischen Mitgliedschaft zusammen, die in vielen spätmittelalterlichen Städten von sämtlichen Berufstätigen gefordert wird. In Bern wird der Gesellschaftszwang 1490 eingeführt.[39]

Die politische Bedeutung, die den Gesellschaften neben der Gewerbeaufsicht immer mehr zukommt, spiegelt sich im unterschiedlichen Ansehen, das sie geniessen, und den damit verbundenen konkreten politischen Kompetenzen. Neben einer adeligen Gesellschaft besitzen vor allem die Gesellschaften der vier wichtigsten Berner Gewerbezweige Macht und Prestige: die Gesellschaften zu Pfistern (Bäcker und Müller), zu Schmieden (metallverarbeitende Berufe), zu Metzgern und zu Gerbern – sie verlangen höhere Einkaufssummen als andere Gesellschaften; aus ihnen rekrutieren sich vom 15. Jahrhundert an auch die vier Venner, denen die militärische und finanzielle Verwaltung der vier Stadtquartiere obliegt.[40] Mit grosser Wahrscheinlichkeit ist die Gesellschaftszugehörigkeit ausserdem Voraussetzung für die Erlangung des Bürgerrechts.[41]

Von hervorragender Bedeutung für das öffentliche Leben in der Stadt sind schliesslich die Trinkstuben der Gesellschaften: Diese Lokale sind wichtige Kommunikationszentren für die politische Meinungsbildung, für die Entfaltung informeller Beziehungen, für die Entwicklung von bürgerlichen Umgangsformen, Verhaltensnormen oder auch eines bürgerlichen Gemeinschaftsbewusstseins. Schon die Betrachtung der komplizierten, aber einigermassen manifesten Verflechtung von Gesellschaften, Verfassung, Behörden und politischer beziehungsweise wirtschaftlicher Macht lässt erkennen, dass ein grosser Teil der Berner Bürgerschaft vom politischen Leben ausgeschlossen ist. Wieviel grösser muss aber dieser Anteil sein, wenn man die latenten Machtstrukturen und die von den Geschichtsquellen kaum erwähnten Bevölkerungsgruppen einbezieht!

Es ist nicht einfach, die sozialen Unterschichten in der Stadt des Spätmittelalters statistisch zu erfassen – nicht nur, weil sie in den sonst aufschlussreichen Steuerlisten kaum figurieren, sondern auch wegen der Schwierigkeit, Kriterien für die Zuordnung zu Mittel- oder Unterschicht zu entwickeln. Der Besitz des Bürgerrechts zum Beispiel garantiert noch keineswegs eine gesicherte Existenz, geschweige denn die theoretisch damit verbundenen politischen Rechte. Hinsichtlich der Sozialstruktur scheint mir die für Bern des öftern aufgestellte Vermutung, «dass der grösste Teil der Bevölkerung das Bürgerrecht besass»[42], wenig aufschlussreich. Ausserdem hat zumindest die neuere Sozialgeschichte gezeigt, dass in spätmittelalterlichen Städten mit einem beträchtlichen Anteil von Menschen zu rechnen ist, die ausserhalb der bürgerlichen, mit entsprechenden Rechten und Pflichten ausgestatteten Gesellschaft stehen: Dazu gehören Beisassen, die kein volles Bürgerrecht besitzen, unehelich Geborene, Gesellen, Mägde und Knechte, Tagelöhner, Vertreter von «unehrlichen» Berufen wie Totengräber, Schinder, Dirnen, Spielleute und natürlich Bettler und Fahrende aller Gattung.[43] In bezug auf die soziale Schichtung ist die Unterscheidung von Bürgern und Nicht-Bürgern weniger aussagekräftig als die Bestimmung des Anteils der Unterschichten an der städtischen Gesamtbevölkerung; ein – freilich ebenfalls nicht unproblematisches – Kriterium dafür bietet die Festlegung einer Armutsgrenze, die weder allein vom Bürgerrecht noch allein von Vermögensverhältnissen abhängig ist. In seiner Untersuchung über städtische Armut und Armenfürsorge im 15. und 16. Jahrhundert geht Thomas Fischer beispielsweise von einem plausiblen Armutsbegriff aus, der auf quantitativen und qualitativen Merkmalen beruht: Er macht Armut abhängig von der Befriedigung von Grundbedürfnissen, die nicht nur biologisch, sondern zusätzlich durch ein «Bündel von Statusmerkmalen»[44] beschrieben werden müssen. Dieses umfasst einen selbständigen Beruf, handwerkliche Qualifikation, Zunft-

und Bürgerrecht sowie die Erfüllung der politischen, militärischen, sozialen und religiösen Verpflichtungen der Zünfte. Wem es aus Geldmangel überhaupt nicht oder nur begrenzt möglich ist, diese Bedingungen für die Teilnahme am politischen und gesellschaftlich-kulturellen Leben der Zünfte oder Gesellschaften zu erfüllen, fällt nach Fischer in den Bereich der Armut.[45] So gesehen kommt er bei seiner Untersuchung von Basel und Freiburg im Vergleich mit anderen Städten zum Schluss, «dass im 15. und 16. Jahrhundert die breite Masse der Bevölkerung, nämlich rund zwei Drittel, als arme Unterschicht zu charakterisieren ist»[46]. Etwa 35 Prozent beträgt der Anteil, der im Taglohn, im Akkord oder in wechselnden Dienstverhältnissen arbeitet, etwa 20 Prozent leben ohne festes Einkommen und können sich nur unregelmässig und unzureichend ernähren und rund fünf Prozent der Stadtbevölkerung sind durch Hunger existentiell bedroht. Dabei schliessen sich also Armut, Zunft- beziehungsweise Gesellschaftsmitgliedschaft und Bürgerrecht keineswegs gegenseitig aus.
Es gibt keinen Grund zur Annahme, dass in Bern zu Beginn des 16. Jahrhunderts grundsätzlich andere Verhältnisse herrschen. Folgt man etwa – bei allen Vorbehalten – der von Emil J. Walter für Bern im Jahr 1494 aufgeschlüsselten Vermögensschichtung, so werden die Zahlen von Fischer eher bestätigt. Nach Walter gehören 53,4 Prozent der Bevölkerung zu den drei untersten Schichten, nämlich den Besitzlosen und Armen, den Gesellen und Dienstboten und den Leuten mit einem Vermögen unter 100 Pfund. Weitere 27,3 Prozent besitzen ein Vermögen unter 500 Pfund.[47] Setzt man, wie Fischer, die Armutsgrenze bei 100 Gulden an (das sind 200 Pfund bernischer Währung), so zeigt sich, dass die Unterschicht, die die kulturellen und gesellschaftlichen Normen des zünftischen Lebens nur beschränkt oder gar nicht erfüllen kann, auch in Bern rund zwei Drittel der Bevölkerung umfassen dürfte.
Die grobe Übersicht über Bevölkerungsschichtung, Machtgefälle und dominante politisch-soziale Organisationsformen lässt die Vermutung zu, dass das kulturelle Klima der Stadt Bern zu Beginn des 16. Jahrhunderts dominiert wird von den Normen, Wertvorstellungen und Verhaltensformen, die sich innerhalb der führenden Kreise der Gesellschaften entwickelt haben – was freilich die Existenz von Subkulturen oder gar Gegenkulturen nicht ausschliesst. In ihrem Milieu werden die Massstäbe gesetzt, die man – bei aller Problematik solcher Begriffe – als Kultur der städtischen Elite bezeichnen könnte. Da die Gesellschaften aber ein breites Spektrum von Sozialschichten umfassen und sozialer Aufstieg ausserhalb

der Gesellschaften kaum möglich ist, dürfte auch eine starke Tendenz bestehen zur Anpassung an die Lebens- und Verhaltensweisen der führenden Kreise. In diesem Sinn besitzt die Elitekultur wohl eine hegemoniale Eigendynamik, die auf den städtischen Alltag ausstrahlt.

Neben den gesellschaftlichen Bedingungen prägen natürlich auch aussenpolitische Ereignisse direkt oder indirekt die Stimmung und das Klima in Bern um 1520.[48] Wie andere eidgenössische Orte steht die Zähringerstadt im Spannungsfeld zwischen den Machtblöcken Frankreich und Habsburg. Nach dem Tod von Kaiser Maximilian 1519 und der Wahl Karls V. zu seinem Nachfolger versucht die Mehrzahl der eidgenössischen Orte eine bedrohlich werdende Machtkonzentration auf Seiten der Habsburger zu verhindern, indem sie 1521 mit Franz I. ein Soldbündnis eingeht. Bern ist dabei der führende profranzösische Ort. So ziehen denn die Berner Söldner auch 1522 nochmals in den Krieg, um Mailand für Frankreich zurückzuerobern, erleiden aber bei Bicocca eine zerschmetternde Niederlage, deren physische und psychische Folgen vermutlich auch in der zu Hause gebliebenen Bevölkerung nicht so schnell vergessen sind.[49]

Inwiefern die dargestellten sozialen und politischen Spannungen den Prozess der Reformation auslösen oder beschleunigen, kann hier nicht im Detail diskutiert werden. Tatsache ist, dass zu dieser Zeit auch in Bern die notwendigen Bedingungen für tiefgreifende kirchliche und soziale Reformen gegeben sind.[50] Die Krise der Kirche ist natürlich im europäischen Kontext zu sehen. In Bern selbst spiegelt sie sich in Ereignissen wie etwa dem spektakulären Jetzerhandel, einem Betrug um die unbefleckte Empfängnis Mariae, der 1509 mit der öffentlichen Verbrennung von vier Dominikanermönchen endet. Ein anderes Beispiel für kirchliche Korruption wird 1518 bekannt, indem eine vermeintliche Reliquie der heiligen Anna, die durch Bestechung nach Bern gelangt ist, als Fälschung entlarvt wird.[51]

Oppositionelle reformatorische Bewegungen können freilich von solchen Missständen profitieren. Seit 1519 wirkt ausserdem Berchtold Haller als Leutpriester am Berner Münster, wo er spätestens ab 1521 seinem Vorbild Zwingli nacheifert. So ist auch die Tatsache erklärbar, dass 1522 der Kleinhöchstetter Kirchherr Jörg Brunner in einem aufsehenerregenden Prozess in Bern freigesprochen wird, obschon er den Papst als Antichrist beschimpft hat. Die Klage der konservativen Priesterschaft gegen Jörg Brunner beginnt so:

Zum ersten so nempt er den babst, cardinäl und bischof tüfel und war entkrist, und alle priester verfüerer des volks, betrüeger und zuckend wölf.

Item er hat uf der kilchwihe geprediet wider den gmeinen priesterlichen stat also, wie wir si verfüeren und inen das heilig evangelium nit recht verkünden, und das nit verstanden und nit können; und ob wir das könten, so sagen wir doch nit die warheit, dan wir vörchten unser grossen büchen und schweren seklen; und schinden si, wie wir können, dass in wundre, wie si doch sölich schinden so lang habid mögen erliden.[52]

Der Freispruch Brunners besitzt eine gewisse Signalwirkung für die Berner Reformation. Dass die Dinge 1522/23 nicht schlecht stehen, bezeugt auch der Lesemeister im Barfüsserkloster, Sebastian Meyer, in einem Brief an Vadian. Am 18. März 1523, also kurz nach der Aufführung der oben beschriebenen Fastnachtspiele, schreibt er nach St. Gallen: «Gratia Christo quoniam apud Bernates bona pars cleri, senatus, civium hodie ab evangelio est.»[53]

Trotzdem ist der Glaubensstreit sowohl in der Öffentlichkeit als auch in der Obrigkeit selbst in keiner Weise entschieden. Wenn sich der Rat am 15. Juni 1523 zu einem ersten Glaubensmandat veranlasst sieht, so fällt dessen Unverbindlichkeit auf – es drückt weniger ein Glaubensbekenntnis aus als die Angst vor unkontrollierbaren Konflikten zwischen den entgegengesetzten Parteien. Man versucht durch Schlichtung zu verhindern, dass der Theologenstreit auf die Laien übergreift und eskaliert, dieser Streit, «dadurch das gemein arm und schlächt volk [...] in irrung gewisen und verfürt, und dahär ufrür und beschwärd [...] gefürderet möchte werden»[54].

Es sind ganz unterschiedliche Kräfte, die die Entwicklung der Reformation fördern und behindern. In dem Mass, in dem zum Beispiel gewisse bürgerliche Kreise in der Reformation eine Möglichkeit erblicken, die städtische Autonomie auszubauen und «ein Stück reichsstädtischer Emanzipation»[55] zu verwirklichen, in dem Mass bangen gerade die mit dem Klerus verstrickten einflussreichen Familien um ihre Macht und ihren Besitz. Wesentlicher Faktor für die Haltung der Obrigkeit ist dagegen die Rolle Berns in der eidgenössischen Politik. Lange Zeit versucht man, eine gemässigte Haltung zwischen katholischen und reformierten Orten einzunehmen und auf beide Seiten hin seine Interessen zu wahren.

Der eigentliche Verlauf der Berner Reformation entspricht im allgemeinen demjenigen anderer Schweizer Städte, wobei die oligarchischen Machtstrukturen in Bern den endgültigen Durchbruch etwa im Vergleich zu Zürich wesentlich verzögern.[56] Immerhin lassen sich auch hier drei Phasen ausmachen, die Steven Ozment folgendermassen beschrieben hat:

> It is possible to distinguish three agents and levels of the Reformation within the cities, each making an important contribution to the final shape of reform. Preachers learned in Scripture provided the initial stimulus; ideologically and socially mobile burghers, primarily from the (larger) lower and middle strata, created a wedge of popular support; and governement consolidated and moderated the new institutional changes. Depending upon the point at which one examines the process, it is possible to identify the Reformation as a preacher's, a people's, or a magistrate's reform.[57]

Die zeitliche Differenzierung scheint mir wichtig, um der Komplexität der reformatorischen Bewegungen auch nur annähernd gerecht zu werden. Inwiefern allerdings Ozments soziologischer Raster haltbar ist, wird an den Ergebnissen dieser Arbeit zu überprüfen sein – wenigstens hinsichtlich des pauschalisierenden Begriffs «people's reform».
Soviel ist leicht erkennbar: Die konfessionelle Spaltung verläuft selten parallel zur sozialen Schichtung. Träger des neuen Glaubens in Bern dürften vor allem die vier Vennergesellschaften sein, deren soziale Heterogenität bereits beschrieben wurde; viele ihrer Mitglieder können durchaus zu den «socially mobile burghers» gezählt werden, wie sie Ozment nennt. Dagegen halten die meisten vornehmen, konservativen, grundbesitzenden Familien am alten Glauben fest. Sie sind es denn auch, die durch ihre Mehrheit im politisch mächtigen Kleinen Rat die Durchsetzung der Reformation bis 1528 verhindern können. Die Glaubensmandate von 1524, 1525, 1526 und 1527 und die in diesem Zeitraum durchgeführten «Volksbefragungen» widerspiegeln einerseits das Seilziehen der Parteien und die Suche nach Kompromissen, anderseits aber auch die Angst und die abtastende Vorsicht der städtischen Obrigkeit: Nachdem die Neugläubigen 1527 auch im Kleinen Rat die Mehrheit erlangt haben, sieht sie sich vor die Schwierigkeit gestellt, die Landschaft für die Reformation zu gewinnen, gleichzeitig aber gerade bei den Bauern eine Eskalation der Bewegung zu vermeiden, die selbst für gewisse reformatorische Kreise gefährlich werden könnte. Auch Bern bekommt das explosive Potential

der Reformation in Form von Bauernunruhen zu spüren, die aber im Keim erstickt werden.[58]
Die dritte, obrigkeitsgelenkte Phase, die auf die gesellschaftlich unruhigste, zügelloseste und gefährlichste mittlere Phase folgt (in Bern ungefähr zwischen 1523 und 1526) findet schliesslich ihren Ausdruck in der offiziellen Verkündung der Reformation am 28. Januar 1528.

Niklaus Manuel: Vom Künstler zum Politiker

> Nachdem nun die zyt der jaren erschinen sind, da dir üwer grossweybel amt uff nächst kumenden hüeschen [?] montag werdend besezzen und änderen, gnaden herren, wo ich möchte gedenken, dass ich üweren gnaden möchte angenem syn, üwer wysheit am selbigen zu dienen, wär myn untertainig demütig pitt, mir sölich ampt zu gönnen und mich ein jar daran versuchen; wie wol ich mich nit geschikt erkenn, so will ich mich doch lassen wysen und leren. Ich bin ein junger gsell und hab viel klyner kinder und ein frouwen, ob godt will, noch lang fruchtbar, die ich mit eeren gern wedt erziehen, und myn handwerch solichs nit wol ertragen mag; sunders dass ich fremden herren dienen muss, und so ich dienen muss, wedt ich üch mynen natürlichen herren lieber dienen denn jemen anders.[59]

Der sich mit diesem Brief am 22. April 1522 um das Berner Grossweibelamt bewirbt, heisst Niklaus Manuel und gehört zu diesem Zeitpunkt als Feldschreiber dem Heer von eidgenössischen Söldnern in Norditalien an, das für den König von Frankreich Mailand zurückerobern sollte. Aus seiner Feder stammen die Texte der 1523 aufgeführten Fastnachtspiele. Wer ist dieser Mann?[60]
Wahrscheinlich 1484 in Bern als Sohn einer (eingewanderten?) Tuchhändlerfamilie geboren, gehört Manuel jener Generation an, die bei Erlangung ihrer vollen politischen und gesellschaftlichen Einflusskraft für die Entwicklung rund um die Reformation hauptverantwortlich ist. (Luther hatte 1483, Zwingli 1484 das Licht der Welt erblickt.) Der Enkel des bernischen Stadt- und Geschichtsschreibers Thüring Fricker dürfte ausbildungsmässig und von seiner sozialen Stellung her – obschon illegitimer Sohn – keine schlechte Ausgangslage für die Entfaltung wichtiger öffentli-

cher Aktivitäten gehabt haben; allerdings bleibt Manuels Jugendzeit mangels gesicherten Dokumenten weitgehend im dunkeln. Erst von 1509 an finden sich Zeugnisse seines Lebens und Wirkens, die dann auch den allmählichen Aufstieg in die städtische Elite belegen. 1509 heiratet Manuel Katharina Frisching, die Tochter des angesehenen Ratsherrn und Landvogts von Erlach, Hans Frisching des Älteren; ein Jahr später wird er Mitglied des Grossen Rats. 1512 erscheint Manuel als Stubengenosse der wichtigen Gesellschaft zu Obergerbern. Dazu passt die Tatsache, dass er 1514 das Haus Nr. 2 an der prestigeträchtigen Gerechtigkeitsgasse erwerben kann. Vor allem aus dem zweiten Jahrzehnt des 16. Jahrhunderts sind Dokumente erhalten, die Manuel beruflich als einen «künstlichen malermeister»[61] ausweisen, wie ihn Anshelm bezeichnet. Er scheint um diese Zeit eine respektable gesellschaftliche Position erlangt zu haben und mit seinen Malereien und Zeichnungen in der Öffentlichkeit bekannt geworden zu sein, was nicht zuletzt aus den Aufträgen der Regierung hervorgeht. Obschon über Manuels Ausbildung keine zuverlässigen Aussagen möglich sind, lässt sein Stil darauf schliessen, dass er direkt oder indirekt mit dem oberrheinischen Humanisten- oder Künstlerkreis Kontakt hatte.[62] Auf diese Weise dürfte er schon früh mit den intellektuellen Zirkeln und den brennenden politischen, sozialen und religiösen Fragen seiner Zeit konfrontiert worden sein.

Bis ungefähr 1520 entsteht unter Manuels Händen ein künstlerisches Werk von hoher Qualität, zwischen 1516 und 1519 unter anderem auch der berühmte Totentanz an der Umfassungsmauer des Predigerklosters.[63] Vielleicht gehören danach mangelnde Aufträge aufgrund reformatorischer Bilderfeindlichkeit mit zu den Motiven, die Manuel veranlassen, 1522 im Solde Frankreichs nach Oberitalien zu ziehen und überhaupt den Beruf des Malers aufzugeben. Dass er sich jedenfalls in dieser Zeit um die materielle Existenz seiner Familie Sorgen macht, lässt der eingangs zitierte Brief erkennen. Zwar erhält er die von ihm begehrte Stelle des Grossweibels nicht, hingegen zieht er, zurück in Bern, als 39jähriger die Aufmerksamkeit auf sich, indem er die proreformatorischen Fastnachtspiele verfasst, die an der Fastnacht 1523 aufgeführt werden. Sein Ansehen hat darunter sicher nicht gelitten – sonst wäre er kaum noch im selben Jahr zum Landvogt von Erlach ernannt worden. Dieser Aufstieg mag im Gegenteil ein Indiz dafür sein, dass bereits 1523 eine Mehrheit des Grossen Rates Sympathien für die Reformation hatte. Im Rahmen der reformatorischen Entwicklungen vermag sich Niklaus Manuel weiterhin zu profilieren, sei es als Autor von reformatorisch-propagandistischen Schriften, sei es als Politiker und Diplomat auf bernischer und eidgenössischer Ebene. Den Höhepunkt seiner Karriere erreicht Manuel denn auch unmittelbar nach der Einführung der Reformation in Bern 1528, indem er noch im selben Jahr zuerst in den politisch mächtigen Kleinen Rat gewählt wird und bald darauf das Amt des Venners zu Obergerbern erhält. In dieser bedeutenden Funktion trägt er zur Unterdrückung des Aufstands im Berner Oberland bei und versucht bis zu seinem Tod Ende April 1530 als gemässigter Verfechter der Reformation zwischen den verfeindeten Konfessionen in der Eidgenossenschaft zu vermitteln.

Aussergewöhnlich an dieser Biographie ist sicher Manuels Universalität: Neben den unbestrittenen künstlerischen Fähigkeiten überraschen der Einsatz im Krieg und die Leistungen als Politiker und Vermittler reformatorischer Ideen. Auch wenn seine Briefe oder etwa das reformatorische Engagement moralische Integrität und Kritik an gesellschaftlichen Missständen beinhalten, so zeigen viele Aspekte von Manuels Leben, dass er mit seinen Aktivitäten auch um den persönlichen sozialen Aufstieg kämpfte, sei es etwa durch die Reisläuferei oder in der Politik. Dazu gehört auch die Fähigkeit, im richtigen Moment zu den richtigen Ausdrucksmitteln greifen und das Unzeitgemässe mühelos abstreifen zu können; die Malerei gelang ihm ebenso wie das Dichten, die politische Rede ebenso wie die konfessionelle Propaganda oder die militärische Führung. Ist in Manuels Hinwendung zur Reformation – nachdem er zuvor beruflich katholischer Kunst und Ideologie verpflichtet gewesen war – oder in seinem abrupten Metier-Wechsel nicht auch die Flexibilität des Aufsteigers erkennbar? In einem gewissen Sinn ist er aber damit kein untypischer Vertreter jener bürgerlichen Schicht, für die der religiöse und soziale Wandel mit Machtzuwachs und Aufstieg in der städtischen Gesellschaft verschmolz. Die reformatorische Bewegung gab Niklaus Manuel eine Chance zur vollen Entfaltung seiner Talente – und er wusste diese Chance zu nutzen, ohne dass man ihm den opportunistischen Missbrauch reformatorischer Ideen zu seinem eigenen Vorteil vorwerfen könnte.

II. Zur Lektüre von Fastnachtspielen

Innerhalb des sozialen, politischen, religiösen und kommunikativen Gefüges der Stadt Bern um 1523 bilden die drei Ereignisse an der Fastnacht markante Punkte, die als kulturale Ausdrucksformen und symbolische Verdichtungen einer kritischen Phase tief in die Strukturen, Strömungen, Spannungen, Machtverhältnisse, Allianzen, Brüche, Ängste und Hoffnungen der Gesellschaft blicken lassen. Gerade weil sie verschiedenste Lebensbereiche in sich vereinigen und widerspiegeln, sind sie es wert, genauer untersucht zu werden. Wer ihre Sprache und Logik versteht, wer ihre Symbolik entziffern kann und die Aufführungen selbst als kulturale Handlungen zu lesen vermag, hat die Chance, in Mentalitäten und kollektive Verhaltensmuster einzudringen, die sich gewöhnlich nicht auf den ersten Blick präsentieren. Jene Spiele bieten gleichsam ein mikrosoziales Modell, an dem sichtbar wird, wie die Gesellschaft mit den Spannungen und Brüchen ihrer Zeit umgegangen ist und wie sie die enormen Konflikte bewältigte, die zu Beginn des 16. Jahrhunderts allenthalben aufbrachen.

Das bisherige Verständnis der Berner Aufführungen von 1523 ging meistens aus einer Beschäftigung mit dem Autor der Fastnachtspiele, Niklaus Manuel, und dessen literarischem Werk hervor. So muss eine Übersicht über die vorherrschenden Perspektiven notwendig in einem kurzem, wenn auch unvollständigen Abriss der Manuel-Forschung münden, wobei die Untersuchungen zu seinen Leistungen auf den Gebieten der Malerei oder der Politik hier im allgemeinen ausgeklammert bleiben.

Manuel-Forschung

Manuels erster Biograph, der Theologe Samuel Scheurer, stellt vor allem die reformatorischen Bestrebungen des Berner Künstlers und Politikers in den Vordergrund und sieht auch seine dichterischen Werke hauptsächlich im Dienst der Reformation. Scheurer glaubt, Manuel gegen allfällige Vorwürfe bezüglich der Qualität seiner Dichtung verteidigen zu müssen; man dürfe sie eben nicht «nach den aller neusten Kunstreglen» beurteilen, da sie ja «mehr als ein und zweyhundert Jahr vor Opitz dem Vatter der Teutschen Dicht-Kunst» entstanden sei;

> Zweytens beliebe man in Betrachtung zu ziehen, dass es den Reformatoren, diesen grossen Männern, nicht zu thun gewesen, bloss um Worte auszulesen, Füsse und Sylben abzuwegen, sondern die wichtigste Wahrheiten dem gemeinen, und sonderlich damals unerkannten Mann begrifflich zu machen, und ihm davon einen tiefen Eindruck zu hinterlassen. Sie giengen also nit auf *apices* Verborum, sonder auf *pondera rerum*, kamen aufgezogen nicht mit *Floribus Veneris*, sondern führten *Spicula Martis*.[1]

Scheurer widmet dem «Fänner der Statt Bern» in seinem «Bernerischen Mausoleum» immerhin 191 Seiten, auf die sich auch G.J. Kuhn bei seiner Umarbeitung des «Mausoleums» im Jahre 1828 beruft. Auch hier erscheint Manuel in erster Linie als Reformator, dessen ganze Tätigkeit «auf das Volk selbst berechnet»[2] war und «der, mit Scherz und Ernst gewaffnet, der eifrigste Verteidiger des Evangeliums war, und ganz eigentlich im Dienste desselben sein Leben verzehrte [...]»[3].

Einen bedeutenden Beitrag für die weitere Forschung und die erste wissenschaftliche Auseinandersetzung mit Niklaus Manuel wurde schliesslich durch Karl von Grüneisen (1802–1878) geleistet, den «geistvollen Theologen, Litteratur- und Kunstschriftsteller und Dichter»[4] aus Stuttgart.[5] Er scheint sich aufgrund seiner Interessen dazu berufen gefühlt zu haben, endlich ein umfassendes, alle Seiten vereinigendes Bild von Manuel zu liefern, wozu er gewissenhaft alle verfügbaren Quellen zu Rate zog. Tatsächlich gelingt es Grüneisen, Manuel nicht mehr bloss im Rahmen der Berner Reformationsgeschichte zu betrachten; vielmehr zeichnet er eine abgerundete Darstellung, deren Schwerpunkte in erster Linie dem Menschen Manuel gelten, aber auch das politische und künstlerische Umfeld einbeziehen, in das Manuel eingebunden war. Angesichts des

Neulandes, das dabei in mancher Hinsicht beschritten wird, muss Grüneisens Leistung hoch eingeschätzt werden. Seine Beurteilung von Manuels literarischem Schaffen ist insofern interessant, als sie dessen Beziehung zum ‹Volk› einschliesst. Mehrmals weist Grüneisen daraufhin, wie gross der volkstümliche und patriotische Wert jener Dichtungen sei[6], dass Manuel ein Mann war, «in welchem das Herz des Volkes schlug»[7] und ein «Volksdichter in der reinsten und edelsten Bedeutung des Wortes»[8]. Bei so viel ‹Volksnähe› besteht allerdings ein leiser Verdacht, dass vielleicht romantische Verklärungen Grüneisens Manuel-Bild mitgeprägt haben.[9] Während schon bei Scheurer und Kuhn eine Liste von Manuels Werken zu finden war, so bleibt es Grüneisens Verdienst, zum erstenmal eine einigermassen kritische Sichtung der vorhandenen Schriften vorgenommen und diese in bezug auf ihre Echtheit hinterfragt zu haben. So wurde eine Diskussion ausgelöst, die heute noch nicht abgeschlossen ist.

Erst 40 Jahre später, nämlich 1878, erhält die Manuel-Forschung einen neuen, allerdings entscheidenden Impuls durch den Zürcher Germanisten Jakob Bächtold (1848–1897), der sich immer noch auf die durch Grüneisen geleistete Vorarbeit stützen musste. Seine kritische Gesamtausgabe von Manuels Werken ist bis heute die einzige geblieben und wird selbst zum gegenwärtigen Zeitpunkt vielfach als massgebend betrachtet, obschon sie in wesentlichen Punkten der Überarbeitung bedürfte. Diese Ausgabe war denn auch dafür verantwortlich, dass man sich in der Folgezeit – dank Salomon Vögelins kunstgeschichtlichem Beitrag auch von jener Seite her[10] – vermehrt mit Manuel beschäftigte, zumal Bächtold die Tendenz hat, mit nicht wenig Enthusiasmus ‹seinen› Niklaus Manuel in gar hellen Farben erstrahlen zu lassen. So bezeichnet er ihn noch in seiner «Geschichte der deutschen Literatur in der Schweiz» von 1892 als «weitaus die prächtigste schweizerische Dichter- und Künstlergestalt des ganzen Jahrhunderts, in ihrer Vielseitigkeit als Dichter, Maler, Architekt, Krieger und Staatsmann an die grossen Meister der italienischen Renaissance erinnernd»[11]. Dass er es 1878 vielleicht ein wenig allzugut gemeint hat mit Manuel, zeigt seine eigene kleine Korrektur der damaligen Aussage, dass dieser «in Bezug auf die Erfindung überall ganz originell» dastehe[12]; 1892 heisst es bloss noch: Manuel «steht [...] fast überall ganz originell da»[13]. Bezeichnend ist, dass in diesem Zeitraum gerade die Originalität und damit auch die Wertungskriterien des bürgerlichen Literaturbetriebs für Manuels Rang herangezogen werden. Im übrigen herrscht auch bei Bächtold das Bild des volkstümlichen Dichters vor, dessen dichterische Schöpfungen alle «Gelegenheitsgedichte im höchsten Sinne des Wortes sind»:

> Die Poesie bleibt damit in jener Stellung, die sie während der Reformationszeit nicht verlassen: sie ist ein Mittel der Lehre und kümmert sich, indem sie die Sittenlosigkeit zunächst des geistlichen Standes geisselt und zum Volke spricht, nicht um Schönheit und Mass; [...] Manuel ist ein Volksdichter: indem er seine Gestalten aus dem Leben und unmittelbar aus seiner Zeit herausgreift, Ereignisse behandelt, die damals alle Welt aufregten und sich mit Vorliebe an das Sprichwörtliche anlehnt, wird er in seiner Einfalt und Treuherzigkeit, in seiner rauhen, schlichten Bernerkraft überall verstanden. Er ist ein Virtuos der Sittenschilderung; aber nicht um den blossen Spott ist es ihm zu tun, es verlangt ihn herzlich nach besseren Zuständen.[14]

Dieses positive Bild löste eine Welle von Publikationen über Manuel aus, wobei das Hauptinteresse der Manuel-Forschung damals und bis in die Gegenwart seiner Malerei und seinen Zeichnungen galt. Aber offenbar wurde es in der Germanistik wieder stiller um ihn, nachdem weitere wissenschaftliche Untersuchungen des Dichters Originalität in Frage stellen mussten. Der erste Manuel-Enthusiasmus hatte vielleicht vorübergehend in eine Manuel-Enttäuschung umgeschlagen.

Einiges Aufsehen errregte dann der Fund von Fritz Burg in der Hamburger Staatsbibliothek: Er entdeckte die einzige alte Handschrift von Manuels frühesten Dichtungen und veröffentlichte sie im «Berner Taschenbuch auf das Jahr 1897»[15]. Nachdem Bächtold sich bei seiner Ausgabe nur auf – zum Teil ungesicherte – Drucke gestützt hatte, schien es möglich, die Originalfassung wenigstens der beiden Manuelschen Fastnachtspiele von 1523 zu rekonstruieren.

Im Vordergrund standen aber weiterhin Diskussionen um Echtheit und Datierung von Manuels Schriften, so etwa bei Adolf Kaiser, der nachwies, dass Bächtold unrecht hatte, wenn er das Fastnachtspiel «Elsli Tragdenknaben» – von Bächtold als das «dramatisch vielleicht vollendetste»[16] bezeichnet – Manuel zuschrieb[17]; oder etwa bei Ferdinand Vetter, der den allerdings wichtigen Beweis dafür lieferte, dass die beiden frühen Fastnachtspiele Manuels, die «Totenfresser» und «Von Papsts und Christi Gegensatz», nicht 1522, sondern 1523 in Bern aufgeführt worden waren.[18] Auch Samuel Singer beschäftigte sich hauptsächlich mit der Frage der

Echtheit und betrieb dabei zum erstenmal tiefergehende dialektologische Studien.[19]

In diese Phase der kritischen Sichtung der Werke Manuels um die Jahrhundertwende gehört ausserdem der Beitrag des Historikers Adolf Fluri, der 1901 wichtiges Material über Hintergründe und Entstehung des «Totentanzes» publizierte.[20]

Die Manuel-Forschung musste also gesamthaft vorerst ihren Gegenstand eingrenzen und historisch absichern, um nicht weiterhin ihren Dichter mit unkritischem Lob zu überschütten und kühne Interpretationen von Werken zu wagen, die Manuel gar nicht geschrieben hatte. Erst ab 1915 scheint die Auseinandersetzung mit ihm wieder intensiver fortgeführt worden zu sein, und zwar von einer neuen Warte aus durch den erwähnten Germanisten Ferdinand Vetter, der sich jetzt schon auf wesentlich zuverlässigere historische Fakten stützen konnte. Trotzdem ist das Manuel-Bild in seinen Veröffentlichungen zwischen 1915 und 1923 wohl nicht ganz unabhängig von der Stimmung und den Ereignissen um den ersten Weltkrieg zu sehen, ja auch das erneute Interesse am Berner Reformator mag damit zusammenhängen. Titel wie «Schwert und Feder. Niklaus Manuel als Kriegsmann und Dichter»[21] oder «Ein Traum. Gesicht vom Weltkrieg und von Papst und Kardinal»[22], aber auch: «Der Mailänderkrieg von 1516 und Niklaus Manuel»[23] deuten darauf hin, dass Manuel jetzt vor allem in seinem Verhältnis zum Krieg und zur Vaterstadt interessiert. Neben dem Bild des tapferen Kriegers und Kämpfers, das Vetter offenbar beeindruckt, tritt wiederum der Volksdichter in den Vordergrund, besonders mit Vetters Berndeutsch-Übersetzung des Fastnachtspiels «Von Papsts und Christi Gegensatz»:

> Die nachfolgende Übertragung eines der wichtigsten reformatorischen Spiele Niklaus Manuels in gegenwärtiges Berndeutsch ist ein Versuch, zu zeigen wie sich die kräftige Auflehnung des einfachen Mannes aus dem Volke gegen die damaligen kirchlichen Missbräuche im Munde des heutigen Berner Bauern ausnehmen würde [...].
> Und so sei dieser Versuch und Vorläufer dem Urteil der engern Landsleute Manuels und insbesondere seiner Kenner, die dem alten Berner Kämpen mit Schwert und Feder auch in dieser kriegerischen Zeit ihre Teilnahme widmen können, aufs beste empfohlen.[24]

Allerdings entstehen gewisse Zweifel an Vetters Vorsatz, zu «zeigen, wie die Dinge damals eigentlich gewesen sind» und «wie sie in der Nähe

ausgesehen haben»[25], wenn er glaubt, «allzu derbe Stellen» entweder «mildern»[26] oder sie mit Klammern versehen zu müssen, so dass man sie bei einer allfälligen Wiederaufführung weglassen könnte[27].
Im ganzen hat Vetter aber doch für einige wichtige Korrekturen in der Manuel-Forschung gesorgt, insbesondere was die Datierung und Rekonstruktion der Urtexte betrifft.[28]
Die weitere Beschäftigung mit Manuels schriftlichen Werken förderte erst nach dem zweiten Weltkrieg neue Erkenntnisse ans Licht durch Paul Zinsli, dem die Veröffentlichung von Briefen Manuels[29] und eine kritische Edition von dessen Stück «Der Ablasskrämer»[30] zu verdanken sind.
Einen neuen Impuls liefert der Australier Derek van Abbé in seinen Aufsätzen von 1952[31], in denen er einerseits Manuels Werke (vor allem seine Fastnachtspiele) im Rahmen der zeitgenössischen Schauspieltradition und -entwicklung betrachtet, anderseits aber auch die kirchlich-politischen Konstellationen der Zeit berücksichtigt, in denen diese Werke anzusiedeln sind. Es tauchen so bei van Abbé plötzlich Fragen auf bezüglich der Propagandafunktion, des Zusammenhangs mit Traditionen und Ritualen der Volkskultur, der Bedeutung der protestantischen Ethik für breite Bevölkerungsschichten und auch der Rolle Manuels innerhalb der vielfältigen Bewegungen und Veränderungen der Reformation. Der ungelehrte, rauhe Berner «Volksdichter» erscheint hier plötzlich als «leading intellectual»[32] der politischen Szene Berns zur Zeit der Reformation, womit doch so etwas wie ein Wendepunkt in der Manuel-Forschung fassbar wird.
Unabhängig von diesen Anstössen versucht auch der Kunsthistoriker Conrad André Beerli 1953 Manuels Persönlichkeit und seine Stellung innerhalb der sozialen und religiösen Bewegungen seiner Zeit neu zu deuten.[33] Diese sorgfältige und breit angelegte Studie, die ein differenziertes, umfassendes Bild sowohl des Malers als auch des Dichters, Reformators und Politikers, aber auch seines gesamten Umfeldes liefert, muss wohl als Fundament für die neuere Manuel-Forschung betrachtet werden. Indem Beerli Manuel auch als kulturgeschichtlichen Zeugen und seine Werke als Dokumente einer der einschneidendsten Umbrüche in der Geschichte Europas untersucht, geraten auch Faktoren und Prozesse ins Blickfeld, die bis dahin durch allzu grosse Fixierung auf das Individuum und den Künstler Manuel wenig berücksichtigt blieben; so finden sich denn Kapitel zu den Themen «Piété populaire et superstitions»[34] oder «Remous populaires – Offensive des novateurs»[35] in dieser bemerkens-

werten Studie, in der Manuel auch von der simplen Etikette «Volksdichter» befreit wird; vielmehr erscheint er in einer ambivalenten Position zwischen «Volk» und Obrigkeit.

Was seine politische Tätigkeit betrifft, so hat Jean-Paul Tardent 1967 viel erhellendes Material zusammengetragen: Ihn interessiert vor allem Manuels «Staatsauffassung und seine Ansichten zu den Problemen der Aussenpolitik»[36]. Daher wendet er sich hauptsächlich den Jahren 1528 bis 1530 zu, in welchen sich Niklaus Manuel auf dem Höhepunkt seiner politischen Laufbahn befand.

Die Manuel-Forschung der jüngsten Zeit beruft sich noch immer auf diese beiden zuletzt genannten Untersuchungen. Im Katalog zur umfangreichen Ausstellung von 1979 unter dem Titel «Niklaus Manuel Deutsch – Maler, Dichter, Staatsmann» im Kunstmuseum Bern schreibt Paul Zinsli über das literarische Werk:

> Im Ideellen freilich entfaltet dies Schrifttum kaum Neues zu den damals erwachten Reformgedanken, und Manuel ist nicht ein Pionier im Glaubenskampf, wie früher behauptet wurde. Man vermag immer wieder festzustellen, wie er revolutionäre Ansichten aufnimmt und dann eigenwillig gestaltet.[37]

Hier bestätigt Zinsli die Erkenntnisse von Beerli und Tardent und schildert Manuel als Diener am Staat und an der Gemeinschaft[38], der mit seiner volkssprachlichen Realistik das Volk unmittelbar anzusprechen vermöge[39].

Als letzte wichtige Ereignisse in der Niklaus Manuel betreffenden Forschung dürfen wohl das 1978 im Schloss Hünigen durchgeführte Manuel-Kolloquium und die Veröffentlichung der dort gehaltenen Referate 1980/81 gelten.[40] Allerdings stehen bei dieser Tagung einerseits theologische, anderseits biographische Aspekte im Vordergrund, so dass die vorgetragenen Thesen, wie der grösste Teil der vorangegangenen Forschung, häufig der sozialgeschichtlichen Untermauerung entbehren. Tardent zum Beispiel konzentriert sich ausdrücklich auf die «persönlichen Bestrebungen und Motive», die hinter Manuels politischer Haltung stehen, unabhängig von «geistesgeschichtlichen, ökonomischen und sozialen Voraussetzungen»[41], und der Theologe Gottfried W. Locher spricht kühne Worte aus, wenn er von Manuels Fastnachtspielen sagt, dass das Evangelium darin «nicht nur religiös-sozial, sondern eindeutig sozial-revolutionär erscheine»[42]. Zinsli beschäftigt sich als Philologe hauptsächlich mit Fragen

der Autorschaft[43] und versucht, Manuels Dichtung vornehmlich aus dessen Biographie zu erklären[44].
Allgemein zeigt sich nach einigen Ansätzen zur Ausweitung der Forschungsperspektive und zur Einnahme eines neuen Blickwinkels (etwa durch Derek van Abbé und Conrad André Beerli) wieder eine stärkere Tendenz zu einer persönlichkeitsorientierten Manuel-Forschung. Entscheidende neue Erkenntnisse können aber in diesem Bereich kaum mehr gewonnen werden, so dass der Eindruck einer gewissen Stagnation entsteht.

Aufführungen als soziale Ereignisse

In den meisten Beschäftigungen mit den Fastnachtspielen von Niklaus Manuel dominieren zwei Aspekte: die Verbindung zur Reformation und der Zusammenhang mit einer wenig differenzierten Kultur des ‹Volkes›. Hingegen wird das unmittelbare Umfeld der Spiele, nämlich die Fastnachtskultur selbst, erstaunlicherweise kaum je ernst genommen. Dabei könnte dieses Umfeld fundamentale Einsichten liefern in die Bedeutung der Spiele und dürfte für deren Entzifferung nicht vernachlässigt werden. In einer soliden Erforschung der zeitgenössischen Fastnachtskultur liegt meines Erachtens die Chance für einen neuen Ansatz, der auch das Verhältnis der Spiele zur Volkskultur kritisch hinterfragen sollte.
Es ist verständlich, dass zunächst die Literaturwissenschaft Interesse zeigte an den als Texten überlieferten Fastnachtspielen. Zugleich wurden aber dabei einige Vorurteile gefällt und wichtige Dimensionen ausgeblendet: Indem man die Spiele primär als literarische Werke einer bestimmten Gattung betrachtete, isolierte man sie aus ihrem konkreten, nichtliterarischen Lebenszusammenhang. So wurde der freie Blick auf ihre *kulturale* Bedeutung verstellt.
Die folgende Darstellung liegt daher in Ansatz und Methode quer zur bisherigen Forschungsgeschichte und sprengt die Grenzen der Literaturwissenschaft – weder die Persönlichkeit des Autors noch die literarische Gattung ‹Fastnachtspiel› scheinen mir geeignete Ausgangspunkte zu bieten.
Vorrangiges Ziel der Studie ist es, die Bedeutung der drei geschilderten Aufführungen von 1523 im kulturellen, sozialen und politischen Leben der Stadt Bern aus einem spezifischen historischen Moment heraus mit möglichst grosser Tiefenschärfe zu begreifen. Die zentrale und zugleich

schwierigste Frage lautet: Welche Funktion erfüllen die Fastnachtspiele im reformatorischen Kommunikationsprozess? Das komplexe Geflecht von Wechselwirkungen, aus dem ihre Funktion letztlich resultiert, muss für die Analyse in verschiedene Relationsstränge aufgelöst werden, die in einem Dreischritt zu untersuchen sind: Zunächst geht es darum, die Bedeutung der Fastnacht im eidgenössischen Raum um 1500 zu erschliessen. Auf dieser Grundlage sind sodann Aussagen möglich über das Verhältnis der Spiele zur Fastnacht und ihre Bedeutung darin. Erst nach der Klärung solcher Zusammenhänge darf schliesslich über die Funktion einzelner karnevalistischer Erscheinungen und Aufführungen im reformatorischen Kommunikationsprozess spekuliert werden.

Der Ansatz, den ich gewählt habe, geht also davon aus, dass Fastnachtspiele in erster Linie Elemente einer umfassenden Fastnachtskultur sind und dass Fastnachtspielforschung ohne Fastnachtsforschung sinnlos ist. Bei mangelnder Kenntnis der zeitgenössischen Karnevalskultur fehlt der Code, mit dem man die symbolische Sprache des Spiels entziffern und verstehen könnte. Die gründliche Erforschung des Phänomens Fastnacht gehört daher mit zu den Zielen dieser Untersuchung und nimmt breiten Raum ein. Das scheint mir auch deshalb gerechtfertigt, weil die eidgenössische Fastnacht um 1500 nicht einfach ein beliebiges Datum im Jahreslauf ist, sondern eine zentrale Dimension der damaligen Gesellschaft verkörpert. Einerseits handelt es sich um eines der wichtigsten Feste in der Stadt, das faktisch auf weite Bereiche der städtischen Kultur – auch ausserhalb der eigentlichen Fastnacht – ausstrahlt; anderseits kommt in diesem Fest gewissermassen ein Prinzip des städtischen Lebens symbolisch zum Ausdruck, so dass die Fastnacht gerade auf der Ebene von Mentalitäten und Denkweisen über sich selbst hinausweist und tieferliegende, für die städtische Gesellschaft des frühen 16. Jahrhunderts allgemein bedeutsame Strukturen sichtbar macht.

So geht die vorliegende Analyse zwar von Texten aus, lässt sich aber zu einem grossen Teil als Kontextforschung klassifizieren; als Konsequenz davon ist sie interdisziplinär ausgerichtet und versucht volkskundliche, sozialhistorische, kommunikationswissenschaftliche oder ethnologische Forschungen zu integrieren. Denn die überlieferten Texte sind nur eine – und vielleicht nicht einmal die wichtigste – Komponente jener Inszenierungen, die als städtische Spektakel und Ereignisse eher mit anderen, schriftlich nicht fixierten Aufführungen und Aktionen als mit literarischen Werken zu vergleichen sind.

Mit dem interdisziplinären Anspruch hängt es zusammen, dass sich die Untersuchung auf ganz wenige Ereignisse und praktisch auf einen einzigen historischen Moment konzentriert. Nur so ist es möglich, die Rahmenbedingungen auf alle Seiten hin wenigstens ansatzweise abzustecken. Ausserdem erlaubt diese Konzentration ein Vorgehen, das der inneren Logik der Arbeit entspricht: Die Technik des langsamen, spiralförmigen Einkreisens führt – ausgehend von allgemeinen historischen Bedingungen – schliesslich zu jenen spezifischen Einzelfällen, deren Verwebungen und Funktionsweisen durch ein solches hermeneutisches Verfahren allmählich transparent und plausibel erscheinen sollten.

Transparenz und Plausibilität: Diese beiden Begriffe bezeichnen die hier verfolgten theoretischen Leitlinien. Weniger die Rekonstruktion einer letztlich nie fassbaren historischen Realität als vielmehr das Verständnis historischer Möglichkeiten steht im Vordergrund. Also sind Phantasie und Spekulation in bestimmten Grenzen nicht nur erlaubt; sie sind unabdingbar, um die verborgenen Zusammenhänge transparent zu machen und die spärlichen Fakten zu interpretieren. Plausibilität bleibt dabei das einzige Kriterium zur Überprüfung der Resultate einer Studie, die nur begreifen will, wie es gewesen sein *könnte*. Auch in dieser Hinsicht erweist sich die Beschränkung auf einen ganz kleinen Zeitraum und wenige Ereignisse als vorteilhaft.

Damit knüpft die Untersuchung an eine jüngere Entwicklung historischer Forschungen an, die nach einer Zeit der Abkehr von der «histoire événementelle» deren Möglichkeiten auf neue Weise auszuschöpfen versucht:

> [...] die Wiederentdeckung des Ereignisses (sogar die Feldschlacht wurde wieder zum Gegenstand der Forschung, wie bei Duby) stellte Erkenntnisse, die als gesichert gegolten hatten, indirekt erneut in Frage, insofern als am Ereignis vorzüglich das Zusammenwirken tiefgreifender geschichtlicher Tendenzen analysiert werden kann.[45]

Für diese Betrachtungsweise, die eine mikroskopische Perspektive verlangt, hat sich in letzter Zeit die Bezeichnung «historische Anthropologie» durchgesetzt.[46] Dass traditionell eher der Literaturwissenschaft vobehaltene Quellen und Methoden – insbesondere öffentliche Schauspiele und die Analyse ihrer symbolischen Sprache – für den interdisziplinären Ansatz der historischen Anthropologie eine wertvolle Basis bilden können, soll hier demonstriert werden.[47]

III. Konzepte der historischen Fastnachtsforschung

Die Fastnacht gehört zu jenen Erscheinungen im Jahreslauf, denen die Volkskunde seit ihren wissenschaftlichen Anfängen besondere Aufmerksamkeit geschenkt hat. Mehr als in anderen Festen glaubte man in ihr spontane, echte und urtümliche Äusserungen des Volkslebens zu erblicken. Gerade die scheinbar archaischen Elemente wie Masken, Lärm, Verkehrungen oder sonstige brauchmässig geübte Verhaltensweisen und Spielformen – von sogenannten Heischebräuchen bis zu eigentlichen Schauspiel-Inszenierungen – riefen immer wieder eifrige Deuter auf den Plan. Da aber gesicherte und eindeutige Erklärungen zum Ursprung oder zur Entwicklung der Fastnacht bis heute weitgehend fehlen, stand das Terrain der historischen Fastnachtsforschung schon immer in Gefahr, von einem Wildwuchs spekulativer Theorien überwuchert zu werden.

Um in der herrschenden Unübersichtlichkeit eine Orientierungshilfe zu bieten, sollen hier einige Konzepte vor allem der jüngeren Fastnachtsforschung im deutschen Sprachraum skizziert und diskutiert werden. Angesichts der Kontroversen und Diskussionen, die gerade in den letzten Jahren zum Thema Fastnacht aufs neue entbrannt sind, tut eine Besinnung auf die grundsätzlichen Fragestellungen, Methoden und Deutungsmodelle not.

Fastnacht als heidnischer Fruchtbarkeitszauber

Der Stand der Forschung, wie er sich zu Beginn des 20. Jahrhunderts präsentierte, wird etwa in einem Aufsatz des protestantischen Religionshistorikers Carl Clemen deutlich, der 1914 unter dem Titel «Der Ursprung des Karnevals»[1] erschien. Bezug nehmend auf ältere Erklärungsversuche, widerspricht Clemen darin der These, dass sich der neuzeitliche Karneval aus altrömischen Festen wie Bacchanalien, Saturnalien oder Lupercalien entwickelt habe. Daran sei nur richtig, «dass der Karneval [...] nicht erst in der christlichen Kirche ganz neu entstanden sein kann, denn dazu ist er zu eigenartig»[2]. Hingegen erweitert Clemen die ebenfalls schon älteren Deutungen, die in einzelnen Brauchelementen – zum Beispiel im Verbrennen einer Strohpuppe am Aschermittwoch oder in Kampfspielen zwischen Sommer und Winter – heidnische Fruchtbarkeitskulte und Analogiezauber sehen wollten[3]; sein Schluss lautet: «[...] was den Karneval im übrigen angeht, so glaube ich dagegen in der Tat nachgewiesen zu haben, dass er zum guten Teil in uralten, primitiven Anschauungen und Gebräuchen wurzelt. [...] ursprünglich war er in erster Linie ein aus verschiedenen Gebräuchen bestehender Fruchtbarkeitszauber.»[4]

Fastnacht zwischen Toten- und Vegetationskult

Nach einer wissenschaftlich unfruchtbaren Phase von Entgleisungen und Verzerrungen unter dem Einfluss des Nationalsozialismus[5] dominieren solche oder ähnlich gelagerte Erklärungen auch noch in den vierziger und fünfziger Jahren. Bestätigt wird die These vom heidnischen Ursprung der Fastnacht ausserdem durch vertiefte Studien zum Maskenwesen. Karl Meuli glaubt zeigen zu können, dass Masken ursprünglich die Geister verstorbener Ahnen verkörperten und dass die Fastnacht als Maskenfest demnach eine Art «Besuchsfest der toten Ahnen»[6] sein müsse. In den Masken, so Meuli, kehrten jene zurück, um die althergebrachte Ordnung zu schützen und Unrecht zu rächen: «Das Ganze ist eine grosse Entsühnungs- und Reinigungszeremonie.»[7] Diese auf die alljährliche Erneuerung und Revitalisierung bezogene Deutung verträgt sich natürlich sehr gut mit den Fruchtbarkeitstheorien, ja gerade die angenommene Verknüpfung von Totenkult und Vegetationskult hat mannigfaltigsten Spekulationen Tür und Tor geöffnet. Richard Weiss schreibt 1946 in seinem Grundriss zur schweizerischen Volkskunde:

> So hat in den grossen Festzeiten des Jahres vom Winter bis in den Frühling eine oft schwer zu entwirrende Vermischung der beiden Brauchkomplexe, die aus dem Totenkult und aus dem Vegetationskult

erwachsen sind, stattgefunden. Die Sinndeutung mancher Brauchelemente bleibt darum umstritten oder zwiespältig.[8]

Das Problem liegt für Richard Weiss darin, dass die meisten Fastnachtsbräuche nicht eindeutig dem einen oder dem anderen der beiden Kulte zugeordnet werden können, hingegen scheint er nicht daran zu zweifeln, dass es sich bei fastnächtlichen Maskengestalten um ursprüngliche Toten- und Vegetationsdämonen handelt.[9]

Neuorientierung in der Fastnachtsforschung

Nachdem Hans Moser bereits in den fünfziger Jahren aufgrund von Archivforschungen wichtige Beiträge zur Geschichte der Maske vorgelegt hatte[10], gaben seine historisch und methodisch sorgfältig angelegten Untersuchungen in den sechziger Jahren der historischen Fastnachtsforschung die entscheidenden neuen Impulse. Im Zuge der Neuorientierung der Volkskunde wurde auch das Phänomen Fastnacht aus einem veränderten Blickwinkel heraus betrachtet; exemplarisch für diese Wende stehen etwa die Anstrengungen des 1961 gegründeten Tübinger Arbeitskreises für Fasnachtsforschung, der 1964 erste Ergebnisse präsentieren konnte.[11] Für den neuen Ansatz bezeichnend ist die Abwendung von den zu dieser Zeit noch immer vorherrschenden Erklärungen, welche die Fastnacht und fastnächtliches Treiben in einer vagen heidnisch-mythischen und kultischen Vorzeit verwurzelt sahen.[12] Dagegen schreibt Hermann Bausinger:

> In Wirklichkeit ist die Fastnacht ein historischer Komplex, handelt es sich um konkrete, zusammengewachsene Bräuche, von denen gewiss nur weniges in die Vorgeschichte zurückführt, und von denen auch nur einzelne Elemente jene ackerbäuerliche Substanz aufweisen, die den Vergleich mit Bräuchen der Naturvölker rechtfertigt.[13]

Was sich aus dieser Äusserung herauslesen lässt, nämlich die Aufforderung, das Phänomen Fastnacht in je konkreten historischen und sozialen Zusammenhängen zu erforschen, hat Hans Moser 1964 bereits ein Stück weit realisiert. Seine Untersuchungen basieren auf einem modernen, kritischen Brauchkonzept, und seine Richtlinien für die Brauchforschung gelten natürlich auch für die Fastnacht. Ziel der Brauchforschung sollte es sein, herauszufinden, in welcher Umwelt und Zeitsituation, in welcher Sozialschicht, Gemeinschaftsform und Altersklasse, ausserdem noch, in welchen rechtlichen und religiösen Bindungen an Herrschaft und Kirche jede einzelne Braucherscheinung lebendig war. Daraus wird auch der Sinn, den eine Brauchübung für die jeweiligen Brauchträger selbst hatte, zu beurteilen sein.[14]

Zurück zu den Quellen:
Fastnacht im sozialhistorischen Kontext

Schon die Prämissen dieses Programms machen deutlich, dass darauf beruhende Forschungen keine pauschalen und überzeitlichen Fastnachtsinterpretationen zulassen. Vielmehr sollen zeitlich und räumlich eingeschränkte Quellenforschungen historisch gesicherte Aussagen über das jeweilige Erscheinungsbild der Fastnacht ermöglichen. Hans Moser selbst hat auf diese Weise systematisch Material zusammengetragen, so dass herkömmliche Fastnachtstheorien schon bald revidiert werden mussten. Bis dahin vernachlässigte Zusammenhänge traten in den Vordergrund: etwa der kirchliche Kontext oder der bürgerlich-städtische Charakter der Fastnacht im Spätmittelalter und in der frühen Neuzeit. Gleichzeitig ergab sich aus der Quellenkritik, dass die These vom heidnischen Ursprung der Fastnacht zwar einem stereotypen kirchlichen Interpretament entspricht, jedoch archivalisch nicht zu belegen ist.[15]

1965 präsentiert dann Hans-Ulrich Roller die erste bedeutende Einzeluntersuchung im Sinne der neueren historischen Fastnachtsforschung.[16] Am Beispiel des Nürnberger Schembartlaufs zwischen 1449 und 1539 kann Roller plausibel machen, dass jenes ausgesprochen städtische Fest nichts mit Agrar- und Fruchtbarkeitskulten zu tun hat, dafür umso mehr mit der «Selbstdarstellung und Repräsentation einer freien, unabhängigen, reichen und selbstbewussten Stadt»[17]. Indem nun aber das städtische Milieu die Hintergrundsfolie für die Fastnachtsforschung abgibt, werden auch soziale Differenzierungen unumgänglich. Für die spätere Zeit des Schembartlaufs lässt sich beispielsweise nachweisen, dass «die Ehrbaren [...] das Hauptkontingent der Läufer stellten»[18]. Obschon die Schembartläufer selbst nicht einfach mit den Trägern des Fastnachtsbrauchtums gleichgesetzt werden können[19], wird durch dieses Ergebnis klar, dass eine Veranstaltung wie die Fastnacht nicht in einem sozialen Vakuum stattfindet und daher auch in bezug auf die Haltung der städtischen Obrigkeit zu untersuchen ist. Ausserdem werden damit grundsätzliche Fragen aufgeworfen zur Popularität der Fastnacht und ihrer Verankerung in der Volkskultur, welche man lange Zeit unkritisch voraussetzte.

Ähnliche Differenzierungen wie für den Schembartlauf müssen selbstverständlich auch für die Aufführung von Fastnachtspielen und andere Brauchformen vorgenommen werden. Rollers Untersuchung lässt dabei keinen Zweifel darüber, dass einzelne Fastnachtsbräuche schon in relativ kurzen Zeitspannen einem Formen- und Funktionswandel unterliegen können.[20] Von daher ist also auch in der Fastnachtsforschung allen Behauptungen von uralter, womöglich vorchristlicher Überlieferung und ungebrochener Kontinuität vorerst mit Skepsis zu begegnen.

Gegen Ende der sechziger Jahre lässt sich in der Forschung generell die Tendenz beobachten, dass die Frage nach dem Ursprung der Fastnacht in den Hintergrund rückt zugunsten der Frage nach ihrer jeweiligen sozialen und politischen Funktion. Wenn trotzdem Herkunfts- und Entwicklungsprobleme erörtert werden, dann kaum mehr in Verbindung mit den spekulativen Thesen über den heidnischen Ursprung, sondern im Zusammenhang mit den kirchlichen Rahmenbedingungen, die die Fastnacht ermöglichten, beförderten oder behinderten.

Fastnacht als christliches Fest

Dass kirchengeschichtliche und theologische Faktoren für die Erklärung der Fastnacht eine wichtige Rolle spielen könnten, wird nicht zuletzt durch die zu dieser Zeit wiederbelebte Diskussion um die Etymologie der Worte ‹Fastnacht› und ‹Karneval› deutlich. Nachdem man ‹Fastnacht› längere Zeit auf das mittelhochdeutsche Verb ‹vaselen› in der Bedeutung «gedeihen, fruchten»[21] oder auf ‹faseln› im Sinne von «Unsinn treiben»[22] zurückgeführt hat, besinnt man sich jetzt wieder auf die schon im Grimmschen Wörterbuch angebotene Etymologie, welche vom Grundwort ‹fasten› ausgeht[23]. Parallel dazu wird ‹Karneval› von der kirchlichen Bezeichnung der Fastenzeit abgeleitet: Aus ‹carne levare› beziehungsweise ‹carne levamen› soll in der Klostersprache bald die scherzhafte Abwandlung ‹carne vale!› entstanden sein.[24] Dagegen wird die bis jetzt vorherrschende Herleitung von ‹carrus navalis› aufgegeben – im sogenannten Schiffswagen, den man im Nürnberger Schembartlauf ebenso wie in den altgriechischen Dionysien in Athen fand, hatte man ein gemeinsames und konstitutives Merkmal von karnevalistischen Darbietungen gesehen.[25]

Sowohl Karl Meisen als auch Hellmut Rosenfeld präsentieren 1967 beziehungsweise 1969 im Streit um das -t- in ‹Fastnacht› die wichtigsten Gründe, die einerseits einen etymologischen, anderseits aber auch einen inhaltlichen Zusammenhang zwischen Fastnacht und Fastenzeit plausibel erscheinen lassen.[26] Durch Vergleiche mit anderen kirchlichen Fastenzeiten oder anhand von Terminregelungen, die die Kirche für Fastenzeit und Fastnacht vornahm, versucht Meisen zu zeigen, «dass die Anfänge des zu Fastnacht üblich gewordenen Brauchtums [insbesondere das übermässige Essen und Trinken] als vorweggenommene Reaktion auf die österliche Fastenzeit aufzufassen sind [...]»[27]. Rosenfeld schliesst sich im wesentlichen dieser Deutung an; obschon er einräumt, dass sich möglicherweise einzelne Elemente aus vorchristlicher Zeit erhalten haben könnten, so lautet sein Schluss doch: «Es handelt sich auf der ganzen Linie um aus dem christlichen Jahresrhythmus neu erwachsenes Brauchtum.»[28]

Revolte oder Ventil?

Hinsichtlich der gesellschaftspolitischen Bedeutung der Fastnacht stellt Peter Weidkuhn 1969 ganz unabhängig von jeder Ursprungsspekulation wichtige und provokative Thesen auf. Die zunächst überraschende Entdeckung, die er durch die Beobachtung von Revolutionsabläufen gemacht hat, bringt ihn zum Verdacht, «dass Fastnacht und Revolution funktional miteinander zusammenhängen, das heisst: Die Verhaltensprogramme, die beiden Abläufen zugrunde liegen, scheinen miteinander verwandt zu sein»[29]. Die Untersuchung verschiedener historischer Fälle, bei denen sich aus der Fastnacht heraus revolutionäres Potential entwickelte, wirft in sehr pointierter Weise die Frage auf, ob die Fastnacht nur ‹Ventilfunktion› oder echte Sprengkraft besass:

> Ich behaupte nun, dass die Fastnacht [...] eine kulturelle Institution ist, die den permanenten gesellschaftlichen Konflikt regelt oder ritualisiert. Sie erlaubt es dem politisch Ausgebeuteten, Revolution zu machen, ohne wirklich Revolution zu machen, das heisst, seine Position periodisch immer wieder kurzfristig zu «verbessern», ohne dass die

bestehende Herrschaftsstruktur der Gesellschaft überhaupt nur angetastet würde.[30]

In diesem Sinn vergleicht Weidkuhn beispielsweise die Fastnacht der frühen Neuzeit mit den von der englischen Sozialanthropologie in afrikanischen Gesellschaften beobachteten «Rebellionsritualen». Die Aufhebung von sozialen Normen während einer periodisch wiederkehrenden, ritualisierten Zeit der Anarchie soll letztlich die Notwendigkeit der herrschenden Ordnung und Hierarchie sichtbar machen. Möglichkeiten und Verlockung, die in Rebellionsritualen aufbrechenden sozialen Energien zu manipulieren, sind natürlich gross.[31]

Das konkrete Erscheinungsbild der spätmittelalterlichen Fastnacht

Neben all den Einzelergebnissen der sechziger Jahre[32] bleiben jedoch die Arbeiten von Hans Moser die am besten abgestützten; für die Kenntnis der spätmittelalterlichen Fastnacht im süddeutschen Raum liefern sie zweifellos den wichtigsten Beitrag.[33] Die Grundlage dieser Arbeiten bildet eine zeitlich und räumlich begrenzte «planmässige Quellenforschung»[34], die darauf bedacht ist, Bräuche nicht von ihrem historischen Umfeld zu isolieren. Hans Moser plädiert dafür, möglichst alle Quellengruppen heranzuziehen, das heisst neben den chronikalischen Aufzeichnungen, den Urkundenbüchern und den Ratserlassen auch Gerichts- und Verhörprotokolle und Rechnungsbücher auszuwerten; gerade die letzteren enthalten nach Moser oft aufschlussreiche Belege zur Geschichte der Fastnacht.[35] Die so gesammelten Archivalien ermöglichen, ohne voreilige Sinndeutungen, eine nüchterne Beschreibung wenigstens ihres äusseren Erscheinungsbildes.

Wie sieht die städtische Fastnacht – für die ländliche Fastnacht fehlen bis jetzt entsprechende Belege weitgehend – zwischen dem 13. und dem 16. Jahrhundert aus?

Zunächst wird deutlich, dass es sich um ein Fest handelt, das wie andere städtische Feste der Zeit die Elemente Gelage, Tanz und Maskierung beinhaltet. Die frühen Belege erweisen sich ausserdem häufig als blosse – möglicherweise aus dem Kirchenjahr entlehnte – Terminbezeichnungen im Wirtschafts-, Verwaltungs- und Rechnungswesen. Demnach liegt es nahe, die Fastnacht neben andere Termine zu stellen, an denen im Spätmittelalter im Anschluss an die Erledigung bestimmter Geschäfte (zum Beispiel nach dem Abschluss des alten Rechnungsjahres) ein gemeinsames festliches Mahl mit Tanz und Musik genossen wurde.[36] So gesehen kommen vor allem bürgerliche Rats- und Handelsherren oder Zunftangehörige als Förderer und Entwickler einer fastnächtlichen Festkultur in Frage.

Eine zweite Gruppe von Archivalien deutet nach Hans Moser darauf hin, dass im kirchlichen und klösterlichen Leben schon früh Fastnachtsbräuche gepflegt wurden; es war ja die Kirche selbst, welche den Beginn der vierzigtägigen Buss- und Fastenzeit vor Ostern an der Synode von Benevent 1091 vereinheitlichte und auf den Mittwoch (Aschermittwoch) vor Invocavit legte.[37] Gleichzeitig scheint sie lange Zeit die Ausgelassenheiten akzeptiert zu haben, die sich als ‹Ventil› vor der entbehrungsreichen Fastenzeit entwickelt haben könnten:

> Dass das carnisprivium [...] in Klöstern zur häuslichen Jahresfestfolge gehörte, geht aus den ältesten erhaltenen Klosterrechnungen hervor, aus einer von Prüfening für das Jahr 1300 und aus einigen von St. Emmeram in Regensburg ab 1325. Bald danach erfährt man, dass nicht nur die Mönchsgemeinschaft für sich feierte, sondern auch Klostergesinde und Handwerker eine Bewirtung erhielten.[38]

Auch in diesem Umfeld liegt also eine mögliche Keimzelle des Fastnachtsbrauchtums.[39] Hinsichtlich der Vermummung sprechen Mosers Quellen dafür, dass die Verwendung von Masken an der Fastnacht erst vom 15. Jahrhundert an eine wichtige Rolle zu spielen begann; damit muss die These von den Masken als «ein der Fasnacht wesenseigenes Grundelement von grauer Vorzeit her»[40] in Frage gestellt werden.

Weder in den typischen Maskengestalten noch in den sonstigen vielfach belegten Kostümen des 15. und 16. Jahrhunderts kann Hans Moser einen kultischen oder mythischen Hintergrund erkennen.[41] Viel eher sind sie seiner Meinung nach im Rahmen der fastnächtlichen Scherz-, Spott- und Verkehrungslust zu sehen, die auch den Hintergrund bildet zur Darbietung von allen möglichen Formen von Fastnachtspielen:

> Wenn Ackergeräte vor der Zeit ihrer Wiederverwendung auf den meist noch gefrorenen, schneebedeckten, sonst aber gepflasterten Strassen der Stadt herumgezogen wurden, wenn das auch mit der Nachbildung eines ebenfalls erst noch brachliegenden Wasserfahrzeugs geschah, und wenn ausserdem eben diese Strassen mit Sand, Asche, Spreu und

anderem Abfall besät wurden, so war das alles ein unsinniges und fruchtloses Gehaben, das nur der verkehrten Welt der Fastnacht anstehen konnte. Es sind Scherzbräuche, von denen ebenso wenig eine praktische Wirkung erwartet wurde, wie etwa von den in vielen Formen belustigenden Prozeduren, alte Menschen wieder zu verjüngen.[42]

Auf diese Weise entmythologisiert Hans Moser einige der ‹uralten› Fastnachtsbräuche, nicht zuletzt aufgrund des sozialen Wandels, der die Trägerschaft der städtischen Festkultur zwischen dem 14. und 15. Jahrhundert offenbar erfasst hat. Gerade aus den Quellen jener Zeit liest er eine Tendenz zur Demokratisierung der Fastnacht. Das schlägt sich beispielsweise nieder in einer Verlagerung der Aktivitäten aus den vornehmeren Privathäusern hinaus auf die Strasse, aber auch in der Zunahme von gewalttätigen, sexuellen oder die tolerierten Grenzen für Scherz und Parodie missachtenden Normverstössen.[43]

Die Vielfalt der relativ spät belegbaren fastnächtlichen Erscheinungsformen, so lautet eine von Hans Moser geäusserte Grundeinsicht, lässt insgesamt «nicht die von der älteren Brauchforschung gesuchte und gesehene, auf wenige untergründige Sinngehalte zurückzuführende Einheitlichkeit»[44] erkennen. «Repräsentation, Erfindungsfreude und Festrausch, und nicht Normen einer festgefügten und verbindlichen Brauchtradition»[45] hält Moser für die wesentlichen Impulse der städtischen Fastnacht im Spätmittelalter.

Heterogenität der Fastnachtsbräuche

Während sich die historische Fastnachtsforschung bis dahin vor allem auf den oberdeutschen Raum konzentriert hat, wird dem niederdeutschen Fastnachtsbrauchtum erst 1976 eine umfassende und historisch fundierte Studie gewidmet. In seiner wichtigen Arbeit über städtisches Fastnachtsbrauchtum in West- und Ostfalen[46] kann Norbert Humburg bisherige Resultate aus Süddeutschland teilweise bestätigen und ergänzen, möchte aber anderseits die in der Forschung zunehmende Fixierung auf rein christliches Brauchtum relativieren; immerhin stellt er fest, dass einige Elemente sehr wohl aus vorchristlicher Zeit stammen könnten, jedenfalls eine «nicht mehr genau zu bestimmende Herkunft»[47] haben. Überhaupt spricht aus Humburgs sorgfältiger und kritischer Sichtung einer umfangreichen Quellensammlung viel Skepsis gegenüber allzu sicheren Darstellungen der spätmittelalterlichen Fastnacht. Wohl lassen sich verschiedene konstitutive Elemente herauskristallisieren – Essen und Trinken, Tanz, Spiele, Verkleidung und Maskierung sind auch in Norddeutschland an der Fastnacht üblich –, aber schon bei ihrer Gewichtung, erst recht bei der Rekonstruktion eines generellen Ablaufs stellen sich kaum überwindbare Probleme. Auch die gesellschaftliche Situierung bleibt vage:

> Die Frage nach der sozialen Zugehörigkeit der zu Fastnacht maskiert oder verkleidet auftretenden Personen oder Gruppen ist aufgrund der unpräzisen Quellen nicht eindeutig zu beantworten. Bei den Begehungen von geistlichen und profanen Gemeinschaften (Kloster und Stadtrat) war kein Maskengebrauch festzustellen. Es scheint, als sei das Verkleidungswesen ein wichtiges Element der Strassenfastnacht gewesen, an der sich die gesamte Bevölkerung beteiligt hat.[48]

Die Vielfalt und Heterogenität der seit dem 13. Jahrhundert belegbaren Erscheinungsformen der Fastnacht in West- und Ostfalen[49] widerstrebt folglich dem Versuch, eine einheitliche und zusammenhängende Sinndeutung für die einzelnen Elemente zu finden.

Fastnacht als Instrument der kirchlichen Heilslehre

Angesichts der von Humburg wie ja auch schon von Hans Moser geäusserten Skepsis überrascht die Sicherheit, mit der Dietz-Rüdiger Moser 1976 eine ganz neue Fastnachtsinterpretation wagt.[50] Am Beispiel der Fastnachtspiele von Hans Sachs versucht er zu zeigen, dass solchen Spielen wenigstens vor der Reformation ein klar strukturiertes, sinnvolles Bedeutungssystem zugrundelag. Als «die augenfälligsten Bedeutungsträger der Auffassungen, auf denen die Fastnacht beruhte»[51], widerspiegeln sie nach Dietz-Rüdiger Moser Intention und Funktion der Fastnacht: «Es war ihr Zweck, die leiblich-irdischen Neigungen der Gläubigen über ihre Entfaltung hinaus zu binden und dann in das eigentlich Christliche zu überführen. Die Fastnacht bildete einen integralen Bestandteil des theologischen Heilsplans.»[52]

Das neue an dieser Interpretation ist nicht die These, dass die Fastnacht aus christlichem Kontext heraus zu beurteilen sei; neu ist vielmehr die behauptete Intentionalität aller fastnächtlichen Brauchformen, die sich auf ein bestimmtes, in der christlichen Heilslehre vorgeprägtes Programm – das heisst auf theologisch vorgegebene Bilder, Symbole und Werthaltungen – zurückführen liessen. Die Fastnacht erweist sich aus diesem Blickwinkel als ein von der Kirche bewusst verwendetes und gefördertes katechetisches Instrument, das seit dem 13. Jahrhundert eingesetzt wurde, um «die Stadtbevölkerung stärker in die Kirche zu integrieren»[53]. Selbst alle sexuellen Ausschweifungen, Völlereien und hässlichen Maskierungen hätten demnach ihren Sinn darin, die Menschen für kurze Zeit real durch die Sünde hindurch gehen zu lassen, damit sie sich in der anschliessenden Fastenzeit von der weltlichen Widerwärtigkeit abwenden und dem Reich Gottes zuwenden konnten.[54]

Die mit grosser Gewissheit vertretenen Thesen von Dietz-Rüdiger Moser blieben natürlich nicht unwidersprochen. Allerdings setzt die Kontroverse erst in den achtziger Jahren ein, führt dann aber bald zu Polarisierung und Polemik, die den wissenschaftlichen Dialog bis heute beherrschen. Während auf der einen Seite Hans Moser seinem eigenen Forschungsansatz treu bleibt und aufgrund seiner Quellenstudien der Interpretation von Dietz-Rüdiger Moser äusserst kritisch begegnet[55], versucht dieser seine Theorie mit weiteren Argumenten auszubauen und noch mehr zu systematisieren. So beruft er sich nicht nur auf franziskanische Ideologie und Symbolik[56], sondern ganz konkret auf das augustinische Zweistaatenmodell als Vorlage für die Fastnacht:

> Sowohl die Einrichtung als auch die Brauchgestaltung der Fastnachtsfeier erfolgte auf der Grundlage des Zweistaatenmodells des hl. Augustinus, das auf den Festkalender übertragen wurde und der «Vorfeier» [das heisst der Fastnacht als Vorfeier zur Fastenzeit] einen grundsätzlich negativen Charakter verlieh. [...] Die über viele Jahrhunderte nachweisbare Auslegung der Fastnachtssonntagsperikopen (1. Kor 13 und Lk 18, 31–43) nach dem Zweistaatenmodell Augustins und die Brauchpraxis selbst geben dafür eine hinreichende Bestätigung.[57]

Unterstützt wird D.-R. Moser vor allem aus dem engeren Kreis seiner eigenen Schüler, so etwa von Jürgen Küster, der den Nürnberger Schembartlauf mit Hilfe des von Moser entworfenen Fastnachtssystems neu zu analysieren versucht.[58] Ebenso geht es in der Dissertation von Eva Kimminich nicht um eine grundsätzlich neue Fastnachtsinterpretation, sondern um den Nachweis, dass die kirchliche Lasterlehre für Entwicklung und Gestaltung der Fastnacht von grosser Bedeutung war.[59]

Zur aktuellen Diskussion

Rund um die beiden Hauptexponenten Dietz-Rüdiger Moser und Hans Moser, die konträre Standpunkte vertreten, kommt es zu einer Wiederbelebung von Fastnachtsforschung und -theorie. So plädiert beispielsweise Hermann Bausinger 1983 «für eine komplexere Fastnachtstheorie»[60], die sich nicht auf «ein einzelnes, universelles Modell»[61] stützen sollte. Denn die Fixierung auf ein in sich geschlossenes System blende im voraus die vielfältigen Faktoren aus, die gerade bei der Entstehung, Überlieferung und Ausgestaltung von Brauchkomplexen wirksam sein können. Zwar anerkennt Bausinger die Bedeutung, die Dietz-Rüdiger Moser etwa dem Einfluss der Perikopen auf die (Fastnachts-)Brauchgestaltung zuschreibt, relativiert aber gleichzeitig den Anspruch auf absolute, überregionale und zeitlich uneingeschränkte Geltung, der in D.-R. Mosers Ansatz steckt. Dessen Fastnachtsinterpretation setzt nach Bausinger einen Kontinuitätsbegriff voraus, der für die Erklärung von Brauchphänomenen fragwürdig ist; ausserdem fehlten dafür hinreichende Nachweise etwa in Form von kirchlichen Fastnachtsempfehlungen und «Inszenierungsanleitungen». Ähnlich argumentieren auch Edgar Harvolk und Hans Trümpy.[62]

Auf der anderen Seite wiederum versucht Jürgen Küster[63] den häufig vorgebrachten Einwand zu entkräften, dass ein kirchliches Fastnachtsprogramm zu den zahlreichen Fastnachtsverboten der Kirche im Widerspruch stehen würde. Küster problematisiert nicht ganz zu Unrecht eine Fastnachtsgeschichte, die sich hauptsächlich auf Verbote stützt. Vor allem bei der vorreformatorischen Fastnacht beziehen sich die kirchlichen Verbote seiner Meinung nach nur auf Exzesse, nicht aber auf die Institution Fastnacht an sich. Wie Dietz-Rüdiger Moser hält er daher daran fest, dass die geistliche und weltliche Obrigkeit «bis zum Einbruch der Reformation um die Organisation und Förderung des Narrentreibens bemüht waren»[64]. In dieselbe Richtung zielt Werner Mezger[65], wenn er die Bedeutung der spätmittelalterlichen Fastnacht anhand der zentralen Figur des Narren erschliessen will. Da die Narrenidee im Mittelalter mit Sündenfall und Vanitasgedanken verknüpft war, scheint es für ihn auf der Hand zu liegen, dass auch Fastnacht und Aschermittwoch vor diesem Hintergrund zu deuten sind – wobei er sich freilich hütet, eine direkte Verbindung zu Augustin herzustellen.

Mit einer neuen, komplexeren Optik, wie sie Bausinger gefordert hatte, tastet sich Norbert Schindler 1984 an die Fastnacht heran.[66] Er geht über die polarisierende Kontroverse zwischen Dietz-Rüdiger Moser und Hans Moser hinaus, indem er zur Deutung der Brauchpraxis das Gegensatzpaar «Wildheit» und «Zivilisation» anwendet[67]; die Äusserungen der Volkskultur im Übergang vom Mittelalter zur Neuzeit (insbesondere im 16. Jahrhundert) sind seiner Meinung nach vom Konflikt zwischen diesen beiden Polen geprägt, hinter denen natürlich zugleich herrschende und unterdrückte Kulturschichten stehen.

Schindler fasst Fastnacht in erster Linie als Verkehrte Welt, als Inszenierung «der jeweils anderen Seite der Dinge»[68], die im Gegensatz, aber auch in Abhängigkeit zur Alltagserfahrung steht. Aus diesem Spannungsfeld heraus entstehe die «Polysemie der Riten der Volkskultur»[69], die sowohl integrative als auch revoltierende Kraft haben können. Konkret drücken sie sich in Formen von Lachkultur und Körperlichkeit aus:

> Was uns der Karneval zu sagen hat, das bringt er durch die sinnliche Expressivität seiner Körperkultur zum Ausdruck. Wenn wir ihn verstehen wollen, müssen wir sie untersuchen – und nichts anderes. [...] Der Karneval ist ein Fest des Körpers, Kulminationspunkt seiner Vereinnahmung und Verausgabung in Mimik, Gestik, Spiel und Tanz, Essen und Trinken und nicht zu vergessen: Sexualität. Sein Thema ist der Widerstreit des ‹wilden› und ‹zivilisierten› Körpers, der elementaren und der kultivierten Bedürfnisse, des Zwangs und der Freizügigkeit [...]; sein grobianischer Integrationsstil verlacht *alle* Ideologien, indem er sie auf ihr materielles Substrat ‹reduziert›.[70]

Versuch einer kritischen Synthese

Das Spektrum der angebotenen Fastnachtsinterpretationen könnte kaum breiter sein. Die grössten Widersprüche manifestieren sich in der Kehrtwendung der ‹Beweisführung› für den rein heidnischen beziehungsweise den ausschliesslich christlichen Ursprung des Festes. Aber die teilweise konträren Behauptungen müssten eigentlich die Fastnachtsforschung dafür sensibilisieren, wie stark ihre Perspektive und ihre Ergebnisse von der jeweils dominierenden Ideologie – und daraus abgeleiteten theoretischen Prämissen – geprägt sind. Was können wir jenseits von ideologieanfälligen Spekulationen über die Fastnacht des Spätmittelalters und der frühen Neuzeit wirklich wissen?

Die Erkenntnis-Bilanz aus dem Überblick über die verschiedenen Deutungsmodelle fällt in bezug auf faktisches Wissen negativ aus: viel Aufwand, wenige Resultate. Das trifft besonders dann zu, wenn nach übergreifenden, allgemeingültigen Interpretationen des Phänomens Fastnacht gesucht wird. Was die theoretischen Ansätze der Forschung betrifft, so wird doch wenigstens dies eine deutlich: Jeder Versuch, die Fastnacht pauschal einem einzigen System unterzuordnen – sei es heidnisch oder christlich –, ist von Anfang an zum Scheitern verurteilt.

Wenn auch heute in der seriöseren Forschung kaum jemand mehr alles fastnächtliche Treiben auf heidnische Wurzeln zurückführen würde, so scheint eine der aktuellen Forschungsrichtungen doch mit grossen Anstrengungen dasselbe mit umgekehrtem, nämlich christlichem Vorzeichen zu tun. Zwar wurden so etliche Beweise zusammengetragen, aus denen evident wird, wie stark die Fastnacht von christlichen Einflüssen geprägt ist.[71] Aber damit ist noch kein generell gültiger Interpretationsschlüssel gewonnen. Ausserdem sind die Autoren von allzu schlüssigen und systematischen Erklärungsversuchen oft durch eine partielle Blindheit gefährdet, indem sie nicht ins System passende Aspekte und Zusammenhänge einfach nicht wahrnehmen wollen. Der so entstehende Anspruch auf absolute Gültigkeit bestimmter Deutungsmodelle ist nicht zuletzt verantwortlich für die Polarisierung und Polemik innerhalb der neueren Fastnachtsforschung.

Ein Ausweg aus der gegenwärtigen Verhärtung der Fronten muss tatsächlich in einem pluralistischen Ansatz liegen, der auch zum Teil widersprüchlich scheinende Ergebnisse zu integrieren vermag. Ein solcher Ansatz ist schon deshalb angezeigt, weil es sich bei den Brauchträgern kaum je um eine homogene gesellschaftliche Gruppe gehandelt hat. Demnach sind für einen gegebenen historischen Zeitpunkt immer unterschiedliche Motivationen, Funktionen und Deutungen für die Fastnacht zu erwarten. Profane Einflüsse und Elemente können durchaus gleichzeitig neben kirchlichen Prägungen stehen. Christliches und Heidnisches braucht sich keineswegs gegenseitig auszuschliessen – sofern eine solche Trennung etwa für die vorreformatorische Volkskultur überhaupt sinnvoll ist.[72] Theologische Erklärungen befinden sich wohl immer in einem gewissen Widerspruch zum Laienverständnis der Fastnacht. Was von den einen Zeitgenossen als karnevalistisches Protestverhalten aufgefasst wird, mag von den anderen als harmloses Entlastungsventil toleriert werden. Und mit der Intentionalität bestimmter Brauchphänomene vermischt sich zweifellos zu allen Zeiten auch improvisierte Spielerei, die zwar ihrerseits nicht bedeutungslos ist, aber kaum aus demselben intentionalen System heraus gedeutet werden darf. Eines scheinen viele Fastnachtsdeuter, die ein Bedeutungssystem nur auf naiv-kultischer oder naiv-gläubiger Ebene suchen, immer wieder zu vergessen: die Kraft der Parodie, die in der Fastnacht *alles*, auch das Heiligste, ergreifen kann; nur schon die Parodie verbietet eine eindimensionale Übersetzung der Karnevalssprache.[73]

Dass für ein umfassendes Verständnis der spätmittelalterlichen Fastnacht neben den heilsgeschichtlichen Voraussetzungen auch Bereiche des alltäglichen, wirtschaftlichen, rechtlichen und politischen Lebens miteinbezogen werden müssen, ist aus der Gesamtheit der archivalischen Belege zur Fastnacht leicht ersichtlich. Das heisst nun aber nicht, dass die Erschliessung ihrer je unterschiedlichen historischen Bedeutungen und Funktionen ganz auf jede übergreifende Struktur verzichten müsste. Eine Synthese aus den vorgestellten Deutungsmodellen sollte vor allem der Heterogenität und der scheinbaren Widersprüchlichkeit des Fastnachtsbrauchtums Rechnung tragen.

Einiges spricht dafür, dass wichtige und prägende Einflüsse auf die Gestaltung der Fastnacht aus dem Umfeld der Kirche stammen. Nicht nur Terminregelungen und Stellung im kirchlichen Kalenderjahr deuten darauf hin, sondern auch die Bezeichnungen (Fastnacht / Karneval) und eine Symbolik, die sich in vielen Fällen reibungslos ins christliche Tugend-Laster-System einfügen lässt.[74] Wenn ausserdem verschiedene Belege den Nachweis liefern, dass die Fastnacht schon früh im klerikalen Milieu gepflegt wurde[75], so liegt die Vermutung nahe, dass es sich um ein Fest handelt, das in äusseren und inneren Zusammenhängen steht mit verwandten Erscheinungen wie Narren- oder Eselsfesten. Für deren Entwicklung mitverantwortlich ist, nach Jacques Heers, «l'enseignement même de l'Eglise et ses initiatives. Il est significatif de constater que ces fêtes licencieuses ou contestataires se soient surtout affirmées, en Europe, en milieu clérical. On les trouve particulièrement nombreuses là où existaient d'importants chapitres près des cathédrales [...]»[76]. Die Bedingungen, aufgrund welcher Heers der Kirche eine entscheidende Rolle bei der Entwicklung und Ausgestaltung mittelalterlicher Festkultur zuschreibt, könnten auch einige Charakteristika der Fastnacht erklären. Einerseits sei zu bedenken, dass es sich beim Klerus nicht um eine homogene gesellschaftliche Gruppe handelt; da seine Vertreter auf allen sozialen Stufen zu finden sind, würden nicht selten auch innerhalb der klerikalen Hierarchie Machtkämpfe ausgetragen. Anderseits seien wohl gerade beim niederen, volksnahen Klerus die Grenzen zwischen Profanem und Sakralem, aber auch zwischen Heidnischem und Christlichem oft fliessend.[77] So waren die Feste des Kapitels zwar von christlichen Symbolen und Elementen geprägt, aber immer schon offen für Parodie und Kritik, für ‹unchristliches› Gelächter, Komik und profane Festelemente wie zum Beispiel Tänze.[78] Daher ist auch die ambivalente Haltung der Kirchenelite zu verstehen, die eine solche Festkultur tolerierte und um der Popularität willen sogar förderte, daneben aber immer bemüht war, eine möglichst grosse Kontrolle über die für sie bedrohlichen Tendenzen auszuüben. Wenn die Fastnacht des Spätmittelalters tatsächlich in erster Linie auf diese mittelalterliche Festkultur zurückführbar ist, so erweisen sich auch die für die Forschung oft unvereinbaren Gegensätze von christlichen und heidnischen Elementen, von Revolte und Ventil, aber auch von Intentionalität und Zufälligkeit nicht als eigentliche Widersprüche. Auf diese Weise wären vor allem die christlichen Grundzüge zu erklären, ohne dass dahinter gleich ein heilsgeschichtlich sinnvolles Programm oder Inszenierungsanweisungen der offiziellen Kirche vermutet werden müssten. Die Berücksichtigung der sozialen Realität der möglichen Brauchträger und -innovatoren könnte also dazu beitragen, in der Fastnachtsforschung die Suche nach einem absolut gültigen, durch und durch sinnhaltigen System zu überwinden.

Dass die Vorstellung einer Entwicklung der Fastnacht aus klerikalem Milieu heraus durchaus realistisch ist, hat Jacques Heers in seiner Darstellung anhand anderer Festbeispiele plausibel vorgeführt. So wie sich ähnliche Phänomene (zum Beispiel Narrenfeste und Prozessionen) leicht aus dem Kreis einer geschlossenen Körperschaft auf die ganze Stadt ausdehnen konnten, so könnte sich auch die spätmittelalterliche Fastnacht entwickelt und verbreitet haben. Es versteht sich von selbst, dass dabei einige kirchlich geprägte Strukturen und Elemente, vor allem aber der Geist der Parodie, weiterhin wirksam waren, während anderseits Einflüsse von ‹aussen›, das heisst besonders von der bürgerlich-städtischen Festkultur, integriert wurden. Verbindungen mit Festanlässen und -formen aus dem Wirtschafts- und Rechtsleben sind denkbar, zumal die mächtiger werdenden weltlichen Bruderschaften und Zünfte Organisation und Funktion solcher Feste je länger desto mehr für sich beanspruchten.[79]

Ebenfalls nicht auszuschliessen ist bei einer solchen Entwicklung die Übernahme von Praktiken einer sogenannt heidnischen, jedenfalls nicht kirchlich sanktionierten Festtradition. Der zunehmend weltliche Charakter der Fastnacht lässt schliesslich eine immer ausgeprägtere soziale Differenzierung von Aktivitäten und Beteiligten erwarten. So könnte man sich jedenfalls das Zustandekommen eines sehr komplexen Fastnachtsbrauchtums im Spätmittelalter erklären, das trotz verschiedenster Einflüsse in ganz Europa gemeinsame Grundzüge aufweist. Aber es leuchtet ein, dass in diesem Fall die Funktion des Festes nicht erschlossen werden kann, indem man die Herkunft einzelner Aspekte zu bestimmen versucht. Selbst wenn etwa die Verwendung von Masken auf einen Überrest archaischer Kulturschichten verweisen würde, so wäre es doch nicht angemessen, die ganze Fastnacht als «Reinigungszeremonie»[80] zu interpretieren. Und wenn neuerdings nachgewiesen wird, dass einzelne Symbole auf mittelalterliche Lasterdarstellungen zurückgehen, so lässt sich daraus ebensowenig eine generelle Metanoia-Funktion der vorreformatorischen Fastnacht[81] ablesen.

Vielfalt und Uneinheitlichkeit von brauchbildenden Kräften und Einflüssen fordern dazu heraus, Bedeutung und Funktion der Fastnacht für verschiedene Zeiträume je neu zu bestimmen. Es kann hier nicht darum gehen, eigene Spekulationen zur Fastnachtsentwicklung mit Quellen und Dokumenten zu belegen. Die theoretische Rekonstruktion von möglichen Zusammenhängen ist lediglich ein Vorschlag, in welcher Richtung die Fastnachtsforschung weitersuchen könnte, um sich aus ihrer gegenwärtigen Polarisierung zu lösen. Ausserdem sollte gezeigt werden, dass eine Synthese vorhandener Ansätze realisierbar und sogar sinnvoll ist.

Als revidierbares Modell gibt meine Skizze einen groben diachronischen Rahmen ab, in welchem sich zeitlich und räumlich begrenzte Untersuchungen einordnen lassen. Besonders für die Frage nach den Zusammenhängen zwischen Fastnacht und Reformation ist es äusserst wichtig, nicht von irgendeinem vorbestimmten Programm oder System auszugehen. Nur das umgekehrte Vorgehen, das heisst die unvoreingenommene Analyse der konkreten fastnächtlichen Erscheinungen im Untersuchungsraum während der kritischen Phase, kann hier Licht auf verborgene Strukturen werfen; erst in einem zweiten Schritt sei die Interpretation von Bedeutung und Funktion jener Fastnacht erlaubt. Für zuverlässige Aussagen scheint es mir dabei unumgänglich, das Phänomen Fastnacht im kulturellen, sozialen und politischen Zusammenhang zu betrachten.

IV. Eidgenössische Fastnachtskultur im 15. und 16. Jahrhundert

Welche Funktion und Bedeutung hatte die Fastnacht in Bern am Anfang des 16. Jahrhunderts? Die Beantwortung dieser Frage bildet eine wesentliche Voraussetzung für die Interpretation der Fastnachtspiele von 1523. Die Geschichte der Fastnachtsforschung zeigt aber, dass die Projektion eines bestimmten Deutungsmodells auf die konkreten Berner Verhältnisse höchst problematisch ist. Anderseits gibt es nicht genügend Quellen aus Bern selbst, aus denen ein Gesamtbild seiner Fastnacht erschliessbar wäre.[1] Ich sehe mich daher veranlasst, den geographischen Untersuchungsraum auf die damalige Eidgenossenschaft und deren Grenzgebiete auszudehnen.

Basis für die nachfolgende Studie bildet – neben den wenigen vorhandenen Darstellungen zur Fastnacht des 16. Jahrhunderts im schweizerischen Raum – eine Sammlung von Chronikauszügen und Archivalien, die zwar nicht flächendeckend-systematisch angelegt wurde, aber doch auf einer gründlichen Auswertung wichtiger Quellengruppen des 15. und 16. Jahrhunderts beruht. Nicht nur die greifbaren offiziellen Chroniken, sondern vor allem auch die umfangreichen Aktensammlungen zur Reformationsgeschichte (mit Ratserlassen, Protokollen, Briefen, etc.), Rechtsquellen, Rechnungsbücher und die persönlichen Aufzeichnungen von einzelnen Beobachtern liefern wertvolle Hinweise zum Fastnachtsgeschehen der Zeit.

Dabei scheint es mir nicht sinnvoll, nur gerade jene Aspekte und Belege herauszugreifen, die einen direkten Zusammenhang mit der engeren Fragestellung dieser Arbeit aufweisen. Um die kulturellen Grundlagen, die materielle und geistige Sphäre und die Mentalität zu verstehen, aus denen die Fastnachtspiele hervorgegangen sind, sei der Versuch einer etwas umfassenderen Phänomenologie der zeitgenössischen Fastnacht gewagt. Das heisst: Wichtige Belege aus verschiedenen Quellen sollen zusammengetragen, geordnet und, wenn nötig, in ihrem Wortlaut zitiert werden. So kann das vorhandene Material in einem breit angelegten Panorama organisiert und zugänglich gemacht werden, so dass es auch zu weiteren Interpretationen anregen möge. Neue Erkenntnisse in diesem Bereich werden ohnehin weniger durch die Entdeckung von unbekannten Quellen gewonnen als durch die *neue Lektüre* und die sinnvolle Zusammenführung von bereits edierten Belegen. Darin liegt denn auch der Grund für die häufigen Quellenzitate: Die Dokumente enthalten neben faktischen Informationen immer auch ein Stück Interpretation und Fiktionalität. Sie erfordern daher – wie andere literarische Texte – eine Lektüre, die nicht nur auf die Fakten ausgerichtet ist, sondern auch Botschaften zu entziffern vermag, die zwischen den Zeilen oder auf der rhetorischen Ebene vermittelt werden. Eine solche Lektüre muss so nahe wie möglich an den Quellen bleiben.

Eine ungebärdige Fastnachtsgesellschaft

Wie wenig die eidgenössische Fastnacht in Spätmittelalter und früher Neuzeit in ihrer gesamten Erscheinung erschlossen ist, zeigen Forschungsüberblick und Bibliographie von Werner Röllin.[2] Erwähnenswert ist die auf breiten Quellenkenntnissen beruhende Studie von Eduard Hoffmann-Krayer[3], die allerdings in ihrer Interpretation veraltet ist. Immerhin hat Hoffmann-Krayer eine erstaunliche Fülle von Materialien zusammengetragen, wohl nicht zuletzt aus seiner schon sehr früh geäusserten Skepsis gegenüber voreiligen Deutungen.[4] Die zur Hauptsache aus dem 15. und 16. Jahrhundert stammenden Belege ergeben nach Hoffmann-Krayer für die Fastnacht den Grundton «einer bis zur höchsten Ausgelassenheit sich steigernden Fröhlichkeit, wie sie sich in Gastmählern und Trinkgelagen, in Spiel und Tanz und leider [...] in noch Schlimmerem äussert»[5].

Als konstitutive Elemente nennt er, neben den gegenseitigen Fastnachtsbesuchen der eidgenössischen Orte, den Tänzen, Umzügen und «geschlechtlichen Exzessen»[6], eine Reihe von Bräuchen, die er, seiner Zeit gemäss, den Fruchtbarkeitskulten zurechnet. Jedenfalls lässt sich das

Ziehen eines Pflugs, eines Trottbaums oder einer Egge ebenso einwandfrei belegen wie etwa das Brunnenwerfen, bei dem gewisse Personen in Stadtbrunnen und -bäche befördert wurden. Immer wieder ist in den Archivalien die Verwendung von Feuer, Fackeln und natürlich Masken erwähnt, wobei Verkleidungen als Teufel und Bauer, als Frau respektive Mann («Kleidertausch») oder als Wilde Leute besonders häufig erscheinen. An Aktivitäten stellt Hoffmann-Krayer im Zusammenhang mit ausgiebigem Essen und Trinken regelmässige Heische- und Nötigungsbräuche fest, die vom «Küechliholen» bis zum Trinkzwang reichen. Wesentliche Bestandteile erkennt er ausserdem in eigentlichen (literarischen) Fastnachtspielen, in Streitspielen, Satiren, Spottversen und -liedern. Bemerkenswert ist schliesslich die Feststellung, dass die Umzüge – zum Beispiel in Basel – «in ältester Form nichts anderes als militärische Musterungen»[7] seien. Damit nennt Hoffmann-Krayer ohne weiteren Kommentar ein Element, das auf den ersten Blick fastnachtsfremd erscheinen mag. Es lässt sich aber gerade daran zeigen, dass die Fastnacht nicht als geschlossenes System, gewissermassen festimmanent, zu interpretieren ist; vielmehr muss sie aus dem Kontext der zeitgenössischen Festkultur erschlossen werden. Ein solcher Zusammenhang wurde kaum erkannt von einer Fastnachtsforschung, die sich selbst durch hartnäckige Vor-Urteile zu selektiver Wahrnehmung verurteilte. (Auch in der heutigen Forschung bleibt es ein meist unerfülltes Desiderat, dass die Fastnacht nicht isoliert von der allgemeinen Festkultur betrachtet werden sollte.)
Erst die Untersuchung von Phänomenen der Gewalt in der spätmittelalterlichen Gesellschaft führte Hans Georg Wackernagel in den dreissiger Jahren dazu, funktionale Parallelen verschiedener Feste zu beschreiben.[8] Die Beobachtung, dass sich Aufruhr und Kriegszüge in der alten Eidgenossenschaft häufig anlässlich von Festen entwickelten, liess erahnen, dass die Fastnacht etwa mit der Kirchweih, aber auch mit Schützenfesten oder gar mit den Walliser Mazzen-Aufständen Gemeinsamkeiten besass. So haben sich nach Wackernagel kriegerisch-räuberische Unternehmungen häufig in fastnächtlichen Formen abgewickelt; die mit einer grossen Anzahl von Festen besetzte Zeit zwischen Advent und Fastnacht war dafür prädestiniert. Auffällig sind aber auch die Übereinstimmungen in der Kleidung: «Das zerhauene und oft unanständige [kriegerische] Gewand ist eng verwandt mit fastnächtlichem Maskenkostüm.»[9]
Noch näher hat der Militärhistoriker Walter Schaufelberger die Zusammenhänge zwischen Fastnachts-, Fest- und Kriegskultur beleuchtet – er

sieht sich sogar veranlasst, die kriegerische Eidgenossenschaft des 15. und frühen 16. Jahrhunderts als «ungebärdige [...] Fastnachtsgesellschaft»[10] zu bezeichnen. Durch die Synopse der verschiedenen Festaktivitäten rückt ausserdem ein anderer Aspekt in den Vordergrund: die nicht nur an der Fastnacht stattfindenden gegenseitigen Besuche der eidgenössischen Orte. Zu Recht beschreibt Schaufelberger daher das Fest als «Politikum», das in einer Zeit fehlender (staatlicher) Gewaltmonopolisierung eine wichtige Funktion in der politischen und sozialen Kommunikation erfüllte.[11] Als Integrationsfaktor kommt seiner Meinung nach den meisten Festen auch in militärischer und diplomatischer Hinsicht eine Bedeutung ersten Ranges zu.

Fastnacht, Kirchweih, Hochzeit und Schiessen stehen offensichtlich so nahe beieinander, dass es kaum möglich ist, sie weder wesensmässig noch auch sprachlich eindeutig abzugrenzen. Es kann sehr wohl, wo wir von einer «Fastnacht» lesen, in Wirklichkeit ein Schiessen stattgefunden haben oder mitgegangen sein, es kann sich aber auch bei einem überlieferten Schützenanlass um ein ursprüngliches Fastnachts- oder Kirchweihvergnügen gehandelt haben.[12]

Das von Hoffmann-Krayer erwähnte militärische Element erweist sich also im Licht der zeitgenössischen Festkultur als keineswegs zufällige Erscheinung. Vielmehr sprechen die Quellen dafür, dass die genetischen Unterschiede der einzelnen Feste im 15. und 16. Jahrhundert zunehmend überlagert werden von der dominanten, auch in das Alltags- und Festleben vordringenden Kriegskultur der Eidgenossenschaft; dabei spielte beispielsweise militärisches Imponiergehabe eine wichtige Rolle.[13]
Die Tatsache, dass sich die Kirchweih schon sehr früh von ihrem religiösen Hintergrund losgelöst und eine eigene Festdynamik entwickelt hat[14], wird kaum je in Zweifel gezogen – im Gegensatz dazu scheint man bei der Fastnacht immer wieder ein kohärentes Brauch- und Bedeutungssystem vorauszusetzen. Wenigstens für den eidgenössischen Raum deuten die Ähnlichkeiten der Festaktivitäten und die Austauschbarkeit der Namen «Kilbe» und «Fassnacht» darauf hin, dass schon im 15. und zu Beginn des 16. Jahrhunderts wichtige Aspekte der Fastnacht nichts mehr zu tun haben mit einer «ursprünglichen» – christlichen oder heidnischen – Bedeutung.
In seinen «Sabbata» beschreibt der reformierte St. Galler Chronist Johannes Kessler um 1530 herum die Fastnacht mit diesen Worten:

[...] das sind festtag, so man vollfurt und begat mit allerlai flaischlichen lüsten und begirden, fressen und trinken, danzen und springen. Die werend etwa minder, etwa mer dann zwen monat, und in den letsten acht tagen, so das fest sich enden wil, dann kert der mensch all sin unsinnig und tobhait heruss, rent daher und [=in?] gailhait, mit verhengtem zon [=zaum] aller siner bösen anmuttungen; und ie ringmuttiger einer nach vichescher ard sich stellet, ie flissiger er das fest begangen hat.[15]

Abgesehen von der typisch fastnächtlichen Wendung ins Närrische und – aus Kesslers Optik – ins Obszöne, weist seine Kirchweihbeschreibung Ähnlichkeiten auf: «Da geschicht dann [...] überflüssig essen und trinken, kostliche beklaidung springen und tanzen, och mengerlei kurzwil getriben.»[16] So erstaunt es denn nicht, dass in den Berner Ratsmanualen bei einem Eintrag vom 26. Februar 1518, also zur Fastnachtszeit, zu lesen ist: «Joachim wäber von bälp ist gestrafft von des kilbebruchs wägen umb 2 ₰»[17] – wobei es ein Geheimnis bleibt, was dieser fastnächtliche «kilbebruch» genau beinhaltet.[18] Auch in der Chronik des Glarners Fridolin Bäldi können sich Fastnacht und Kirchweih inhaltlich und zeitlich überschneiden[19], und Sebastian Brant beendet sein «Narrenschiff» 1494 mit den Worten: «Gedruckt zu Basel uff die Vasenaht / die man der narren kirchwich nenet.»[20]

Die Einschätzung der Fastnacht als Bestandteil des allgemeinen Festwesens verlangt nach einer Darstellung, die auf verschiedenen Stufen ansetzt. Obschon sich die einzelnen Bereiche nur schwer trennen lassen, werde ich aus analytischen Gründen bei der Auswertung des Quellenmaterials versuchen, zwischen folgenden Ebenen zu differenzieren:

Übergeordnet soll die Fastnacht als ein Fest unter anderen untersucht werden, insbesondere im Hinblick auf ihre politische und sozialpsychologische Funktion.

Innerhalb dieses Rahmens, also auf untergeordneter Ebene, sollen die sinnlich-körperlichen Phänomene des Fests beleuchtet werden, die in der Fastnachtsforschung meistens im Vordergrund stehen: nämlich Völlerei, Sexualität oder Tanzen, um nur einige Beispiele zu nennen.

Schliesslich geht es auf einer dritten Ebene vor allem um die symbolische Ausdrucksweise der Fastnacht in Form von feststehenden, fastnachtspezifischen Bräuchen, Ritualen und Spielen.

Freundschaften und Feindschaften: Das Fest des sozialen Körpers

Die offiziellen Fastnachtsbesuche

In Anlehnung an die Arbeiten von H. G. Wackernagel und W. Schaufelberger wurde bereits angedeutet, dass die Fastnacht wie andere Feste im 15. und 16. Jahrhundert nicht einfach ein harmlos-fröhliches Gegenstück zum grauen Alltag bildet. Die vielfach belegten gegenseitigen Besuche der eidgenössischen Orte[21] lassen zunächst ein aussenpolitisches Interesse dahinter vermuten. Dieser Schluss darf nur schon aufgrund der Gäste und Ehrerbietungen gezogen werden, von denen in den Quellen die Rede ist. So kann es beispielsweise um Beteuerung und Bestätigung der gegenseitigen Freundschaft gehen, wie etwa beim Besuch der Schwyzer in Bern 1486: «Uf sontag nach Hilary, was der 15. tag Jenner, sind die von Swytz gon Bern kommen, früntliche und frölice fassnacht da ze haben. [...] Enpfieng, hielt und liess si ir alten trüwen Eidgnossen mit grossen eren, fröden und früntschaft.»[22] Dass es sich dabei nicht um ein spontanes und improvisiertes Volksfest handelt, sondern um einen höchst offiziellen und für die gegenseitigen Beziehungen bedeutsamen «Staatsbesuch», ist in diesem Fall glücklicherweise anhand von Ratsakten dokumentierbar. Der Berner Kleine Rat beauftragt am 13. Januar – offenbar von der kurzfristigen Besuchsankündigung überrascht – nicht nur die Statthalter auf dem Land, unverzüglich Fleisch und Fisch bereitzustellen; er fordert zu seiner Unterstützung auch «sechs personen darzu tougenlich, die schimpf und gut gesellschafft wüssen zu hallten, har zu fürdern, minen herrn helffen ere und früntschafft gegen irn Eydgnossen zu handelln»[23]. Am darauffolgenden Tag, dem 14. Januar, informiert die Exekutive – also der Kleine Rat – den Grossen Rat über den bevorstehenden Besuch: es «wurden versampnot die burger gemeinlich von der Eydgnossen vastnachtlichen zukunfft wegen»[24]. Neben der Auswahl der zur diplomatischen Unterstützung bestellten Ehrengäste werden auch Musiker zur Unterhaltung bestimmt: «An Petern trumetter und die pfifer, das si ouch harkomen.»[25] Während über den Verlauf der Festlichkeiten in Bern keine näheren Informationen vorhanden sind, gibt eine sehr aufschlussreiche Rechnung aus Solothurn Details der an Fastnacht üblichen Bewirtung bekannt. Sie besitzt auch Aussagekraft für den Charakter des Berner Fests, da es dabei um den Empfang derselben Schwyzer Delegation ging, die soeben Bern besucht hatte und vor ihrer Heimreise in Solothurn einkehrte. Die Solothurner Rechnung von 1486 lässt den immensen Aufwand erahnen, mit dem für die Fastnachtsgäste gesorgt wurde; die einzelnen Posten nennen die Ausgaben für Wild, Speck, Elsässer Wein, neuen und alten «riffwin», gesottenen Wein, Met, Rind-, Kalb- und Schweinefleisch, Hühner, Brot, Butter, Braten, Käse, Milch, Eier, Ziger, Kohlköpfe, Brot, Nüsse, Salz, Senf, Pasteten, «offleten» (Backwerk), ausserdem die Aufwendungen für eine Menge von Dienstleistungen, welche die Boten, Bader, Musiker[26], Köche und Köchinnen, Holzhacker, Wirte und Knechte erbrachten. Die «Zerung uff der grossen Fasnacht, so die von Switz hie warren», kostete die Stadt Solothurn insgesamt 515 Pfund, sieben Schilling und sieben Pfennig![27] Dabei ist zu betonen, dass in Solothurn ebenso wie in Bern vermutlich nur eine städtische Elite in den Genuss dieser üppigen Fresserei gelangte – was nicht heisst, dass die übrige Stadtbevölkerung zur gleichen Zeit nicht auch ihre Fastnacht feierte. Aber zumindest die Ebene der offiziellen Besuche, die – in den harmlosen Fällen – den Austausch von Höflichkeiten, Essen, Trinken, Tanzen und andere Unterhaltungen umfasst, spielt sich unter den gewichtigeren Repräsentanten einer Stadt ab und ist Bestandteil der höheren Zunft- und Trinkstubenkultur; die Menge hat, wenn überhaupt, am Spektakel eher als Zuschauer teil, wie der Bericht von Gerold Edlibach über den Einzug der Zürcher in Basel an der Fastnacht 1503 exemplarisch vorführt:

> Also kamend min heren von zürich morndess am suntag nachmittag um dz ein gan bassel [...] do wz die grost welt umendum an allen gassen und jnn allen hüssren und da hattend min heren von bassel usszogen v^c man mit der statt bassel recht fenlin die zugend minen heren engegen [...] also zog man zenter dur die statt hinweg und zugend minen heren die fünffhundert alweg nach untz zu der herberg zum storchen und lugt da so ein gross welt dz ich die zal nüt schriben wil [...] und da wz jn der herbrig zugrüst zu trinken und zu essen gnug also glich als die heren meinten das wir unss hetten abzogen da kamend burgermeister und die rätt num aller besten ein gutt teil zum storchen jnn dz wirtzhuss unden jm hoff und fiengend da an mit hochem fliss min heren heissen gott wilkom sin also mit kostlichen hübschen langen wortten und so kostlich dz ich sy nüt schriben kann aber ess mag ein etlicher wol denken wie solich lütt mit einandren redent [...].

> Item und als min heren uff suntag gan bassel komen warend assend sy am suntag zu nacht zum süffzen uff der heren stuben und ass fast vil von rätten bin jnn edel un unedel und sust vil gutter burger [...].[28]

Auch in den aus den zehner und zwanziger Jahren des 16. Jahrhunderts stammenden Berichten von Fastnachtsbesuchen schimmert oft etwas Vornehmes durch.[29] Es gibt keinen Grund anzunehmen, dass sich der Charakter der eidgenössischen Besuche bis zur Reformation grundsätzlich geändert hat.

Worum geht es also auf diesem offiziellen Niveau der Fastnacht, auf dem vor allem die gesellschaftliche Elite zu finden ist?

Die Gelegenheit des Festes wird in erster Linie dazu benutzt, die Kommunikation zwischen den eidgenössischen Orten zu fördern. Auch in den Fällen, bei denen keine Geschäfte besprochen werden, dürfte ein wesentliches Moment darin liegen, dass man Kontakte knüpft und Verbindungen pflegt – vermutlich war die alte Eidgenossenschaft gerade auf diese institutionalisierten, nicht als politische Treffen, sondern als Feste deklarierten Besuche besonders angewiesen, um in ihrem losen Staatenbund ein Gefühl der Zusammengehörigkeit und Solidarität zu stiften. Als offenes Forum der Eliten boten sie eine Möglichkeit, sich der aktuellen Stimmungen in den Beziehungen zu vergewissern. So spiegeln gerade die ausführlicheren Berichte jeweils eine Mischung aus formellen Ehrerbietungen, Selbstdarstellungen (vor allem in militärischer Hinsicht) und Demonstrationen der Freigebigkeit; dazwischen liegt aber immer ein grosser Spielraum für informelle Kommunikation anlässlich von üppigen Banketten, Tanzrunden und anderen Vergnügungen. Aufgrund dieses nicht zu unterschätzenden politisch-kommunikativen Potentials dürften die Obrigkeiten der eidgenössischen Orte ein grosses aussenpolitisches Interesse an der Organisation und Durchführung der Fastnacht gehabt haben. Dass dabei auch wirtschaftliche und kulturelle Interessen zum Zuge kamen, versteht sich von selbst. Übrigens dienten Fastnachtsbesuche nicht nur in der Eidgenossenschaft den genannten Zwecken. In bezug auf den Zeitraum, der hier zur Diskussion steht, hat Martine Grinberg eine ähnliche Institution zwischen den Städten der Regionen Flandern und Artois bschrieben:

> Les villes de ces régions ont utilisé le carnaval pour renforcer les contacts politiques et commerciaux entre elles. A l'occasion de ces trois jours de fêtes, l'affluence est grande, les commerçants et artisans

peuvent exposer leur marchandise. Les habitants des villes voisines accourent au spectacle, les contacts entre marchands des différentes villes peuvent se faire.[30]

Das geht nach Grinberg so weit, dass die Obrigkeiten unterschiedliche Festtermine bestimmen, um gegenseitige Besuche zu ermöglichen und zu unterstützen. So hätten vor allem zwischen den ökonomisch aktiven und aufstrebenden Städten im Norden Frankreichs die unentbehrlichen kulturellen, diplomatischen und kommerziellen Fäden gesponnen werden können.[31]

Ein aussenpolitisches Verhandlungs- und Konfliktlösungsforum

Wie wichtig die fastnächtliche Besuchskultur und ihre informellen Kommunikationskanäle für die Repräsentanten eidgenössischer Orte war, manifestiert sich aber noch klarer in den häufigen Fällen, zu denen unterschwellige Spannungen oder offene Konflikte den Hintergrund bilden. Interessant ist beispielsweise Anshelms Eintrag über den Besuch einer Berner Delegation, angeführt von einigen Ratsherren, in Schwyz und Unterwalden 1497:

> In vergangens jars Pfingsten hat ein stat Bern ein gselschaft, vassnacht gnemt, 200 man, zu iren alten Eidgnossen von Switz und Underwalden, alte früntschaft und gneischaft zu ernüwern, zeschicken angesehen. Do aber die andren ort von wegen des Französischen punds argwenigen unwillen darvon namend, bleibs anston unss diss jars nach Martini.[32]

Nicht nur verwendet Anshelm die Bezeichnung «vassnacht» explizit als Namen für die Delegation – die Besuche waren offenbar so zentral mit der Fastnacht verknüpft, dass sich die Bedeutung des Wortes leicht vom Fest selbst auf die Besuchsgesellschaft übertragen konnte; für den Berner Chronisten ist es auch kein Widerspruch, dass diese Fastnacht – womit eben der Besuch gemeint ist – auf Pfingsten angesetzt und schliesslich auf Martini des folgenden Jahres verschoben wird. Bedeutungsvoll ist aber der Grund der Verschiebung: Für das eigentliche Ziel des Besuchs, nämlich «früntschaft und gneischaft [=Zuneigung] zu ernüwern», ist die Stimmung an Pfingsten 1496 ungünstig, denn Berns profranzösische Politik stösst in der Innerschweiz auf Ablehnung und verhindert eine gleichzeitige festlich-fastnächtliche Solidaritätserklärung mit den alten eidgenössischen Orten. Die Fastnacht erweist sich auf diplomatischer Ebene einmal mehr als Stimmungsbarometer für aussenpolitische Beziehungen. Dass der Ausdruck «Fastnacht halten» am Ende des 15. Jahrhunderts eine politische Dimension erhalten hat und eigentliche Verhandlungen implizieren kann, wird in einem Brief von 1496 deutlich: Wallis beklagt sich über die «gross schimpflich hochzit, vassnacht und gesellschaften», welche Luzern, Schwyz und Unterwalden in Uri hielten, weil «an denselben enden vast ir gewonheit und sitt ist, grosse heimlichkeit und ansleg zu practicieren».[33] Tatsächlich trifft diese Einschätzung auch noch für das Jahr 1508 zu: «Die vasnacht der dryen Lendern Ure, Switz und Underwalden fieng sich an am zinstag vor Valentini und wäret zu Switz bitz an fritag [8. bis 11. Februar 1508]. Da furent sy alss gut fründ und gesellen wider heim, alle des willens, mit dem Römschen küng [Maximilian I.] gan Rom ze ziehen [...].»[34]

Wenn die Fastnacht also häufig eine Art Solidaritätskundgebung vor dem Hintergrund politischer Spannungen darstellt, so trägt sie wohl manchmal auch dazu bei, mittels Verhandlungen und Beratungen Konflikte friedlich zu lösen und Kompromisse zu finden.[35] Mit den Konflikten ändern sich die zur Sprache kommenden Themen. War es um die Jahrhundertwende die Bündnispolitik mit Frankreich beziehungsweise Habsburg, welche die Eidgenossenschaft zu zerreissen drohte und daher immer neuen, auch fastnächtlichen Verhandlungsstoff lieferte, so rücken natürlich mit der Reformation konfessionelle Spannungen in den Vordergrund: «Dises iars umm die faassnacht kamend die 5 ort zamen an ein Faassnacht gen weggis. Da vil gehandlet ward, wider Zürych und den Evangelischen glouben.»[36] 1529 schicken die Zürcher gar einen geheimen Kundschafter an die Fastnacht nach Feldkirch, wo die katholischen Orte wichtige Verhandlungen führen. In seinem Bericht heisst es, «dass die boten der V Orte mit 14 pferden am letzten Sonntag (14. Februar [=Invocavit]) dort eingetroffen seien und anfangs grosses jubiliren mit trommeln und pfeifen gehabt, sich jetzt aber ganz stille halten»[37]. Die Gespräche scheinen jedoch hinter der lärmigen Fastnachtsfassade so geheim geführt worden zu sein, dass der Kundschafter seinen Auftraggebern nur Gerüchte darüber nach Hause bringen kann. Das Besuchswesen beginnt sich mit der Reformation zu polarisieren; katholische wie reformierte Orte bleiben unter sich und suchen den konfessionellen Zusammenhalt, wenn nötig sogar über die Grenzen des eidgenössischen Bundes hinaus:

Am 27 tag January [1530] kamend die von Strassburg gen Zürich mitt eerlichen botten; man empfieng sy mit viel lüten ze ross und ze fuoss; ouch schoss man hefftig mit büchsen uff den thürnen und muren. Die Berner und Bassler hannd by inen fassnacht gehallten, und am Sonntag darnach schwuor man den eid ze samen. Man ass tall tag uff dem rathuss und uff allen stuben mit inen [...].[38]

Anstelle von echten Verhandlungen über konfessionelle Grenzen hinweg geht es also nach Einführung der Reformation mehr um die Bestätigung oder gar Vereidigung der eigenen Positionen. Die Kluft, die sich so in dem bisher durch Besuche garantierten fastnächtlichen Kommunikationssystem auftut, steht in Wechselbeziehung zur konfessionellen Verfeindung der Eidgenossenschaft und dürfte zur Verhärtung der Fronten beigetragen haben.

Allerdings ist daran zu erinnern, dass neben der Fastnacht auch Kirchweihen und Schützenfeste Anlässe für gegenseitige Besuche sein konnten. Die Berichte, die davon überliefert sind, zeigen in der Tat ähnliche Züge wie die Fastnachtsbesuche; sie scheinen sich auch auf derselben gesellschaftlichen Ebene abzuspielen. Wieviel Wert eine Stadt darauf legte, bei ihrem Gastgeber möglichst ehrenhaft vertreten zu sein, spiegelt sich sowohl im Auswahlverfahren als auch in der Ausstattung der Delegation, die von der Obrigkeit oft finanziell unterstützt wurde. Über die Einladung der Basler an «kilwy und schiessen» in Uri 1517 heisst es in einem Zunftbuch:

> Daruff dann die vorgenannten unser herren burgermeister und ratt diser statt [Basel] selb zwölfft usz irem ratt, und dann von allen zünfften und usz einer yeden mit einem ersamen mann; deszglychen die vögt und schultheissen usz iren emptern, dartzuo ouch usz yedem ampt einem ersamen mann, alle wol gestalt und becleydet, dartzuo ouch sust ander guot gesellen inn guotter zal geschlagen und verordnet haben.[39]

Während es 1517 noch möglich ist, dass die Basler nach Uri fahren, so wäre ein solcher Besuch 1530, also nach Basels Bekenntnis zur Reformation, kaum denkbar. Denn wie die Fastnacht besitzt auch die Kirchweih zu dieser Zeit eine (konfessions-)politische Dimension. Fridolin Ryff berichtet in seiner Chronik anlässlich von Basels Kirchweihbesuch in Liestal: «Es wass ouch mit unss doctor Ecolampadius uff der kilby, der unss verkund das götlich wort obens und morgens, domit wir wisten, wie wir die kilby halten solten: nit mit fullery, esen und trincken oder schandlicher übykeit, sunder in götlicher forcht und brüderlicher liebe, und derglichen cristlicher ler. Amen.»[40] Es scheint also, dass die für die Fastnachtsbesuche herausgearbeiteten Verhaltensmuster, Funktionen und Entwicklungen grundsätzlich auch für die übrige festliche Besuchskultur zutreffen – dabei ist unverkennbar, dass die Fastnachtskultur auf die gesamte weltliche Festkultur oft prägenden Einfluss hat.

Innenpolitische Integration

Da die Fastnachtsbesuche zwischen den Repräsentanten eidgenössischer Orte für deren Politik von einiger Bedeutung sind, haben sie auch Eingang in offizielle Chroniken gefunden. Daneben muss aber eine Menge von weniger wichtigen, lokalen und regionalen Besuchen stattgefunden haben, welche die Chronisten nur selten verzeichnen. Sie laufen in kleinerem Rahmen parallel zur aussenpolitischen Besuchskultur ab, mit dem Unterschied, dass Gastgeber und Gäste häufig in hierarchischem Verhältnis zueinander stehen. Es handelt sich dabei um das Bestreben, die innenpolitische Integration zu fördern, ausgehend vom städtischen Machtzentrum einer Landschaft. Gerade im 15. und 16. Jahrhundert entwickeln sich auch in der Eidgenossenschaft zum Teil gefährliche Konflikte zwischen Stadt und Land, zu deren Entspannung eine festliche Vereinigung zur Fastnachtszeit durchaus einen wichtigen Beitrag leisten kann. Als ein solches Integrationsfest darf etwa die Luzerner Fastnacht 1477 betrachtet werden, die nach den erschöpfenden Burgunderkriegen 1475 und 1476 besonders nötig war: «[...] da ludent und beruofftend min herren [...], da man jetz ze ruowen kommen war, jre underthanen uss allen emptern und vogtyen allhar jn die statt jn ein fassnacht, sy zuo ergetzen. Da schickt ein jedes ampt einen ussschutz und gsellschafft von den synen.»[41] Diese seien, so Cysat in seinem Rückblick, mit Ehre und Unterhaltung bewirtet «und uss der statt seckel durchuss gast- und kostfry»[42] gehalten worden.

Wahrscheinlich widerspiegeln solche obrigkeitlichen Gesten sowohl eine Art Belohnung für die von den Untertanen bewiesene Loyalität als auch ein gewisses Werbeverhalten: Die Untertanen sollen auch in Zukunft in die Politik der Herrschenden eingebunden und fügsam gemacht werden. Einen Regionalbesuch, dessen Bedeutung auf innenpolitischer Ebene

liegt, verzeichnet auch etwa die Chronik des Wolff Capaul aus Flims: «Item wier von flims sind gen Chur gezogen in einer fachnacht mit 60 Manen do hat man unns gross er und wol empfangen und gesche(n)ckt alle zerryg und der byschoff paullus [Paulus Ziegler] schenckt unns ein halb fuoder win furten uff gen flims do man zelt hat 1517 jar.»[43]
Gerade im Verhältnis zwischen Obrigkeit und Untertanen scheint auch die Kirche die Festgelegenheit – sei es Fastnacht oder Kirchweih – zu benutzen, um sich bei ihren Schäflein beliebt zu machen. Neben dem bei Capaul erwähnten Geschenk des Bischofs liefert beispielsweise das Kloster Engelberg 1518 ein Indiz dafür; es ermöglicht seinen Untertanen, den Talleuten, die Gastgeber aus dem Unterland zu Gegenbesuchen – «uff hochzyt, kilchwychnen, schiessent und derglychen» – einzuladen: «wann dann selbige eerenlütt gan Engelberg komment, da vergiltet es das gottshus gegen inen für die thallüt (wiel nit ein jeder das mittel darzu hat) mitt beherbergen gastieren und anderm.»[44]
Solche Aktionen sind sowohl für die weltliche als auch für die kirchliche Obrigkeit – wie schon bei früheren politischen Krisen – zur Zeit der Reformation wieder besonders aktuell: Es geht jetzt in erster Linie um die konfessionspolitische Integration. Während das reformierte Zürich 1526 gegen 6000 Untertanen von der Landschaft zu einer Kirchweih einlädt und beschenkt[45], wendet auf katholischer Seite zum Beispiel das Kloster St. Gallen noch im Jahre 1535 dieselbe Strategie mit Erfolg an. Johannes Kessler berichtet über die Konkurrenz zwischen städtischer und kirchlicher Obrigkeit:

> Die gegninen des gottshus S. Gallen sind uf etliche sonnentag nach pfingsten gegenwürtigen sommers [1535], ja ie ain gegne oder zwo uf ainen sonnentag, in irer fyrklaidung bloss mit waffen als uf ain kilbe gen S. Fiden kommen, uss wolgefallen aines h[errn] abbt, damit er villicht sin volk möchte ain im guttwillig behalten, allda ze trinken, spilen und danzen. Darab mine herren wenig fröd empfangen; dann sy besorgen musten, es geschehe villicht dester ee, das ire burger, hiemit geraizt, nach Aegipten ze trachten und uf erlobnus des spilens und danzens, so durch ir verbott in irer statt abgestrickt, ze tringen und also volgend die jung welt zu dem papstumb liebe gewünnen, wie dann das usilofen us der statt gen S. Fiden so vil und gross ward von jungem und altem, frowen un man, knaben und dochteren, das mine herren verursachet, sollichem mit ainer besunderen satzung fürzekommen.[46]

Das Fest wird hier, vor allem mit Vergnügungen wie Trinken, Spielen und Tanzen, zu einer eigentlichen Werbeaktion für den katholischen Glauben. Dabei ist festzuhalten, dass das Zielpublikum in solchen Fällen natürlich ein anderes ist als bei den offiziellen Festeinladungen. Wenn es um die innenpolitische Integration, also auch um das Verhältnis von Obrigkeit und Untertanen geht, kommen durchaus breitere Bevölkerungsschichten in den Genuss obrigkeitlicher Freigebigkeit. Ebenso wie die Kirchweih des Klosters St. Gallen vermag auch ein Schützenfest der Stadt Schaffhausen an Pfingsten 1523 eine soziologisch nicht genau differenzierbare Menge von Leuten anzuziehen:

> Uff die zitt hattend min heren zu Schaffhusen ain armbrustschiesen und gabend ain ochsen us, der kost 12 gl, und vil affendüren, und warend vil fremder lütten hie, und dett mian groser spil, wib und man, jung und alt, rich und arm, was als erlubt; ging wild zu. Und im heren bomgarden hatt man 9 zelten uffgeschlagen, und gab jedermian zu abenesen vergebes, und gab niemend nütt, und hielt mian die frenden erlichen; kost min heren vil geltz.[47]

Die Risikofaktoren

Neben allen kommunikativen, entspannenden, harmonisierenden und integrativen Möglichkeiten, welche die Fastnacht und andere Feste immer wieder zu realisieren vermögen, beinhalten diese Veranstaltungen gerade auf innenpolitischer Ebene ein erhebliches Risiko. Weshalb entstehen die Gefahrenmomente, die in vielen Quellen aufblitzen? Ein Bündel von Risikofaktoren, die sich gegenseitig verstärken, liesse sich abstrakt und hypothetisch auf folgende Punkte reduzieren:

1. Der Versuch zur Integration geht von harmonisierbaren Gegensätzen aus, welche aber unter bestimmten Bedingungen unvereinbar bleiben. Es ist möglich, dass die im Fest gesuchte Verbrüderung zwischen Stadt und Land, zwischen Frankreich-Treuen und Habsburg-Verbündeten, zwischen Katholiken und Reformierten, zwischen Eliten und Unterschichten misslingt. Innerhalb der im Fest aufeinanderprallenden Gegensätze können dann leicht offene Konflikte ausbrechen. Wovon es abhängt, ob eine Integration gelingt oder scheitert, müsste im Einzelfall untersucht wer-

den. Eine Art Risikoverminderung scheint darin zu bestehen, dass von einem bestimmten Moment an gar keine Fest-Harmonie mehr gesucht wird, weil die Gegensätze – und damit das Risiko – zu gross sind. Das lässt sich an der Fastnacht während der Reformation beobachten: Besuche von konfessionellen Gegnern werden vermieden.
2. Es kann anderseits zu einer ‹Überintegration› kommen. Die Entwicklung eines verbindenden Gemeinschaftsgefühls, einer kollektiven Identität, setzt häufig auch gemeinsame Feindbilder voraus. Auf sie werden Aggressionen projiziert, die in offene Gewalt umschlagen können. Übersteigerte Gemeinschaftsgefühle geraten leicht ausser Kontrolle und wirken dadurch schliesslich wieder destabilisierend. Was innenpolitisch vielleicht noch wünschenswert ist, steht für die Obrigkeit oftmals im Gegensatz zu aussenpolitischen Interessen – der Mittelweg ist schmal.
3. Wenn gewisse Elemente von Fastnacht, Kirchweih und Schützenfesten in der alten Eidgenossenschaft einen militärischen Charakter haben – zum Beispiel Umzüge und Wettschiessen –, so birgt diese Tatsache gerade unter dem letztgenannten Gesichtspunkt der Überintergration eine Gefahr. Da ein staatliches Gewaltmonopol fehlt, erhält die im Fest eigentlich mehr spielerisch in Erscheinung tretende kriegerische Gewalt sehr schnell eine Eigendynamik, bei der sich das Spiel aufgrund kanalisierter Aggressionen in Ernst verwandeln kann. Auch hier sind die Grenzen fliessend zwischen obrigkeitlich sanktionierten militärischen Aktionen, Vorführungen oder Übungen und den sogenannten Saubannerzügen, bei denen kriegerische Gewalt sich selbst organisiert und sich jeder Kontrolle entzieht. Auf dieser Ebene ist der oben thematisierte personelle und inhaltliche Zusammenhang zwischen Fastnachts- und Kriegskultur in der alten Eidgenossenschaft zu sehen.[48]
4. Zwar schimmert der Wunsch nach totaler Integration und Harmonie der ganzen städtischen ‹Festgemeinde› in vielen (offiziellen) Berichten als Utopie durch. Aber angesichts der enormen sozialen Differenzen in der Bevölkerung einer Stadt muss dieser Wunsch Utopie bleiben – die gerne stolz nach aussen gekehrte Einmütigkeit ist wohl eher ein Wunschbild, ein ideologisch sinnvoller Mythos oder eine Illusion. In Wirklichkeit dürfte diese Illusion auf der Gemeinschaftsbildung innerhalb von gesellschaftlichen Untergruppen beruhen. Das heisst: Die integrative Wirkung des Festes ist unmittelbar erfahrbar nur in einzelnen sozialen Gruppen und Schichten, ohne dass dabei die realen Differenzen verwischt würden. Wenn aber die Gemeinschaftsbildung zuerst auf der Ebene von über-

schaubaren Gruppen stattfindet, so ist immer mit dem Risiko zu rechnen, dass zwischen ihnen doch wieder Spannungen und Konflikte entstehen, entsprechend den erwähnten Mechanismen von Überintergration und Aggressionskanalisierung.
5. Unter bestimmten Bedingungen können die unterschwelligen Friktionen zwischen den verschiedenen sozialen Gruppen zu einer Revolte führen. Indem die Fastnacht und andere Feste Gelegenheit bieten zu Selbstdarstellung und Repräsentation von Körperschaften (zum Beispiel Zünften), exponieren sie auch in symbolischer Weise die Strukturen der Macht. Obschon auf diese Art die herrschende Ordnung demonstrativ stabilisiert werden soll, liegt darin auch die Gefahr der Desintegration; das Wunschbild der harmonischen Gemeinschaft zerfällt leicht zugunsten der einzelnen, in der Hierarchie konkurrierenden Gruppen. Falls die festliche Darstellung oder gar Überhöhung alltäglicher Machtstrukturen in eine Zeit allgemeiner sozialer Spannungen und Krisen fällt, bildet sie einen günstigen Moment für den Ausbruch einer Gewalt, die sich gegen die herrschende Ordnung richtet. In diesem Sinn kann die Fastnacht ein Bewusstsein für die soziale Lage schaffen und aufständische Solidarität innerhalb unzufriedener oder benachteiligter Bevölkerungsgruppen fördern.
6. Als Risikofaktor sind schliesslich auch die Wirkungen des Festes auf die Psyche des einzelnen zu werten. Der Abbau von Hemmungen durch Alkohol, aber auch gesteigertes Lebensgefühl durch den Ausnahmecharakter des Festes, Emotionalität und Ausgelassenheit sind Bedingungen, die nicht zuletzt auf individueller Ebene die Rate von zwischenmenschlichen Konflikten und Violenz steigern dürften.

Kriegerische Unternehmungen in der Fastnachtszeit

In bezug auf die alte Eidgenossenschaft und deren Formen von «Volksjustiz» – sie wurden erst nach der Reformation allmählich von einem staatlichen Gewaltmonopol unterdrückt – beurteilt W. Schaufelberger nicht nur die zwölf Nächte (25. Dezember bis 6. Januar), die Fastnacht oder die Kirchweihen als potentielle Unruheherde: «Auch jedes Schützenfest (Plappartkrieg 1458), jede Hochzeit, jeder Schafmarkt oder Bergdorf bedeutete eine Belastung für den Frieden.»[49]
Das bekannteste Beispiel für die Verselbständigung kriegerischer Gewalt

in der Fastnachtszeit ist wohl der Saubannerzug von 1477. Nachdem die Verteilung von Brandschatzungsgeldern aus den Burgunderkriegen zwischen eidgenössischen Hauptleuten und Obrigkeiten auf undurchsichtige Weise geregelt worden war, wurde die Fastnacht 1477 für alle Unzufriedenen und Geprellten zur Gelegenheit, sich zu versammeln, zu beraten und für ihr eigenes Recht zu sorgen:

> [...] da erhub sich gross samnung von etlichen jungenn und muttwilligenn luttenn in den eydgnossen, [...]. Da ward ein vassnacht angetragenn, unnd wurdenn von denselben brieff unnd bottenn ussgesannt unnd sunderlich gan Ure, Swicz, Unnderwalldenn und Glarus, darzu ouch ettlichenn sundernn personenn von Zürich unnd Luczernn, allso dz dieselbenn zusamenn kamenn unnd wurdenn miteinanndernn ze ratt, einen zug unnd reyss ze thund.[50]

Die Obrigkeiten verschiedener eidgenössischer Orte sind machtlos und haben keine Kontrolle über das wohl hauptsächlich von den ehemaligen Söldnern getragene ‹Fastnachtstreiben›. Die Verbindung von Kriegs- und Fastnachtskultur äussert sich nicht nur in den Terminen ihrer Aktionen[51], sondern auch in ihrem Wahrzeichen – einem «paner, daran was ein kolben und ein eber gemalet»[52] – und ihrer Selbstdarstellung aus einer Mischung von Närrischem und tödlichem Ernst: «Unnd von wem si gfragt oder angezogenn wurden, was ir sach oder fürnemen were, so gabenn si zu antwurt, es were das dorecht lebenn, darinn si zusamen alls hoch glopt hettenn, das sie dem nachkommen oder all darumb sterbenn wolltenn.»[53]

Die fastnächtlich stimulierte Gemeinschaftsbildung wirkt sich in diesem Fall für die ganze Eidgenossenschaft in gefährlicher Weise destabilisierend aus. Dass das kriegerische Unternehmen nicht zufällig auf die Fastnacht fiel, sondern gewissen Gesetzmässigkeiten gehorcht, spiegelt sich in der Angst der Obrigkeiten. Auch 1483 fürchten sie sich vor einer gleichartigen Bedrohung, wie die «Eidgenössischen Abschiede» verraten: «Da etliche Gesellen von Zug und andern Orten eine Fastnacht verabredet haben sollen, wird beschlossen, dass man allenthalben Vorsorge treffen soll, damit nicht Krieg oder Unrath daraus entspringe.»[54] Diese Angst bezieht sich übrigens auch auf die Kirchweih und weist dadurch einmal mehr auf die sozialgeschichtlichen Parallelen der verschiedenen Feste hin. Als Vorsichtsmassnahmen finden sich neben Versuchen, die festliche Ausgelassenheit einzudämmen, häufige Waffenverbote. 1481 verfügt der Berner Rat, Kirchweihen im bernischen Territorium dürften nur besucht werden «on werinen und waffen, es sien spiess, halbarten, büchsen, armbrust, swerter, oder der glich lange gwer»[55]. Da solche Verbote offensichtlich immer wieder missachtet werden, trifft die Obrigkeit sogar Vorkehrungen zur Überwachung der risikoreichen Anlässe. So befiehlt der Berner Rat 1491 «den von Scharnachtal und von Nüwenburg, sich uff die kilchwi zu fulense zu fügen und acht zu haben, ob sich einiche sampnung wölte erheben und aldan die abzustellen»[56].

Eine andere (seltenere) Möglichkeit, mit dem Aggressionspotential einer fastnächtlichen Versammlung umzugehen, besteht für die Herrschenden darin, die Aggressionen gezielt einzusetzen. Das ist hauptsächlich dann der Fall, wenn bereits offene Konflikte bestehen, zu deren Lösung der Einsatz von Gewalt legitim erscheint. In einem Streit zwischen der Handelsgesellschaft der Brüder Wolleb aus Uri und den Savoyern fasst das offenbar einflussreiche Geschlecht der «Wolläben von Ure» 1492 den Plan, «mit bistand irer herren und deren verwanten ländren, uf angschlagne vassnacht diss jars die Wat gwaltig [zu] uberziehen»[57]. Die Ausführung wird nur durch die Vermittlung der Berner Obrigkeit verhindert, welche sich mit gutem Grund vor den Folgen eines weiteren fastnächtlichen Privatkriegs fürchtet.

Möglicherweise wurde die Fastnacht in Kriegen aus psychologischen Gründen als günstiger Angriffstermin betrachtet.[58] Selbst zur Zeit der Bauernaufstände 1525 gelingt es etwa dem Herzog Ulrich von Württemberg, Fastnachtsstimmung und Fastnachtsteilnehmer in seinem Interesse zu manipulieren, um verlorene Herrschaftsgebiete zurückzuerobern: «Bracht uf die alten vasnacht [5. März] zu Balingen zusamen ein zilig geschüz, 100 reisiger pferd, 500 landspuren und bi 6000 Eidgnossisch knecht, durch sunder lüt hinderrugs gmeiner oberkeit in der vasnacht ufgewiglet. Zoch mit disem züg für Herrenberg und Sindelfingen gon Stutgarten zu [...].»[59]

Fastnächtliche Revolten

Im Normalfall versucht die Obrigkeit, fastnächtliche Gewaltausbrüche zu verhindern. Da sie jedoch weder Feste noch Versammlungen unterbinden kann, bleibt immer ein Risiko, das neben dem äusseren zuweilen auch den inneren Frieden ernsthaft gefährdet. Als besondere Gefahr erweisen sich dabei die latenten Spannungen zwischen Stadt und Land, für deren gewaltsame Entladung Fastnacht und Kirchweih gewissermassen eine katalysatorische Funktion haben. Eindrücklich beschreibt Fridolin Sicher die politische Bedeutung der Fastnacht 1489 in Meilen am Zürichsee:

> It. des selbigen jars im 89. liessend die von Zürch bi 500 hund ze tod schlahen in ir gepieten herumb und hattend vorhin verboten gross hochzit und geselschaft und etlich markfert, och hattent si fronfasten gelt ufgelait, darzu mangerlai pot und verbot. Do wurdent die ab dem Zürichsee und ander usslüt onwillig und machtend ain geselschaft ze Mailen am see, da hin komend bi tusend mannen ain der pfaffen fasnacht und wurdent zerat, dass si weltend ire herren bitten, dass si das abliessend die nüwen gebot und verbot, wan si mochtend es nit mer erzügen. Darnach begegnet inen ie, dass si an der fasnacht und eschen mitwuch bi 3000 stark für Zürch zugent. Do wolt man si nit inher lassen, da lagend si um bi 9 tagen, biss ir bi 6000 wurdent.[60]

Es handelt sich hier um einen politisch motivierten Aufstand der Untertanen auf dem Land gegen die Obrigkeit in der Stadt. Solche Revolten sind in dieser Zeit auch für andere eidgenössische Gebiete bezeugt[61], und es bedarf keiner weiteren Erklärung, um den folgenden, die Gegend von Thun betreffenden Eintrag in den Berner Ratsmanualen (1482) zu verstehen: «die gesellschaft zwüschen wienacht und vassnacht abzestellen und fürer ze miden.»[62]

Dass die Spannungen zwischen Stadt und Land nicht auf das 15. Jahrhundert beschränkt sind, zeigt beispielsweise der Könizaufstand von 1513. Wiederum wird ein Fest, nämlich die Kirchweih in Köniz, zum Ausgangspunkt einer Revolte. Die Landleute, die sich wegen der Verteilung französischer Pensionsgelder unter den Herren in der Stadt Bern verraten fühlen, «roteten sich zusamen gon Künitz uf die kilchwihe, dahar dis ufrur der Künitzkrieg gnemt»[63]. Als Racheakt gegen die «Kronenfresser» dringen sie bewaffnet in die Stadt ein und richten ihre Gewalt zuerst gezielt gegen die verantwortlichen Pensionenempfänger. So wird zum Beispiel das Haus des alt Venners Hetzel von einer Rotte gestürmt: «zersties, zerbrach türen, fenster, tisch, trög, keller fass, wust und plundret, was si da fand.»[64] Bezeichnenderweise trägt der Aufstand etliche karnevalistische Züge, bewegt sich einmal mehr auf der Grenze zwischen närrischem

Verhalten und bitterem Ernst und entwickelt schliesslich eine bedrohliche Eigendynamik:

> Da legt einer ab dem Längenberg, mit nammen Hans Platter, ein schnider, von Wallis bürtig, des venners sidin fuchsrock an und gumpet harum, juchzend und schriende: ‹Ei, iezt bin ich ouch ein junkher und ein her z'Bern›. Tribend vil spots und mutwillens, schriend und wundend: ‹Hei, also muss man mit den verräterischen kronenfresseren und köben machen! Wir wend den frommen Berneren nüt tun, aber helfen.› Vermeinten, ein gmeind, so sich ouch vast übel ab dem regiment erklagt, sölte inen sin zugeloffen. Doch so lugeten vil zu, also obs inen nit misviele, etlich dutend, etlich aber hulfend win und spis usstragen und verezen.[65]

Die als Fest inszenierte Revolte wird schliesslich von den Bürgern der Stadt niedergeschlagen. Wie eng der Aufstand mit der Fastnacht verknüpft ist, lässt sich nicht nur den Verhaltensformen, sondern auch einem Hinweis von Anshelm entnehmen. Viele Bürger meinten nach der Revolte, «dass purengspöt und äschensäk an vergangner fasnacht ze vil verachtlich wider si [die Bauern] gebrucht»[66]. Somit fügt sich die Könizer Kirchweih als Reaktion der Landleute auf jene Fastnacht 1513 problemlos in die Reihe von Festen ein, bei denen – entweder gewaltsam oder symbolisch – die unterschwellig immer präsenten Konflikte zwischen Stadt und Land oder zwischen Untertanen und Obrigkeit ausgetragen werden.

Möglicherweise wird fastnächtliches Protestverhalten dadurch gefördert, dass die Fastnacht ein traditioneller Zinstermin ist. Selbst wenn es dabei nur um die Entrichtung von Fastnachtshühnern geht, so wird dadurch zumindest symbolisch die Abhängigkeit der Untertanen immer wieder neu bestätigt. In unruhigen Zeiten kann so der Fastnachtszins durchaus eine Provokation darstellen.[67]

In den beschriebenen zeitlichen, kulturellen und machtpolitischen Zusammenhang gehören auch die für das Wallis bezeugten Mazzenaufstände, die ungefähr zwischen 1500 und 1520 ihren Höhepunkt erreichen.[68] Sowohl das Muster dieser Rebellionen als auch ihre kalendarische Bindung an die zwölf Nächte lassen eine Verwandtschaft mit der Karnevalskultur vermuten.[69]

Apolitische Gewaltausbrüche

Während die bisher erwähnten Erscheinungen fastnächtlicher Gewalt meistens vor dem Hintergrund grösserer politischer Spannungen zu sehen sind, so ist der Übergang fliessend zur gewaltsamen Austragung von Privatfehden und zum spontanen, apolitischen Ausbruch von Aggressionen zwischen Einzelpersonen.[70] Dabei sind aus moderner Optik die von Norbert Elias beschriebenen «Wandlungen der Angriffslust»[71] im Prozess der Zivilisation zu berücksichtigen. Nach Elias zeigt sich die auch im 16. Jahrhundert noch wenig gebundene, offene Entladung der Affekte besonders deutlich im Bereich der Gewalt.

> Da sind es zwei Associés, die über einer geschäftlichen Frage auseinanderkommen; sie zanken sich; der Streit wird heftiger; eines Tages treffen sie auf einem öffentlichen Platz zusammen; und einer schlägt den andern tot. [...]
> Nicht nur unter Edelgeborenen gab es Familienrache, Privatfehden, Vendetta; die Städte des 15. Jahrhunderts sind nicht weniger erfüllt von solchen Kriegen zwischen Familien und Cliquen. Auch die Bürger, die kleinen Leute, Mützenmacher, Schneider, Hirten, sie alle hatten schnell das Messer in der Hand.
> [...] eben waren sie noch beim Scherz, dann verspotteten sie sich, ein Wort gibt das andere, und plötzlich können sie mitten aus dem Scherz in der äussersten Fehde sein.[72]

Genau dieses Verhalten lässt sich im Rahmen der eidgenössischen Fastnacht des 15. und 16. Jahrhunderts anhand zahlreicher Beispiele dokumentieren. Eine Art Wettkampf, der regelmässig an Fastnacht unkontrollierbare Gewaltausbrüche zur Folge hat, ist aus Basel bekannt; dabei scheint sich der «uffruor» jeweils aus einem Spiel auf einer Plattform, vielleicht aus einer Art Turnier der «jungen knaben», zu entwickeln. Jedenfalls beurteilt der Basler Rat das Risiko der Gewaltausbreitung als so gross, dass er das «slahen uff der schiben» nicht nur 1484, sondern auch 1488 und 1497 auf «ewige zitten» verbieten lässt – offenbar ohne Erfolg.[73] Gerold Edlibach schildert in seiner Chronik einen interessanten Fall: An der Herrenfastnacht 1506 besuchen «zwo dochtern ussem hegy» [Hegau] ihre beiden Freunde in der zu Zürich gehörenden Grafschaft Kyburg. Bei ihrer Heimkehr werden sie von den «zwen gesellen» auf die andere Seite des Rheins begleitet und gelangen

> jnn ein dorf heist buch da ist ein tantz gesin do hannd sy zusamen geret wend wir da tanntzen, unnd do der tantz us ist gsin do hat ietwer gsel die ander genan und hannd nouch ain tanntz wellen tun als sy ouch tan hand do sind die schwaben unnd jnnsunders einer heist gal der ouch zum meisten schuldig an der sach ist gesin ufgehept unnd für die gesellen jnn geschlagen des hannd nun unnser kein acht nüt gehept unnd da hand die schwaben zukt unnd ann aly verschuldnuss die eignossen und züricher und den einen von stund an zu tod gehowen unnd der ander ist fast übel wund gesin und sind da mit dem spilman ab dem blatz gezogen und ist niemen da beliben denn die zwo dochtern sind bin jnnen gesin do ist der ein von stund an gestorben unnd der ander ist fast schwach gesin aber schlechtlich hat den gutten tochtern niemen nüt wellen helfen und do sind die zwo tochtern zugelofen und hands wellen den einen jnn ein huss tragen do handz die wiber mit schittern wellen schlachen und nut wellen jn die hüsser lan [...].[74]

Edlibachs Bericht gibt einen der seltenen Einblicke in die dörfliche Fastnacht jener Zeit, die im Normalfall von den Chronisten nicht registriert wurde. Er bezeugt nicht nur, dass auch auf privater Ebene, unter den ‹kleinen Leuten›, Fastnachtsbesuche stattfanden; er illustriert ausserdem das von Elias beschriebene plötzliche Umschlagen der Tanz-Fröhlichkeit in brutale Aggressionen, obschon unklar bleibt, wodurch die tödliche Schlägerei provoziert wurde. Waren es Spottnamen, die sich Eidgenossen und Schwaben gerade in der betreffenden Zeit häufig nachriefen? Ging es um den Anspruch der männlichen Dorfjugend auf die beiden schwäbischen Töchter, so dass die Zürcher Gesellen als unerwünschte ausländische Konkurrenz erscheinen mussten? Auffällig ist weiterhin, dass sich das Dorf sofort mit den eigenen Schlägern solidarisiert und sogar die Töchter der eigenen Landschaft bei deren Rettungsversuch auf gewaltsame Art isoliert. Durch solche kollektiven Verhaltensweisen kann auch eine einzelne Gewalttat zu einem ernsthaften Risiko für die ganze Festgesellschaft werden. Erst aufgrund der Instabilität des individuellen und sozialen Affekthaushalts werden die Angst und die oft ambivalente Haltung der Obrigkeiten gegenüber der Fastnacht und anderen harmlos scheinenden Festen verständlich: Die positiven, harmonisierenden Auswirkungen von Festen auf das soziale Gefüge können binnen Minuten umschlagen in Feindschaften und Hass, die eine ganze Gemeinde spalten und deren Ordnung gefährden. Dass der beschriebene

Fall über das Dorf hinaus leicht noch weitere Wellen von Gewalt hätte nach sich ziehen können, sagt Edlibach am Ende: «sölichs ist nun minen heren von zürich fürkon die sind nun fast zornig worden unnd ein gantzy gemeind jn der statt unnd uf dem land und wz ein gross murmeln jn der welt [...]»[75], weshalb der Streit schliesslich auf diplomatischem Weg geschlichtet werden muss. Es handelt sich nicht um einen Einzelfall. Ein ähnlicher Gewaltausbruch ereignet sich an der Kirchweih 1479 im basellandschaftlichen Oberwil, «ubi multi rustici undequaque convenerunt. et cum inebriarentur, insurrexerunt quidam nequam de Leymen, et interfecti fuerunt quinque viri et aliqui ex aliis vulnerati [...]»[76]. Zum darauffolgenden Jahr, 1480, schreibt Vadian: «Ainer von Appenzell ward zuo Altstetten an der ougst-kilbe erstochen, hiess der Kessler. Mentags darnach komend bi 900 man mit dem paner und lagend ain tag da; ward gericht, zuchend wider ab.»[77] Ebenfalls knapp an einem fastnächtlichen Bürgerkrieg vorbei geht die Glarner Gemeinde Weesen 1529: «An dem Mentag nach der alten Fassnacht was zu Wesen auch ein grosser stoss und was daselbst amman Aebli, vogt Schiesser, vogt Tschudi und Ruedolff Mad und wer die ganz gmeind bei einandern. Do warend wol xx blosse messer, doch schiedend die vorgenanten lüt. het wol ein gar grosser unfall können darus entston; aber gott der allmechtig hat gescheiden.»[78]

Zunahme der fastnächtlichen Gewalt während der Reformation

Es wurde schon darauf hingewiesen, dass allgemeine soziale Spannungen Gewalterscheinungen an der Fastnacht begünstigen. So darf es nicht überraschen, wenn während der ganzen Reformationszeit eine erhöhte fastnächtliche Gewaltfrequenz festzustellen ist, und zwar sowohl zwischen politisch-konfessionellen Gemeinschaften als auch auf der Ebene von Einzelpersonen.
Wiederum zeigt es sich, dass die Fastnacht im Zusammenhang mit grösseren kriegerischen Aktivitäten wohl geeignet ist, gegen Gesinnungsfeinde Stimmung zu machen. Am Aschermittwoch (10. Februar) 1529 zum Beispiel erhält Zürich von Konstanz die Meldung, dass Söldner in Württemberg und am Bodensee angeworben und gerüstet würden. Auch an der Herrenfastnacht (27. Februar) 1530 werden dort Kriegsvorbereitungen getroffen.[79]

In den zwanziger Jahren ist aber immer wieder auch die Nervosität der Obrigkeiten anlässlich der Feste der Untertanen spürbar. Am 24. Juli 1525 schlägt der Berner Rat der luzernischen Regierung vor, eine Kirchweih in Münster zu überwachen, bei welcher die Untertanen beider Orte zusammenkommen. Man wolle Ratsboten dahin schicken mit dem Auftrag «heimlich ze merken, ob einich empörung, widerung oder anslag beschäche, damit wir söllichem fürkomen [...]».[80]
Dass diese realen und befürchteten Gewalterscheinungen auch während der Reformation nicht zufällig auf gewisse Festtermine fallen, sondern einen inneren Zusammenhang mit ihnen haben können, lässt sich am Beispiel von fastnächtlichen Raubzügen belegen. Um ein Ereignis wie den Überfall auf das Kloster St. Leonhard in St. Gallen an der Fastnacht 1525 zu verstehen, ist ein Exkurs über karnevalistische Heischebräuche nötig.

Exkurs: Heischebräuche

Zu den gut belegbaren Fastnachtsaktivitäten in Spätmittelalter und früher Neuzeit gehört das ‹Überlaufen›, das oft mit ‹heimsuechen› gleichgesetzt wird.[81] Neben harmloseren Heischegängen, bei denen man andere um Esswaren bat[82], sind darunter also auch gewaltsame, möglicherweise maskiert durchgeführte Überfälle zu verstehen, die den sozialen Frieden gefährden konnten. Aus diesem Grund wohl verbietet der Berner Rat bereits 1416 das Heischen ebenso wie die Maskierung, die Anonymität garantiert und daher natürlich zu Exzessen verleitet. Es solle niemand, «weder von geselschaft noch von hantwerchen mit der hosen weder mit spilman noch in dehein ander wise in unser stat vor der vasnacht zu deheinem huse umb fleisch gan noch hoischen [...]».[83] Auch hundert Jahre später, während der Reformation, finden sich in den Berner Ratsmanualen ähnliche Verbote. 1522 erlässt der Rat, «das uff der alten vassnacht niemand den andern sölle überlouffen»[84] und wiederholt das Verbot 1523 und 1524.[85]
Man kann sich leicht vorstellen, dass sich das Überlaufen im konkreten sozialen Kontext gegen unbeliebte Personen richtete. Wackernagel interpretiert es denn auch im Zusammenhang mit anderen Formen von Heimsuchung als eine Art Strafmassnahme der ‹Volksjustiz›: «Bei der Heimsuchung handelt es sich darum, dass man mit bewaffneter Hand zur Vergeltung für erlittenes Unrecht in das Haus des Gegners eindringt. Dort

verzehrt man die Essvorräte, trinkt den Weinkeller leer und verübt allerhand Unflätigkeiten.»[86] Anderseits scheint beim Überlaufen ein Zusammenhang zu bestehen mit dem ungeschriebenen Gesetz, dass Klöster und Pfarreien besonders an Fastnacht als Gegenleistung für empfangene Zinsen die Bevölkerung zu bewirten oder Esswaren auszugeben hatten.[87] Gerade in Verbindung mit fastnächtlichen Aggressionen ist diese Heischeform wohl nicht immer friedlich verlaufen und hat eher einer Plünderung geglichen. Kirchliche Kreise beklagen sich zuweilen über die Erpressung, die für die Heimgesuchten teuer werden konnte.[88] Beide Bedeutungen des Überlaufens, die strafende Heimsuchung und der Anspruch der Bevölkerung auf kirchliche oder klösterliche Entschädigung, dürften sich gegenseitig überlagert haben – besonders dort, wo die Wellen antiklerikaler Stimmung hoch schlugen. Wackernagel hat diesen Zusammenhang in seinen Untersuchungen eindrücklich beleuchtet. Nach seiner Einschätzung «erfolgte noch zu Zeiten der Reformation in den 1520er Jahren das gewaltsame Vorgehen von Neugläubigen gegen kirchliche Gebäude und Institutionen recht häufig in der traditionellen Art der Heimsuchung»[89]. Das ist gut dokumentierbar anhand der traditionellen, vorreformatorischen Form von Heimsuchung, die von der Münchensteiner Kirchweih 1513 ausging, und der antiklerikalen Aktion der Pfeiferknaben von Boersch 1525.[90] Sowohl bei dem gegen eine verhasste Einzelperson gerichteten Strafzug wie auch beim Überfall des elsässischen Stifts St. Leonhard bei Boersch spielt der Anschlag auf die Essvorräte eine wichtige Rolle. Es wird ein Gelage veranstaltet und «hof gemacht mit sieden, mit braten, mit juchzen und mit schrien»[91], wobei diese fröhlich anmutende Aktion beide Male einhergeht mit einer ernsten Bedrohung von Leib und Leben der Heimgesuchten.
Erst vor diesem Hintergrund sind die Klosterüberfälle der Reformationszeit verständlich; neben der Kirchweih ist vor allem die Fastnachtszeit mit den herkömmlichen Heische- und Heimsuchungsbräuchen und ihrem festlichen Gewaltpotential dafür prädestiniert. Was sich an der Fastnacht 1525 im st. gallischen Frauenkloster St. Leonhard abspielt, hat einerseits traditionellen fastnächtlichen Charakter, entwickelt jedoch anderseits viel Eigendynamik und wird zu einer antikatholischen Aktion. Ein ritualisiertes Verhaltensmuster durchbricht so unter den sozialen und konfessionellen Spannungen der Zeit die Spielregeln des Rituals und endet als politisch bedeutsames Ereignis. Die betroffene Augenzeugin Mutter Wiborah Mörli berichtet darüber in detailreicher Schilderung:

> Also kam das geschrai under das volk, wir wolten uns nit undergeben minen heren und ward der trow und anschlag vil. Ains wolt uns verbrennen, ains wolt uns usstrinken und essen was wir hetten und uns zerstören. So mengen ublen rat hat das bubenvolk uber uns gehept. Also koment an der heren fassnacht ain schar us der stat, nit lützel, und wolten bi uns trinken und essen. Also tribent wir si ab, dass si nie in das hus kommen und uns kain schaden taten. Und aber an dem tag kam ain andre schar, [...]. Also ward uns in der nacht das gross fenster zerworfen und der lad[en] an der winden zerhouen, und wurfent so vast mit grossen steinen in die mur, dass wir mainten, die mur wer vol löcher.[92]

Die Gewalttätigkeiten werden an der alten Fastnacht fortgesetzt, erreichen aber erst am 9. April (Palmsonntag) mit einem eigentlichen Klostersturm durch einige hundert Städter ihren Höhepunkt. Nach Wiborah Mörlis Angaben werden dabei nicht nur die Nonnen misshandelt; die wütend gewordene Menge durchsucht das ganze Kloster, zerstört dies und jenes und bricht in eine unsinnige Völlerei aus. «Also weret es wol 2 stund, dass si im hus wutten, wie die trunken man, als si warent. [...] Si trunken uns wol 3 som win us, von des besten, den wir hatten, [...].»[93]

Eine ähnliche Verbindung von traditioneller Karnevalskultur und reformatorischen Aggressionen findet sich bei den Überfällen auf die Frauenkloster Wonnenstein bei Teufen (Appenzell) 1524, Olsberg bei Liestal 1525 oder Magdenau im Untertoggenburg 1529.[94]

Fastnacht als Termin des reformatorischen Protests

Auffällig ist in diesem Zusammenhang die Termingebundenheit von anderen antikatholischen Handlungen. Gerade während der Reformation wird die Abgabe von Fastnachtshühnern als Zins an die kirchliche Obrigkeit öfters angefochten. Vor der Fastnacht 1523 vernimmt man etwa, «dass die gotteshausleute im gebiete von Zürich verweigern, dem kloster Reichenau die bisher entrichteten fastnachthühner ferner zu geben»[95]. In Bern beauftragt der Rat 1525 den Schultheissen von Büren, die Leute von Dotzigen zu ermahnen: Sie hätten «irem kilchherrn die vassnachthünner und annders, so sy im abbrechen, wie von alter har ze geben»[96]. Zur Fastnachtszeit 1528 scheint der Zins von einigen Leuten ebenfalls hart-

näckig verweigert worden zu sein; das verrät ein Eintrag in den Berner Akten vom 13. März, obschon keine näheren Angaben gemacht werden: «Die beschriben, die die hüner nitt gen wellen.»[97]
Dieses Protestverhalten ist ein weiteres Indiz dafür, dass das hergebrachte Verhältnis der Bevölkerung zur kirchlichen Obrigkeit schwer gestört ist. Wie beim Klostersturm wird ein traditioneller fastnächtlicher Brauch – sofern sich die Abgabe von Zinsen als Brauch bezeichnen lässt – dazu benutzt, den eigenen Unwillen auch symbolisch kundzutun. Beide Demonstrationsformen gehören zusammen, da sie unter ‹normalen› Bedingungen voneinander abhängig sind: Die fastnächtliche Bewirtung durch Klöster und Pfarreien ist ja als Gegenleistung zu Abgaben und Unterstützung von Untertanenseite zu verstehen.
Unter diesen Voraussetzungen ist es wohl kein Zufall, wenn auch obrigkeitliche Massnahmen gegen die alte Kirche zum Teil mit dem Termin der Fastnacht verknüpft werden. Ob dabei ein gewisser Druck «von unten» eine Rolle spielt, ist schwer zu beurteilen. Tatsache ist jedenfalls, dass der Berner Rat kurz vor der offiziellen Durchsetzung der Reformation bei der Wegweisung von Vertretern der päpstlichen Kirche oft ein Ultimatum «biss vassnachten» stellt: «Disem priester biss vassnachten erloupt; aldan das huss rumen»[98], heisst es in einem Beschluss vom 29. Januar 1528. Am 1. Februar desselben Jahres wird eine Botschaft an die Äbtissin von Königsfelden aufgesetzt: «Soll der äptissin blunder mit des gotzhuss zügen hinweg gevertiget werden, und sy im closter blyben, biss uff die alte vassnacht.»[99]
Zu den bedeutungsvollen Gewalterscheinungen der Reformation gehören schliesslich bilderfeindliche Aktivitäten. Auch sie lassen sich mit der Fastnachtszeit in Verbindung bringen. Während bei manchen Klosterüberfällen die Überlagerung durch reformatorisches Gedankengut nur schwach sichtbar ist, lässt der Bildersturm bezüglich seiner konfessionellen Stossrichtung an Deutlichkeit nichts zu wünschen übrig. Bekannt ist die ikonoklastische Revolte, die sich an der Basler Fastnacht 1529 entwickelte und die Durchsetzung der Reformation bewirkte. Die «ufrüerische Fassnacht» richtete sich «wider götzen mit axen und bickeln, und widern rat mit gwer und harnesch»[100].
Die Fastnacht wirkt in diesem Fall wohl einmal mehr als Katalysator für unterschwellig schon längere Zeit bestehende Spannungen, wobei die Aggressionen nicht nur gegen die Heiligenbilder, sondern auch gegen die Obrigkeit kanalisiert werden. Die Voraussetzung dafür, dass Bilder über-

haupt zum Ziel eines Angriffs werden konnten, liegt in der Funktion, die sie lange Zeit im religiösen, aber auch etwa im rechtlichen Leben einnahmen. Sie waren nicht nur die Stellvertreter der Abgebildeten, sondern besassen auch deren sprituelle Macht, so dass die Gewaltanwendung wider das Bild einem Angriff gegen die abgebildete Autorität und damit gegen das dahinterstehende System gleichkam.[101] Auf das zeitliche Zusammenfallen von Fastnacht und ikonoklastischen Aktivitäten wurde andernorts schon aufmerksam gemacht.[102] An konkreten Beispielen aus dem eidgenössischen Raum mangelt es nicht.[103]

Auch in Bern scheint die Fastnacht den geeigneten Rahmen für Bilderzerstörungen abgegeben haben. Interessant ist, dass dieser Zusammenhang nicht nur für städtisches Milieu gilt, wo man kollektive Gewalttaten am ehesten vermuten würde. Für die Berner Landschaft sind solche Vorfälle ebenso belegbar, etwa in Langnau und Burgdorf 1526 oder in Zofingen 1527.[104] Nicht genau datiert (1530?) ist ein Verhör, dem sich einige Bauern von Kallnach bei Murten auf Geheiss der Berner und Fribourger Obrigkeiten unterziehen mussten. Ein gewisser «Clewj Bucher» gesteht, «dass er zu Kalnacht hat ze nacht gessen mit meyer Tröller und mit andren guten gesellen me und haben also miteinanderen ein anschlag than, das sy wollten gan Kertzers kommen, es wäre vassnacht und wöllten die götzen uss der kilchen tragen, dasselb haben sy also mit einanderen than, und dieselben götzen also uf wittem veldt verbrönnt»[105].

In einer geselligen Runde entsteht also der Plan zu einer Bilderschändung. Es ist aufschlussreich, dass die Worte «es wäre vassnacht» einerseits einen Teil der Motivation bezeichnen, die die Bauern zu ihrer Tat veranlasste: Die Fastnacht verpflichtet fast zu abenteuerlichen Aktionen. Anderseits erscheint die Aussage nachträglich, im Verhör, gewissermassen als Legitimation: Der fastnächtliche Rahmen dient als Entschuldigung in dem Sinn, dass in dieser Zeit traditionsgemäss erlaubt ist, was sonst absolut inakzeptabel wäre. Beide Aspekte mögen teilweise begründen, weshalb Bilderstürmereien so häufig in die Fastnachtszeit fallen. Eine andere Erklärung liegt wohl darin, dass schon in der vorreformatorischen Fastnacht das Sakrale immer wieder entweiht und kirchliche Kulte parodiert wurden.[106]

In der Reformation werden solche Rituale beibehalten; aber an die Stelle der temporären und spielerischen tritt oftmals die definitive und ernsthafte Entweihung gewisser Sakralbereiche, die dann weit über die Fastnachtszeit hinaus wirkt.

In diesem Kontext ist Gerold Edlibachs Kommentar zu den antikatholischen Aktivitäten in Zürich 1524 zu verstehen: «Also zwuschend der wiennäch und der alten vasnacht, da ward die welt rouw und ungotzförchtig.»[107] Obschon diese Worte im Grunde auch für die betreffende Jahreszeit vor der Reformation stehen könnten, so bezeichnen sie jetzt, 1524, einen «Welt»-Zustand, der nicht mehr nur als spielerisches Ritual inszeniert und anschliessend wieder rückgängig gemacht werden kann. Wahrscheinlich liefert der Übergang vom Spiel zum Ernst dem Chronisten überhaupt erst den Grund dafür, Worte über sonst Selbstverständliches zu verlieren.

Bezieht man schliesslich auch die anderen oben erläuterten Risikofaktoren ein, die anlässlich von Festen zu Gewaltausbrüchen führen, so ist leicht zu verstehen, dass sich reformatorische Bilderstürmereien während der Fastnacht häufen.

Völlerei und Maskerade: Das Fest des individuellen Körpers

Wenn bei der bisherigen Darstellung fastnächtlicher Phänomene politische und sozialpsychologische Aspekte im Vordergrund standen, so geht es im folgenden vor allem um die sinnliche Ebene des Karnevals. Diesen Wechsel in der Optik als Veränderung der Perspektive vom sozialen Körper zum individuellen Körper zu bezeichnen, hat seinen Sinn darin, dass zwischen beiden Bereichen Überschneidungen und Entsprechungen, ja sogar gegenseitige Abhängigkeiten und Wechselwirkungen bestehen. In ihrer wichtigen Studie «Ritual, Tabu und Körpersymbolik» konnte die englische Sozialanthropologin Mary Douglas 1970 deutlich machen, inwiefern der Körper «die geeignete Grundlage eines natürlichen Symbolsystems»[108] ist, wobei ‹natürlich› hier nicht mit ‹naturgegeben› verwechselt werden darf. Douglas gelangt im Gegenteil in Anlehnung an Marcel Mauss zur These, «dass der menschliche Körper immer und in jedem Fall als Abbild der Gesellschaft aufgefasst wird, dass es überhaupt keine ‹natürliche›, von der Dimension des Sozialen freie Wahrnehmung und Betrachtung des Körpers geben kann»[109]. In diesem Sinn stellt sie fest, dass zwischen sozialem und psychischem Körpererlebnis hochgradige Entsprechungen bestehen, mehr noch: «dass es sich bei der Körperkontrolle um einen Ausdruck der sozialen Kontrolle handelt und dass das

Aufgeben der Körperkontrolle in gewissen Ritualen den Erfordernissen der in ihnen zum Ausdruck kommenden sozialen Erfahrung entspricht»[110].

Auf die Fastnacht bezogen heisst dies, dass das auffällige physische Verhalten eben auch Sozialstrukturen, -kontrollen und Ideologien im eigentlichen Sinn des Wortes *verkörpert*. Es sollte daher die Aufgabe der Fastnachtsforschung sein, die immer wieder mit Neugierde registrierte Betonung von Essen, Trinken, Tanzen oder Sexualität an der Fastnacht und anderen Festen nicht einfach als anekdotenhaft erzählbaren, exotischen Gegensatz zum Alltag abzutun, sondern die zeichenhafte Bedeutung solcher körperlicher Aktivitäten und Verhaltensformen im konkreten gesellschaftlichen Kontext zu erschliessen. Eine Ausnahme stellt in dieser Hinsicht der sowjetische Forscher Mikhaïl Bakhtine dar, der in seiner grundlegenden Rabelais-Untersuchung schon früh auf die grotesken Ausdrucksformen des Körpers im spätmittelalterlichen Karneval hingewiesen hat. Obschon Bakhtine die groteske Körpersprache aus heutiger Sicht zu einseitig auf ihre oppositionelle, plebejisch-utopische Dimension reduziert und in die Nähe von fruchtbarkeitsmythischen Fastnachtstheorien rückt, so hat er doch die ihr eigene Logik und Semiotik erkannt:

> Enfin le rire et le principe matériel et corporel étaient légalisés dans les coutumes des fêtes, dans les banquets, les réjouissances des rues, des places publiques et domestiques. [...]
> La culture comique du Moyen Age était dans une large mesure le *drame de la vie corporelle* (accouplement, naissance, croissance, manger, boire, besoins naturelles), mais bien sûr, non pas du corps de l'individu ni de la vie matérielle privée, mais du *grand corps populaire de l'espèce* pour qui la naissance et la mort n'étaient ni le commencement ni la fin absolus, mais seulement les phases d'une croissance et d'une rénovation ininterrompues.[111]

Wo das «Drama des körperlichen Lebens» zur ‹Aufführung› im weitesten Sinn oder zur literarischen Darstellung gelangt, repräsentiert es in jener Zeit nach Bakhtine einen grotesken Realismus, dessen Hauptmerkmal darin besteht, Abstraktes, Feierliches, Spirituelles auf eine sinnliche, materielle und körperliche Ebene zu erniedrigen.[112] In der aktuellen Fastnachtsforschung hat Norbert Schindler Bakhtines Ansatz in sinnvoller Weise aufgegriffen, obschon er etwas pauschal die «symbolische Kommunikation der Körper» gewissermassen zu einem Privileg der «Volkskultur» stilisiert: «sie stellt [...] ein wesentliches kritisch-praktisches ‹Erkenntnisprinzip› der Volkskultur dar, die respektlose Zurückführung aller verselbständigten sozialen Erscheinungsformen auf ihr ‹grob-sinnliches› Fundament [...]»[113]. Es wird an den Belegen zur Fastnacht in der alten Eidgenossenschaft zu überprüfen sein, inwiefern die «demonstrative Körperlichkeit der Fastnacht»[114] in einen Gegensatz zu offiziellen, obrigkeitlichen Kommunikationsformen gebracht werden kann.

Zu Recht zählt Schindler zu dieser Körperlichkeit neben Essen, Trinken, Lärmen, Lachen, Maskierung, Tanz und Sexualität auch eine Reihe von Bräuchen, die er als «Körperkontaktriten» interpretiert, sowie Fastnachtschlägereien. Wenn er bei der Deutung ihrer Funktion auf der von Bakhtine vorgezeichneten Linie bleibt, so trifft seine Bezeichnung «körperzentrierte Formen der Sozialintegration»[115] doch Wesentliches: Darin kommt nicht nur der oben erwähnte Zusammenhang zwischen körperlicher und gesellschaftlicher Ebene zum Ausdruck, sondern auch (unbeabsichtigt?) die Möglichkeit einer nicht auf die Volkskultur beschränkten Funktion fastnächtlicher Körperlichkeit.

Karnevalistische Fress- und Saufkultur

Gerade am Beispiel des exzessiven Fressens und Saufens an der Fastnacht lässt sich die Verschränkung körperlichen und sozialen Verhaltens demonstrieren. Wie wichtig das Essen war, wurde schon in den zitierten Belegen zu den Fastnachtsbesuchen deutlich. Was sich dort auf höchster gesellschaftlicher Ebene abspielt und von Chronisten lobend oder prahlerisch aufgezeichnet wird, findet in anderen sozialen Schichten eine Entsprechung – aber die Informationen darüber stammen nicht aus Chroniken, sondern meist nur aus obrigkeitlichen Vorschriften. So lassen etwa die Verbote des Zutrinkens oder Küechliholens erahnen, welche Trink- und Essbräuche für Leute geringeren Stands in Frage kommen. Die zentrale Bedeutung der Völlerei für die Fastnacht wird aber auch daraus sichtbar, dass bereits in den frühesten deutschsprachigen Fastnachtszeugnissen davon die Rede ist. Schon im 13. Jahrhundert heisst es beim Tannhäuser: «Von überezzen kumt viel not / Ze vasnaht unde an ostertagen. / Manic tusent sint von ezzen tot / Daz in verdurben gar die magen.»[116]

Ebenso wie das Essen muss das gemeinsame Trinken zu den konstitutiven Elementen gezählt werden, wenn «fassnacht» sogar ausserhalb der Fastnachtszeit als Synonym für «abenttrunck» verwendet wird, wie beispielsweise in einer Botschaft von Bern am 22. April 1529 an die Herren von Belp und Konolfingen; darin werden diese aufgefordert, «abenttrunck oder fassnacht», also ein Treffen der Untertanen zu verhindern.[117] Fastnächtliches Essen und Trinken, Bankette, Fress- und Saufgelage oder Sich-den-Bauch-mit-Küechli-vollschlagen: Offensichtlich geht es dabei nicht nur um die Stillung des Hungers. Vielmehr handelt es sich, zumindest auf der soziokulturellen Ebene, um Aktivitäten mit Darstellungs- und Zeichencharakter. Unter diesem Aspekt wird die Nahrungsaufnahme nach den Worten von Erdmann Weyrauch

> zu einem kulinarischen Ritual, das Akte verdichteter, sozialer Kommunikation darstellt, das bestimmte gesellschaftliche Beziehungen, Wertungen und Abgrenzungen herstellt und bestehende festigt, kollektive Selbstvergewisserung bewirkt und eine standesspezifische Form der kollektiven Konstruktion von sozialer Wirklichkeit zum Inhalt hat. Im Hinblick auf frühneuzeitliche Sozialstrukturen dient es dabei informativen, dekorativen und affirmativen Zwecken zugleich.[118]

Es gilt demnach, die Botschaften der karnevalistischen Fress- und Saufkultur zu dechiffrieren, wobei zwischen verschiedenen sozialen Milieus differenziert werden muss.

Fastnachtsgelage in Zünften und Gesellschaften

Unter den Belegen zur alteidgenössischen Fastnacht sind jene Zeugnisse am auffälligsten, die mit dem Leben der Zünfte und Gesellschaften verbunden sind. Bereits 1417 nimmt ein Verbot im Satzungenbuch der Stadt Bern darauf Bezug; es soll verhindern, dass am Aschermittwoch

> beide, arm und rich lüte, in unser stat vil und digk grossen costen in den geselschaften habent [...]. Das zu versechen, grossen costen und zerung ze vermiden, haben wir mit einhellem rat gesetzet, das nieman von disshin uff der schürmitwuchen weder in geselschaften noch an andren gemeinen stetten gemeini mal, als man ie da har getan hat, machen noch haben sol, gemeni visch kouffen noch sölichen costen ufftriben, denn sunder wer uff dem selben tag in den geselschaften

essen oder mal haben wil, das der oder die ir essen bringen und von ir hüsren besorgen, wand uns bedungkt, das semlicher cost billich zu vermiden sy.[119]

Oberflächlich ist aus diesem Verbot herauszulesen,
– dass die Gesellschaften zu dieser Zeit das Zentrum eines üppigen Aschermittwoch-Essens sind;
– dass kollektiver Druck und soziales Prestige auch ärmere Gesellschaftsmitglieder dazu verpflichten, an einer ritualisierten Essrunde teilzunehmen und Spendierfreude zu beweisen;
– dass die Betonung auf einer *gemeinsam* gehaltenen Mahlzeit liegt (wobei diese Gemeinschaft kaum die ganze Zunft oder Gesellschaft, sondern jeweils kleinere soziale Einheiten umfassen dürfte);
– dass gerade die Ärmeren vor zu hohen Kosten geschützt werden sollen.

Diese Punkte allein erhellen schon die sozial-kommunikative Funktion der fastnächtlichen Mahlzeit in der Zunftstubenkultur. Dabei scheint das Festessen eng zusammenzuhängen mit den Ess- und Trinkritualen, die als Besiegelung politischer oder wirtschaftlicher Geschäfte in ebendiesem Milieu gepflegt wurden.[120] Wenn es sich aber um eine kulturelle Ausdrucksform einer bestimmten sozialen Schicht handelt, so beinhaltet die zitierte Vorschrift eine tiefer liegende Bedeutung. Im Kontext allgemeiner Luxusgesetze (beispielsweise auch die Kleidung betreffend) stellt sie den Versuch einer Sozialdisziplinierung dar: «Mit Polizei- und Landesordnungen, Luxus- und Sittengesetzen mühte sich der frühmoderne Staat, die innere Dynamik der Ständegesellschaft zu kanalisieren, den Ausbruchsversuchen einzelner gesellschaftlicher Gruppen Dämme zu setzen und insgesamt die bestehende ständische Sozialordnung zu zementieren.»[121]
Unter dem Vorwand des Schutzes vor zu hohen Kosten werden einerseits die Privilegien jener Eliten geschützt, deren Bankette in einem symbolischen Zeremoniell nicht zuletzt die eigene Macht, den Vorrang und die Standesunterschiede inszenieren und feiern.[122] Anderseits wird in der Berner Satzung von 1417 die integrative Kraft der *gemeinsamen* Mahlzeit eingeschränkt, indem die Kosten und die Beschaffung des Essens individuell geregelt werden: «[...] das der oder die ir essen bringen und von ir hüsren besorgen [...].» Auch diese Individualisierung ist letztlich ein Instrument zur Stabilisierung der kulinarisch signalisierten sozialen Rangunterschiede.[123] Dass sich die Obrigkeit der Prestige-Funktion und der

gesellschaftspolitischen Bedeutung von Gelagen an der Fastnacht durchaus bewusst war, geht aus einem Zürcher Mandat von 1488 hervor:

> Fürer haben wir geordnot, das zuo fasnacht oder andern ziten fürerhin die frowen zem Rüden, zem Schneggen, noch in andern zünften oder stuben kein gastung oder gemeine ladung under inen, das man ein schlegel nempt, haben noch bru[c]hen, sunder allein uff ir stuben, so man sy dahin berueft, zuosamen komen söllen, iederman uff sin selbs kosten. Doch ist iedem ein zimliche gastung siner fründen oder guot gönner nit verbotten.[124]

Hier geht es weniger um eine Abgrenzung der Zunftbankette gegenüber den Unterschichten als um die Sicherung eines männlichen Privilegs vor den Frauen, deren unabhängig durchgeführten Fastnachtsgelage für das Patriarchat offensichtlich eine Bedrohung darstellen; interessanterweise wird ein ähnliches Mittel der Individualisierung und Solidaritätshemmung angewendet wie 1417 in Bern: «[...] iederman uff sin selbs kosten.»[125]

Die Betonung der Eigenfinanzierung muss auch im Gegensatz zu den Spenden der städtischen und geistlichen Obrigkeit gesehen werden, welche zwar die Fastnachtsgelage in den Stuben teilweise unterstützen; aber vermutlich kommen die Spenden nicht dem ganzen sozialen Spektrum der Zunft- und Gesellschaftsmitglieder zugute. Ähnlich wie bei den Banketten anlässlich von Fastnachtsbesuchen dürften damit vor allem die Repräsentationspflichten der zünftischen Elite subventioniert worden sein.[126]

Die feinen Unterschiede beim Essen und Trinken

Innerhalb der Zünfte tendieren auch die Verhaltensvorschriften zu einer sozialen Abgrenzung nach «unten» und einer Anpassung nach «oben»; sie fordern im Sinne einer Zivilisierung der Manieren je länger desto mehr «zimligkeit» und Wohlverhalten. Ein Zürcher Mandat von 1527 verbietet von Tanz und Musik begleitete Exzesse an der Fastnacht, erlaubt aber parallel zum Mandat von 1488, «dass zunftbrüeder mit iren wiben und kinden wol die hüener mit einandern uf den stuben essen und guoter dingen sin mögint, also dass inen das nit abgestrickt, sonders in zimligkeit zuo tuond vergunnt sin sölle»[127]. Mit feineren, anständigen Sitten distanziert man sich von der weniger «zivilisierten» fastnächtlichen Völlerei der geringeren «zunftbrüeder»; im selben Jahr (1527) verurteilt die Obrigkeit in Zürich deren Unsitten, die etwa darin bestehen, «dass einer sich siner person halb nit vernüegen lassen, dass er früy und spat hinder dem win gelegen, sonders hat müessen sine zunftbrüeder und guot arm gsellen, so lieber daheimen bi iren wib und kinden bliben [wären], mit ungeschickten wuol, schrygen und beschütten zum schlamm zuohin füeren»[128]. Fastnächtliche Völlerei und Saufrituale müssen also durchaus nach sozialem Milieu differenziert und interpretiert werden. Sie bilden bezüglich der impliziten Selbstdarstellung keinen Gegensatz, sondern eher eine Überhöhung der alltäglichen Sozial- und Machtstrukturen. In den vornehmeren Zunftkreisen besteht eine Tendenz zur Formalisierung körperlichen Verhaltens – also auch des Essens – und zur Verinnerlichung der Körperkontrolle mit dem Ideal «ziemlicher» Umgangsformen. Damit wird Distanz geschaffen zu den Nicht-Eliten.[129] Diesen wiederum bietet sich die Fastnacht als Gelegenheit zu körperlicher Expressivität beim Essen und Trinken in Formen, die von solidaritätsstiftenden Zechgelagen bis zum gewaltsamen Trinkzwang reichen können.[130]

Die Fastnacht als Schlaraffenland

In diesen Zusammenhang gehört auch die Völlerei, wie sie im Berner Reformationsmandat vom 7. Februar 1528 – zur Fastnachtszeit – getadelt wird: «[...] also wöllen wir hinfür all die, so sich überfüllen und mer zu inen nämmen, dann ir natur ertragen mag, dessglichen die, so znacht nach den nünen schlafftrünck thund, ouch die da zutrinken und sich ubersuffen, umb 10 ℔ straffen [...].»[131] Den Realitätsgehalt dieses Verbots mag der Bericht des Schaffhauser Chronisten Hans Stockar von der Fastnacht 1527 illustrieren:

> In dis fasnach gab es vil drunknar lütten, der fremden und der burgeren, und do sy ainweg zugend, gab mian inen das glatt für das dor und ritt[end] sy al vol win ainweg und hattend ettlich bletz ab der nassen abgefallen und hattend kain greser kurzwil, dan das sy ainanderen vol win machtend und gros spil dettend und danzdend und ainanderen brachten [ums geld] und ainanderen vol win machtend [...].
> Uff dye zitt und fassnach hatt mian uff ain dag gimietzgatt und geschlagen 30 och[sen] und ist als uff ain dag zittlichen verkufft worden, und vil kelber und lamer und suwen, dye gimietzgett sind worden [...].

Uff dye jung und alt fasnacht was es ain unsinig, wild ding mit essen und drinken.[132]

Die häufig bezeugten riesigen Quantitäten, die an Fastnacht und anderen Festen verschlungen wurden, bedürfen einer sozialhistorischen und -psychologischen Erklärung. Dieses Körperverhalten, das lange Zeit in allen sozialen Schichten praktiziert wird und eine Tugend daraus macht, möglichst grosse Mengen zu verzehren und zu versaufen, hat verschiedene Ursachen und Funktionen.

Einerseits ist es vor dem Hintergrund des kalendarischen Fastenrhythmus zu sehen, der in den erlaubten Perioden zu entsprechenden Kompensationen herausfordert.[133] Wichtiger sind jedoch die Erklärungen, die auf den dauernd präsenten Hunger und die Furcht davor verweisen: «Cette hantise de mourir de faim, inégale suivant les lieux et les classes, plus forte à la campagne qu'à la ville, rare chez les gens d'armes bien entretenus et chez les grands, permanente chez les petites gens, est le premier trait, le plus frappant, de la civilisation moderne»[134], schreibt Robert Mandrou über das 16. Jahrhundert in Frankreich.

> [...] sans nul doute l'alternance frugalité-ripailles est la règle dans toutes les classes de la société. Conséquence de l'insécurité alimentaire, elle s'impose comme un rite, dont subsistent des souvenirs jusqu'à nos jours. Fêtes urbaines des confréries, des entrées, fêtes rurales de la moisson, des vendanges ou de la Saint-Martin sont toujours l'occasion de vivre large, quelques heures au moins: avec milles nuances dans l'exécution, bien sûr. Mais ces grandes lippées, à la suite desquelles il faut se mettre au pain et à l'eau pour des mois, constituent une maigre revanche contre le mauvais sort, et sont appréciées comme telles: la précarité même de l'existence les explique.[135]

In Anlehnung an Norbert Elias hat Stephen Mennell kürzlich einleuchtend beschrieben, welch langen Disziplinierungsprozess die Eindämmung der unkontrollierten, anfallartigen Fress- und Sauflust der frühen Neuzeit voraussetzte.[136] Wie bei anderen Erscheinungen im Prozess der Zivilisation dürfte sich dabei die Mässigung zuerst in den Oberschichten durchgesetzt haben. Wenn im 16. Jahrhundert auch in vornehmeren Kreisen an Fastnacht kulinarischer Überfluss demonstriert wird, so stecken dahinter nicht immer die gleichen Motive wie bei den unmittelbar vom Hunger bedrohten Schichten. Bei diesen mag, neben dem *gemeinsamen* Mahl,

auch Utopisches eine wichtige Rolle gespielt haben, wie es im Bild vom Schlaraffenland zum Ausdruck kommt: «Das Schlaraffenland ist der Ausdruck eines nie endenden Karnevals, und der Karneval ist ein zeitlich begrenztes Schlaraffenland, mit der gleichen Betonung der Schlemmerei und der Umkehrung normaler Verhältnisse.»[137]
Als Abbild dieses Schlaraffenlands in der Literatur betrachtet Bakhtine das Bankett bei Rabelais; auch er führt das exzessive karnevalistische Fressen und Saufen auf die Überwindung existentieller Ängste in der Volkskultur zurück und interpretiert es gewissermassen als Befreiungsakt des Körpers: «L'homme triomphait du monde, l'avalait au lieu d'être avalé par lui; [...].»[138]
Aber hatten wirklich auch die städtischen Unterschichten am karnevalistischen Schlaraffenland teil?
Dass dieses nicht unbedingt mit Geld erkauft werden musste, beweist das Phänomen des Überlaufens. Im Zusammenhang mit fastnächtlicher Völlerei und alltäglichem Hunger erscheinen die Überlauf-Verbote erst im richtigen Licht. Es geht dabei wiederum – neben der Verminderung des Gewaltrisikos – um die Sozialdisziplinierung, um die Verhinderung eines Verhaltens, das im Grunde grossen sozialen Unterschieden und Spannungen zum Ausdruck verhilft. Das Überlaufen lässt sich also auch interpretieren als Reaktion auf die provokativen vornehmen Bankette. 1522 wird an der Berner Fastnacht verboten, «dass uff der alten vassnacht niemand den andern solle überlouffen; doch so mag ein jeder sinen fründ zum nachtmal oder morgenbrot laden»[139]. Im Klartext: Nur die zivilisierte gegenseitige Bewirtung ehrenhafter Bürger ist erwünscht, nicht jedoch der anarchische Überfall auf fremde Speisevorräte, an dem wohl gerade diejenigen am meisten Spass haben, die gewöhnlich von der Hand in den Mund leben.
Daneben anerkennen aber die Wohlhabenden doch auch das Recht der Ärmsten auf fastnächtlich-kulinarische Entschädigung. Im Jahrzeitrodel des Unteren Spitals in Bern von 1450 sind beispielsweise die Speisezulagen verzeichnet, die der Spitalmeister im Auftrag eines Jahrzeitstifters jeweils auszurichten hatte. So gibt man am Montag vor «pfaffen vassnacht [...] yeglichem pfrundkind, und den priestern ein mas wins [...]. Am feissen Donstag gitt man yeglichem pfrund kind ein vierteili wins, Item zwein ein magenwurst und den priestern ein gantze und nit zwifalt.» Dazu kommen am Montag danach ein «dun mus mit gersten, und yeglichem ein halb pfunt schwinis fleisch kochet», ebenso für alle «einen gemeinen

pfeffer, und yeglichem ein halb pfunt kalbfleisch und darzu yeglichem ein halb mas wins.»[140]

Der Anspruch der Bevölkerung auf kulinarische Verwöhnung an der Fastnacht hat sich, wie erwähnt, auch im Küechliholen gewissermassen institutionalisiert; bei diesem Brauch sind jedenfalls Unterschichten und nicht-zünftisch organisierte Gruppen als Akteure durchaus denkbar. Die Obrigkeit ihrerseits akzeptiert den Anspruch mindestens zeitweise: «It. uf der jungen Fassnacht, alss min herr schulthesss die kiechly gab, verzert 5 ß [=Schilling] 3 d. [=Pfennig]», heisst es in der Solothurner Seckelmeisterrechnung von 1498.[141]

Als Verwirklichung eines karnevalistischen Schlaraffenlands, an dem offenbar die ganze Gesellschaft teilhatte, ist schliesslich der Bericht von einem Schaffhauser Schützenfest an Pfingsten 1523 zu verstehen; die Obrigkeit gab dabei nach Hans Stockars Worten «jedermian zu abenesen vergebes, und gab niemend nütt [...]», wobei er ausdrücklich erwähnt, dass «wib und man, jung und alt, rich und arm» anwesend waren.[142]

Dass die Fastnacht unter den Festen des Essens und Trinkens einen Höhepunkt bildete, scheint unbestritten. Nicht unproblematisch ist dagegen die soziologische Differenzierung der Völlerei. Sie ist nicht einfach der Volkskultur zuzuordnen, sondern findet auf verschiedenen sozialen Ebenen statt; jedenfalls impliziert sie in dem damit verbundenen Körperverhalten auch in der alten Eidgenossenschaft bestimmte gesellschaftliche Aussagen. Das ist, neben dem theologischen Zusammenhang, die soziale Voraussetzung dafür, dass einem Akt wie dem nachfastnächtlichen Fleischessen in der Reformation eine so grosse symbolische Bedeutung zukommt. Als Selbstdarstellung demonstriert er nicht nur die Missachtung kirchlich vorgeschriebener Fastengebote, sondern auch eine Verlängerung des karnevalistischen Schlaraffenland-Traums, etwas Utopisches und Befreiendes. Das Fleischessen in der Fastenzeit kann in dieser Hinsicht auch als sinnlich-körperlicher Ausdruck des reformatorischen Befreiungsakts gedeutet werden. «Item man fieng ouch an in disser vasten obgemelt [Quadragesima, also anschliessend an Aschermittwoch] fleisch, hünner, vogel, eiger und was jeder man gelust zu essen. Und wer ess nüt essen wolt, dess ward verspottet»[143], kommentiert Gerold Edlibach die Ereignisse von 1524 in Zürich. Er liefert gleichzeitig einen Hinweis darauf, wie sehr das Essen eine soziale Handlung mit entsprechendem Anpassungszwang war.[144]

Sexualität, Tanz, Hochzeit: «zit ainer besunderen gailhait»?

Es bestehen kaum Zweifel darüber, dass die Fastnacht als Fest der Sinnlichkeit und des Körpers auch im Bereich von Sexualität und Erotik Grenzen sprengte. Wie beim Essen und Trinken geht es dabei – neben der unmittelbaren Bedürfnisbefriedigung – auch um eine Körpersprache, die soziale Botschaften vermittelt. Allerdings ist es sehr viel schwieriger, ihren Code zu entziffern, da nur spärliche Zeugnisse überliefert sind; vielleicht spielt sich dieser Bereich auch zu Beginn des 16. Jahrhunderts zu sehr hinter den Kulissen des öffentlichen Lebens ab oder er verbindet sich mit gewissen Anlässen (zum Beispiel Tänzen und Hochzeiten), die dann in den Archivalien pauschal aufgeführt und nicht näher beschrieben werden. Jedenfalls finden sich für den alteidgenössischen Raum um 1500 fast keine Belege, die die Fastnacht als «zit [...] ainer besunderen gailhait»[145] ausweisen könnten, wie sie Kessler in seinen «Sabbata» bezeichnet.[146] Einen vagen Hinweis gibt allenfalls ein Satz, wie er in der Berner Reformationsordnung von 1525 mit Bezug auf die Hochzeitserlaubnis steht: Die Fastnacht sei eine Zeit, in welcher «doch sunst jederman am meisten weltlicher fröiden pfligt»[147]. Oder vielleicht deuten die Gebote, die nach ehrenhaftem und züchtigem Tanz verlangen, daraufhin, dass das Gegenteil auch vorkam.[148] Sowohl Hochzeiten als auch Tänze an der Fastnacht des frühen 16. Jahrhunderts lassen sich aber leicht belegen. Nach etlichen Restriktionen[149] wird beispielsweise an der Fastnacht 1527 in Zürich angeordnet, «dass jetz uf die fasnacht gar niemans, es syg uf der gassen, uf der zünften oder andern stuben, orten und enden, tanzen, ouch niemans mit trummen und pfifen umbzüchen und zuo tanz machen sölle»[150]. Ähnlich tönt es auch aus Bern.[151]

Wiederum ist solches Körperverhalten, das offfensichtlich nicht an bestimmte soziale Orte und Milieus gebunden ist, mehr als ein harmloser Ausdruck von Fröhlichkeit und Unbeschwertheit. In einer feinen Analyse von Niklaus Manuels Totentanz-Gemälde kann Conrad-André Beerli veranschaulichen,

> quelle fut la variété des danses de ce temps, quelles furent leurs mimiques, et leurs nuances sociales: basse-danse élégante, non sans une certaine recherche dans les attitudes, pour la noblesse; morisque virile, durement scandée, pour les bourgeois; pour les paysans, une danse très remuante du style de l'allemande, avec des passages tourbillonnants et des parties sautées proche de la gaillarde [...].[152]

Einmal mehr ist es also nötig, die demonstrative Körperlichkeit der Fastnacht gesellschaftlich zu differenzieren. Sie kann nur dann als Ausdruck einer ‹Volkskultur› betrachtet werden, wenn man sie als Gegensatz zu der formalisierten, verfeinerten, sublimierten Körperlichkeit der Elite definiert. An sich hat jedoch auch dieses oberschichtliche Körperverhalten demonstrativen Charakter und bildet allgemeine gesellschaftliche Strukturen ab.

Anlass zu Tanz und festlicher Stimulation der Sexualität könnten auch die Hochzeiten gewesen sein; sie wurden häufig in die Fastnachtszeit verlegt, denn das kanonische Recht verhinderte lange Zeit, dass in der Fastenperiode vor Ostern Ehen geschlossen wurden.[153] Auch wenn sexuelle Enthaltsamkeit in der Fastenzeit und eine entsprechende Kompensation vor Aschermittwoch kaum nachweisbar sind[154], so steht doch fest, dass sich Heirats- und Fastnachtszeit und die damit verbundenen sinnlich-erotischen Aspekte und Nebenerscheinungen oft überlagerten. Schon 1411 wird in Basel die Fastnacht charakterisiert als die Zeit, in der «man gewonlichen zu der heiligen e griffet»[155]. Wie stark dieser Eheschliessungstermin im Bewusstsein der Öffentlichkeit verwurzelt war, ist daraus ersichtlich, dass er mehr als 100 Jahre später selbst von den reformatorisch gesinnten Priestern respektiert oder als günstigen Zeitpunkt für eigene Eheschliessungen betrachtet wird. Die Fastnacht bietet sich auch in diesem Fall als Gelegenheit an, in einer festlich-symbolischen Aktion abstraktes reformatorisches Gedankengut in die Tat umzusetzen. Zum Beispiel 1524 in Winterthur: «Do hat her Mathis Hirsgarter, pfarrer zu Winterthur, anno 1524 vor der Fassnacht ein offennlich hochzit mit siner eefrowen; [...]. Und demnach alle priester, so ze Winterthur in der statt und uff dem lannd warend, griffend zur ee.»[156]

Masken und Verkleidung

Besondere Hilfsmittel zur Verstärkung der Körpersprache sind Maske und Verkleidung. Auch wenn ihnen nicht jene zentrale, sinnstiftende Funktion zukommt, aus welcher manche Forscher die Bedeutung der Fastnacht überhaupt ablesen wollten[157], so dürfen sie doch seit dem Spätmittelalter zu den konstitutiven Elementen der Fastnacht gezählt werden. Das drückt sich auch in den stereotypen Charakterisierungen des Karnevals aus, in denen Masken und Verkleidungen immer besonders hervorgehoben werden. Sebastian Franck schreibt beispielsweise in seiner Chronik über die Fastnacht:

> Etlich machen sich als die teüfel / etlich lauffend nackend on alle scham gar entplösst durch die statt. Etlich das sy kein scham habend / verbutzen sy sich in larven unnd schön part / das man sy nit kenne [...].[158]
> Da sihet man in seltzamer rüstung seltzame mummerei / die frawen in manns kleyderen / und die mann in weiblicher waat / und ist fürwar scham / zucht / erbarkeit / frombkeit an disem Christenlichen fest theür / und geschicht vil büberei. [...]
> Etlich kriechen auff allen vieren wie die thier / etlich brütlen narren auss / etlich seind münch / künig .rc. auff diss fest / des wol lachens werdt ist. Ettlich gehen auff hohen steltzen mit flügeln und langen schnäbeln seind storcken. Etlich Beren / etlich wild holtzleüt / ettlich Teüfel / [...].[159]

Grundsätzlich lassen sich Masken und Verkleidungen als Betonung des Körpers durch Verfremdung der alltäglichen Körpererscheinung interpretieren. So kann selbst Nacktheit zur Maske werden. Zweifellos vermittelt jede Verkleidung oder Entkleidung eine bestimmte Botschaft, aber man sollte sich vor simplen symbolischen Gleichsetzungen hüten, wenn nicht eindeutige, situationsspezifische Indizien dafür bestehen. So gibt es in Mittelalter und früher Neuzeit auch kaum Hinweise für die immer wieder bemühte ahnen- oder fruchtbarkeitskultische Bedeutung der Masken an der Fastnacht.[160] Schon eher liesse sich die Funktion der Verkleidungen aus ihrem Verhältnis zum Alltagskostüm erschliessen – besonders in einer Gesellschaft, in der Kleiderordnungen den alltäglichen Gebrauch und die Bedeutung von Kleidern bis auf Formen und Farben entsprechend der sozialen Hierarchie eindeutig kodifizieren. Ausserdem sollte bei der Interpretation von Fastnachtsmasken nicht ausser acht gelassen werden, dass Verkleidungen auch bei anderen Gelegenheiten verwendet wurden. Hans Moser weist etwa in seinem Aufsatz «Zur Geschichte der Maske in Bayern» darauf hin, dass schon relativ früh im kirchlichen Bereich Dämonen- und Teufelsmasken auftauchen. Neben Antichrist-Spielen scheinen vor allem Prozessionen Gelegenheiten für Maskierungen abgegeben zu haben, wie aus den Bestrafungen bei Missbrauch hervorgeht.[161] Umgekehrt – und dies ist besonders aufschlussreich – ist für das 15. und 16. Jahrhundert verschiedentlich nachzuweisen, «dass Kostüme und Masken der Prozessionen und geistlichen Spiele sträflicherweise zur Fastnacht verwendet wurden»[162]. Diese fastnächtliche Zweckentfremdung lässt – viel eher als auf eine kultische – auf eine parodistische Funktion der Verkleidung schliessen; sie erhält ihren komischen Sinn nicht aus sich selbst, sondern erst durch den Bezug auf jene andere, nämlich kirchliche Realität.

Dass in der alten Eidgenossenschaft möglicherweise die beim Reislauf verwendeten Gewänder mit Fastnachtsverkleidungen und Maskierungen bei Überfällen verwandt sind, wurde in anderem Zusammenhang erwähnt.[163] Angesichts der Gemeinsamkeiten zwischen Fastnacht und sonstigen Festen erstaunt es im übrigen kaum, wenn fastnächtliches «Nacktlaufen» auch an der Kirchweih praktiziert wird.[164]

Es handelt sich also bei der körperlichen Verfremdung weder um ein exklusiv fastnächtliches Phänomen, noch sind dessen Bedeutungen fastnachtsimmanent zu erschliessen. Daher ist es nicht sinnvoll, von der Vielfalt von Maskentypen auszugehen und sie in ein kohärentes, starres Bedeutungssystem zu zwängen. Lohnender dürfte die Suche nach spezifischen Situationen und Verwendungen sein, denn die Semantik der Masken ist erst aus ihrem konkreten Gebrauch ableitbar, wo ihre Bedeutungen je neu konstituiert werden.

Wirkungen der Vermummung

Die primäre soziale Wirkung von Verkleidung und Maskierung liegt darin, dass ihr Träger nicht mehr unmittelbar identifizierbar ist. Daraus folgt, dass die aus verinnerlichten Verhaltensnormen und äusseren Sanktionen bestehende soziale Kontrolle teilweise aufgehoben wird. Bei Störaktionen oder bei der gewaltsamen Entladung sozialer Spannungen an der Fastnacht ist daher die Vermummung – gleich welcher Art – ein wesentlicher Faktor. Das ist schon aus den frühesten eidgenössischen Belegen zur Verkleidung ersichtlich. Ein Basler Erlass von 1418 spricht diesbezüglich eine klare Sprache:

> So ist ouch ein nüwe gewonheit hie ufferstanden, daz man im atvent anfaht in Bökenwise ze gonde und erber lüte ze überfallende in iren hüsern, davon dik gebrest ufferstanden ist und noch tun möchte. Darumb so hand Rat und meyster erkent, üch geheissen sagen und

gebieten, daz nyemand me von disshin in Bökenwise gon sol untz uff der pfaffenvasnacht nehst kommend [...].[165]

«Hausfriedensbruch» wird auch aus dem folgenden Jahr (1419) in Basel überliefert, als Maskierte «wirdig herren und frowen uff jr stuben» beim Tanz stören.[166] Einmal mehr lässt die Wiederholung ähnlicher Verbote auf ihre geringe Beachtung schliessen.[167] Dass die Anonymität bei den offensichtlich gegen die Elite gerichteten Aktionen eine wichtige Rolle spielt, ist aus den verzweifelten Bemühungen des Rats ersichtlich, wenigstens nächtliche Mummereien und Gesichtsverhüllungen zu verbieten. So lautet ein Verbot vom Anfang des 16. Jahrhunderts in Basel:

> [...] ob Jemands dise vassnacht in Meyger oder derglichen wise verkleidet umbgon wolte, das die selbigen solichs allein im tag und gar nit by der nacht thun, und daby ire angesicht [...] mit böggen antlitn oder sonst nit verstellen noch sich unbekundig machen sollen.[168]

Aber auch dies scheint wenig genützt zu haben; 1516 beraubten beispielsweise etliche «gesellen» in «butzenwis» Leute, die Essen über die Rheinbrücke trugen.[169]

Entsprechende Maskenverbote sind auch aus Bern, Zürich, Luzern, Schaffhausen oder Überlingen bekannt, wobei immer dieselbe Angst der Herrschenden vor Gewalttaten und Aufruhr zum Ausdruck kommt.[170]

Raffinierter ist die Verkleidung aber in jenen Fällen, wo sie nicht nur anonym entstellt, sondern zu einer anderen gesellschaftlichen Rolle verhilft. So kann Maskierung zu einem Spiel werden, bei dem die Statik der alltäglichen sozialen Hierarchie durch körperliche Veränderung durchbrochen wird. Daraus ergibt sich gerade für Unterschichten und Geächtete eine zeitweilige Befreiung von ihrer gewöhnlichen Diskriminierung. Renward Cysat beschreibt resümierend einen solchen karnevalistischen Rollentausch, der die Luzerner Obrigkeit – aus Angst um die herrschende Ordnung – veranlasste, jeden zu bestrafen, der «sich anderst verkleidt oder vermacht dann er offenlich ze kilchen und strassen gat [...]»[171]:

> dann nit allein der nachrichter und sine knecht, sonder ouch die sondersiechen sampt andern spittel knechten und lumpengesind sich ouch yngemischt, denen (wyl man sy für stattliche eerenlüt geachtet und unbekannt zu den tischen gesetzt) man alle eererbiettung bewisen; darnach aber den betrug befunden neben andern abschüchlichen und groben ergerlichen sachen, so mittgeloffen [...].[172]

Fastnächtliche Travestie

Besonders interessant ist der durch Verkleidung bewirkte Rollentausch zwischen Mann und Frau; er hat sich in den allgemeinen, meist verurteilenden Beschreibungen der Fastnacht zu einem häufig verwendeten Topos entwickelt. Noch um 1600 heisst es in einer Zürcher Sammlung von Predigten «Wider die Fassnacht»,

> dass ein wyb nit sölle manns wehr tragen / unnd ein mann nit sölle wyber kleidung anlegen / dann wer das thüne seye vor Gott ein greüwel. Das ist aber zur zeyt der Fassnacht so gmein / dass derselben nun niemandt achtet / dass es ein sünd sein sölte.[173]

Gerade dieses Beispiel zeigt aber auch, wie problematisch es ist, Fastnachtsrealität aus theologisch verbrämten Moralpredigten heraus zu rekonstruieren. Die stereotypen Verurteilungen des Kleidertausches aus der Sicht von Schriftkundigen sind verdächtig: Sie scheinen sich weniger an eigenen Beobachtungen zu orientieren als vielmehr an Vorurteilen, die so etwas wie selektive Wahrnehmung und Fixierung auf das zu Verurteilende bewirken. Wenn der Kleidertausch zwischen Männern und Frauen mit ganz ähnlichen Worten wie in den Zürcher Predigten von 1601 schon bei Pirminius im 8. Jahrhundert erwähnt ist[174] und von Johann Boemus und Sebastian Franck[175] wiederholt wird, so liegt der Grund darin, dass er im alten Testament als Gebot vorgeprägt ist: «non induetur mulier veste virili nec vir utetur veste feminea abominabilis enim apud Deum est qui facit haec.» (Deuteronomium 22,5)

Und dennoch wurzeln die stereotypen Verurteilungen des Kleidertausches auch in der Realität. An der Fastnacht 1486 sollen beispielsweise in Basel drei Frauen in ein «kefy» gelegt werden, weil sie in «mannkleidung in die klöster gangen sind»[176]. 1543 wird ebenda der Metzgergeselle Hans von Warse eingesperrt, weil er an der Fastnacht «mit andren jungen gsellen in bützenwis mit frowencleidern angeton umbher zogen, seltzam bossen gerissen, sich lossen halsen und lecken, under anderm nider gehüret und sich des wassers wie ein wib entplöst, das nun gar schantlich und ergerlich gsin»[177]. Drei Jahre später, 1546, wird wiederum eine Frau wegen ihrer fastnächtlichen Travestie verurteilt:

> Die bemelte Peternella Sacco hatt sich lossen betören, das ir wibs cleider abzogen, hosen und wammest angliet, ein filzhuet uff gsetzt, sich lossen mit kolen schwartz machen wie ein Mör, voll wins worden

und also mit gueten gsellen die vergangne nacht biss umb die elffte stünd umbher zogen und uff dem Münster platz ouch an andern orten zotten gryssen, zuo letst uff der schlosser gsellen stuben gangen, doselbst die obgenannten zwen gfünden, die sy nit anderst dann für ein mannsbild angesehen, iren zetrincken gebotten.[178]

Interessant sind diese Fälle, weil sie tatsächlich praktizierten Kleidertausch dokumentieren, dann aber auch wegen den Sanktionen, die sie nach sich ziehen. Diese lassen sich nur teilweise mit dem erwähnten biblischen Gebot erklären. Offenbar verstösst das beschriebene Verhalten auch an der Fastnacht allzu sehr gegen die Ordnung der Gesellschaft, zumal das jeweils andere Geschlecht nicht nur äusserlich, sondern bis auf einzelne Handlungsweisen und Gesten imitiert wird. Die karnevalistische Travestie wird jedoch als soziale und kulturelle Erscheinung erst verständlich im Zusammenhang mit der Bedeutung sexueller Inversion in der frühen Neuzeit. Natalie Zemon Davis hat auf die Dimensionen von Macht und Hierarchie hingewiesen, die eine solche Verkehrung überhaupt attraktiv machen; Davis stellt denn auch eine enge Verbindung mit dem Motiv der Weiberherrschaft fest, das gerade in jener Zeit sehr beliebt gewesen sein muss.[179] Dabei genügen ihr die gängigen anthropologischen Theorien nicht, wonach temporäre sexuelle Inversion als stabilisierendes Ventil einer streng hierarchischen Gesellschaft letztlich einzig der Reproduktion herrschender Machtstrukturen – auch zwischen Mann und Frau – diene: «I would like to argue, on the contrary, that comic and festive inversion could *undermine* as well as reinforce that assent.»[180]
Die verunsichernde Ambivalenz, die dem Geschlechtertausch anhaftet, dürfte eine sozialpsychologische Hauptursache für die Sanktionen sein, mit denen die an sich harmlos scheinenden Verkehrungen bestraft werden. Denn die körperliche Erfahrung, dass während der Fastnacht nicht nur soziale, sondern sogar natürliche, nämlich sexuelle Grenzen gesprengt werden können, birgt eine Gefahr: «Rather than expending itself primarily during the privileged duration of the joke, the story, the comedy, or the carnival, topsy-turvy play had much spillover into everyday ‹serious› life, and the effects there were sometimes disturbing and even novel.»[181]
Das gilt für Männer wie für Frauen. Vielleicht hängen mit der Erfahrung möglicher Grenzüberschreitungen an der Fastnacht auch jene Formen von Travestie zusammen, die zu anderen Jahreszeiten stattfinden und einen Zusammenhang mit sozialen Konflikten aufweisen.[182]

Natürlich brauchen die Bedeutungen von Masken und Verkleidungen, die aus einem zugrundeliegenden soziokulturellen Kräftespiel ableitbar sind, den Trägern nicht bewusst zu sein. Die spontane Lust an körperlicher Verfremdung kann auch, gerade beim Geschlechtsrollentausch, beispielsweise mit sexuellen Motiven zusammenhängen oder ausgelöst werden durch den Wunsch nach Befreiung von einer beengend empfundenen sozialen Rolle.

Auf jeden Fall sollten die nicht alltäglichen Masken und Verkleidungen zunächst in ihrem Verhältnis zum Alltag beurteilt und interpretiert werden, bevor man nach allegorischen, kultischen oder magischen Bedeutungen sucht; solche können allenfalls auf einer andern Ebene mitschwingen.

Maskentypen im 15. und 16. Jahrhundert

Auch am Beispiel der Travestie zeigt sich, inwiefern die Sprache des Körpers von sozialen Bedingungen geprägt ist und diese gleichzeitig reflektiert. So gesehen könnte ein Überblick über die in der alten Eidgenossenschaft in Erscheinung tretenden Maskentypen aufschlussreich sein. Allerdings muss man davon ausgehen, dass die bezeugten Maskengestalten nur eine zufällige Auswahl repräsentieren, von der nicht auf eine statistische Häufigkeit geschlossen werden darf: Wenn beispielsweise die Verkleidung als Teufel in den Quellen oft erscheint, so mag das eher mit dem provozierenden Charakter dieser Gestalt zusammenhängen als mit der hohen Frequenz ihres Erscheinens – umso mehr, als ja das Teufelskostüm im Prinzip für sakrale Spiele reserviert war und für die Fastnacht wohl nicht selten aus jenem Bereich entwendet wurde. Die Ratsprotokolle zur Fastnacht 1496 in Überlingen klären darüber auf:

> Item ewer der ist, der das tewfel häs von sannt Niclaspfleger entlehnet hab oder das innhett den pflegern zugehörig, der soll inen das widerumb annttwurtten.
> Wo aber einer ain tewfelhäs uber sein eigen costen gemacht hatte, der mag dasselb haben, doch das der gut willig seye, das in den Crutzganng gott zu lob darlyhen.[183]

Gerade die letzten Worte deuten klar daraufhin, dass es sich keineswegs um die Verkörperung einer heidnischen Dämonengestalt handelt, sondern um die christliche Teufelsdarstellung. Aus der Bitte, man möge auf eigene Kosten hergestellte «tewfelhäs» in den Dienst von kirchlichen Prozessionen stellen, spricht ausserdem die Angst der Obrigkeit, eine solche Maske könnte ihre primäre Funktion verlieren durch den offensichtlich parodistisch darauf Bezug nehmenden karnevalistischen Gebrauch. So sind wohl auch die anderen Verbote von Teufelskleidern zu verstehen, beispielsweise in Basel 1429 und 1432[184] oder in Bern 1472[185], um nur einige wenige Fälle zu nennen.

Es geht nicht einfach um das Verbot einer bestimmten, im Karneval Anstoss erregenden Gestalt; brisant wird die Teufelsmaske erst dadurch, dass sie einerseits über die Fastnacht hinaus auf andere, eben kirchliche Bereiche und Zusammenhänge verweist, anderseits zu einem «teuflischen» Verhalten legitimiert – was für die Ordnung und Ideologie der Gesellschaft bedrohlich sein kann. Ähnlich wie beim Geschlechtsrollentausch können unter dieser Maske bewusst oder unbewusst Aussagen gemacht oder körperlich-spielerisch inszeniert werden, die für die Gesellschaft und ihren Überbau nicht tragbar sind. Vielleicht ist es daher kein Zufall, dass neben dem Teufel häufig die Verkleidung als Bauer in den Maskenverboten erscheint. Das «umbgan in Meyers oder derglichen wyse»[186] repräsentiert nicht bloss die Freude des Städters an einem exotischen Kostüm, sondern zielt eindeutig auf die Verspottung des realen Bauern, was angesichts allgemeiner Stadt-Land-Spannungen den sozialen Frieden nicht gerade fördert. Solch fastnächtliches «purengspöt» wird ja, wie erwähnt, von Anshelm als Mitauslöser des Könizer Aufstands 1513 betrachtet.[187]

Es ist nicht möglich, alle alteidgenössischen Maskentypen in einen sozialhistorischen Kontext zu stellen, da sie in den Quellen vielfach nicht näher bezeichnet werden. Neben dem pauschalen «butzenwerck»[188] oder den «böggen antlitn»[189], die häufig erscheinen, gibt es noch andere Hinweise, die auf Phantasie-Verkleidungen schliessen lassen. Wer konnte sich schon ein geschneidertes Fastnachtskostüm leisten in einer Zeit, in der Zweit-Kleidungsstücke wohl eher Luxusgüter waren? Wenn etwa Zürcher Mandate von 1487 und 1508 ein «butzengewand in hämbdern, ebhöw, loub oder derglich» verbieten, so heisst das noch lange nicht, dass damit «Wildleute» verkörpert wurden, wie Hoffmann-Krayer vermutet.[190] Näher liegt die materialistische Erklärung, dass die genannten Rohstoffe jedermann – insbesondere den Mittellosen – zur Verfügung standen und dass daraus beliebige Verkleidungen kreiert werden konnten. Das ist erst recht plausibel, da sich die Kommerzialisierung des Fastnachtsbetriebs

beziehungsweise der -verkleidung zu Beginn des 16. Jahrhunderts belegen lässt. 1526 regelt beispielsweise der Basler Rat den Verkauf von Masken, weil «die kremer schembert oder bőken oder fasnachtantlit feil haben, das inen ouch nit zustot, allein den moleren»[191].
Falsch wäre es auch, das in Berner Quellen genannte «hosen antlit»[192] allegorisch zu deuten – handelt es sich nicht vielmehr um den verkehrten und verfremdenden Gebrauch eines alltäglichen Kleidungsstücks? Diese Gratis-Maskierung weist auf die vielfältigen, spielerischen, befreienden und gerade nicht-systematisierbaren Dimensionen des Maskenwesens hin. Ein Typenkatalog kann den Verkleidungs*möglichkeiten* jedenfalls kaum gerecht werden. Das geht nicht zuletzt aus der vagen, unbeholfenen Beschreibung der verbotenen Kleidung hervor; in Bern wird beispielsweise 1480 nicht nur das Herumlaufen mit «hosen antlit» am Aschermittwoch untersagt, sondern auch «mitt anndrer entschöpffung zu louffen, wanndeln oder werben noch schaffen oder [dass] gehellen noch verhenngen getan werden»[193]. Dass der populären Phantasie in bezug auf alle möglichen Entstellungen keine Grenzen gesetzt sind, kann man sich leicht vorstellen. Umso grösser wirkt der Kontrast zu den offiziellen Kostümen, wie sie bei Besuchen verwendet wurden. Fastnächtliche Masken und Verkleidungen akzentuieren auf diese Weise die sozialen Unterschiede. Es ist anzunehmen, dass nur eine ausgewählte Minderheit an der Fastnacht solche repräsentativen, militärisch anmutenden Uniformen erhielt oder sich erstehen konnte: «Zuchend von S. Gallen by 300 mannen all in rothen gloggen röklinen und in ainem ermel, wyss und schwartz, gen Costentz und hielten fründschaft und vastnacht mit inen; [...].»[194] An der Fastnacht 1527 kommen dagegen «etlich burger von Costanz» nach St. Gallen, und zwar «in katzen wis, in grüenen roken, hohen hüeten mit grüenen spiessen und zwenfachen fendli, rot und wiss [...] und sunsts erber beklait». Sie werden von den St. Gallern empfangen «in hosen und blossen hembder, in Moren wis und schwarz bengel in der hand [...]»[195]. Die obrigkeitlichen Verkleidungsverbote richten sich denn auch nicht gegen solche Fastnachtsuniformen, sondern gegen die nicht organisierten Erscheinungen, deren soziale und politische Botschaft viel beunruhigender ist.
Wie dominant der politische Aspekt unter bestimmten Umständen wurde und wieviel Bedeutung die Obrigkeit selbst den Verkleidungen zugestand, kommt in der Reformationszeit zum Ausdruck. Der Zürcher Rat hat durchaus erkannt, dass mit gewissen Fastnachtslarven Aussagen möglich

sind, die in gefährlicher Weise auf den Alltag zurückwirken. Daher reagiert er in einem Mandat um 1523 so sensibel auf die Nachricht,

> dass etlich arden [=Verkleidungen] söllint vorhanden sin und jetz dise dry fasnachten wöllen umbgon, die mer zuo schmach, reizung und widerwillen dienen und kommen mügint, dann zuo kurzwil oder guotem. Uf das gebietend die gemeldten unser Herren, dass uf anzöigt fasnachten niemas sölle in arden umbgon, so bäpstlich Heligkeit, keiserlich Majestät, die Cardinäl, unser Eidgnossen, die landsknecht, münch, pfaffen, klosterfrowen, noch ander fürsten, herren, gmein noch sonder personen, frömbd noch heimsch, geistlich noch weltlich, mügent berüeren, bedüten, schmähen, reizen oder widerwillig machen, keinswegs, sonder sölichs underwegen lassen.[196]

Die differenzierende Haltung, die nicht einfach gesamthaft Verkleidungen verbietet, belegt eindeutig die sozialpolitische Wirkung und Aussagekraft karnevalistischer Maskierung, die weit über das harmlose individuelle Vergnügen und das Spielerische hinausreicht. Die Verwendung von geistlichen, normalerweise Respekt fordernden Kostümen als Verkleidung an der Fastnacht kommt – angesichts der Verwundbarkeit der Kirche während der Reformation – einer Inflation und somit einer realen Entwertung jener symbolbefrachteten Gewänder gleich. Wahrscheinlich liess sich jedoch ein figurenbezogenes Verbot in der Praxis noch weniger durchsetzen als das pauschale Masken- oder Fastnachtsverbot, zu welchem die Obrigkeit bald wieder zurückkehrte: «Und alls vil unzuchten mit der faassnacht, imm küchlj reychen, und imm Böggen und Butzenwerck volbracht wurdent, ward das alles Zürych abkendt.»[197]
Es ist klar, dass sich die Angst der Herrschenden vor den Masken während der Reformation nicht nur auf deren symbolische Aussagekraft bezieht, sondern auch auf das durch die Anonymität der Maskenträger erhöhte Gewaltpotential, das zu den ohnehin bestehenden politisch-konfessionellen Spannungen addiert werden muss.[198]
Es genügt offensichtlich nicht, die fastnächtlichen Maskeraden der frühen Neuzeit als «psychohygienisches Rollenexperiment»[199] zu erklären. Zwar mögen individualpsychologische Faktoren eine Rolle spielen für das Verständnis, was beim Maskengebrauch geschieht. Wie wichtig aber die gesellschaftliche Bedeutung dieses zeichenhaften individuellen Köperverhaltens für dessen Interpretation ist, sollte anhand meiner – freilich unvollständigen, zum Teil spekulativen und daher durchaus revidierbaren

– Erläuterungen deutlich geworden sein. Die Vorstellungen von einem vornehmlich kultisch motivierten, archaischen Maskentreiben oder von einer ahistorischen Maskensymbolik müssen – zumindest für den städtischen Bereich – durch eine soziologisch und historisch differenzierte Analyse von Maskenbedeutungen ersetzt werden. Ohne weiter in die Details vorzustossen, lässt sich schon jetzt sagen, dass die fastnächtliche Mummerei die Alltagsverhältnisse nur bedingt aufhebt; aber selbst dort, wo sie es tut, liefert sie, wie andere Aspekte im ‹Fest des Körpers›, letztlich doch einen Spiegel alltäglicher sozialer Strukturen.

Spektakel und Belustigung: Das Fest der Spiele

Zu den spezifisch fastnächtlichen Phänomenen gehört eine Reihe von ritualisierten Handlungen, die nach einem klar identifizierbaren Muster und nach bestimmten ‹Spielregeln› ablaufen; sie bilden autonome Veranstaltungen und lassen sich scheinbar gut aus ihrem jeweiligen sozialen und historischen Kontext herauslösen. Darin liegt vielleicht auch ein Grund, weshalb sie als ‹Bräuche› von der Volkskunde lange Zeit in ahistorischer oder mythologisierender Betrachtungsweise zum zentralen Untersuchungsgegenstand erhoben wurden. Gerade die stilisierte, nicht unmittelbar zweckgebundene Form solcher Bräuche, die äusserlich oft über Jahrzehnte hinweg konstant bleibt, gab Anlass zu vielfältigen Interpretationen ihrer ‹ursprünglichen› Bedeutung.

Es ist nicht daran zu zweifeln, dass Fastnachtsbräuche eine gesellschaftliche Funktion haben. Aber diese ist, ebensowenig wie etwa die Bedeutung von Masken, nicht aus ihrer oberflächlichen Symbolik erschliessbar – dagegen spricht alleine schon der Formalismus von Bräuchen: Brauchhandlungen, deren Elemente ursprünglich aus ganz verschiedenen Lebensbereichen stammen, können in erstarrter Form über Generationen und soziale Schichten hinweg transportiert werden. Die Funktion solcher Handlungen braucht dann nicht mehr mit ihrer äusseren Gestalt übereinzustimmen. So konnte am Beispiel von Heischebräuchen gezeigt werden, dass sie in ihrem konkreten gesellschaftlichen und historischen Zusammenhang mehr bedeuten als das vordergründig manifeste und vielleicht ursprüngliche Recht auf Entschädigung für erbrachte Leistungen. Auch in anderen Bereichen fastnächtlichen Verhaltens liess sich beobachten, wie äusserlich konstant bleibende Handlungsmuster unter dem Einfluss der Reformation in kurzer Zeit eine neue Funktion erhielten.

Je stärker eine Handlung ritualisiert und formalisiert ist, desto mehr gewinnt sie an Zeichen- und Symbolhaftigkeit. Der dazugehörige Code und die Konventionen sind nur dem Angehörigen der betreffenden Kultur bekannt. Umso aufwendiger ist es für den Aussenstehenden, die soziale Botschaft einer solchen Handlung in einem ihm fremden kulturellen System zu entziffern.

Geeigneter als der Terminus ‹Brauch› scheint mir der Begriff ‹Spiel›, um die hier anvisierten Phänomene zusammenzufassen. Damit wird eine grobe Unterscheidung möglich zwischen Brauchformen, die gewissermassen offen sind und fliessend übergehen in ernst gemeinte, zweckgebundene Aktionen (zum Beispiel die oben behandelten Ess- und Trinkbräuche, Heischebräuche, gewisse Maskenverwendungen) und anderen brauchmässigen Handlungen, deren Spiel-Charakter in einem relativ klar abgesteckten Rahmen mit Anfangs- und Endpunkt eindeutig überwiegt.[200] In den Quellen selbst werden solche in sich geschlossenen Handlungsabläufe und Veranstaltungen häufig als Spiele bezeichnet.[201] Freilich ist die Unterscheidung von Spielen und Bräuchen nur tendenziell möglich.

Brunnenwerfen

Unter die fastnachtspezifischen Spielformen in der Eidgenossenschaft um 1500 gehört etwa das sogenannte ‹Brunnenwerfen›. Aus Basel sind etliche diesbezügliche Verbote bekannt. In welchen Zusammenhang das Brunnenwerfen gehört, zeigt zum Beispiel ein Basler Erlass von 1515: «Sodenn hynnanthin uff den Eschmittwochen die Zunftbrüder jnnmassen bitzhar zusammen gon, byeinander essen und drincken mogen aber nyemand solhs gedrungenn oder sinen gespottet, verachtet, jnn brunnen getragen oder jme getrouwet [...].»[202]

Es geht hier um eine Aktivität der Zunftbrüder, mit welcher eine Person zu Recht oder zu Unrecht diskriminiert wird. Als Steigerungsform des verbalen Verspottens scheint die Absicht darin zu liegen, jemand öffentlich lächerlich zu machen, indem er oder sie in den Brunnen geworfen wird. Die allgemeine Belustigung dürfte neben der strafenden Tendenz das wesentliche Moment des ganzen Spektakels sein. Auch in dieser

Hinsicht lässt sich das Brunnenwerfen der Sphäre des Spiels zuordnen; gleichzeitig wird damit die Interpretation des Brunnens als (fruchtbarkeits-)kultisches oder christliches Symbol fragwürdig. Aus sozialpsychologischer Sicht müsste das in verschiedenen Städten bezeugte Brunnenwerfen[203] eher mit anderen fastnächtlichen Gewalterscheinungen (zum Beispiel dem Überlaufen) in Verbindung gebracht werden.

Dass allerdings mit einem breiten Spektrum von – eventuell gleichzeitig vorhandenen – Bedeutungen gerechnet werden muss, die sowohl Racheaktionen als auch sexuelle Anspielungen beinhalten, geht aus Berner Quellen hervor. Ein Eintrag in den Ratsmanualen vom 17. April 1472 berichtet: «Ir sollind den botten in brunnen werffen, daran sond ir nit velen, noch das underwegen lassen, denn ers wol verdienet hatt, versigelt mit dem wüstesten arsloch, das man jemand vinden kan, gebresten halb ander siglen und statt uff dem brieff: hans zur tannen.»[204] Die zusammenhangslos überlieferte, etwas rätselhafte Notiz ist wohl als briefliche Aufforderung zu einem Anschlag zu verstehen; offenbar gelangte der Rat in den Besitz des Briefes, der mangels anderer Siegel in fastnächtlicher Manier «mit dem wüstesten arsloch» versiegelt war – was auch immer man sich darunter vorstellen mag. Jedenfalls handelt es sich eindeutig um durch Brunnenwerfen vollstreckte Rache an einem Boten, während beim Verbot des Rates von 1480 sexuelle Motive im weitesten Sinn mitspielen: «Dass fürohin sölte abgestelt sin das werfen der junkfrowen in die bäch [...].»[205]

Obschon mangelnde Informationen ein volles Verständnis des Brunnenwerfens verhindern – jeder Fall müsste wohl einzeln beurteilt werden –, sollte man sich vor kontextunabhängigen Pauschal-Interpretationen hüten.

Noch schlechter dokumentiert und daher in ihrer gesellschaftlichen Bedeutung kaum richtig zu interpretieren sind aber in der alten Eidgenossenschaft andere fastnächtliche Spiele wie zum Beispiel Turniere, Jagden, Wettkämpfe oder die Verwendung von Feuer und Fackeln; zwar gibt es dazu einige Belege[206], ohne dass man jedoch Aussagen zur Funktion solcher Aktivitäten machen könnte – als Spiele schöpfen sie ihren Sinn ohnehin grösstenteils aus sich selbst.

Pflugziehen

Völlig im Dunkeln liegt auch die Entwicklung des Pflugziehens. Jedenfalls braucht man kaum mehr darauf hinzuweisen, dass die auch in diesem Fall vorgebrachte These, es handle sich um ein Fruchtbarkeitssymbol[207], aus heutiger Sicht unhaltbar ist. Aber selbst wenn das Pflugziehen ursprünglich aus ackerbäuerlichen Kulten entstanden sein sollte – was Spekulation bleibt – so hat man doch für jede deutende Erklärung von folgenden Fakten auszugehen:
– die spärlichen Nachrichten, die wir überhaupt davon besitzen, stammen zumeist aus dem städtischen Raum;
– zuverlässig lässt es sich erst relativ spät belegen, nämlich kaum vor dem 16. Jahrhundert;
– die meisten Zeugnisse weisen einen Zusammenhang mit der Reformation auf.
Es scheint, dass auch hier ein bereits bestehendes Spiel, dessen Ursprünge unklar sind, mit der Reformation seine Funktion veränderte. Zunächst hatte es wohl wie das Brunnenwerfen einfach mit Spott und Belustigung über einzelne Personen oder Gruppen zu tun, wie noch aus Sebastian Francks Worten herauszulesen ist: «An dem Rhein / Franckenland und etlichen andern orten / samlen die jungen gesellen all dantzjung-frauwen / und setzen sy in ein pflug und ziehen yhren spilman der auff dem pflug sitzt / und pfeifft inn das wasser.»[208]
Es ist durchaus denkbar, dass auch hier sexuelle Motive, Werbeverhalten oder gar frühneuzeitliche Misogynie eine Rolle spielen, dass also zum Beispiel ledig gebliebene Frauen zur Zielscheibe des öffentlichen Spotts wurden. Aber Frauen bildeten keinen konstitutiven Bestandteil des Spiels, denn sie waren zumindest in der Reformationszeit austauschbar gegen Geistliche. Diese Tatsache ist ein weiteres Indiz dafür, dass zu Beginn des 16. Jahrhunderts nicht das kultische, sondern das parodistische, spielerische und scherzhafte Moment beim Spektakel des Pflugziehens dominant war. In bezug auf die alte Eidgenossenschaft wird der nicht genauer datierbare Zürcher Beleg aus der ersten Hälfte des 16. Jahrhunderts häufig zitiert:

Sodenne kompt gedacht unnser Herren für [haben genannte Herren erfahren], das ein Gugelspiel vorhanden, wie ettwa der Trottboum an künfftigem Mentag umbher gezogen, das yetz ettlich den pflug unnd die Eggen darzu gerüst habind unnd unnder dem schyn desselben ein Nüw Fassnacht spil zurüsten wellind.²⁰⁹

Dass die Obrigkeit hier mit einem Verbot eingreift, könnte ein Hinweis darauf sein, dass es um ein politisch brisantes Thema geht, in der Art, wie es in der Fastnacht der zwanziger Jahre offenbar im deutschen Reich vorkommt. Der Dominikaner Simon Grunau beklagt sich in seiner Chronik über Luther, denn «die stedte solten frei auf sein einrathen die munche nach Turkischer Weise in den pflug spannen»²¹⁰. Tatsächlich sei sein Rat 1522 in Wittenberg befolgt worden: «Es giengen funf par munche vor dem pfluge, und nonnen mitt kleinen kindern folgeten nach; auf diese man sang und reimete [...].»²¹¹

Auch wenn die Frage offen bleiben muss, weshalb gerade ein Pflug im Zentrum des Spiels steht, so ist die übergreifende soziale Botschaft dieses fastnächtlichen Phänomens im reformatorischen Kontext evident: Es geht um die symbolische Umsetzung und Verarbeitung einer konfessionellen Polemik, die in der nicht-fastnächtlichen Realität zu den Hauptthemen der Zeit gehört. Daneben macht Simon Grunau auch auf den propagandistischen Aspekt des ‹Brauchs› aufmerksam, hinter welchem folglich gewisse (reformatorische) Interessengruppen stehen. Auch in dieser Beziehung muss das ‹Brauchtümliche›, das Vorstellungen von überindividuellen, anonymen Produkten der Volkskultur hervorruft, in Frage gestellt werden. Gerade das Pflugziehen der Reformationszeit setzt eine von einzelnen Aktivisten organisierte Inszenierung voraus (das ist auch aus der geplanten Zürcher Aktion ersichtlich), welcher die Bezeichnung ‹Spiel› viel eher gerecht werden kann. Der Begriff ‹Spiel› impliziert dabei verschiedene Möglichkeiten, die auf deutsch ganz ähnlich wie beim englischen ‹play› so differenziert werden müssen:

> In English, we seem to make a running distinction between three types of intensive activity all included in *play*: performance or entertainement; games and sports; and festivities and celebrations. To be sure, these are often found occurring in conjunction with each other, for the creation of a licensed play environment seems to invite the entire range of playful activities. Thus, in a festival, one often finds games and performances as part of the festivals.²¹²

Genau jene Mischung von ‹performance› und ‹game› scheint im Fall des Pflugziehens vorzuliegen. Noch mehr als etwa das Brunnenwerfen ist es im Grunde eine Aufführung, die ihren Sinn und ihre Wirkung erst dadurch erhält, dass Zuschauer das Spektakel verfolgen. Darin liegt vielleicht der wesentliche Unterschied zwischen ‹game› und ‹performance›, dass letztere immer im Hinblick auf ein Publikum inszeniert wird. So ist es auch kein Zufall, dass das Pflug- oder Eggenziehen schon früh zu einem literarischen Fastnachtspiel verarbeitet wurde.[213] Durch seinen Performanz-Charakter wird das Pflugziehen zu einem sozial-kommunikativen Akt, zu einem Medium, das noch stärker als ein ‹game› eine ideologische Botschaft transportiert. Es überrascht daher nicht, wenn es gerade von reformatorisch gesinnten Kreisen zur Schürung von Antiklerikalismus eingesetzt wird.

Spiele und Aufführungen

Die propagandistischen Möglichkeiten brauchmässiger Performanz wurden von den Reformatoren früh erkannt und bewusst oder unbewusst ausgeschöpft. Die Fastnacht musste dafür besonders attraktiv erscheinen, denn

> von jedem der wesentlichen Brauchelemente der Fastnacht führt ein ziemlich direkter Weg zur spielerischen Ausformung. Die möglicherweise in den ‹Procreations›-Bereich gehörenden Riten können nicht nur *aus*geführt, sondern auch aufgeführt werden: Bräuche wie das Brunnenbaden der jungen Ehemänner oder die Bestrafung der unverheirateten Mädchen drängen zur spielerischen Entfaltung.[214]

Wenn Hermann Bausinger darauf hinweist, dass fastnächtliche Vermummung, Heischen oder Rügerecht die Tendenz zur Inszenierung besitzen, so warnt er gleichzeitig zu Recht davor, direkte genetische Zusammenhänge zwischen Brauch und (Schau-)Spiel vorauszusetzen, sofern man unter Spiel eine «ausgedehnte und streng festgelegte dramatische Aktion»[215] verstehe. Dennoch müssen die auf schriftlichen Texten basierenden Aufführungen von Fastnachtspielen – unabhängig von ihrer Entwicklungsgeschichte, die ja dem zeitgenössischen Zuschauer kaum bewusst war – in diesen Kontext gestellt werden. Sie gehören grundsätzlich ebenfalls zu jener grösseren Gruppe von ritualisierten Handlungsabläufen und Spielen in der Fastnacht, deren kommunikative Funktion nur vor dem Hintergrund der ganzen kulturellen Erscheinung ‹Fastnacht› verstanden werden kann. Wenn nicht genetisch, so sind die literarischen Fastnachtspiele doch typologisch mit anderen ‹Aufführungen› (im weitesten Sinn) verwandt. Ihre Einbettung in das Fastnachtsgefüge ist nicht ganz einfach und soll daher Gegenstand einer gesonderten Darstellung im folgenden Kapitel sein. Dass sich solche Schau-Spiele gerade in der Reformationszeit – mit einer propagandistischen Tendenz versehen – besonderer Beliebtheit erfreuen und von interessierten Gruppen eifrig in Szene gesetzt werden, versteht sich von selbst. Es sei hier lediglich festgehalten, dass schriftlich fixierte, also auch von einzelnen Autoren verfasste Stücke neben anderen ritualisierten Spielformen zum festen Erscheinungsbild der alteidgenössischen Fastnacht am Anfang des 16. Jahrhunderts gehören und darin einen Höhepunkt bilden.

Die vielen Gesichter der Fastnacht

> Nachmals kumpt Fassnacht / der Römischen Christen Bacchanalia. An disem fest pflegt man vil kurtzweil / spectackel / spil zuhalten / mit stechen / thurnieren / tantzen / rockenfart / fassnachtspil. Da verkleiden sich die leüt / lauffen wie narren und unsinnigen in der statt umb / mit mancherley abentheür un fantasei / was sy erdencken mögen / wer ettwas närrisch erdenckt der ist meyster.[216]

Wenn Sebastian Franck auf diese Weise das Wesen der Fastnacht zusammenfasst, so trägt er damit zu einem eindimensionalen Klischee bei, das lange Zeit das Bild des Festes geprägt hat. Aber die phänomenologische Annäherung an die Fastnacht des 16. Jahrhunderts hat gezeigt, wie komplex ihre Strukturen und Zusammenhänge im Grunde sind und wieviel Differenzierung nötig ist, um überhaupt etwas Zuverlässiges auszusagen – wenn man nicht einfach einen Idealtypus beschreiben will.
Trotzdem stellt sich die Frage, ob sich die präsentierten Dokumente und Phänomene zu einem Gesamtbild zusammenfügen lassen. Die facettenreichen karnevalistischen Erscheinungen können dabei vielleicht am sinnvollsten strukturiert werden, indem man sich hinter den einzelnen Aktivitäten die wichtigsten Akteure vorzustellen versucht; denn gerade die soziale Heterogenität dürfte für die Festvielfalt mitverantwortlich sein.
Wer hat überhaupt Interesse an der Fastnacht? Welche Bevölkerungsgruppen aus welchen sozialen Schichten sind besonders aktiv? Handelt es

sich wirklich um ein Fest, an dem die ganze Stadt teilnimmt, ein Fest
«pour l'ensemble du peuple»[217], wo alle Standesschranken aufgehoben
sind, wie immer wieder betont wird?

Zur Soziologie der eidgenössischen Fastnacht

Verschiedentlich wurde deutlich, dass das Fest nicht einfach ein anarchisches Gegenstück zum Alltag bildet. Gerade die Fastnacht mit ihren vielfältigen symbolischen Ausdrucksmöglichkeiten eignet sich, in den treffenden Worten von Daniel Fabre, zur «Inszenierung von Unterschieden»[218]. Schon aus diesem Grund wäre es falsch, die spätmittelalterliche und frühneuzeitliche städtische Fastnacht als reinen Ausdruck einer ‹Volkskultur› zu betrachten. Aber auch die Identifizierung und Einordnung einzelner Elemente in ein Zwei-Kulturen-Modell (Volkskultur versus Elitekultur) ist problematisch.

Von kirchlichen Obrigkeiten ‹zensiert› und von städtischen Oligarchien in andere Bahnen gelenkt, offenbart sich das vormoderne Fest also nur durch die Veränderungen hindurch, die ihm die herrschenden Mächte nach und nach auferlegen. Deshalb scheint es unmöglich, unter diesen Verformungen und Verstümmelungen einen Grundbestand auszusondern, der wirklich ‹populär› oder ‹volkstümlich› wäre. Das Festmaterial, dessen man für die Zeit zwischen dem 16. und dem 18. Jahrhundert habhaft werden kann, ist immer ein kulturelles Mixtum [...].[219]

Dennoch lassen sich in den zusammengetragenen Dokumenten zur eidgenössischen Fastnacht um 1500 verschiedene Ebenen unterscheiden, auf denen das Fest jeweils andere Zwecke erfüllt.
Unübersehbar ist zunächst die Rolle der städtischen Eliten, die die Festgelegenheit benutzen, um aussenpolitische Kontakte zu pflegen und innenpolitische Machtverhältnisse darzustellen oder zu zementieren. Da sich aber die Macht in den Städten des 15. und 16. Jahrhundert immer mehr in Zünften und Gesellschaften konzentriert, gehören diese sicher auch zu den Zentren der fastnächtlichen Aktivitäten. Dabei ist nicht zu vergessen, dass sowohl zwischen als auch innerhalb der einzelnen Zünfte zum Teil recht grosse soziale Unterschiede bestehen, die an der Fastnacht symbolisch akzentuiert werden können. Wenn aber wichtige Impulse der

Fastnachtsgestaltung aus der Männergesellschaft der zünftischen Kreise stammen, so darf man auch – gerade aufgrund des sozialen Spektrums in den Zünften – mit einer entsprechenden gesellschaftlichen Breitenwirkung der Fastnachtsaktivitäten rechnen. Konkret fassbar werden beispielsweise die Veranstaltungen der Metzger, die mancherorts eine Sonderstellung einnehmen und als Berufsstand in den Quellen am häufigsten genannt werden.[220] In den offiziellen, von der höheren Zunftkultur geprägten Bereich der städtischen Fastnacht gehören wohl auch gewisse militärische Elemente wie Umzüge und Paraden.

Daneben gibt es einige Belege, die auf die wichtige Rolle der Jugend hinweisen: «La Jeunesse fait le pont entre ces deux rives stabilisées que sont l'enfance et l'âge adulte. Elle est appelée à jouer un grand rôle puisqu'elle contrôle les alliances matrimoniales et la vie sexuelle de la communauté. Par l'intermédiaire de son *roi*, elle organise le carnaval et d'autres fêtes du calendrier folklorique.»[221] In dem zur Diskussion stehenden zeitlichen und geographischen Raum lassen sich Verbände von jungen Männern oder ‹Knabenschaften› ebenso nachweisen wie etwa in Frankreich.[222] Jugendliche erscheinen häufig als Akteure in der Fastnacht: sei es im Zusammenhang mit Heischebräuchen[223] oder sei es bei Gewalterscheinungen[224]. Zu bedenken ist dabei Wackernagels Feststellung, dass es sich, wenigstens bei den älteren Jugendlichen, zum Teil um die gleiche soziale Gruppe wie bei den Reisläufern handle, nämlich um «Leute, die jung und unverheiratet waren, oder die es in ihrem Leben nicht zu einem selbständigen, haushäblichen Berufe gebracht hatten»[225].

Dass auch andere, eher am unteren Ende der sozialen Skala befindliche Bevölkerungsgruppen in irgendeiner Form an der Fastnacht teil hatten, schimmert in den Quellen hin und wieder durch.[226] Die Basler Fastnacht 1521 wird von einer Delegation aus Uri besucht, die nach Wackernagel neben den Vornehmen auch Knechte, Landschreiber, Läufer, Weibel, zwei Pfeiffer, drei Trommler, zwei Narren, einen Stummen, eine Frau und weitere Musikanten umfasst.[227] Allerdings erscheinen die erwähnten sozialen Aussenseiter hier nicht unbedingt als gleichgestellte Teilnehmer, sondern haben eher die Funktion, die Herrschaften bei ihren Fastnachtsvergnügungen zu begleiten und zu unterhalten.

Schliesslich drängt sich die Frage auf, inwiefern es sich um ein Männerfest handelt. Wie bei anderen öffentlichen Bereichen der frühen Neuzeit kann kaum ein Zweifel darüber bestehen, dass Männer auch die Fastnacht dominierten. Hingegen wäre es falsch, sich die Frauen abwesend vorzustellen. Nicht nur als Zuschauer, sondern auch als Akteure treten sie gelegentlich in Erscheinung. Selbstverständlich waren sie bei Tanzgelegenheiten auf allen sozialen Stufen anzutreffen. Interessante Belege hat Rosmarie Grether aber auch für das Heischen an der Basler Fastnacht zu Beginn des 15. Jahrhunderts zusammengetragen. «Etlicher wise ist ein nüwe gewonheit hie uf gestanden von dienst mägden, jungen und alten: wenn die bestrichent, so vallent sy erber lüte an und vordernt an die bestrichgelt [...].»[228] Einmal mehr erweist sich hier das Heischen als spielerische Erpressung, die ein beträchtliches Potential an sozialer Spannung enthält, richtet sich doch die Aktion der Dienstmägde gegen «ehrbare» Leute. Aus Verboten wiederum geht hervor, dass sich Frauen auch verkleideten und maskierten. In Bern wird 1480 vorgeschrieben, dass «niemans, es sie frowen oder man, in unnser statt tag noch nacht eynich hosen antlit sol tragen [...]»[229]

Als Gegenstück zu den Zunftstuben-Gelagen der Männer scheint es (selten) auch Entsprechendes für Frauen gegeben zu haben – allerdings wohl eher für die vornehmeren und nur mit Erlaubnis oder in Anwesenheit der Herren.[230] Wenn über die Fastnacht 1521 berichtet wird, die Basler hätten ihren Innerschweizer Gästen Wein mitgegeben, damit sie «mit jren wyberen ouch ein fassnacht [...] haben»[231] könnten, so ist auf jeden Fall daraus zu schliessen, dass die «wyber» der Besucher in Basel nicht anwesend waren; und demnach ist auch zu vermuten, dass der an derselben Fastnacht veranstaltete Wettlauf für Frauen[232] mehr zur Belustigung der Männer diente als Ausdruck einer uneingeschränkten Beteiligung der Frauen an der Fastnacht ist.

Natürlich lassen sich die Rollen, die verschiedene gesellschaftliche Gruppen an der Fastnacht spielen, nicht genau definieren; es wäre irreführend, wollte man mehr als blosse Tendenzen eruieren. Tatsache ist, dass es im Prinzip der ganzen städtischen Bevölkerung offensteht, in irgendeiner Form in einem bestimmten Bereich des Karnevalsvergnügens teilzunehmen – was aber keineswegs heisst, dass dabei die Standesschranken aufgehoben wären. Vielmehr muss man von verschiedenen sozialen Aktivitätsebenen oder -zentren ausgehen, also eigentlich von vielen gleichzeitig nebeneinander stattfindenden Fastnachten, die je unterschiedliche Funktionen haben. Entsprechend unterschiedlich wird wohl auch die Bedeutung der Fastnacht von den Betroffenen erlebt.[233]

Aber selbst dort, wo die ganze Stadt harmonisch vereint scheint, etwa bei fastnächtlichen Umzügen und Prozessionen, stellt die Gesellschaft letztlich in feierlich überhöhter Form ihre eigene hierarchische Ordnung dar. «Uff mentag nach der alten fassnacht der 16. tag hornug [...] geschah ein gemeine mustrung hie zu Basel durch min herren in der ganzen burgerschafft [...] zog jede zunfft in der statt mit irem zeichen um.»[234] Auf das von Fridolin Ryff aufgezeichnete Ereignis im Jahr 1540 lässt sich wenigstens ansatzweise übertragen, was Yves-Marie Bercé über Prozessionen jener Zeit im allgemeinen schreibt:

> Les grandes processions générales annuelles présentes, quelle que fut leur date, dans toutes les villes, constituaient des spectacles où les habitants étaient à la fois, au même moment, acteurs et spectateurs. Ils démontraient aux étrangers de passage et à eux-mêmes la puissance, la grandeur, le bonheur de leur patrie [...]. Se définir, se fair voir, s'adorer. La communauté se regardait dans un miroir. [...] Dans les monographies de villes anglaises du XVIe siècle, on a pu calculer que 80 pour 100 des hommes adultes figuraient effectivement dans les défilés. Il n'y avait plus place parmi les spectateurs que pour les femmes, les enfants, les voyageurs, les paysans venus voir la cérémonie, les domestiques qui ne formaient pas de corps, et, bien sûr, les journaliers et les mendiants. [...] Les places dans les processions étaient précisées avec le plus grand soin. On réalisait ce jour-là, dans la matérialité du défilé, la constitution hiérarchique idéale de la cité.[235]

Nicht zu unterschätzen ist dabei die Funktion von Fastnacht und anderen Festen als Gelegenheit, sich überhaupt zu einer sozialen Gruppe zu bekennen. Das ist umso wichtiger, als die städtische Gesellschaft in der frühen Neuzeit vielleicht stärker durch Gruppen – Bruderschaften, Quartiere und Nachbarschaften, familiäre Verbindungen, Berufsgruppen – als durch soziale Schichten und Klassen strukturiert ist. Erst die Zugehörigkeit zu einer bestimmten sozialen Gruppe verschafft soziale Identität; wo aber lässt sich diese Zugehörigkeit besser darstellen als anlässlich von Festen?[236]

Anderseits ist die Fastnacht auch wieder nicht auf einen blossen Spiegel der herrschenden Ordnung und Kultur reduzierbar; so wichtig dieser Aspekt ist, an dem die gesellschaftliche Elite Interesse hat, so zeugen die präsentierten Dokumente doch immer wieder von einer ganz anderen Tendenz, die sich in die Ordnung einschleicht. Cysat vermerkt beispielsweise anschliessend an seine Beschreibung der wohlgeordneten Luzerner Fastnachtsumzüge: «Darinn war ouch ettwas unordnung und missbruch gewachsen mit unzüchtigen possen oder larvenwerck.»[237] Damit spricht er genau jenen subversiven, sich jeder Ordnung entziehenden Aspekt der Fastnacht an, wo Normen übertreten und Tabus verletzt werden, wo auch eine gewisse Umkehrung alltäglicher Verhältnisse stattfindet. Es ist anzunehmen, dass dahinter nicht die gleichen Kreise stehen, die die Fastnacht in obrigkeitlichem Sinn – oft auch von der Obrigkeit unterstützt – fördern. Wie breit dabei das Spektrum der Aktivitäten ist, die die herrschende Ordnung in irgendeiner Form in Frage stellen oder gar untergraben können, sollte aus meiner Darstellung hervorgegangen sein: Sie reichen von relativ harmlosen symbolischen Auftritten und Verkleidungen bis zu zielgerichteten politischen Revolten.

Hält man die zum Teil kontroversen Interessen nebeneinander, die von verschiedenen Bevölkerungsgruppen in und mit der Fastnacht verfolgt werden, so verbietet sich die Frage, ob dieses Fest den Charakter einer Revolte oder eines stabilisierenden Rituals habe. Abgesehen davon, dass die beiden Funktionen ohnehin sehr nahe beieinander liegen oder gar ineinander übergehen können, geht die Frage von einer falschen Prämisse aus: dass nämlich eine homogene soziale Gruppe Träger des Fastnachtsbrauchtums sei. Angesichts der verschiedenen Fest-Ebenen lässt sich gesamthaft über die Fastnacht höchstens sagen, dass sie sowohl Revolte- als auch Stabilisations-Potentiale enthält, die oft im gleichen Anlass *nebeneinander* ihren Ausdruck finden. Verbindlichere Bestimmungen sind nur aus einem konkreten historischen Kontext heraus möglich. Yves-Marie Bercé verwendet in seiner vorzüglichen Studie über den Zusammenhang zwischen Fest und Revolte die treffende Formulierung dafür: «Il s'agit au fond de s'interroger sur les rapports de la tradition instituée, ritualisée, avec l'événement, la chronique politique.»[238]

Das Fest der Verkehrten Welt?

Mit Skepsis begegnet man aus solcher Optik aber auch den pauschalen Charakterisierungen der Fastnacht als Verkehrte Welt. Der Versuch, das Fest wenigstens thematisch auf einen Nenner zu bringen, ist schon angesichts der sozialen Differenzen problematisch. Die Metapher der Verkehrten Welt harmonisiert nicht nur alle Widersprüche, sondern impliziert auch auf unrealistische Weise ein kollektives Bewusstsein von der Bedeutung der Fastnacht. Da in der Metapher gleichzeitig ein Stück

Interpretation liegt – und weil es, wie ich gezeigt habe, eine einzige Interpretation der Fastnacht nicht geben kann –, so stellt sich doch die Frage, aus wessen Perspektive die Fastnacht eine Verkehrung der Welt darstellt.
Überblickt man die Belege zur eidgenössischen Fastnacht im 15. und 16. Jahrhundert, so bereitet es Mühe, daraus die Inszenierung einer Verkehrten Welt herauszulesen. Unbestritten ist, dass in manchen Fällen Elemente der Verkehrung erkennbar sind: am deutlichsten vielleicht im Kleidertausch zwischen Männern und Frauen.[239] Überhaupt eignen sich Verkleidungen als Ausdruck von Verkehrung: So liesse sich beispielsweise das in Berner Quellen erwähnte «hosen antlit» deuten, also der verkehrte Gebrauch eines Kleidungsstückes als Maskierung.[240] Weniger harmlos sind die karnevalistischen Verkehrungen, die im Zusammenhang mit Kirchweihen überliefert sind: Beim Könizer Aufstand 1513 zieht der Schneider Hans Platter «des venners [Hetzel] sidin fuchsrock an und gumpet harum, juchzend und schriende: ‹Ei, iezt bin ich ouch ein junkher und ein her z'Bern›»[241]. Eine ähnliche, wenigstens verbale hierarchische Verkehrung erlaubt sich ein Felix Meier an der Regensberger Kirchweih 1532, als er nach neun Uhr keinen Wein mehr erhält: «Ich schiss in mine Herren und ir mandat. Wir sind jetz herr[en]. Wärind me wirt hie, gäb mir einer nit, so gäb mir der ander; [...].»[242]
Aber selbst wenn man zu diesen konkreten Verkehrungen noch alle fastnächtlichen Normverstösse zählt, also gewissermassen das Auf-den-Kopf-Stellen der Alltagsordnung, so ergibt sich daraus doch nicht das Bild einer systematisch verkehrten Welt, das in vielen Fastnachtsdarstellungen a priori vorausgesetzt und entsprechend heraufbeschworen wird. Einzig Yves-Marie Bercé hält mit gebührender Deutlichkeit und historischem Blick fest: «Les chercheurs modernes ont mis plus de logique dans ce renversement qu'en mettaient les acteurs des fêtes de folie. Les rites le plus souvent restaient bien en-deçà de cette inversion théorique.»[243]
Es kann sich also bei der Verkehrten Welt nur um ein Interpretament handeln, das zwar wohl auf einigen faktischen Erscheinungen in der antiken, mittelalterlichen und frühneuzeitlichen Festtradition beruht, das aber als immer wiederkehrender Topos der Interpretation falsche Vorstellungen von der Festrealität hervorruft. Der Verdacht liegt nahe, dass mit diesem Interpretament aus *oberschichtlicher* Optik alle unverständlichen, närrischen, spielerischen, parodierenden, grotesken, aber auch normverletzenden und bedrohlich wirkenden Fastnachtsphänomene rationalisiert

und systematisiert werden; ein leicht fassbares Verhaltensmuster, das offenbar in einigen Bereichen der Volkskultur zur Anwendung kam[244], liess sich zum Programm und Etikett eines ganzen Festes stilisieren. Unüberhörbar ist dabei der verurteilende Ton der Metapher von der Verkehrten Welt, die gerade am Ende des 15. und zu Beginn des 16. Jahrhunderts mit Vorliebe in der Moralsatire verwendet wird. Sebastian Brant hält 1494 den Lesern des «Narrenschiffs» den Spiegel einer Verkehrten Welt vor, um damit zu demonstrieren, was man nicht tun soll[245]; Thomas Murner klagt 1512 über den moralischen Zustand der Gesellschaft: «Die welt ist yetzund als verkert.»[246] Mit der Verkehrten Welt bringen die Geistlichen auf einen Nenner, was der von Gott geschaffenen Ordnung widerspricht und demnach sündhaft ist.[247] Die feststehende Formel ist im zeitgenössischen oberschichtlich-klerikalen Sprachgebrauch a priori negativ besetzt – ‹verkehrt› ist immer auch moralisch verkehrt[248] – und hat im Grunde wenig zu tun mit den ritualisierten, lustvollen, zuweilen aggressiven, aber meist unsystematischen Verkehrungspraktiken der Nicht-Eliten während der Fastnacht. So sollte man sich zumindest darüber im klaren sein, dass man sich bei der Interpretation der Fastnacht als ‹Verkehrte Welt› ganz automatisch die Optik ‹von oben› aneignet und die Fastnacht nach den Kategorien von Sünde und Tugend beurteilt. Der Metzger, der sich an der Fastnacht als Frau verkleidete und der Schneider, der an der Kirchweih einmal die Rolle des Junkers ausprobieren wollte: dass die beiden ihr Tun als sündhafte Verkehrung betrachteten und in diesem Bewusstsein inszenierten, ist nicht anzunehmen – ganz im Gegensatz zur Beurteilung der Obrigkeiten. Die eidgenössische, städtische Fastnacht des 15. und 16. Jahrhunderts ist also nur aus *moralisch-theologischer* Sicht eine Verkehrte Welt. Die Metapher sollte daher – wenn überhaupt – mit Vorsicht zu ihrer Kennzeichnung verwendet werden, zumal sie auch die historischen Sinnbezüge einzelner Handlungen durch ein überzeitliches, universelles Prinzip entaktualisiert und das Verständnis dafür eher verschleiert als erhellt. Da die Verkehrte Welt immer nur ein temporäres, die ‹richtige› Welt letztlich bestätigendes Prinzip meinen kann, erfasst sie sehr unzureichend oder gar nicht den sozialkritischen oder rebellischen Aspekt, der bei manchen nicht aus der Elitekultur stammenden Verkehrungen mitschwingt. Dabei müssen diese Verkehrungen so weit gefasst werden wie Barbara Babcock vorschlägt: als «any act of expressive behaviour which inverts, contradicts, abrogates, or in some fashion presents an alternative to commonly held cultural codes, values, and norms be they linguistic, literary or artistic, religious, or social and political»²⁴⁹. Darunter können nun aber auch sämtliche närrischen, spielerischen und parodierenden Aktionen in der fastnächtlichen Ausnahmesituation fallen, vom Verkleiden über die exzessive Körperlichkeit bis zu den verschiedenen Formen von Fastnachtspielen. Auch wenn der Begriff ‹Verkehrte Welt› dies alles umfassen sollte, so interpretiert er es eben doch immer verurteilend aus oberschichtlicher Perspektive. Eher noch treffen die Begriffe ‹Komik›, ‹Spiel›, ‹Scherz› und ‹Parodie› diese unleugbar vorhandenen, keinem System zuzuordnenden, aber dennoch konstitutiven Elemente der Fastnacht aus der Sicht der nicht-elitären Akteure. So wie dabei die Grenze zwischen Spiel und Ernst verschwimmt, so führt ein kleiner Schritt vom harmlosen Scherz zur offenen, beissenden Satire.

> Carnival, in order to be enjoyed, requires that rules and rituals be parodied, and that these rules and rituals already be recognized and respected. One must know to what degree certain behaviours are forbidden, and must feel the majesty of the forbidding norm, to appreciate their transgression. Without a valid law to break, carnival is impossible.²⁵⁰

Zwar betont hier Umberto Eco die stabilisierende Funktion des Karnevals, erkennt aber gleichwohl die Parodie als zentrale Ausdrucksform der nicht-offiziellen Fastnacht; und dass jede Parodie gleichzeitig einen Funken Kritik enthält, braucht kaum weiter erörtert zu werden.

Da es keinen Gegenstand gibt, der nicht zum Thema von Spott und Parodie werden kann, wäre es auch unsinnig, hinter dem närrischen Verhalten weitere Gesetzmässigkeiten zu suchen. Natürlich gibt es bliebte und weniger beliebte Themen; so leuchtet ein, dass etwa der Autoritätsanspruch der Kirche immer von neuem zu fastnächtlichem Spott über den Klerus herausforderte. Exemplarisch sei hier eine karnevalistisch-reformatorische Aktion von 1532 genannt, die sehr schön die Diskrepanz illustriert, die zwischen dem närrischen, spöttischen Verhalten einerseits und dessen Interpretation durch einen Geistlichen anderseits liegt:

> Item da die luthery zu Basel anfing, stundt ein frow in sant Johans vorstat uff die cantzel in sant Anthonien capellen und prediget in spott wyss, darnach bruntzet sie in die hand (pfuch tu impudentissima bestia) und gab das (maledyet) gewicht wasser etc. Nit lang darnach erlamb sie an derselben handt (justus es domine et rectum judicium tuum).²⁵¹

Dem Basler Karthäuser, der diese improvisierte Farce aufzeichnete, musste die Episode als sündhafte Verkehrung kirchlicher Praxis erscheinen, die folgerichtig von Gott bestraft wurde; die Baslerin hingegen dürfte nicht die Demonstration und Inszenierung einer (moralisch zu verdammenden) Verkehrten Welt, sondern Spott und Verhöhnung katholischer Zeremonien beabsichtigt haben.

Zusammenfassung

Der Versuch, ein Gesamtbild der zeitgenössischen Fastnacht in der alten Eidgenossenschaft zu zeichnen, erweist sich als problematisch und kann nur jeweils aus einer bestimmten Perspektive erfolgen. Für den Vertreter der städtischen Obrigkeit ist die Fastnacht etwas anderes als für den Bettler am Stadtrand, für das Mitglied der Metzgerzunft etwas anderes als für den Bauern vom Land, für den kirchlichen Würdenträger etwas anderes als für den fahrenden Schüler, für die ehrbare Dame etwas anderes als für die Hure.
Aber nicht nur subjektiv muss sie für verschiedene Ständevertreter eine unterschiedliche Bedeutung haben – auch objektiv gesehen gibt es verschiedene Ebenen der Fastnacht, an denen je andere Gruppen teilhaben. Akzeptiert man erst einmal, dass dieses Fest dadurch gleichzeitig ganz unterschiedliche Gesichter und Funktionen haben kann, so lassen sich die übergreifenden Komponenten vielleicht so zusammenfassen:
Es handelt sich bei der eidgenössischen Fastnacht um 1500 um ein vornehmlich im städtischen Milieu bezeugtes Fest, das
– in engem Zusammenhang und in Wechselwirkung steht mit der übrigen Festkultur, also auch andere Feste und deren Erscheinungen beeinflusst oder integriert;
– einen zeitlich nicht genau festlegbaren Beginn aufweist, jedoch seinen Höhepunkt in der Woche vor Aschermittwoch erreicht – Aschermittwoch markiert aus kirchlicher Sicht den Abschluss, aber die Terminbindung ist im 15. und 16. Jahrhundert nicht mehr absolut verpflichtend;
– wie andere Feste in exzessivem Essen, in Trinken, Tanzen, Sexualität und sonstigen Formen betonter Körperlichkeit (Masken, Verkleidungen) seinen Ausdruck findet und in der Körpersprache entsprechende soziale Botschaften vermittelt;
– die ganze städtische Gesellschaft berührt und im allgemeinen diese

selbst in symbolischer Überhöhung darstellt, ohne die Standesgrenzen zu verwischen;
- auf verschiedenen Ebenen von unterschiedlichen sozialen Milieus geprägt ist: von der etablierten politischen Kultur, von den (Sub-)Kulturen der Zünfte, der Jugend, der Reisläufer und anderer Bevölkerungsgruppen, wobei die Aktivitäten der Eliten eher formelles und standesgemässes Wohlverhalten aufweisen, während die politisch Machtlosen ein Bedürfnis nach Durchbrechung alltäglicher Verhaltensnormen und Sozialkontrollen zu befriedigen scheinen;
- insgesamt von Spiel und Vergnügen, von Scherz und Parodie dominiert wird;
- eine wichtige aussenpolitische, diplomatische Funktion erfüllt als Anlass für gegenseitige ‹Staatsbesuche›;
- zur innenpolitischen Integration beiträgt und Solidarität stiftet;
- ein Konfliktlösungsforum darstellt, das einerseits zu friedlich-fröhlicher Entspannung, anderseits immer auch zum Ausbruch offener Gewalt führen kann;
- Gelegenheit bietet zu Kritik und Spott an unbeliebten Personen, Autoritäten und Institutionen (mit Vorliebe an der Kirche);
- sowohl stabilisierenden als auch rebellierenden Charakter hat und daher von der Obrigkeit gefördert, gleichzeitig aber auch gefürchtet und zensuriert wird;
- weder einseitig der Volks- noch der Elitekultur zugeordnet werden darf und auch nicht ein in sich geschlossenes System einer Verkehrten Welt bildet.

Die Fastnacht ist so vielfältig wie die Gesellschaft, die sie inszeniert.

Die phänomenologisch erarbeiteten Grundzüge, die nicht aus bereits bestehenden Interpretationen, sondern hauptsächlich aus archivalischen und chronikalischen Quellen abgeleitet wurden, lassen sich bedenkenlos auf die Stadt Bern übertragen. Auch wenn wir über die Berner Fastnacht weniger Informationen besitzen als beispielsweise über jene von Basel, so kann man davon ausgehen, dass im fraglichen Zeitraum die Unterschiede zwischen den einzelnen Städten der Eidgenossenschaft nicht so grundlegend sind, dass sie für Charakter, Bedeutungen und Funktionen des Fests ins Gewicht fallen.

V. Das reformatorische Fastnachtspiel: Tradition, Politik, Propaganda

Fastnachtspielforschung

In der Fastnacht sind die Grenzen fliessend zwischen spontanen Aktionen, symbolischen oder brauchmässigen Handlungen, Spielen mit und ohne Aufführungscharakter und eigentlich inszenierten Schauspielen. Dass es sich etwa bei der Aufführung von Niklaus Manuels «Totenfressern» um ein Schauspiel im engeren Sinn des Wortes handelt, darüber kann kein Zweifel bestehen. Wie steht es aber bei einem «schimpffspil (oder eyner böggenardt)»[1], wie es die Zürcher anlässlich ihres Fastnachtsbesuchs in Basel 1503 ‹aufführten›? Offenbar scheint selbst der Chronist Stumpf, der davon berichtet, bei der Wahl einer passenden Bezeichnung unsicher gewesen zu sein.[2] Gerade die zeitgenössische Verwendung der Begriffe ‹spil› und ‹vassnachtspil› macht deutlich, dass die heutige Gattungsbezeichnung ‹Fastnachtspiel› meist nur einen Sonderfall einer kulturellen Ausdrucksform erfasst, die sich in ihren vielfältigen Ausprägungen einer rein literaturwissenschaftlichen Bestimmung entzieht. Es ist zu bezweifeln, dass zu jener Zeit überhaupt ein ‹Gattungsbewusstsein› vorhanden war, wie es die Germanistik allzu gerne in die Vergangenheit projiziert.

Was ist ein Fastnachtspiel aus zeitgenössischer Optik? Zur Hauptsache fallen unter diesen Begriff Spiele, wie sie zum Teil schon im letzten Kapitel beschrieben wurden[3], also Aufführungen im weitesten Sinn des Wortes: artistische Vorführungen, unterhaltende Parodien, Tänze, Umzüge, musikalische Produktionen, symbolische Handlungen oder eben brauchmässige ‹Inszenierungen›. So wird etwa das Pflugziehen in dem erwähnten Zürcher Mandat aus der ersten Hälfte des 16. Jahrhunderts als «Gugelspiel» und «Fassnacht spil»[4] bezeichnet. Auch das Brunnenwerfen ist in den Augen von Heinrich Bullinger ein «fasnacht spil»[5]. Wenn der Schaffhauser Chronist Stockar über die Fastnacht 1527 berichtet, dass die Leute «ainanderen vol win machtend und gros spil dettend und danzdend»[6], so kann die Bezeichnung ‹Spiel› sowohl Glücksspiele mit Würfeln oder Karten als auch spielerische Vorführungen oder ganz einfach närrisches Verhalten meinen. Dass zuweilen die gesamten Fastnachtsvergnügungen mit dem Begriff des Fastnachtspiels zusammengefasst werden, ist einem Bericht Schodelers über einen Fastnachtsbesuch von 1574 zu entnehmen: «[...] und habent vil guoter herren von Lutzern und Schwytz zuo Zug guot fassnachtspil gehept und drey tag allda verharret [...].»[7] Schon 1524 wurden die Thesen Farels in einem Basler Mandat aus dem Latein auf deutsch übersetzt, wobei die generelle Warnung, ein Christ solle sich «a bachanalibus» fernhalten, als Warnung «vor dem fasznachtspyl»[8] wiedergegeben wurde. ‹Fastnachtspiel› dürfte auch in diesem Fall das ganze Fastnachtstreiben bezeichnen. Das Wort ‹Spiel› impliziert dabei nicht a priori ein harmlos-fröhliches Vergnügen. Wie sehr die Grenzziehung zwischen Spiel und Ernst auch eine Frage der Interpretation ist, geht etwa daraus hervor, dass in Freiburg i. Br. 1496 ««des kanzlers karreknecht› wegen eines ‹fasnachtspihl› in den Turm geworfen»[9] wird. Ja sogar die aufständischen Aktionen, die an der Basler Fastnacht 1529 zur Durchsetzung der Reformation führten, werden von deren Befürwortern noch spöttisch als «vasnachtspil»[10] deklariert.

Offensichtlich haben die Zeitgenossen kein Bedürfnis, Schauspiele im engeren Sinn von anderen Erscheinungen abzugrenzen, die ebenfalls Aufführungscharakter haben. Gemeinsam ist all diesen Aktionen, dass sie sich klar vom Strom alltäglicher Handlungen und Regelmässigkeiten abheben, eine symbolische, über sich selbst hinausweisende Dimension besitzen und eine nach eigenen (Spiel-)Regeln funktionierende Wirklichkeit bilden. (Das gilt auch dann, wenn die Fastnacht als ganzes gemeint ist.) Jenes Fastnachtspiel, das als Schauspiel im modernen Sinn – eventuell sogar nach einer Textvorlage – inszeniert wird, stellt aus dieser Sicht nur einen besonders elaborierten Spezialfall des Fastnachtspiels dar. Einer solchen zeitgenössischen Optik sollte die Analyse von Fastnachtspielen Rechnung tragen.

Zwar ist sich die Fastnachtspielforschung seit den sechziger Jahren dieser Problematik bewusst und weist immer wieder darauf hin, dass die Literaturwissenschaft allein den Gegenstand ‹Fastnachtspiel› nicht angemessen behandeln kann; dennoch verengt sie bei konkreten Darstellungen ihre Perspektive regelmässig auf die literarisch überlieferten Spiele, die dann meistens zur Grundlage einer impliziten oder expliziten Gattungsbestimmung werden.[11] Eckehard Catholy räumt zwar ein, dass «ein wesentlicher Teil der Fnspp.[Fastnachtspiel]-Forschung [...] der Volkskunde und Kulturgeschichte»[12] angehört, glaubt aber, dass deren Beitrag für die literaturwissenschaftliche Analyse von Fastnachtspielen gering sei. Hansjürgen Linke erklärt in seinem sonst plausiblen Überblick über das volkssprachige Drama und Theater des Spätmittelalters, dass der Begriff ‹vasnachtspil› sehr weit gefasst wurde und «am ehesten mit ‹Volksbelustigung› wiederzugeben» sei, beschäftigt sich dann jedoch nur mit dem «wirklichen» und «eigentlichen» Fastnachtspiel, dessen Unterscheidung von einem ‹uneigentlichen› Spiel für ihn offenbar von der literarischen Überlieferung abhängt.[13]

Natürlich erschwert die Quellenlage einen umfassenden Zugang zum Phänomen Fastnachtspiel; aber es liegt wohl auch an wissenschaftsimmanenten Prämissen, dass sich die Literaturwissenschaft im Fall solcher Spiele auf die überlieferten Texte konzentriert und diese konsequent überbewertet. Trotzdem dürfte eine Einsicht, wie sie Max Wehrli ganz allgemein in bezug auf das mittelalterliche Schauspiel formuliert, für die Forschung nicht folgenlos bleiben. Wehrli stellt zu Recht die Aufführung über den Text, weshalb die Grenzen der Literaturwissenschaft oft überschritten werden müssten.[14]

> Sucht man Literatur, so entzieht sich der Gegenstand in den Bereich der Volkskunde, der Liturgie- und Theaterwissenschaft. Sucht man Theater, so verliert sich die literaturgeschichtliche Relevanz. Dazu kommen praktische Schwierigkeiten. So klar und geschlossen das Gesamtphänomen ist, so fragwürdig ist die Bestimmung und Deutung der einzelnen Dokumente, die fast immer nur den Wortaspekt des Ganzen festhalten. Die Überlieferung ist zufällig, oft entstellt [...].[15]

Akzeptiert man die Forderung, dass die betreffenden Schauspiele in erster Linie von der Aufführung und nicht vom überlieferten Text her zu beurteilen sind, so muss man in logischer Konsequenz die unterschiedliche Bewertung von schriftlich aufgezeichneten und anderen Spielen fallen lassen.

Auch wenn es keine befriedigende Definition des Fastnachtspiels geben kann, so bestehen doch Ansätze dazu, die mehr überzeugen als die enge literaturwissenschaftliche Perspektive. Norbert Humburg versucht beispielsweise eine volkskundliche Eingrenzung des Gegenstands:

> Eine volkskundliche Untersuchung kann den Begriff Fastnachtspiel nicht im streng literarischen Sinn sehen. Andererseits muss sie aber auch solche Produktionen erfassen, die literarische Stoffe oder sogar literarische Texte benutzen, also nicht am brauchtümlichen Inhalt der Fastnachtszeit orientierte Spiele. Ich habe deshalb als Fastnachtspiele alle ständig wiederholbaren Spielszenen oder Szenenfolgen mit Handlungsinhalt angesehen, die ein gewisses Mass an Vorbereitung erfordern, bei denen aber nicht eine dauernde Trennung von Produzenten und Konsumenten gegeben ist.[16]

Von dieser Definition werden etwa «pantomimische Szenen wie die Altweibermühle»[17] erfasst, aber auch so eindrucksvolle Aufführungen wie jene, die vermutlich zur Fastnachtszeit 1528 in Solothurn zur Verspottung von Teilnehmern der Berner Disputation stattfand. Obschon es sich dabei um ein – wohl spontan organisiertes – Spektakel von grosser Aussagekraft handelt, würde es von einer textorientierten Fastnachtspielforschung ignoriert, weil kein Text dazu existiert. Über jenes Fastnachtspiel, das diesen Namen zweifellos verdient, berichten die Disputationsteilnehmer später, es

> syend inen vier inn düffels kleidern entgegen gelouffen, und aber sich glich widerumb kert, der statt zugelouffen, die thor zugeschlagen, stein fürgeleit und darnach die tüffel die stein wider dannen kratzet unnd die thor widerumb uffgethan u. s. w. Und sind also in die statt kommen, unnd die tüffel mit irem hör die strass den nechsten für gefarren. Do habe sy ein anderer ein andern weg namlich den nechsten in das wirzhus zum Leuwen gefürt. Dafür das tüffel volk mit einer grossen menge kommen unnd daselbs gehebt ein geschundenen fuchs, der gefroren ware und etlich in beren hüten gekleidet, und namlich den gefrornen schundtnen fuchs uff ein stud gestellt, unnd ein lassbrief unden daran geschlagen. Darfür der ber knüwet unnd den fuchs angebetot, und den ubrigen gewinkt, damit sy ouch zuhin kämint und betotind.[18]

Das Zeugnis mag ohne weitere Interpretation konkret den fliessenden Übergang dokumentieren zwischen Schauspielen auf literarischer Basis und gewissen symbolischen Aktionen, die als Spektakel meines Erachtens durchaus gleichwertig neben schriftlich fixierten Spielen stehen. In diesem Sinn werde ich auch das Ereignis, das nach Anshelm zwischen den Darbietungen von Niklaus Manuels Fastnachtpielen 1523 in Bern zu sehen war[19], als kulturell ebenso bedeutsames Spiel behandeln wie die von Manuel verfassten Stücke. Dies scheint umso mehr berechtigt, als Anshelm jenen Bohnenlied-Umzug selbst als «vasnacht-spil» bezeichnet: «Aber nach wenig jaren ward uss dem ablas und sinen briefen uf der Aeschen-Mitwoch ein offen vasnacht-spil, und mit dem bonenlied durch alle gassen getragen.»[20]

Es versteht sich von selbst, dass eine erweiterte Fastnachtspiel-Definition, deren Grenzen nicht bei der Literarizität der Aufführungen liegen, die Verknüpfung der Spiele mit dem übrigen Fastnachtsgeschehen ins Zentrum der Untersuchung rücken muss. Für die Forschung ergibt sich also die Forderung nach verstärkter Orientierung am Kontext, wodurch auch einige Vorurteile der bisherigen Fastnachtspielforschung korrigiert werden könnten. Dies sei an drei Beispielen illustriert.

Eine Folge der Textfixierung ist die häufige, meist implizite Gleichsetzung des Fastnachtspiels mit der literarischen Nürnberger Ausformung dieser kulturellen Erscheinung. Da aus verschiedenen Gründen für Nürnberg sehr reiches Quellenmaterial vorliegt – sowohl in bezug auf Spieltexte[21] als auch hinsichtlich informativer Archivalien[22] –, konzentriert sich einerseits die Mehrzahl der Untersuchungen zum Fastnachtspiel auf die Nürnberger Tradition; anderseits erwecken die daraus abgeleiteten Erkenntnisse immer wieder den Eindruck allgemeiner Gültigkeit für eine ‹Gattung› Fastnachtspiel schlechthin. Besonders die Betonung der Sexualsphäre, die in den Nürnberger Spielen auffällt, wird vorschnell zu einem generellen Charakteristikum von Fastnachtspielen erhoben. Zu Recht warnt Dieter Wuttke davor, die Fastnachtspiel-Tradition anderer Städte gewissermassen als (minderwertige) Sonderentwicklung gegenüber dem Nürnberger Modell zu betrachten, wobei er sich vor allem auf Lübeck bezieht:

> Es geht nicht an, diese Tradition es sozusagen entgelten zu lassen, dass kein einziges der Spiele handschriftlich und nur eines im Druck überliefert ist, wir also nur 74 Titel und zahlreiche Namen der für die Ausrichtung der Spiele Verantwortlichen kennen. Eine genauere Analyse der Titel ergibt: Kein Lübecker Spiel zielte so ausgelassen grobianisch auf reine Unterhaltung ab wie das Gros der Nürnberger. Sämtli-

che Spiele haben eine belehrende Note, sie gehören also durchweg dem Zwecktyp des ernsten Fastnachtspiels an.[23]

Was für Lübeck gilt, betrifft andere Städte ebenso, auch wenn es in vielen Fällen noch schwieriger ist, Aufführungen zu dokumentieren. Immerhin gibt es genügend archivalisches Belegmaterial, das auf reiche Fastnachtspiel-Aktivitäten in den deutschsprachigen Städten des 15. und 16. Jahrhunderts hinweist.[24] Dieser Befund allein zwingt dazu, die Bedeutung der zufällig überlieferten Nürnberger Spiele zu relativieren und sie eher selbst als Sonderfall denn als ein Grundmodell zu behandeln – ein solches existiert vermutlich gar nicht. Insgesamt dürften die Verhältnisse betreffend Spielorte und -traditionen für Fastnachtspiele fast noch ausgeglichener sein als für Schauspiele allgemein, besonders wenn man die Fastnachtspiel-Definition weit fasst. So darf wohl Erich Kleinschmidts Aussage, dass sich bei aller Zufälligkeit des überlieferten Belegguts «eine Hochblüte des urbanen Theaters für das 16. Jahrhundert in nahezu allen Städten»[25] des südwestdeutschen, elsässischen und schweizerischen Raums abzeichne, auch auf Fastnachtspiele bezogen werden. Unterstützt wird Kleinschmidts Aussage durch die Untersuchungen von Bernd Neumann, der zwar hauptsächlich volkssprachige geistliche Schauspiele ins Auge gefasst hat, dabei aber zu Ergebnissen kommt, die auch für die Fastnachtspielforschung aufschlussreich sind. Neumann kann nachweisen, dass selbst Gebiete, die bezüglich Aufführungen bislang

> als ‹Leerstellen› galten, ein durchweg reiches und reges Schauspielleben kannten [...], dass fast ausnahmslos in der Stadt gespielt wurde, kurz, dass spätestens seit dem 14. Jahrhundert geistliches Drama und Theater im gesamten deutschen Sprachgebiet eine allgemein bekannte und ausgeübte Angelegenheit war. Dabei wurden recht unterschiedliche Stoffe auf die Bühne gebracht, doch haben sich zu den meisten Spielnachrichten die entsprechenden Handschriften nicht erhalten: Wir müssen mit einer extremen Verlustquote rechnen. Den fast eintausend zwischen 1300 und 1600 bezeugten Aufführungen stehen lediglich knapp zweihundert Texte gegenüber, die sich in ihrer Mehrzahl jedoch keiner dieser Aufführungen zuordnen lassen.[26]

Vom Verhältnis zwischen Fastnachtspielen und anderen Schauspielen sowie von belegbaren Aufführungstraditionen im eidgenössischen Raum soll später die Rede sein. Es geht hier lediglich darum, zu zeigen, wie problematisch der etwa von Catholy, aber auch von anderen Autoren verwendete Ansatz ist, «hauptsächlich mit Hilfe der am Nürnberger Fnsp. gewonnenen Gattungsmerkmale»[27] andere Fastnachtspiele zu untersuchen. Auch wenn die überlieferten Spieltexte aus Nürnberg wertvolle Zeugnisse bleiben, so sollte die allgemeine Fastnachtspielforschung in Zukunft vermehrt versuchen, diese Zeugnisse in Beziehung zu setzen zu anderen Fastnachtspieltraditionen, ja zum Fastnachtspiel als kultureller Erscheinung des 15. und 16. Jahrhunderts überhaupt. Eine der Hauptfragen, die sich dabei stellt, betrifft das Verhältnis zwischen Texten und Aufführungen.

Eine zweite Folge der bisherigen Textfixierung in der Forschung ist – gerade für die Spiele im eidgenössischen Raum – aus der eben beschriebenen ableitbar: Nicht nur werden diese Spiele als Sonderfälle behandelt, es wird ihnen oft auch ein innerer Zusammenhang mit der Fastnacht abgesprochen. Wiederum sei stellvertretend die am pointiertesten geäusserte Ansicht von Eckehard Catholy zitiert. Er teilt die Fastnachtspiele des 16. Jahrhunderts in drei Gruppen auf; neben denjenigen, die die Nürnberger Tradition des 16. Jahrhunderts fortsetzen und jenen Spielen, die von verschiedenen Einflüssen geprägt sind, nennt Catholy eine dritte Gruppe:

> [...] weltliche Spiele, die zwar zur Fn. [Fastnacht] aufgeführt wurden und auch meist als ‹Fnspp.› bezeichnet werden, in Wirklichkeit aber mit der Gattung nichts zu tun haben. Sie besitzen keine Verbindung mit Fn.-Unterhaltungen und unterscheiden sich deshalb in Form, Inhalt und Funktion vom Fnsp. (Schweiz zum grössten Teil).[28]

Auch hier handelt es sich meines Erachtens um ein Vorurteil, das aus mangelnder Kontextforschung und aus der Überbewertung der literarischen Vorlagen aus Nürnberg herrührt. Natürlich sind die eidgenössischen Fastnachtspiele auf andere Weise in den Fastnachtszusammenhang eingebettet als die Nürnberger, erfüllen wohl auch andere Funktionen als jene. Aber wie das Verhältnis zu ihrer fastnächtlichen Umgebung tatsächlich aussieht, bedarf einer genaueren Untersuchung, die in der vorliegenden Arbeit am Beispiel der Berner Fastnachtspiele von Niklaus Manuel geleistet werden soll. Fest steht, dass die These von Catholy in dieser Form nicht haltbar ist, da sie von einer falschen Prämisse in bezug auf die von ihm kaum näher untersuchte Fastnacht ausgeht. Wenn dabei einerseits richtigerweise eine Veränderung des Fastnachtspiels vom 15. zum

16. Jahrhundert festgestellt wird, so verkennt diese These anderseits die Dynamik der Fastnacht selbst: Es handelt sich ja nicht um statisches, ahistorisches Brauchtum – vielmehr muss man von einer offenen Struktur ausgehen, die selbst den verschiedensten Veränderungen und Einflüssen unterliegt. Wenn also behauptet wird, das Fastnachtspiel der Reformationszeit mit seiner politisch-konfessionellen Tendenz hätte den Zusammenhang mit der Fastnacht verloren, so wird übersehen, dass die Fastnacht selbst während der Reformation eine gewisse Politisierung und konfessionelle Polarisierung erfährt. Das Fastnachtspiel verändert sich also nur innerhalb seiner sich ebenfalls verändernden Rahmenbedingungen. Freilich ergeben sich dadurch neue Bindungen zwischen Text und Kontext, die aber nicht minder bedeutungsvoll sind. Allzusehr ist wohl die Fastnachtspielforschung auch von einem rein weltlichen Charakter der Fastnacht ausgegangen, so dass vor allem jene Spiele als typisch angesehen wurden, die selbst weltlichen – das heisst meist derb-erotischen – Charakter haben. Diese Ansicht ist deshalb fragwürdig, weil sich religiöse und profane Bereiche bis zur Reformation kaum strikt auseinanderhalten lassen. So ist auch die Fastnacht nicht einfach als weltliches Fest klassifizierbar, sondern besitzt, wie oben beschrieben, vielfältige – und seien es nur parodistische – Bezüge zur Kirche. Vor diesem Hintergrund können Fastnachtspiele mit religiösem Inhalt ebenso eng wie die weltlichen Spiele mit dem Anlass Fastnacht verwoben sein. Aber solche Beziehungen können nur von einer Fastnachtspielforschung eruiert werden, die ihren Gegenstand nicht aus seinem Umfeld isoliert.
Als drittes Beispiel für die Unzulänglichkeiten einer textfixierten Fastnachtspielforschung sei schliesslich die (fehlende oder falsche) Einschätzung des Fastnachtspiels als Medium im städtischen Kommunikationszusammenhang genannt. Obschon dieser sozial-kommunikative Aspekt Bedeutung, Struktur, Aufführungspraxis oder etwa die Wirkung des Fastnachtspiels determiniert, wird er von der Forschung meist zugunsten von Textauswertungen vernachlässigt. Inwiefern können Deutungen überhaupt aussagekräftig sein, die so wichtige Bedingungen ausblenden? Vor allem aber: Wie sollte es ihnen gelingen, die *kulturale* Bedeutung der Spiele zu erfassen? Diese bemisst sich – das sei einmal mehr in aller Deutlichkeit festgehalten – nicht an deren Literarizität.
Von den wenigen sinnvollen Versuchen, die Kommunikationsprozesse in der frühneuzeitlichen Stadt bei der Untersuchung von Schauspielen einzubeziehen, sei jener von Erich Kleinschmidt hervorgehoben.[29] Klein-

schmidt kommt aufgrund des Stellenwerts, den das Schauspiel im kulturellen und politischen Leben der Stadt einnimmt, zum Schluss:

> Das Theaterspiel wird [...] zum faktischen Geschehen in der städtischen Welt ohne eine grundlegende ästhetische Distanz. Zuschauer und Spieler sind nicht voneinander gesonderte Akteure. Die Repräsentation von *Rat und Gemeinde* findet im Bühnenspiel wie auf den Publikumsbänken gleichzeitig statt, wobei man dort wie hier auf soziale Differenzierung bedacht ist.[30]

Dabei legt der Autor einleuchtend dar, welche politischen Funktionen das Schauspiel erfüllen kann, dass auch kommerzielle Aspekte eine Rolle spielen oder dass «die Bevorzugung glanzvoller Aufführungen [...] den funktionalen Charakter des Theaterspiels für die Stadtgesellschaft im Sinne einer Rechtfertigung von Anlass und Aufwand» betone. «Was inhaltlich gespielt wurde, war dabei allem Anschein nach eher gleichgültig.»[31] Freilich muss diese Aussage von Fall zu Fall differenziert werden. Dennoch weist sie auf einen ernstzunehmenden Faktor hin, dem bei der Analyse von Spielen – insbesondere unter ästhetischem Gesichtspunkt – Rechnung getragen werden sollte. Schliesslich erlaubt die von Kleinschmidt wenigstens ansatzweise durchgeführte soziologische Einordnung die Feststellung, dass «unter allen Medien der frühen Neuzeit [...] das Schauspiel zweifellos breiteste Publikumsschichten erreichte»[32].

Dass solche Einsichten für die Analyse von Fastnachtspielen von hoher Relevanz sind, braucht hier nicht weiter ausgeführt zu werden; vielmehr sollen sie direkt und konkret für die Behandlung von Manuels Spielen fruchtbar gemacht werden.

Die Berner Fastnachtspieltradition

Anstelle eines möglichst vollständigen und breiten Überblicks über die Fastnachtspieltraditionen des 15. und 16. Jahrhunderts im eidgenössischen Raum werde ich mich vorwiegend an die Stadt Bern halten. Das scheint mir beim gegenwärtigen Stand der Forschung sinnvoller als eine quantitative, statistische Analyse, da die Zufälligkeit der Überlieferungen ein verzerrtes Bild ergäbe[33]; zudem würde dadurch unwillkürlich jene fragwürdige Grenze zwischen nichtliterarischen und literarischen Spielen akzentuiert, da die schriftlich fixierten Spiele natürlich quellenmässig besser dokumentiert sind. Das lässt sich durch die Konzentration auf einen begrenzten Raum eher vermeiden, indem Aufführungszeugnisse aus möglichst vielen Quellen zusammengetragen werden. Allerdings werde ich Dokumente aus anderen Städten so oft wie möglich beiziehen, um wenigstens ansatzweise Vergleiche herzustellen und zu beurteilen, inwiefern man von der Berner Fastnachtspieltradition auf allgemeine Verhältnisse schliessen darf.

Der älteste Beleg einer Berner Aufführung stammt aus den Stadtrechnungen des Jahres 1437: «Den webren, als die ein spil gemacht hattend, hiessen min herren ze stür gen 1 lb.»[34] Zwar lässt sich nicht mit Sicherheit sagen, ob es sich dabei um ein zur Fastnachtszeit aufgeführtes Spiel handelt; dennoch ist die Chance dafür relativ gross, da sich das Zeugnis einerseits auf die erste Jahreshälfte bezieht, anderseits praktisch sämtliche Berner Spiele – mindestens bis zur Reformation – zeitlich mit der Fastnacht verknüpft sind.[35] Aufschlussreich ist, dass es sich offenbar um ein von einer Gesellschaft organisiertes Spiel handelt, das schon zu dieser Zeit die Unterstützung der städtischen Obrigkeit geniesst.

Während aus dem 15. Jahrhundert nur vereinzelte Nachrichten von Aufführungen überliefert sind[36], lässt sich eine Tradition von aufgeführten Spielen, die als solche in den Quellen vermerkt sind, erst zu Beginn des 16. Jahrhunderts belegen. 1506 wird von nicht näher bezeichneten Personen «das spil der zwölff planeten gemacht» und mit zehn Pfund subventioniert; gleichzeitig erhalten die «knaben, so den maristentantz gehebt hand», ein Pfund von der Stadt.[37]

Wenn Valerius Anshelm als Grund für den Könizer Aufstand von 1513 unter anderem auch die Tatsache nennt, «dass purengspöt und äschensäk an vergangner fasnacht ze vil verachtlich wider si [die Bauern] gebrucht»[38], so kann man zwar daraus noch nicht auf ein einzelnes, ausgearbeitetes Spiel schliessen, wohl aber auf ‹Aufführungen› oder Darstellungen, die auf symbolische Weise eine bestimmte Botschaft vermittelten. 1514 und 1515 wird «den gesellen, so das spil an der crützgassen hatten» jeweils zwanzig Pfund ausbezahlt, wobei 1515 zusätzlich noch «knaben» für ein Spiel mit fünf Pfund belohnt werden.[39] Einen ähnlichen Beleg gibt es für das folgende Jahr (1516), ohne dass die Spieler näher bezeichnet werden.[40] Wie zufällig die Überlieferung von Zeugnissen ist – zumal in jener wohl überwiegenden Anzahl von Fällen, in denen Spiele finanziell nicht unterstützt wurden oder wo Rechnungsbücher nicht erhalten sind –, zeigt die Nachricht aus dem Jahr 1521, die nur dank einer Äusserung von Kardinal Schiner Aufnahme fand in Anshelms Chronik.

Schiner verhöhnte einige in Italien gefangene Berner unter anderem mit den Worten: «Wie stats nun um uwerer gemaleten gilgenknaben Eschenmitwochen-spotspil, [...]?»[41]; er bezog sich damit auf ein Fastnachtspiel, das vermutlich 1521 in Bern stattfand und den Kardinal gemeinsam mit dem Kaiser verspottet hatte.

Wenn also für die Jahre 1517–1520 und 1522 keine Aufführungszeugnisse vorhanden sind, so darf daraus noch nicht geschlossen werden, dass keinerlei Spiele stattfanden. Ich gehe im Gegenteil eher davon aus, dass die Aufführungen von Niklaus Manuels Spielen 1523 in einer Tradition von Darbietungen standen, die regelmässig zur Fastnachtszeit inszeniert wurden und neben aufwendigen Stücken auch kurze Szenen, Umzüge und andere brauchmässige Spiele umfassten. Es ist zwar möglich, dass solche Aufführungen zusammen mit dem allgemeinen Fastnachtstreiben in den politisch brisanten Jahren zwischen 1523 und 1528 von der Obrigkeit unterdrückt wurden – jedenfalls fehlen für diese Zeit jegliche Aufführungsnachrichten. Dass sich aber doch eine gewisse Tradition entwickelt hatte, ist daran ersichtlich, dass auch *nach* Einführung der Reformation zur Fastnachtszeit noch Spiele aufgeführt wurden.[42]

Es scheint somit festzustehen, dass Fastnachtspiele mindestens zu Beginn des 16. Jahrhunderts ein konstitutives Element der Berner Fastnacht bilden. Über den Inhalt der meisten Berner Spiele bis zur Reformation 1528 ist jedoch zu wenig bekannt, um die Natur ihrer inneren Bindung an die Fastnacht a priori zu bestimmen. Dass der Moriskentanz von 1506, das «purengspöt» von 1513 oder das «Eschenmitwochen-spotspil» von 1521 thematisch mit dem fastnächtlichen Kontext eng verknüpft sind, ist nach allem, was wir von der Fastnacht selbst wissen, kaum zu bezweifeln. Aber auch ein «spil der zwölff planeten» könnte durchaus ein typisches Fastnachtsthema darstellen.[43] Zur Klärung der Text/Kontext-Beziehungen bedarf es allerdings genauerer Informationen über eine Aufführung und deren Inhalt. Manuels Fastnachtspiele bieten dafür eine verhältnismässig günstige Ausgangslage.

Zwischen Mündlichkeit und Schriftlichkeit: Reformatorische Kommunikationsprozesse

Entsprechend meinem Verständnis von Schau-Spielen geht es zunächst darum, die Berner Aufführungen von 1523 unabhängig von Text und

Inhalt als *Ereignisse* im städtischen Leben der Reformationszeit zu beurteilen. Welche Bedeutung, welcher Stellenwert kommt ihnen zu?

Ich habe bereits angedeutet, dass dieses Thema nur im Zusammenhang mit allgemeinen Kommunikationsprozessen in der Stadt der Reformationszeit behandelt werden kann. Wie also könnten diese um 1520 in einer Stadt wie Bern ausgesehen haben?

Flugschriften

Es sind in erster Linie Reformationshistoriker, allen voran Robert Scribner, die in jüngster Zeit Überlegungen angestellt haben zum Problem: «Wie kam der gemeine Mann zu reformatorischen Ideen?»[44] Scribner kann überzeugend darlegen, dass die Bedeutung der Flugschriften, die im Zusammenhang mit einer «reformatorischen Öffentlichkeit»[45] meist zuerst genannt werden, immer wieder überschätzt wird.[46] Sicher ist auch Bern – trotz fehlender Druckerei bis 1537[47] – in den Einflussbereich von Flugschriften gelangt, für die im allgemeinen folgende Zahlen gelten: Die Gesamtproduktion der deutschen Flugschriften pro Jahr nahm von 111 Titeln des Jahres 1519 auf 498 Titel des Jahres 1523 zu und erreichte zur Zeit des Höhepunktes 1524 eine tausendfache Steigerung aller produzierten Drucke gegenüber 1517.[48] Aber bei allen statistischen Berechnungen zur Flugschriftenschwemme[49] darf nach Scribner die Tatsache nicht vergessen werden, dass wir es im 16. Jahrhundert mit einer überwiegend analphabetischen, oralen Kultur zu tun haben, in der Flugschriften höchstens auf indirekte Weise und zusammen mit anderen Kommunikationskanälen zur Bildung einer öffentlichen Meinung beitrugen. Selbst wenn man optimistisch davon ausgeht, dass zu Beginn des 16. Jahrhunderts im urbanen Bereich zehn bis dreissig Prozent, in Stadt und Land zusammen aber durchschnittlich höchstens fünf Prozent der Bevölkerung alphabetisiert waren[50], so kommt dem gedruckten Wort allein bei der Popularisierung reformatorischer Ideen nur eine untergeordnete Bedeutung zu. Das gilt auch für die Gesamtheit der reformatorischen Kommunikationsprozesse. Diese können nur dann richtig erfasst werden, wenn einerseits die anderen, dominanten Kommunikationsmittel einbezogen werden und anderseits die Wechselwirkung der verschiedenen Medien berücksichtigt wird. Es geht dabei insbesondere um «mündliche Kommunikation, visuelle Kommunikation und Aktion als Kommunikation»[51].

Was die schriftliche Übermittlung betrifft, so besteht ihre Rolle und Bedeutung vielleicht darin, immer wieder neue Impulse zu liefern für die Ausbreitung von Informationen, die sich dann auf vielfältigen, meist nicht-schriftlichen Wegen multiplizieren und weiterentwickeln; so pflanzen sich bestimmte Ideen und Inhalte mit grosser Eigendynamik fort und verebben irgendwann in fein verästelten Kommunikationsnetzen. Flugschriften beispielsweise können unzählige Male von Hand zu Hand gereicht und laut vorgelesen werden, um dann von den Zuhörern diskutiert, nacherzählt oder auch nur als Gerücht von Mund zu Mund übermittelt zu werden; allerdings ist auch ein Rücklauf in die Schriftlichkeit denkbar. Der grösste Teil dieser Kommunikationsprozesse bleibt dabei ausserliterarisch. Da aber schriftliche Texte – und Bilder – das stabilste und das einzige materiell fassbare Element einer Übermittlungskette bilden, werden sie von der Obrigkeit oder allfälligen Zensurbehörden nicht selten auch für die Verbreitung von (reformatorischen) Ideen verantwortlich gemacht. Dies dürfte ein wichtiger Grund sein, weshalb schriftliche Kommunikationsmittel im Verhältnis zu den gesamten Übermittlungsprozessen in den Archivalien und Chronikalien überproportional dokumentiert sind.

Bern handelt zum Beispiel schon 1522 mit Basel und Zürich ein (unwirksames) Druckverbot für reformatorische Schriften aus, denn die Obrigkeit befürchtet, «dass darus grosse unruw und schad uferstan wurde»[52]. Da aber die auswärtigen Druckereien kaum zu überwachen sind, schreitet man daneben vor allem gegen Vertrieb und Verkauf von Drucksachen ein.[53] Die Nachfrage scheint allerdings so gross, dass die Berner Obrigkeit sich zu einem Kompromiss gezwungen sieht; am 18. Mai 1524 gebietet sie, «dass sich hinfür uf dem Kilchhof noch andern Orten niemand rotte, und ob jemand die Lutterschen Bücher wil haben, tragen oder läsen, dass er Soliches wol tun mag; doch dass derselb dehein Gestell umb sich habe, noch jemand Anderm dann Jm selbs solle läsen»[54]. Dieser Erlass illustriert sehr schön den Versuch, die Informationsübermittlung wenigstens dort zu blockieren, wo sie Breitenwirkung erhält, nämlich am entscheidenden Übergang von der Schriftlichkeit in eine nicht mehr kontrollierbare Mündlichkeit. Ausserdem gibt er Einblick in den konkreten Ablauf städtischer Kommunikationsprozesse der Reformationszeit: Lesen ist noch kaum privatisiert, sondern als lautes Lesen oder Vor-lesen[55] häufig ein sozial-kommunikativer Akt, der auch auf öffentlichen Plätzen stattfindet und von da aus natürlich eine Menge von neuen (vor allem mündli-

chen) Kommunikationsprozessen in Gang setzt. Nicht zuletzt aufgrund solcher semiliterarischer Prozesse sind sowohl Informationsradius als auch -geschwindigkeit in dieser vorwiegend oralen Kultur nicht zu unterschätzen.
Wie die Distribution von Flugschriften und Büchlein allgemein im eidgenössischen Raum vor sich ging, beschreibt und beklagt zum Beispiel Johannes Salat:

> [...] namlich mit schicken / schleycken / und zu bringen / der truckten jrrungen / alls durch bättler / landfarer / tücheltragerin / kessler / krämer / und der glychen / us zu spreyten jn stett und lender der allt glöübigen. Dero ouch zu mal ettlich begriffen / und nach jrem verdienen gestraaft wurdend / erhub sich allso gar vil unruw uss dem trucken / an vilen orten [...] und dann durch uss lassen der namenn des dichters und truckers / man solch malefitzisch übel nit nach noturfft fürkon / noch straaffen mocht.[56]

Allerdings überschätzt vielleicht auch Salat als Gegner der Reformation die Bedeutung des Buchdrucks, der von den Katholiken immer wieder propagandistisch zur Ursache des reformatorischen Übels, zu einer Erfindung des Teufels stilisiert wurde.

«gmains geschray unnd red» und Predigt

Dass aber Flugschriften nur *eine* Komponente in der hauptsächlich mündlichen Verständigung der Zeit bilden, geht aus einem Bericht des Konstanzer Chronisten Jörg Vögeli hervor. Ihm zufolge sind es zunächst Gerüchte, die die Konstanzer Bevölkerung 1519 über Luther und die Reformation informieren:

> Als gar ain grosser pestilentziger sterbent zue Costantz was, kamm ain gmains geschray unnd red gen Costantz, das Martinus Luther, ain Augustiner münck und predicant zue Wittenberg in Sachsen, ettliche zithar wider den bäpstlichen gwalt, ouch wider sinen abblass und ander missbrüch sin und siner gaistlichait gepredigt [...]. Es wuerdent ouch mit diser red ettliche dess Luthrers artickel, buecher und schrifften umbgetragen.[57]

Hier kommt genau jenes Zusammenwirken verschiedener Medien zum

Ausdruck, das die Komplexität der Informationsübermittlung ausmacht: Mündlichkeit ist nicht einfach einseitig abhängig von einer schriftlichen Quelle, sondern entwickelt sich parallel und in Wechselwirkung dazu; für Vögeli sind es primär «red» und «gmains geschray», erst sekundär und sozusagen als Begleitung im Hintergrund die Drucksachen, die die Kunde von der Reformation übers Land und vor allem an breitere, nicht lesefähige Bevölkerungsschichten tragen.

Natürlich spielt bei der Vermittlung zwischen Schriftkultur und mündlicher Kultur die Predigt als «wichtigstes Mittel der Massenkommunikation»[58] eine hervorragende Rolle. In St. Gallen zum Beispiel soll um 1523 eine ganze Reihe von Verfechtern der Reformation begonnen haben, nicht nur auf der Kanzel, sondern «in stuben und in winkln ze predigen»[59] – nach Fridolin Sicher mit grossem Erfolg:

> [...] eben allenthalb, wo ainer gieng um die stat spazieren uf ainem sontag, so sach er ain hufen lüt mit irem lesser handlen und machen; es fiengent och schlecht gesellen ain ze lesen, die weder schrift noch kunst hattent. Ich hab och selbs ainen gehört predigen oder lessen, der och kain buchstaben kund [...].[60]

Aber auch in Bern beziehungsweise in der Berner Landschaft sind solche Winkelprediger zu finden. 1526 befiehlt die Obrigkeit dem Vogt von Wangen, «den hern, so im wirtzhuss prediget, mit dem eyd von land [zu] wysen»[61].

So darf man wohl davon ausgehen, dass das Thema Reformation zumindest in der Stadt Eingang gefunden hat in die öffentlichen Tagesgespräche und das von Klatsch, von Alltagssorgen, -freuden und -hoffnungen durchsetzte Geschwätz weiter Kreise. In diesem Bereich der Kommunikation muss sich ein wesentlicher Teil der Popularisierung von reformatorischen Ideen abgespielt haben, hier entschied sich, ob die reformatorische Bewegung von einer breiten Bevölkerung getragen wurde oder nicht. Die Berner Obrigkeit scheint um die politische Brisanz gerade solcher Kommunikations- und Meinungsbildungsprozesse gewusst zu haben: Nicht nur die Bürger, sondern «ouch alle ingesässnen und dienstknächten» werden 1525 verpflichtet, dass «niemands den andern, es sye heimlich oder offenlich, in ürtinen, märckten, uf der strass, und wo das wäre, in keinem wäg beladen, nemmen noch sagen sölle, dass einer Lutersch oder bäpstisch, des nüwen oder alten gloubens sye»[62]. Offenbar sind die Spannungen zwischen Anhängern und Gegnern der Reformation zu diesem Zeit-

punkt so gross, dass man einen konfessionellen Bürgerkrieg auch durch Disziplinierung des öffentlichen Gesprächs verhindern muss.
Ein weiteres Zeugnis für die Art und Weise, in der Meinungsbildungsprozesse in der Berner Öffentlichkeit, auf Gassen und Plätzen ausgetragen wurden, betrifft das zweite wichtige politische Thema dieser frühen zwanziger Jahre: den Machtkampf zwischen Habsburg und Frankreich.
Ende März 1520 lässt der Rat von der Kanzel verkünden, «das niemand sol an die laden schriben wäder keiser noch franzosisch zu sind, und ob jemand ergriffen wurde an söllichem schriben, ab dem wöllend min herren rechten als einem schelmen und bösewicht»[63]. Es handelt sich wohl um den Einsatz von Graffiti in einer politischen Werbeaktion. Einmal mehr wird deutlich, inwiefern die Schrift auf eine orale Kultur einwirken kann: Da nur eine Minderheit von Leuten die an die Läden gekritzelte Botschaft überhaupt zu entziffern vermag, beruht die Angst des Rats vor der Gefährdung des sozialen Friedens offensichtlich auf der Erfahrung, dass die schriftlichen Impulse eine gefährliche Auseinandersetzung in der mündlichen Kultur der Gasse oder des Marktplatzes provozieren können.

Singen und Schauen

Nicht unbedeutend für die oralen oder semioralen städtischen Kommunikationsprozesse der Reformationszeit dürften sodann Lieder und Gesang sein. Scribner unterscheidet dabei vier Hauptfunktionen des Lieds: die Übermittlung neuester Nachrichten, die agitatorische Wirkung durch Verspottung von Geistlichen, die Parodierung katholischer Lieder und Kirchenmusik und das Bekenntnis zur evangelischen Gemeinde durch solidaritätsstiftendes, gemeinsames Singen.[64] Vor diesem Hintergrund ist zu verstehen, weshalb die Berner Obrigkeit am 22. Dezember 1526 öffentlich ausrufen lässt: «Haben M. H. geraten, dass Niemands dhein Lied singe, das die Disputatz, Zwingli, Luther old derglichen berüert, bi eins Manotz Leistung [...].»[65]
Ein anderer zentraler Bereich der urbanen Kommunikation beruht darauf, dass die städtische Gesellschaft der Zeit «sehr leidenschaftlich an visuellen Dingen interessiert»[66] ist. Robert Scribner verwendet dafür den Begriff der «Image-Kultur»: «Die Schaulust reicht von geistlichen und weltlichen Spielen, über Prozessionen, Volksfeste und öffentliche Zeremonien bis zu den verschiedenen Formen der ‹heilbringenden Schau›.»[67]

Natürlich erscheint auch das visuelle Medium nicht isoliert, sondern meist in Kombination mit mündlichen oder schriftlichen Medien. Die reformatorische Propaganda wusste das Bedürfnis nach Bildlichkeit sehr wohl auszunützen, wie etwa die Illustrationen zu den Flugschriften beweisen. Aber auch einzelne Bilder wurden als Impulse für mündliche Auseinandersetzungen zumindest im städtischen Raum verbreitet.[68]

Aktion als Kommunikation

Eine Verbindung von visueller, nonverbaler, verbaler und oft sogar noch schriftlicher Kommunikation ist schliesslich in jenem Bereich zu finden, den Scribner mit «Aktion als Kommunikation» umschreibt. Es handelt sich um «partizipierende Formen der Informationsmitteilung»[69], unter die auch einige der bereits genannten Kommunikationsmittel fallen, zum Beispiel Singen von Liedern, Prozessionen, Feste oder Spiele, wie sie in der Fastnacht üblich waren. Den höchsten Grad an multimedialer Kommunikation erreichten jedoch Schau-Spiele von der Art der Manuelschen Fastnachtspiele; dabei wirkten nicht nur ritualisierte und symbolische Handlungen als visuelle, akustische und aktionale Botschaften gleichzeitig zusammen; sogar das schriftliche Medium wurde zur Verstärkung der reformatorischen Botschaft eingesetzt: Manuels Fastnachtspiele fanden ja nach der Aufführung auch als Flugschriften Verbreitung. Das Zusammenwirken verschiedener Medien wird überhaupt gerade daran sichtbar, dass sich viele Flugschriften der Zeit formal und inhaltlich an andere Kommunikationsmittel anlehnen, sich beispielsweise auf Aktionen beziehen oder solche vortäuschen.[70] Vielleicht beruht der Erfolg der reformatorischen Flugschriften nicht zuletzt darauf, dass sie sich eben an jene semiliterarische Sphäre anpassen, in der verbale Aussagen isoliert von Performanz und Aktion undenkbar sind (im Gegensatz zum modernen, privatisierten, verinnerlichten und meist stillen Leseakt).[71] So wird denn auch häufig die Form des Dialogs oder des Gesprächs gewählt, wodurch sich ebenfalls die Illusion einer Performanz, das heisst einer für die orale Kultur vertrauten Kommunikationssituation einstellt.[72]

Die reformatorischen Flugschriften spiegeln also sowohl von ihrer Struktur als auch von ihrem Gebrauch her die grosse Bedeutung, die der Aktion und der Performanz bei der Vermittlung von Informationen in dieser oralen Kultur zukommt. In der kommunikativen Aktion manife-

stiert sich gleichsam modellhaft die Komplexität der gesamten Kommunikationsprozesse, da sie am besten und am deutlichsten jene Multimedialität, aber auch die aktive Rezeption veranschaulicht, die im Grunde für die anderen Mitteilungsformen der Zeit ebenfalls zutrifft.
Ob Flugschriften, Bilder, Gerüchte, Geschwätz, Diskussionen im Wirtshaus oder beim Kirchgang, ob Lieder oder Ausrufe auf der Strasse und auf dem Markt, ob Predigten von der Kanzel, ob Prozessionen, symbolische Aktionen oder die Aufführung von Schauspielen: Bei all diesen Kommunikationsformen sollte man sich die Vermittlung und Popularisierung reformatorischer Ideen weder geradlinig noch irreversibel vorstellen, sondern gewissermassen als «Partitur»[73], die aus den sich ergänzenden, überlagernden und verstärkenden Aktivitäten «Hören, Schauen, Lesen, Diskussion und Aktion»[74] zusammengesetzt ist.

Schau-Spiele

Vor diesem Hintergrund lohnt es sich, noch einmal die Aufführung von Schauspielen ins Auge zu fassen, bei denen die «Partitur» am vollsten klingt, also das ganze Spektrum der erwähnten Vermittlungskanäle zusammenwirkt. Welchen Stellenwert nehmen sie im zeitgenössischen städtischen Kommunikationsprozess ein?[75]
Schon in der Auseinandersetzung mit Tendenzen der Fastnachtspielforschung wurde angedeutet, dass Schauspiele zu den wichtigsten Medien in der Stadt der Reformationszeit gehören.[76] Diese Aussage mag auf den ersten Blick befremden, besonders wenn man bedenkt, dass das Schauspiel im engeren Sinn durchaus nicht zu den alltäglichen Kommunikationsformen gehört. Jedoch dürfte seine Wirkung zum Teil gerade mit der Einmaligkeit und Besonderheit einer Aufführung zusammenhängen, die dadurch zur Sensation im modernen Sinn des Wortes werden kann. Im Gegensatz zur sowohl inhaltlich als auch performanzmässig häufig wiederholten Predigt – die ja allgemein als bedeutendstes Massenmedium der Zeit beurteilt wird – markiert eine Aufführung, wenn sie nur Spektakel genug ist, einen wichtigen Einschnitt im städtischen Alltag und Jahreslauf. Dadurch vermag sie ebenso wie eine Flugschrift immer wieder neue mündliche Kommunikationsprozesse auszulösen: Von dieser oder jener Aufführung redet man noch lange in den Wirtshäusern und auf den Gassen. Je mehr sie sich vom mediokren Alltag abhebt, desto dauerhafter

und intensiver wirkt sie als Kommunikationsimpuls auf die vorwiegend orale Kultur ein. Wie lange ein einmaliges städtisches Ereignis als konfliktträchtiger Gesprächsstoff zu dieser Zeit in der Luft liegen kann, zeigt eindrucksvoll der Fall der Könizer Kirchweih von 1513. Zwar war sie für die Stadt Bern von wesentlich grösserer politischer Bedeutung, aber als unfreiwilliges ‹Theater› durchaus vergleichbar mit gewissen Fastnachtspielen, die ja als wichtige Ereignisse ebenfalls in die Chronik der Stadt eingingen. Den Ratsmanualen nach zu schliessen wurde noch sechs Jahre nach der Könizer Kirchweih, also 1519, in der Öffentlichkeit davon gesprochen, und zwar durchaus nicht in distanzierter Form, sondern so emotionell, wie man über ein aktuelles Ereignis spricht. Sonst hätte die Obrigkeit kaum Anlass gehabt, am 9. Dezember 1519 zu gebieten: «[...] wann die burger by einandern sind, sol man inen fürhalten, das niemand den landlüten die künitzkilchwiche solle fürhalten.»[77]
So darf man davon ausgehen, dass auch aufwendige Inszenierungen monate-, wenn nicht jahrelang einen festen Platz einnahmen unter den Erlebnissen, die zum Bestand der kollektiven Erinnerungen und damit zum jederzeit verfügbaren Gesprächsstoff gehörten – ganz besonders in einer Epoche, die noch weniger vom gleichmässigen Chronometer strukturiert wurde als von Fixpunkten, die von Stadt zu Stadt variierten. Das spiegelt sich nicht zuletzt in den offiziellen Chroniken, die auffallend häufig und mit Stolz von den Schauspiel-Aufführungen der eigenen Stadt berichten. Nicht zufällig stehen solche Berichte in Texten, die kaum vom städtischen Alltag, umso mehr aber von Kriegen und diplomatisch oder politisch bedeutungsvollen Ereignissen erzählen. Dabei werden diese – seien sie historisch oder fiktiv – häufig als stadteigene Mythen gewissermassen kanonisiert. Es leuchtet denn auch ein, wenn Erich Kleinschmidt aus seiner Untersuchung über die städtischen Kommunikationsbedingungen ableitet: «Dass sich die kulturelle Identität einer frühneuzeitlichen Stadt am stärksten über eigene Spielpraxis eingestellt haben könnte, darauf liessen die fast in allen Kommunen irgendwann belegten, theatralischen Aktivitäten schliessen.»[78]
Diese Vermutung wird unterstützt durch die Tatsache, dass sich häufig eine ganze *Tradition* von regelmässig aufgeführten Spielen belegen lässt, wie ich am Beispiel von Bern gezeigt habe.
Schon alleine von der identitätsstiftenden Funktion her lässt sich der hohe Stellenwert ermessen, den das Medium Schauspiel trotz oder gerade wegen seines relativ seltenen Gebrauchs im städtischen Kommunikationsprozess einnimmt: Da es mehr als alle anderen Medien auch zugleich als

gemeinsames Erlebnis ins kollektive Bewusstsein eindringt, aktiviert es auf lange Zeit den öffentlichen Diskurs.

Für die Vermittlung reformatorischer Ideen ist es von Bedeutung, dass das Medium des Schau-Spiels – selbst wenn es sich um ein einmaliges, aussergewöhnliches Spektakel handelt – in der oralen, visuellen und aktionalen Kommunikation der Stadt im Grunde eine vertraute Mitteilungsform ist, im Gegensatz zu den Flugschriften. Erinnert sei etwa an Hinrichtungen und Strafaktionen, die Richard van Dülmen nicht zu Unrecht als «ritualisierte Strafschauspiele»[79] bezeichnet, bei denen das Volk eine aktive Zuschauerschaft bildete. Dass solche ‹Schauspiele› nicht bloss den Vollzug eines Urteils darstellten, sondern gleichzeitig eine Botschaft vermittelten – zum Beispiel über Recht und Unrecht oder über Machtverhältnisse –, ist gerade aus dem öffentlichen Charakter dieser Veranstaltungen ersichtlich.

Vor allem aber ist es der sakrale Bereich, in dem die städtische Bevölkerung immer wieder mit der Inszenierung von Spektakeln konfrontiert wird. Bis zur Reformation bilden liturgische oder paraliturgische symbolische Aktionen ein ausserordentlich wichtiges Medium zur Vermittlung der Heilslehre. Neben den eigentlichen geistlichen Schauspielen erfüllen beispielsweise die bildlich-dramatische Umsetzung von biblischen Szenen in der Liturgie oder die bei verschiedenen Gelegenheiten durchgeführten Prozessionen eine bedeutende Funktion.[80] In Bern sind auch 1523 Prozessionen noch durchaus üblich. «Uff mentag sol man mitt krützen gan Engi gan. Das tantzen, ouch das nachtgeschrei zu verbieten»[81], heisst es in einem Eintrag vom 23. Juli 1523 in den Ratsmanualen. Dabei erhellen nicht nur die im Zusammenhang mit Prozessionen ausgesprochenen Tanzverbote, inwiefern das Sinnlich-Theatralische in den religiösen Bereich hineinspielte; auch die reformatorische Kritik lässt diesbezügliche Rückschlüsse zu, wenn sie unter den von «der glissenden kilchen geübte stuk» auch die «procession ein schowspiel» verurteilt.[82]

Schau-Spiele im weitesten Sinn und symbolische Aktionen gehören also zu den unentbehrlichen Kommunikationsformen in der Stadt der frühen Neuzeit. Mehr als eine auf Schriftlichkeit fixierte Kultur dürfte eine weitgehend analphabetische Kultur zur Vermittlung von Botschaften auf das Schau-Spiel angewiesen sein. Aufgrund grosser Vertrautheit mit diesem Medium ist wohl auch die Fähigkeit, schauend und hörend zu verstehen, grösser als in einer alphabetisierten Gesellschaft, in der die sinnliche Wahrnehmung zu verkümmern droht. Dabei beruht die mächtige Wirkung des Schauspiels nicht nur auf der gemeinsamen Rezeption, sondern auch auf der Überlagerung und Potenzierung der verschiedenen Sinneseindrücke und auf dem Gefühl von Authentizität, das durch das unmittelbare Wahr- und Teilnehmen erhöht wird. Eine Wirkungssteigerung tritt ausserdem ein, weil es sich nicht wie bei den Flugschriften um Einwegkommunikation handelt; das Einbeziehen der Rezipientenreaktion in den Kommunikationsablauf ist durchaus möglich und wahrscheinlich. Solche «partizipierenden Formen von Informationsvermittlung» erhöhen somit entweder die Intensität der Identifikation mit den Figuren und Inhalten oder fordern zumindest zu einer aktiven Auseinandersetzung heraus. Das gilt umso mehr, als zu Beginn des 16. Jahrhunderts die Bereiche von Produktion und Rezeption, von Spieler und Zuschauer, von ‹Bühne› und ‹Alltag› oder von spielimmanenter und -transzendenter Realität keine klaren Grenzen aufweisen. Diese Vermischung wird beispielsweise dort deutlich, wo sich ein einzelner plötzlich einer Spiel-Plattform bemächtigt, um darauf sein eigenes ‹Spiel› zu treiben. Aus Basel ist ein solcher Vorfall des Jahres 1511 überliefert[83]; noch anschaulicher dokumentieren die Basler Ratsbücher ein ähnliches Ereignis von 1536:

> Als man ein spyl uff dem kornmerckt hatt ghept / ist diser Thoman [ein Basler Müller] inn hosen und wammest fornen uff der brügy gstanden und wer hinuff hatt wellen stygen hatt [er] hindersich gstossenn. Under andern ist der meister zum Beren ouch gestanden und hinuff begert zu sehen / dem hatt er mit dem ellenbogen inn das angesicht gestossen / und wann die frowen oder töchtern haben wellen hinuff griffen / hatt er inen sinen latz dargebotten / und geredt / an demselben nagel sollent sy sich heben [...].[84]

Wenn dieser Fall illustriert, wie sehr sogar eine eigentliche Bühne («brügy») – geschweige denn eine Aufführung ohne Bühne – in den städtischen Alltag integriert ist, so beleuchtet Johann Gasts Notiz zu einer Basler Aufführung von 1546, dass auch der Übergang von der Handlung eines Spiels in die Wirklichkeit leicht vollzogen wurde. Nach dem Schluss der Darbietung von Valentin Boltzens «Pauli Bekehrung», «als die [kostümierten] Schauspieler wie üblich gegen Abend in der Stadt herumspazierten, litten sie von dem ziemlich starken Regen einigermassen Schaden. So kam es, dass sie am folgenden, strahlend schönen Tag fast den ganzen Tag über in der Stadt herumspazierten»[85].

Anhand solcher Beispiele ist es möglich, das enorme Wirkungspotential von Schau-Spielen in der Stadt der frühen Neuzeit abzuschätzen. Im reformatorischen Kommunikationsprozess haben sie weniger die Aufgabe, Ideen über grosse Distanzen hinweg zu transportieren – dies geschieht wohl eher über das schriftliche Medium und innerhalb der intellektuellen Elite – als in einer Stadt die für die Reformation ebenso unentbehrliche Breitenwirkung zu erzielen. Wie kaum ein anderes zeitgenössisches Medium eignen sie sich für die Popularisierung von an sich komplexen Inhalten.

Fastnacht als städtisches «Massenmedium»

Für die Einschätzung der kommunikativen Funktion von Manuels Fastnachtspielen ist nun aber wiederum – neben allgemeinen Kommunikationsprozessen in der Stadt – die Fastnacht als Rahmenbedingung einzubeziehen. Es ist leicht einzusehen, dass der Fastnachtskontext die Wirkung der für Schau-Spiele generell beschriebenen Faktoren gewissermassen potenziert. Indem die Fastnacht einen Ausnahmezustand darstellt, erhalten Aufführungen in ihrem Rahmen grösseres Gewicht und grössere Aufmerksamkeit und werden verknüpft mit einem der bedeutendsten Feste im Jahreszyklus der städtischen Gesellschaft. Als Fest der Spiele bietet die Fastnacht ausserdem die ideale Basis für alle Arten von symbolischer Kommunikation, so dass von Rezipientenseite eine erhöhte Sensibilität für die Aufnahme und Entzifferung solcher Botschaften zu erwarten ist. Schliesslich kann man davon ausgehen, dass gerade zur Fastnachtszeit nicht nur die Frequenz, sondern auch die Intensität der gesamten Kommunikationsprozesse in einer hauptsächlich auf face-to-face-Übermittlungen beruhenden Kultur bedeutend gesteigert werden. Das wirkt sich natürlich sowohl auf den Rezeptionsradius als auch auf Rezeptionsdauer und -tiefe aus, das heisst auf den gesamten Wirkungsgrad einer Botschaft. Es erstaunt daher auch aus dieser Optik nicht, dass die Fastnacht im reformatorischen Kommunikationsprozess eine nicht zu unterschätzende Rolle spielte. Josef Schmidt formulierte 1977 in seiner Analyse von Reformationssatiren mit Hilfe von modernen Kommunikationsmodellen fast nebenbei eine wichtige Erkenntnis: «Der DEKODIERER konnte die Reformationssatire in ihren Anfängen aus zwei sozialen Situationen begreifen: der Volkspredigt und dem fastnächtlichen Mum-

menschanz.»[86] Erstmals richtig untersucht wurde die Bedeutung der Fastnacht für die Reformation jedoch 1978 von Robert Scribner.[87] Scribner geht sogar so weit, die Fastnacht selbst als ein «alternative mass medium»[88] zu bezeichnen, indem sie die von Zygmunt Baumann aufgestellten Bedingungen für ein Massenmedium erfülle:
- gleichzeitige Vermittlung derselben Information an viele Menschen, ohne Rücksicht auf deren Status;
- Kommunikation in einer irreversiblen Richtung;
- Überzeugungskraft der Information aufgrund der Annahme jedes Empfängers, dass alle andern Empfänger dieselbe Nachricht empfangen.

Als «alternativ» bezeichnet Scribner das «Massenmedium» Fastnacht, weil es auch nicht-offizielle und nicht notwendig mit einem Machtgefälle verbundene Informationsverbreitung ermögliche durch den Umstand, dass die Gemeinschaft sowohl sich selbst als auch die Herrschenden als Adressaten vorsieht.[89] Zwar scheint mir der Begriff des Massenmediums in dieser Anwendung nicht unproblematisch – nur schon angesichts der Erkenntnis, dass man sich die zeitgenössische Fastnacht als heterogenen Festkomplex mit ganz unterschiedlichen Aktivitätszentren vorstellen muss.[90] Ausserdem ist gerade das Kriterium der Irreversibilität unzutreffend. Dass Scribner dennoch eine brauchbare Annäherung an die kommunikative Funktion der Fastnacht gelingt, geht aus den Ergebnissen der ganzen Untersuchung hervor. Seine fast statistische Zusammenstellung von Vorfällen, in denen eine direkte Verbindung zwischen Fastnachtsaktivitäten und reformatorischer Propaganda besteht, interpretiert er in einer späteren Darstellung einleuchtend so:

> It was natural that supporters of the new evangelical faith should turn to these popular forms of mockery. They provided ready-made forms of irreverence towards a faith now held to be useless. Over twenty instances where carnival was used to attack the old belief can be traced in Germany during the first two decades of the Reformation. The theme of carnival and its many variations was ideal for propaganda, and was taken up eagerly.[91]

Diese Einschätzung beruht allerdings nicht nur auf der Betrachtung der Fastnacht als «alternatives Massenmedium», sondern ebenso auf ihren inhaltlichen und funktionalen Aspekten. Dazu gehören «youthful high spirits», «play and game», «containment of discontent», «ritual of desacra-

lisation» und «the world turned upside-down».[92] Diese idealtypischen Facetten der Fastnacht müssen freilich am konkreten Fall überprüft und diskutiert werden.[93]
Immerhin darf man zweifellos Scribners genereller Schlussfolgerung zustimmen, wenn auch die Frage nach der Funktionsweise und nach der Art der Verknüpfung von Fastnacht und Reformation nicht restlos geklärt ist:

> As such carnival can be said to have met a collective psychological and social need of the new faith in its early stages. For the individual believer such a radical change of opinion would not have been possible without extreme tensions and mental stress. By drawing on the collective resources of the community, carnival made possible the transition from the old to the new.[94]

Dass zwischen dem Phänomen Fastnacht und der Popularisierung reformatorischer Ideen enge Zusammenhänge bestehen, ging ansatzweise schon aus meiner Untersuchung über die zeitgenössische Fastnacht in der alten Eidgenossenschaft hervor. Wie könnte es anders sein? Schon alleine der Umstand, dass die offizielle Seite des Fests ein bedeutendes politisch-kommunikatives Forum darstellt, mag erklären, weshalb die Auseinandersetzungen um die Reformation in dieses Fastnachtsforum hineingetragen werden *mussten*. Gerade an der Entwicklung der eidgenössischen Besuchskultur liess sich ablesen, in welchem Ausmass die Fastnacht während der Reformation dazu diente, politisch-konfessionelle Bindungen zu verstärken oder aber abzubrechen. In einzelnen Fällen erwies sie sich sogar als günstige Gelegenheit, eigentliche Verhandlungen zu führen oder Beschlüsse zu fassen.[95] Da die gegenseitigen Besuche aber immer auch öffentlichen, demonstrativen Charakter hatten und mit Festlichkeiten und Vergnügen verbunden waren, ist mit einer grossen Breitenwirkung jener fastnächtlichen Auseinandersetzungen und Manifestationen zu rechnen, die die bündnispolitische und konfessionelle Position einer Stadt oder eines Ortes signalisierten – und sei es nur dadurch, dass die konfessionellen Gegner in Spottversen und Liedern verhöhnt und die eigene Solidarität verstärkt wurden. Der Streit um den Glauben verlagerte sich dabei – wie bei den gegenseitigen Besuchen – oft auch inhaltlich auf die Ebene von Freund- und Feindschaften zwischen einzelnen Städten und Orten. Auf welche Weise eine solche fastnächtlich-konfessionelle Debatte auch in die Kultur der Gasse Eingang gefunden haben könnte, illustriert ein nicht genau datierter, anonymer ‹Fastnachtsbrief› aus dem katholischen Luzern:

fassnachtt brieff
Ein klag über die von Bern
sy gsend den Zwingly gern
der zwingli ist grün und gäll
daruss bröntt man pfeffer mäll
dem zwingli thutt man driuwen
das thutt die von Lutzern fröwen
den zwingli will man henken an sinen galgen
das thutt denen von Bern nitt gfallen
die von Bern essend fleysch zu der fasten
zu Ostern wärend sy fro, hetten sy blutt katzen
die von Bern verachten Gott und sin Liebe
mutter auch die heilgen thund sy verachten
sy wäntend sy seygend ein grosssen herren
so wüstt er nach die Nasen an ermal. Amen.[96]

In diesem einfachen, holperigen Spottvers, der sich auch leicht memorieren und singen lässt, geht es kaum um rationale antireformatorische Argumente; vielmehr steht die propagandistische Diffamierung des konfessionellen Gegners im Vordergrund. Dies geschieht auf dem Umweg über Ortsfeindschaften und unter Ausnützung von Spannungen, die zwischen den sich konkurrenzierenden Städten wohl ohnehin immer präsent waren. Damit spiegelt sich auf einer simpleren, inoffiziellen Ebene der Fastnacht, was zwischen den politischen und geistlichen Eliten durch deren Besuche kundgetan wird. Auf diese Weise konnte die Fastnacht für *alle* Beteiligten zur Plattform werden, auf der man sich – in je unterschiedlichen Formen – mit der Reformation beschäftigte.

Zusammenhänge zwischen Fastnacht und Reformation ergeben sich aber nicht nur aufgrund der aussenpolitisch-kommunikativen Funktion der Fastnacht in der Eidgenossenschaft. Auch die einfache Tatsache, dass sich anlässlich von Festen und Vergnügungen eine Menge von Leuten an einem Ort versammelte, muss die Fastnacht für die reformatorische oder katholische Propaganda attraktiv gemacht haben. Mindestens für die in dieser Hinsicht ähnliche Kirchweih lässt sich das belegen: In Sankt Gallen beginnt zum Beispiel der «prior von Sion» 1523 «allenthalben uf den kilwihi und Sant Lorenzen [zu predigen], ie dass er vast vil zulofs hatt»[97].

Und daselbst versucht die katholische Kirche noch 1535 mit Kirchweih-Vergnügungen Anhänger zu gewinnen.[98]
Anders als bei der Kirchweih fand jedoch die reformatorische Propaganda an der Fastnacht nicht in Form von Predigten statt, sondern in Mitteilungsformen, die diesem Fest besser entsprachen, nämlich symbolischen Aktionen und Schau-Spielen. Was Scribner anhand von 22 fastnächtlichen Vorfällen zwischen 1520 und 1543 beobachtete, ist auch auf die eidgenössischen Verhältnisse übertragbar. Traditionelle karnevalistische Rituale oder Freiheiten werden mit neuen, meist proreformatorischen Inhalten gefüllt. Das gilt sowohl für harmlose Parodien und Verspottungen in Liedern als auch für alle andern Arten von symbolischen Aktionen, von den Fastnachtspielen bis zu den gewaltsamen Klosterüberfällen. Solche Aktionen werden nun, während der Reformation, plötzlich zu den Trägern einer klaren konfessionell-politischen Botschaft. Die Überlagerung einer traditionellen Karnevalskultur und eines diffusen fastnächtlichen Antiklerikalismus durch reformatorische Aggressionen lässt sich ja auch an den Terminen von Bilderstürmereien, Zinsverweigerungen und Wegweisungen von katholischen Priestern, Mönchen und Nonnen nachweisen.[99]

Die Berner Aufführungen

Kehren wir zu den Umständen der Berner Aufführungen von 1523 zurück. Die grossen sozialen, politischen und konfessionellen Spannungen prägen auch während der Fastnachtszeit das Klima der Stadt. Dabei sei nicht nur an die epochalen, überregionalen Umwälzungen erinnert, die sich in sichtbarer sozialer Unrast, in Form von Kriegen und Kriegsopfern oder durch verschiedene Anzeichen von Glaubensverunsicherung im städtischen Alltag niederschlagen. Konkrete, alltägliche Spannungen entstehen auch aus der saisonalen Teurung am Ende des Winters oder werden etwa in Versammlungsverboten oder sonstigen Disziplinierungsmassnahmen unmittelbar erfahrbar.[100]
Die Fastnacht besteht in Bern ebenso wie an anderen Orten im Grunde aus mehreren gleichzeitigen Fastnachten: Auf verschiedenen gesellschaftlichen Ebenen werden die feinen Unterschiede der städtischen Gesellschaft inszeniert. Aber bei der angespannten Lage könnte sich dadurch das Konfliktpotential noch verstärken und das fastnächtliche Gewaltrisiko

vergrössern. Schon 1517 lässt daher der Rat von der Kanzel verkünden, dass «butzenwerck und umlauffen, das küchli zu reiten [reichen?]»[101] an der Fastnacht verboten seien. Das bedeutet jedoch nicht, dass die Obrigkeit die ganze Fastnacht einfach abschaffen will. Vielmehr geht es darum, die unkontrollierbaren Aktivitäten der nicht-elitären Fastnacht einzudämmen. Die wohlgesittete Fastnacht der oberen sozialen Schichten darf dagegen durchaus weiterbestehen und soll der offiziellen Seite der Vergnügungen Ehre machen. So wird an der Fastnacht 1522 zwar das «überlouffen» verboten, «doch so mag ein jeder sine fründ zum nachtmal oder morgenbrot laden.»[102] Ähnlich klingt es auch am 20. Februar 1523: «Her Berchter [Berchtold Haller, Leutpriester am Berner Münster] sol an der cantzel die abstellung der vassnacht verkünden, also das niemand den andren uberlouffen solle, er werde dann geladen.»[103] Das differenzierende Verbot wird vor der Fastnacht 1524 wiederholt.[104]

Es ist nicht bekannt, ob Bern an der Fastnacht 1523 Besuche von anderen eidgenössischen Orten empfieng. Überblickt man aber die zeitgenössische Karnevalskultur in ihren vielfältigen Erscheinungsformen, so ist – mit oder ohne Besuche – kaum am hohen Stellenwert zu zweifeln, den die Berner Fastnacht auch 1523 im Jahreszyklus der städtischen Gesellschaft einnimmt. Es steht denn auch nicht im Widerspruch zu den zitierten Verboten, dass die Stadt an derselben Fastnacht (1523) im Rathaus ein Essen für die «weibel» spendiert[105] – vielmehr ist dies ein weiterer Ausdruck davon, dass das Fest der Obrigkeit so lange genehm ist, als die Ordnung der Stadt gewahrt oder gar symbolisch gefeiert wird.

Bedeutungsvoll ist nun aber aus diesem Kontext heraus, was ein Eintrag in den Seckelmeisterrechnungen von 1523 verrät: «Denne denen, so das spill in der krützgassen machten, geschänckt 21 ₰.»[106] Vorausgesetzt, dass sich diese Notiz tatsächlich auf eine Aufführung der Manuelschen Fastnachtspiele bezieht – was schon angesichts der Höhe des Betrags anzunehmen ist –, so wird dadurch klar, dass diese anders als das unkontrollierte Fastnachtstreiben durchaus in den Rahmen der offiziellen, repräsentativen, prestigeträchtigen und obrigkeitlich geförderten Fastnacht gehören. Noch ohne daraus Rückschlüsse zu ziehen auf die Haltung des Rats zum Inhalt der Spiele ist zunächst festzustellen, dass den Aufführungen aufgrund ihres repräsentativen Charakters wohl viel Beachtung geschenkt wird. Dass sie im öffentlichen Leben ein markantes Ereignis darstellen, ist ausserdem abzuleiten aus der Fastnachtspiel-Tradition, in der sie stehen. Schliesslich zeugt auch Anshelms chronikalischer

Bericht – freilich aus reformatorisch verzerrter Perspektive – vom Gewicht, das den Darbietungen von 1523 in der Geschichte der Stadt zukommt. Dabei können unscheinbare Worte aufschlussreiche Informationen enthalten. Was bedeutet es, dass Manuels Fastnachtspiele «offenlich an der krüzgassen»[107] aufgeführt wurden? Peter Ukena hat darauf hingewiesen, dass das Wort ‹öffentlich› nach 1500 eine Bedeutungserweiterung erfährt; «neben ‹offenbar sein›, ‹allgemein bekannt sein› bezeichnet ‹öffentlich› jetzt auch, dass etwas dazu bestimmt ist, allgemein bekannt zu werden. Das Wort nimmt die Bestimmung zum Bekanntwerden im Sinne eines bewussten Akts in sich auf und erhält damit eine dynamische Bedeutungsdimension.»[108] Gerade die häufige Verwendung von ‹öffentlich› im Zusammenhang mit Schauspiel-Aufführungen[109] meint vermutlich nicht nur, dass ein solches Ereignis für breitere Kreise zugänglich sein soll, sondern impliziert die bewusste Vermittlung einer Botschaft an ein grösseres Publikum. Da aber der Vorgang des Bekanntmachens in jener Zeit im allgemeinen der Obrigkeit vorbehalten ist und eine offizielle Dimension enthält, ist auch das «offenlich» Spielen kaum ohne das Einverständnis der Obrigkeiten denkbar.[110]

Topographische Umstände

Diese Vermutung wird durch die andere Charakterisierung von Anshelm unterstützt: Zum Wort ‹öffentlich› gesellt sich bei ihm die topographische Bestimmung «an der krüzgassen». Dazu ist zu bemerken, dass der städtische Raum – besonders bis zur Reformation – keineswegs homogen ist. Die Bedeutung einzelner Orte, Strassen und Plätze bemisst sich nur teilweise nach ihrer ökonomischen und verkehrstechnischen Lage. Für die Stadt Lyon zu Beginn des 16. Jahrhunderts hat Natalie Zemon Davis sehr feinfühlig herausgearbeitet, inwiefern «der katholische Raum [...] voller besonderer Plätze und geweihter Orte [war]»[111]. Er besass gewissermassen «seine heissen und kalten Stellen»[112]. Von einem solchen Raumverständnis her war es nicht gleichgültig, wo Feste und kirchliche Zeremonien stattfanden oder welche Routen man für Prozessionen wählte.[113]
Neben dieser spirituellen Topographie spielte aber auch die Sozialtopographie eine wichtige Rolle für Ereignisse und Entwicklungen im Leben einer Stadt. Welche Bedeutung der Sozialtopographie gerade etwa für die Durchsetzug der Reformation zukommt, hat N. Z. Davis am Beispiel

eines Lyoner Stadtviertels gezeigt. Wo Institutionen der Macht und des Prestiges – zum Beispiel Gefängnisse, Gerichte oder Paläste – präsent waren, wie im Lyoner Kirchspiel Sainte-Croix, konnte sich jenes informelle Netz sozialer und nachbarlicher Beziehungen nicht genug entwikkeln, das für kulturellen Widerstand und sozialen Wandel in der Reformation nötig gewesen wäre.[114] Natürlich ist damit erst einer von vielen Faktoren benannt, der nicht tel quel auf andere Städte übertragen werden darf. Er soll nur als konkretes Beispiel illustrieren, auf welche Weise materielle städtebauliche Strukturen von sozialen Beziehungen, Normen und Verhaltensweisen überlagert werden und so – mit zusätzlichen gesellschaftlichen und kulturellen, spirituellen und emotionellen Bedeutungen versehen – auf den städtischen Alltag zurückwirken.

Dass solche Bedeutungsdimensionen bei einer anthropologischen Interpretation von topographischen Daten berücksichtigt werden müssen, bestätigt auch Dietrich Deneckes grundlegende Studie zur «Sozialtopographie und sozialräumlichen Gliederung der spätmittelalterlichen Stadt»[115]. Bei seiner Suche nach Kriterien für die soziale Raumbewertung kommt Denecke zur Einsicht, dass die Einschätzung verschiedener Orte in der Stadt «weniger von ökonomischen Grundvorstellungen getragen [wurde], als primär von sozialrepräsentativen Standes- und Wertordnungen»[116]. Das spiegelt sich am deutlichsten im Markt als prestigeträchtigstem Standort für ein Gebäude; der Markt bildete nicht nur den Verkehrsknotenpunkt, sondern war auch ideell ein «Mittelpunkt des Gemeinwesens und Ort höchster ökonomischer und sozialer Bewertung»[117]. Das soziale Gefälle vom Zentrum zur Peripherie lässt sich nach Denecke schematisch in einer Rangordnung von Wohnlagen nachzeichnen; dabei ist «das wertende Kriterium [...] der sichtbaren Präsentation des wirtschaftlichen und sozialen Ranges»[118] erkennbar.

Welche Erkenntnisse lassen sich aus den Untersuchungen über Raumverständnis und Raumbewertung ziehen, um die kulturelle Bedeutung von konkreten Plätzen oder Strassen im städtischen Leben zu erschliessen? Elie Konigson vermochte am Beispiel des Luzerner Weinmarktes überzeugend zu demonstrieren, wie fruchtbar eine auf den erläuterten Grundlagen basierende Analyse des Ortes von Schauspielaufführungen sein kann.[119] Seine Darstellung geht von den Dimensionen und Funktionen des Platzes «en tant que forme signifiante»[120] aus. Ins Gewicht fällt dabei nicht nur die Tatsache, dass der Weinmarkt als wichtigster Luzerner Marktplatz von Patrizierhäusern und Zunftstuben umgeben ist; bedeutungsvoll ist auch sein Stellenwert im öffentlichen, zünftischen, politischen, juristischen, ökonomischen, militärischen, theatralischen oder auch festlichen Leben der Stadt. Diese Aspekte des Platzes stehen in Wechselwirkung zueinander. Sie sind bei jeder Schauspiel-Aufführung präsent, so wie umgekehrt Organisation und Darbietung des Schauspiels nicht nur die theatralische, sondern auch die übrigen Bedeutungen des Platzes aktivieren, die ja gesamthaft nichts anderes als ein Abbild der städtischen Gesellschaft liefern: «l'Espace théatralisé *montre* ainsi la réalité sousjacente au corps urbain.»[121] Für die soziologische Einschätzung von Schauspiel-Aufführungen lässt sich aus solchen Voraussetzungen ableiten:

> [...] l'espace urbain n'est pas neutre, il est sociologiquement connoté et la place est rarement utilisée en dehors des clivages socio-économiques. Les lieux de réunion comme les lieus de la fête s'établissent en fonction des habitations et de ceux qui les occupent. La place du Weinmarkt ne fait pas exception à cette règle. Cette place publique n'est qu'une place privée ou si l'on préfère les termes de Chermayeff et Alexander, c'est une place publique pour un groupe. Elle appartient à ceux qui l'habitent. Le groupe nous le connaissons, c'est le patriciat, la noblesse urbaine.[122]

Es versteht sich von selbst, dass diese Bedingungen sich auch in den sozialen Strukturen von Akteuren und Zuschauern niederschlagen, was gerade anhand der Luzerner Passionsspiele im 16. Jahrhundert dokumentierbar ist.[123]

Die Kreuzgasse

Was hat es nun zu bedeuten, dass die Berner Fastnachtspiele von 1523 ausgerechnet in der Kreuzgasse aufgeführt wurden? Hätten sie nicht ebensogut an einem anderen Ort, etwa vor dem Münster, stattfinden können?
Die Tradition alleine genügt als Erklärung nicht. Auch im Fall von Bern überlagert der Aufführungsort das eigentliche Spiel mit einer zusätzlichen Botschaft, die aus der Bedeutung der Kreuzgasse im städtischen Alltag erschliessbar ist.
Rein topographisch handelt es sich um das Zentrum der Stadt, denn mit

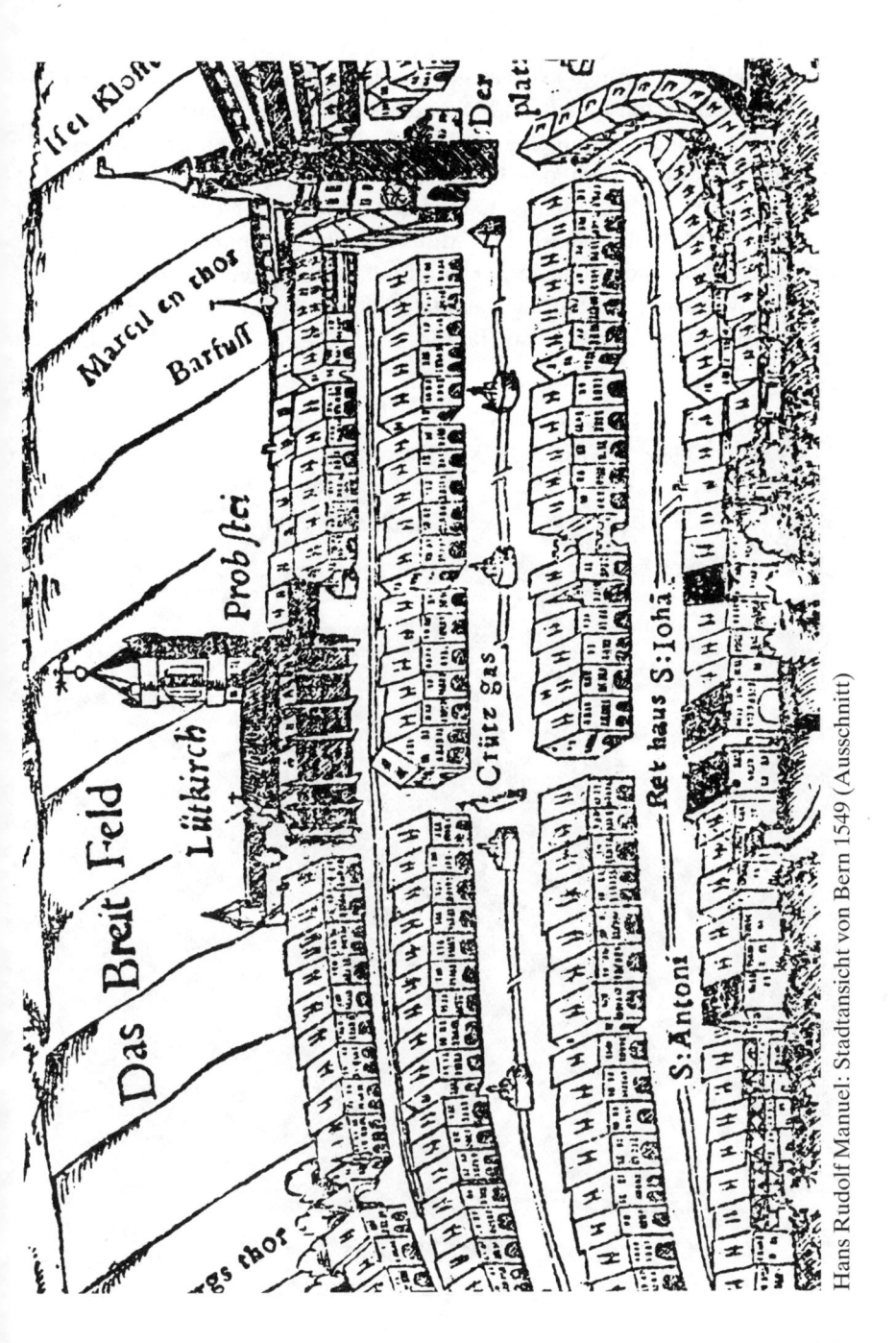

Hans Rudolf Manuel: Stadtansicht von Bern 1549 (Ausschnitt)

der Bezeichnung «an der krüzgassen» ist der Schnittpunkt gemeint zwischen der wichtigsten Längs- und Querachse von Bern.[124] Die Zähringerstadt besitzt keinen eigentlichen Marktplatz, sondern einen breiten Gassenmarkt mit Lauben in der Hauptverkehrsachse («märitgass», heute Gerechtigkeits- und Kramgasse), in deren Mittelpunkt die Kreuzgasse eine gewisse Öffnung schafft. Das Münster steht ohnehin etwas abseits. So konzentrieren sich denn in der unmittelbaren Umgebung der Kreuzgasse die Wohnsitze der Patrizierfamilien. Die von Heinrich Türler rekonstruierte Besitzergeschichte von Häusern an der Gerechtigkeitsgasse zeigt

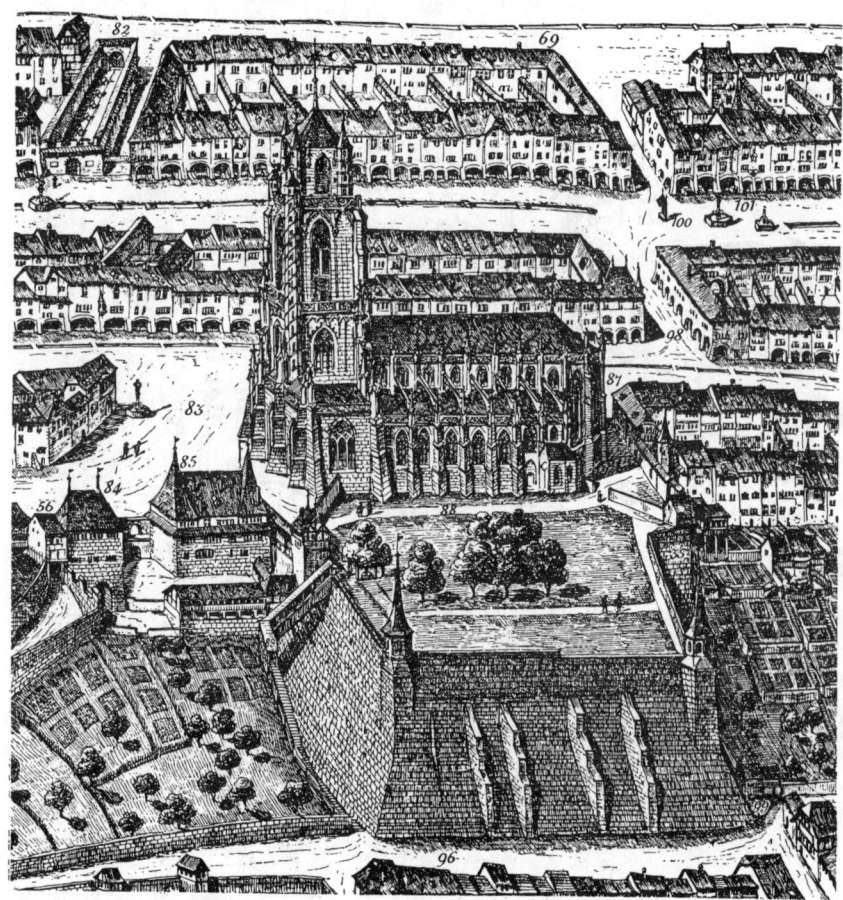

Gregor Sickinger: Stadtplan von Bern 1607 (Ausschnitt: Münster und Kreuzgasse)

überdies, dass der grösste Teil davon in den Händen von Handwerkerfamilien war, die im 15. und 16. Jahrhundert zu Ratsgeschlechtern aufgestiegen sind. Daneben befinden sich sowohl in der Gerechtigkeits- als auch in der Kramgasse die meisten Zunftstuben.[125] Mit einiger Sicherheit darf angenommen werden, dass die Kreuzgasse, das heisst eigentlich ihr Schnittpunkt mit der Marktgasse, zu Beginn des 16. Jahrhunderts sozialtopographisch den absolut höchsten Rang in der Stadt einnimmt.[126]
Das Prestige und die Bedeutung dieses Ortes in der Öffentlichkeit hat sich im Namen «Kreuzgasse» erhalten, der von einem ehemaligen Marktkreuz

Kreuzgasse mit Richterstuhl (100) und Brunnen (101). Detail aus dem Sickingerschen Stadtplan.

abgeleitet wird. «Das Kreuz war das Wahrzeichen des am Orte geltenden Markt- oder Stadtrechts, das jede Verletzung des Marktfriedens mit der Strafe des Königsbannes bedrohte.»[127] Mit der zunehmenden Autonomie der Stadt wurde wohl das in unmittelbarer Nähe des Marktzentrums errichtete Rathaus zum Wahrzeichen obrigkeitlicher Macht und zum Garant für Recht und Ordnung. Dass Repräsentativität und Prestige der Kreuzgasse gerade um 1520 einen Höhepunkt erreichten, ist am Kreuzgassbrunnen erkennbar, wobei schon ein Brunnen an sich für das städtische Leben der Zeit ein attraktives, aufwertendes Element bildet. Anshelm notiert zum Jahr 1520: «Diss jars ist der krüzgassenbrun, so vor hülzin, marmelsteini worden»[128], und 1522 liefert ein Jacob Gasser vier Sonnen «an den brunnen der kreutzgassen»[129].

Nicht nur städtebaulich, also etwa durch die Präsenz des Rathauses, manifestiert sich der politische Symbolgehalt der Kreuzgasse. Als ein Nervenzentrum der Macht erweist sie sich auch bei Ereignissen wie jener Revolte im Anschluss an die Könizer Kirchweih von 1513. Aufschlussreich sind die topographischen Angaben in Anshelms Bericht über die Unterdrückung des Aufstandes:

> Do si [die Könizer Bauern] nun also understunden, etlicher herren und burgern verzeigte hüser zewüesten und zeplündern, [...] lief der schultes von Wattenwil heim, wapnet sich, nam der stat paner, ging schnel [...] an d'krüzgassen, hies die tor bschliessen und an glocken schlahen; do sturmt man, und also, do der sturm angieng, ward das gschrei und glöuf der paner zu an d'krüzgassen.[130]

Noch stärker als die politisch-militärische Bedeutung dürften allerdings die juristischen Konnotationen der Kreuzgasse im städtischen Alltag präsent gewesen sein. Denn bis 1762 war dort ein Richterstuhl permanent aufgestellt. «Der Richterstuhl war gedeckt; er stand gerade vor den Häusern der Gerechtigkeitsgasse und war nach Westen gewendet, so dass die Gerichtssitzung genau auf dem Boden der Kreuzgasse stattfand.»[131] Ebenfalls auf diesem Platz stand ein Schandpfahl. Hier wurden also 1509 vier Mönche vom Bischofsgericht als Schuldige des Jetzerprozesses zum Tod auf dem Scheiterhaufen verurteilt.[132] Hier hatten früher manchmal sogar die Hinrichtungen selbst stattgefunden, während noch im 16. Jahrhundert im Halseisen am Schandpfahl wohl öfters auch harmlosere Delikte verbüsst wurden.[133]

Die Macht der Obrigkeit beziehungsweise einer Rechtsordnung, die sich vielfach auf Kirche und christlichen Glauben berief, war also in der Kreuzgasse allgegenwärtig, ihre Symbole waren jederzeit sichtbar. Erst vor diesem Hintergrund werden die Worte eines katholischen Priesters verständlich, die am 19. Januar 1525 in den Akten so festgehalten wurden: «Ein priester sol geredt haben, m.h. wöllen das gottswort hinder sich drucken und wo si nit anders, so wölle er harab in die krützgassen und alda umb recht anrüffen.»[134] Die Kreuzgasse wird hier zum Symbol eines ius divinum und legitimiert sogar eine Klage gegen die weltliche, aus der Sicht des Klägers allzu reformatorisch gesinnte Obrigkeit.

So scheint es berechtigt, den Aufführungsort der Fastnachtspiele nicht nur technisch oder aus der Tradition heraus zu interpretieren. Vielmehr handelt es sich auch symbolisch um die ‹heisseste› Stelle in der ganzen Stadt überhaupt; was mit Wissen und Einverständnis der Obrigkeit auf der Kreuzgasse inszeniert wird, ist durch die vielfältigen Bezüge des Ortes immer von Gewicht für die städtische Bevölkerung und hat, wenn nicht offiziellen, so doch offiziösen Charakter. In diesem Sinn kann es nicht gleichgültig sein, ob Manuels Fastnachtspiele in der Kreuzgasse oder an irgendeinem andern Ort in der Stadt aufgeführt werden. Dabei bilden die Konnotationen zum Aufführungsort nicht bloss eine unabhängige Ergänzung zur Botschaft des Spieltextes, sondern können mit dessen Inhalt eine sinnstiftende Verbindung eingehen.

Lassen sich aber aus dieser topographischen Analyse auch soziologische Rückschlüsse auf Produzenten und Konsumenten ziehen?

Das Publikum

Über die Zahl der möglichen Zuschauer kann man nur spekulieren. Wenn auch einiges dafür spricht, dass die grösseren Schauspiele als offiziöse Fastnachtsvergnügungen eher der Kultur der Ober- und Mittelschichten angehörten – inszeniert vor den Häusern der wohlhabenden Bürger und im Zentrum der Macht –, so gibt es dennoch keine Hinweise, dass der breiten Bevölkerung der Zugang verwehrt worden wäre. Immerhin ist ja das Wort «offenlich» in Anshelms Bericht ein Indiz für gewisse Verbreitungsabsichten. Im Gegensatz zum relativ abgeschlossenen und bei Aufführungen sozusagen privatisierten Luzerner Weinmarkt[135] haben die 25 bis 27 Meter breite Märitgasse zusammen mit der sieben bis acht Meter

breiten Kreuzgasse[136] gerade durch ihre allseitige Offenheit ein enormes Fassungsvermögen. Freilich ist eine «Plazierungssoziologie»[137] denkbar, wie sie beispielsweise Johannes Gast im Zusammenhang mit der Aufführung der «Bekehrung Pauli» in Basel 1546 beschreibt: «[...] der Rat bestimmte den Spielplatz und liess ihn mit Holzschranken umgeben, innerhalb deren die Vornehmen samt den Ratsherren Platz genommen hatten; das gemeine Volk aber schaute von drei hölzernen Brügen zu.»[138] Aber gerade durch die Verbindung mit der Fastnacht, bei der die Obrigkeit unter anderem um eine Integration der Bevölkerung ohne Verwischen von Standesunterschieden bemüht ist, dürfte dennoch ein zahlreiches und heterogenes Publikum den Berner Spielen beigewohnt haben. Vielleicht gibt Edlibachs Aufzeichnung über den Fastnachtsbesuch der Zürcher in Basel einige Anhaltspunkte, die mit dem Berner Ereignis insofern vergleichbar sind, als es sich ebenfalls um eine Aktivität im Rahmen der offiziellen, repräsentativen Fastnacht handelt. Am Einzug der kostümierten Zürcher Delegation hat nämlich «die grost welt umendum an allen gassen und jnn allen hüssren» teil, «und lugt da so ein gross welt dz ich die zal nüt schriben wil dafür ich sy gehörtt schetzen man funt wol ein der es nüt glopty [...]»[139]. Dabei müssen Schauspielaufführungen nicht nur innerhalb, sondern auch auf die Umgebung der Stadt grosse Anziehungskraft ausgeübt haben. Johann Stumpf betont zum Beispiel, dass am 14. März 1529 das Spiel «vom rychen man und armen Lazaro» auf dem Zürcher Münsterhof «in gegenwessen einer grossen menge dess folcks, frömbds und heymschs», aufgeführt worden sei.[140]
So erscheinen denn die einem Spieltext entnommenen Publikumshinweise nicht ganz unrealistisch, auch wenn sie als historisches Zeugnis mit grosser Vorsicht zu behandeln sind; in dem 1530 ebenfalls in der Berner Kreuzgasse aufgeführten Fastnachtspiel «Elsli Tragdenknaben» ruft der Narr Lorenz Reckenkolben zu Beginn: «Alle fenster, decher ligend vol, / Ich sich's in allen winklen wol, / in louben, uf den benken umbadum, / Da ist der narren eine grosse summ. / Schouw, lieber, wie si uf einander stigend! / Das sind die rechten narren, die nit stillschwigend.»[141] Ja sogar in Manuels «Totenfresser» gibt es einen Hinweis, den man gerne auch auf die Zuschauer beziehen möchte. In der Beschreibung der Ausgangslage vor Spielbeginn heisst es: «Ouch warend da edel, leien, bettler und ander.» (Totenfresser, V. 6) Selbst wenn damit nur Spieler und Statisten gemeint sind, so erinnert der Satz doch daran, dass gerade in der Fastnacht Konsumenten und Produzenten nicht klar getrennt sind – umso

mehr, als ja nicht bloss mit einer einzigen einstudierten Aufführung zu rechnen ist, sondern mit einer ganzen Menge von improvisierten Spielaktivitäten, die Performanz-Charakter haben. Das heisst also, dass sich möglicherweise auch im Publikum verkleidete oder maskierte Zuschauer befinden.[142] Obschon für die Zuschauerschaft keine konkreten Zahlen genannt werden können, so ist zu bedenken, dass bereits bei 500 Anwesenden ungefähr zehn Prozent der städtischen Bevölkerung erreicht wurden, woraus sich die Wirkung auf die gesamten Kommunikationsprozesse in der Stadt – auch über Standesgrenzen hinweg – erahnen lässt.

Die Spieler

Was die Spieler selbst betrifft, so liefern die Berner Zeugnisse vom Beginn des 16. Jahrhunderts nur spärliche Hinweise. 1506 werden «junge knaben» oder «knaben»[143] als Akteure genannt, 1514 und 1515 sind es «gesellen» und wiederum «knaben»[144], während in den Drucken, die sich auf die Aufführungen von 1523 beziehen, von «burgerss sönen»[145] die Rede ist, ebenso bei der Aufführung von 1531[146]. Das einzige sichere Merkmal, das diesen Angaben entnommen werden kann, ist das relativ junge Alter der Spieler, das jedoch nicht genau zu bestimmen ist. «Knab» beispielsweise ist in dieser Zeit «einer der gebräuchlichsten Namen für den heiratsfähigen jungen Mann»[147]. Während der Winterthurer Chronist Ulrich Meyer als Akteure eines Lazarus-Spiels von 1549 die «jungen knaben, als von 12 ald 14 jaren»[148] erwähnt, spricht er ein andermal von einem Verbrechen, das «ein junger knab ongefar by 16 oder 18 jaren»[149] begangen habe. Wichtiger als die genaue Altersbestimmung ist jedoch der Hinweis, den Albert Lutz in seiner quellenmässig fundierten und auch heute noch bemerkenswerten Untersuchung liefert: dass nämlich sowohl ‹junge gesellen› als auch ‹junge knaben› und ‹burgers söhn› seit dem 15. und 16. Jahrhundert als Kollektivbegriffe für ‹Knabenschaften› verwendet werden.[150] Angesichts der Übereinstimmung mit den aus den Berner Quellen zitierten Bezeichnungen liegt daher die Vermutung nahe, dass hinter der Berner Fastnachtspieltradition des frühen 16. Jahrhunderts in erster Linie städtische Jugendgruppen standen, die auch die Akteure stellten. Das ist erst recht plausibel, wenn man die Bedeutung dieser sogenannten ‹Knabenschaften› näher betrachtet.[151] Es handelt sich um

Verbindungen von unverheirateten Männern eines Ortes, welche in der ganzen Eidgenossenschaft nachweisbar sind. Formal entsprachen sie zum Teil dem Muster von Zünften und Gesellschaften – häufig mit einer schriftlichen ‹Ordnung›, worin Aufnahmebestimmungen und Verhaltensregeln festgehalten wurden –, erfüllten jedoch andere Funktionen als diese. Im Vordergrund scheinen vor allem in ländlichen Verhältnissen die «Bevormundung der Mädchenschaft des Ortes»[152] und überhaupt die Kontrolle der Geschlechterbeziehungen gestanden zu haben, während im städtischen Bereich zum Beispiel auch kriegerische Unternehmungen, ‹Rügebräuche› (etwa das Charivari) und ein wichtiger Teil der Festaktivitäten anlässlich von Kirchweih und Fastnacht auf das Konto solcher männlicher Jugendgruppen gingen. Nach Albert Lutz zeichnen sich deren Bräuche beispielsweise in Zürich gerade dadurch aus, dass sie sich vom übrigen Fastnachtsgeschehen «durch die häufige Verbindung mit Fastnachtspielen»[153] abheben. Dazu zählt Lutz zu Recht neben Parodien auf Bauerntänze etwa das Brunnenwerfen oder Schauspiele im engeren Sinn, als deren Träger die ‹knaben› und ‹burgersöhne› auch in den Zürcher Archivalien öfters erscheinen.[154]

Die Darsteller der Berner Spiele von 1523 sind also mit grosser Wahrscheinlichkeit unter den unverheirateten jungen Männern zu suchen, die in einer Gesellschaft der «burgerss söne» organisiert waren. Dabei ist zu bedenken, dass eine Stadt von der Grösse Berns kaum die gesamte männliche Jugend in einer einzigen Verbindung zu integrieren vermochte. In seiner «Sozialgeschichte der Jugend» hat Michael Mitterauer auf die sozialen Unterschiede hingewiesen:

> Burschenschaftliche Organisationen, die sowohl die Bürgersöhne als auch die Handwerksgesellen aufnahmen, kommen bloss in kleinen Städten vor. In der Schweiz findet sich eine solche Gruppenform in Winterthur; in Bern oder Genf war die auf die Stadt als Ganze bezogene Gruppe eine Gesellschaft der Oberschichtenjugend. [...] Im Vergleich mit den ländlichen Burschenschaften, Knabenschaften und ‹Abteien› ergab sich dabei meist eine gewisse Spezialisierung.[155]

Diese konnte etwa zu einer Art städtischer Miliz oder in Richtung religiöse Bruderschaft führen, anderseits aber auch zu einer politischen oder literarischen Weiterentwicklung von traditionellen Rügebräuchen. «Die Spezialisierung von Jugendgruppen konnte sogar so weit führen, dass sich etwa in Paris aus den ‹Enfants sans souci›, einer ehemaligen

Jugendabtei, um 1500 eine semiprofessionelle Schauspielertruppe bildete.»[156]

Wenn auch die Berner «burgerss söne» nicht bloss auf Fastnachtspiele spezialisiert waren, so dürften sie sich doch, wie Mitterauer schreibt, in bezug auf ihre soziale Herkunft von anderen jugendlichen Zusammenschlüssen – etwa von den gesellschaftlich und politisch minder privilegierten Gesellenverbänden[157] – unterschieden haben. Dass sie den Rückhalt der Obrigkeit und der einflussreichen Gesellschaften genossen, geht ja auch aus der finanziellen Unterstützung hervor, die sie für die Aufführungen erhielten.

Dazu kommt – jedenfalls bei versmässig und inhaltlich elaborierten Schauspielen von grösserem Umfang – eine Voraussetzung, die ebenfalls für die Privilegiertheit der Darsteller spricht: Es ist anzunehmen, dass sie für das Erlernen ihrer Rolle entweder lesen können mussten oder aber zumindest mit der schulischen Situation des Auswendiglernens vertraut waren. Das Memorieren von Texten ist allenfalls auch mit der Methode Vorsprechen – Nachsagen zu bewerkstelligen, wofür aber doch wenigstens ein Lesekundiger und eine beachtliche Lernfähigkeit des Nachsagers vorhanden sein muss. Da wir keine detaillierten Zeugnisse über Vorbereitungen oder Proben von Schauspielen besitzen, lässt sich diese Hypothese kaum beweisen. Ihre Plausibilität wird jedoch unterstützt durch einen Vorfall in der elsässischen Stadt Gebweiler im Jahr 1526: «In disem iahr wolten etliche burger undt gute gesellen ein Comedi halten; da nam ihnen der hoffärtige schultheis das buch worin sie die Comedi geschriben haten hinweg undt also die burger das spil nicht halten, aus diser ursachen weilen sie den schulheissen nicht zuerst darum begriesset.»[158] Das ist nicht nur ein schönes Beispiel für Aufführungszensur; es wird darin auch deutlich, wie unmittelbar eine Aufführung von einer schriftlichen Vorlage abhängig war.

Dass aber auch die Spieler höchst wahrscheinlich bildungsmässige Voraussetzungen mitbringen mussten, geht aus literarischen Quellen hervor. Wie Dil Ulenspiegel beauftragt wird, ein Osterspiel aufzuführen, sagt er zum Pfarrer: «Nun ist doch kein Buer hie, der da glert ist, ihr müssen mir Euwer Magt dazu leihen, die kan wol schreiben und lesen.»[159] Bei der Aufführung lässt Ulenspiegel die leseunfähigen Bauern auf das «Quem quaeritis» der Pfaffenmagd (als Engel) antworten: «Wir suchen ein alte einäugige Pfaffenhur.»[160] Die Pointe des Schwanks beruht also wesentlich darauf, dass die Bauern als Analphabeten überlistet werden und als

Schauspieler neben der Magd auch sich selbst lächerlich machen. Noch in Johann Beers «Jucundi Jucundissimi wunderliche Lebens-Beschreibung» (1680) werden für die Aufführung einer Bauernkomödie nur jene «Bauern, die *lesen* konnten»[161], aus dem Dorf zusammengetrommelt. Lesefähigkeit darf schliesslich von Berufs wegen auch jenen «trucker gesellen» attestiert werden, die 1511 auf dem Basler Kornmarkt ein Fastnachtspiel präsentierten.[162]

Es scheint also, dass das Lesenkönnen zwar nicht unerlässliche Bedingung, aber für das Gelingen eines *literarischen* Spiels eine wichtige Voraussetzung ist. Bei Niklaus Manuels «Totenfressern» gilt dies umso mehr, als es sich ja um einen recht anspruchsvollen Text handelt, der nur mit einiger Übung aufgeführt werden kann.

Der Verdacht, dass die jungen Darsteller in Manuels Spielen eher oberschichtlicher Herkunft waren, wird schliesslich durch den Vergleich mit allgemeinen zeitgenössischen Aufführungszeugnissen aus anderen Städten gestützt. «Die Betonung der *burgerschafft* als Spielträger beinhaltet eine Abgrenzung von den nicht ins Bürgerrecht aufgenommenen Einwohnern der Stadt, denen die aktive Teilnahme am Spiel in aller Regel verwehrt worden sein dürfte.»[163] Auch wenn die Begriffe «Bürger» und «Bürgersohn» in bezug auf soziale Hierarchien wenig aussagekräftig sind[164], schliessen sie doch einen grossen Teil der städtischen Unterschichten[165] als Akteure aus.

Städtische Jugendgruppen zwischen Fastnacht und Reformation

Wie passen nun diese Ergebnisse in das Spannungsfeld Fastnacht – Reformation? In ihrem Aufsatz «The reasons of misrule» liefert Natalie Zemon Davis einen Schlüssel für das Verständnis dieser Zusammenhänge, indem sie die Funktion von Jugendgruppen des 16. Jahrhunderts im sozialen und politischen Kontext analysiert.[166] Obschon sich die Untersuchung vorwiegend auf Frankreich konzentriert, sind ihre Einsichten aufgrund der Beispiele, die über Frankreich hinausweisen, zu einem grossen Teil auch auf die Eidgenossenschaft übertragbar. Davis stellt überzeugend dar, inwiefern die männlichen Jugendgruppen, ‹Knabenschaften›, ‹sociétés joyeuses›, ‹Abbés de Maugouvert›, ‹youth-abbeys› (oder wie sie auch immer benannt werden), gerade durch ihre Fastnachtsaktivitäten auf die Probleme des städtischen Alltags Einfluss nahmen.

«Real life was always deeply embedded in these carnivals, and not only because Misrule always implies the Rule that it parodies. Real people were mocked by the Abbeys in clamorous charivaris and parades for their real everyday behavior [...].»[167]
In ihrer ursprünglichen, ländlichen Form scheint die «youth-abbey» nicht zuletzt im Zusammenhang mit Übergangsriten eine wichtige Rolle als «conscience of the community» gespielt zu haben.[168] Schon früh wurden gewisse Organisationsformen und Rituale der ländlichen «abbeys» in den Städten übernommen, dabei jedoch häufig parodiert, dramatisiert und literarisiert. Gleichzeitig hat nach Davis die Überwachung individuellen Verhaltens öfters einer allgemeinen «peace-keeping function»[169] stattgegeben; diese konnte auch in Form von tolerierter Kritik an politischen oder kirchlichen Autoritäten zum Ausdruck kommen. Daher überrascht es nicht, dass sich Jugendgruppen in die gesellschafts- und kirchenkritische reformatorische Diskussion einmischten und eine Verbindung zwischen ihrem primären Kommunikationsforum, der Fastnacht, und der Reformation herstellten. Hier kommt also ein weiterer Faktor zum Vorschein, der das häufige Zusammenfallen von fastnächtlichen und reformatorischen Aktionen erklären könnte. «Interestingly enough, the youth-abbeys in the Savoie and in Switzerland, the Fools in Geneva, and the Enfants-sans-souci in some towns in the Guyenne were early supporters of the new religion and integrated Protestant themes into their festivities.»[170] Diese Beobachtung von Natalie Zemon Davis hat Robert Scribner aufgegriffen und dabei die Zusammenhänge anhand konkreter Vorfälle noch verdeutlicht.[171] Nicht nur potenzieren sich die Freiheiten, die den jugendlichen Gruppen ohnehin zugestanden werden, durch die Freiheiten, die das Fest der Fastnacht mit sich bringt. Scribner nennt überdies als wirksame proreformatorische Faktoren sowohl die Spontaneität der Jugend (zum Beispiel bei Bilderstürmereien) als auch deren ambivalente Haltung gegenüber etablierten Normen und Werten.[172] In diesem Sinn lassen sich (insbesondere oberschichtliche) Jugendliche auch zu jenen «socially mobile burghers» zählen, die Steven Ozment als wichtigste Trägerschaft der reformatorischen Bewegungen identifizierte.[173] Das Privileg von städtischen Jugendgruppen für die Inszenierung von kritischen und/oder stabilisierenden Ritualen, Aufführungen und symbolischen Aktionen bildet eine Schnittstelle zwischen den Bereichen Fastnacht und Reformation, die für die Dynamik von reformatorischen Bewegungen von grosser Bedeutung ist:

The young might be allowed a measure of tolerance for unorthodox views, and the liberty of voicing disquiet with the established religious order. Or they could take liberties, for the volatility of youth was such that it could not always be confined by social strategems. In a community little inclined to the new ideas, it could contradict established religious values. Where the community was already sympathetic, it could serve as a vanguard to hasten along those who might otherwise ‹tarry for the magistrate›.[174]

Die Berner «burgerss söhn», die 1523 ihre Fastnachtspiele aufführen, passen gut in die skizzierte soziale, politische und kulturelle Landschaft. Auch sie nehmen – vermutlich als organisierte Vereinigung – eine prominente Stellung ein zwischen Fastnacht und reformatorischer Bewegung, wobei sie sich allerdings nicht gegen die Mächtigen aufzulehnen brauchen. Vielmehr haben sie eine städtische Elite im Rücken, die sich möglicherweise zu diesem Zeitpunkt in ihrer Haltung zur Reformation aus politischen Gründen noch nicht exponieren darf.
Erinnern wir uns: Der Glaubensstreit ist 1523 in Bern noch nicht entschieden. Der Rat versucht den Ausbruch von innenpolitischen und aussenpolitischen Konflikten zu verhindern und nimmt – etwa in den Glaubensmandaten – eine unverbindliche Haltung ein zwischen den verschiedenen Interessengruppen. Offiziell ist die Stadt immer noch katholisch. Aber wenn auch von seiten der konservativen Grundbesitzer, des Klerus oder der katholischen Orte in der Eidgenossenschaft antireformatorischer Druck ausgeübt wird, so dürfte innenpolitisch doch der Einfluss dominieren, den die reformatorisch gesinnten, bürgerlichen Ober- und Mittelschichten und die zu Reichtum gelangten Aufsteiger in ihren Gesellschaften besitzen. Was könnte in dieser Situation willkommener sein als die propagandistisch-symbolische Aktion einer Vereinigung von Bürgersöhnen, die diesen Kreisen mit ihrer Kritik an der alten Kirche und ihrer Sympathie für die Reformation nahestehen? Dabei nimmt die Aktion offiziösen Charakter an, indem sie gleichzeitig die Gesinnung einer Mehrheit von einflussreichen und regierenden Bürgern kundtut – ohne dass diese direkt dafür verantwortlich gemacht werden können. Eine Gruppe von ledigen jungen Männern übernimmt also an ihrer Stelle und mit ihrer Zustimmung die Aufgabe, das – vorderhand noch diffuse – reformatorische «Gewissen der Stadt» zu artikulieren und zu inszenieren. Den Jungen ist erlaubt, was sich etablierte Kreise und vor allem die Obrigkeit noch

nicht gestatten dürfen: nämlich ein klares Bekenntnis zur Reformation. Nicht ganz abwegig, wenn auch unbeantwortbar, ist daher die Frage, ob die jugendlichen Akteure von den einflussreichen Anhängern der Reformation zu ihrer Aufführung ermuntert oder gar angestiftet wurden; diese Möglichkeit wird jedenfalls nach einer Bilderzerstörung in Interlaken 1524 erwogen: «An herrn probst von Inderlappen. Sich an den zwöyen knaben zu erkhunden, wer si uffgewist hab, die bilder zu zerslagen, und wo si es durch sich selbs gethan haben, aldann si den schulmeister mit der ruten strichen lassen.»[175]

Der Autor

Welche Rolle spielt dabei Niklaus Manuel, der Autor der Berner Fastnachtspiele? Zum Zeitpunkt der Aufführungen ist er vermutlich 39 Jahre alt, verheiratet und gesellschaftlich doch schon einigermassen etabliert, obschon er gerade erst einen Abstecher in die Reisläuferei hinter sich hat. Immerhin sitzt er im Grossen Rat, ist Mitglied der angesehenen Gesellschaft zu Obergerbern und bewohnt noch immer sein Haus an der Gerechtigkeitsgasse, nicht weit vom Aufführungsort entfernt. An den Inszenierungen selbst braucht er aber nicht unbedingt beteiligt gewesen zu sein, besonders wenn diese tatsächlich in die Domäne von ledigen jungen Männern fielen. Er selbst gehört also schon eher jener proreformatorischen städtischen Elite an, die vorläufig noch aus dem Hintergrund ihren Einfluss auf die Reformation ausübt. Als Autor der Texte liefert Manuel reformatorische Ideologie in einer Form, die der Institution und Tradition des Fastnachtspiels angepasst ist; er bedient die vermutlich jugendlichen Akteure mit einem Stoff, der ihnen in seiner Radikalität sicher entgegenkommt.

Bereits zwischen Autor und Aufführenden wirken verschiedene gesellschaftliche und kulturelle Positionen zusammen – die Darbietungen dürfen demnach nicht als Ausdruck einer einzigen Kulturschicht gewertet werden.[176] Ausserdem zeigen ja die Rahmenbedingungen der Fastnacht oder etwa der Aufführungsort, wie unzulänglich die Klassifizierung von Manuels Stücken als ‹Volksschauspiele› ist. Auch wenn sich der Autor mit ihnen an die ganze Bevölkerung der Stadt gewendet haben sollte, so stehen hinter den Aufführungen selbst komplexe soziale Beziehungen, die – obschon nur spekulativ und andeutungsweise rekonstruierbar – nicht mit einem idyllisierenden und vereinfachenden Begriff unterschlagen werden sollten.

Der Bohnenlied-Umzug an der Berner Fastnacht 1523

Die bisherige Rekonstruktion konkreter Aufführungsumstände – Topographie, Publikum, Akteure – bezog sich eher auf Schauspiele mit einem hohen Grad an Organisation und Vorbereitungen: Es sind dies hauptsächlich Darbietungen, die auf einer schriftlichen, also zu lernenden Vorlage beruhen, von den Akteuren diszipliniertes und eingeübtes Verhalten verlangen und einen gewissen Aufwand an Kostümen und Requisiten erfordern. Gerade solche Elaboriertheit macht aus einer Aufführung ein relativ statisches Ereignis, das an einen bestimmten Ort in der Stadt fixiert ist und eine mehr oder weniger definierte Spielgruppe voraussetzt. Dies trifft für Manuels «Totenfresser» zu, etwas abgeschwächt auch für den «Gegensatz». An der Fastnacht 1523 haben wir es aber mit *drei* markanten Aufführungen zu tun, die als gesellschaftliche Ereignisse im städtischen Leben nebeneinander stehen, obschon sie nicht im gleichen Mass den genannten Bedingungen unterliegen. Dennoch verdienen alle drei, wie ich gezeigt habe, den Namen ‹Fastnachtspiel› und sind als kulturell gleichwertig einzustufen. Da aber auf das mittlere Spiel, den Bohnenlied-Umzug, nicht einfach die an komplexen literarischen Spielen erarbeiteten Massstäbe übertragen werden können, soll dieses Ereignis hier zunächst gesondert analysiert werden.

Einmal mehr müssen wir von den spärlichen Angaben in Anshelms Chronik ausgehen: Zwischen den im Abstand einer Woche inszenierten Spielen von Manuel, am Aschermittwoch, «ward der Römsch ablas mit dem bonenlied durch alle gassen getragen und verspotet»[177]. Was ist damit gemeint?

Drei Elemente lassen sich aus dem Satz isolieren: Erstens handelt es sich um einen Umzug, eine Demonstration oder eine Art Prozession. Zweitens ist der Vorfall hauptsächlich dem Thema ‹Ablass› oder ‹Ablasshandel› gewidmet. Drittens scheint das Singen eines Lieds, des sogenannten Bohnenlieds, eine wichtige Rolle zu spielen. Die ganze Aktion hat einen scherzhaft-satirischen Charakter, indem ein für die päpstliche Kirche und ihre Logik zentraler, symbolhafter Gegenstand verspottet wird.

Einem das Bohnenlied singen

Zur Erhellung dieses Vorfalls sind Spurensicherungen nötig, die am sinnvollsten beim rätselhaften «Bohnenlied» ansetzen. Welches Lied damit gemeint ist, lässt sich nicht mit Sicherheit klären. Immerhin hat schon Jakob Bächtold 1878 auf zwei Indiziengruppen aufmerksam gemacht, aufgrund derer gewisse Bedeutungszusammenhänge, wenn nicht sogar ein möglicher Liedtext ermittelt werden können.[178] Einerseits kommt das Bohnenlied in zeitgenössischen Redensarten vor. Im Luzerner «Neujahrsspiel vom Klugen Knecht» aus der zweiten Hälfte des 15. Jahrhunderts heisst es: «Diser sach bin ich vast müet. / Es ist mir übers bonenlied»[179], womit Überdruss ausgedrückt wird. Ähnlich verwendet Niklaus Manuels Sohn Hans Rudolf Manuel das Bohnenlied in seinem «Weinspiel» von 1548: «Mach, was du wilt, es lit nüt dran! / Ich möcht das bonenlied wol han»[180], sagt der junge Bauer Uli Knopf, um seine Gleichgültigkeit mitzuteilen. Andere zeitgenössische Belege zeigen, dass das Bohnenlied nicht nur Verwerflichkeit, Nichtigkeit und Bedeutungslosigkeit einer Sache bezeichnet, sondern auch dazu verwendet wird, etwas Unerhörtes, Unglaubwürdiges oder Unerlaubtes zu verurteilen und von sich zu weisen.[181] Unklar bleibt bei diesen Redensarten, ob sie sich wirklich auf ein konkretes Lied beziehen und was dessen Inhalt ist.
Die zweite Verbindungslinie, die Bächtold von Anshelms Bohnenlied aus zieht, lässt auf einen tatsächlich vorhandenen Liedtyp schliessen. So sind aus dem 16. Jahrhundert mindestens drei Versionen eines Lieds bekannt, dessen Strophen auf den Refrain «Nun gang mir aus den Bohnen!» enden.[182] Während Bächtold selbst der Meinung ist, es handle sich dabei um «spätere, harmlos lustige Bohnenlieder»[183], die mit dem in Bern 1523 gesungenen nur den Refrain gemein haben, glaubt Franz Böhme[184] und nach ihm etwas vorsichtiger Arthur Kopp[185], folgende Version mit dem von Anshelm erwähnten Bohnenlied identifizieren zu können:

Wer Hoffart treibt mit fremdem Gut
Und führt ein prächtisch Leben,
Der halt sich selbs in guter Hut,
Dass er nit werd umgeben
Mit Armethei, in Bettelei
Z'letzt muss im Elend wohnen,
Und hin und für wird g'jagt vor Thür.
Nun gang mir aus den Bohnen!

> Wer sich zu gar viel hoch erhebt,
> Stets pochen will auf seinen Witz
> Und denkt: Deins Gleichen nit mehr lebt,
> Ist gegen aller Welt spitz,
> Der wird fürwahr zum letzten gar
> Sein nit mehr mögen schonen;
> Denn all sein Pracht wird ganz veracht:
> Nun gang mir aus den Bohnen!
>
> Wer in der Jugend buhlen will
> Und grossen Lohn will haben,
> Find't wohl seins Gleichen in der Still,
> Sonst alte Fell muss schaben,
> Kummt mit der Zeit, wenn man nit geit,
> Dass er muss doppel lohnen,
> Als manchem g'schicht, wie ich werd b'richt
> Nun gang mir aus den Bohnen![186]

In der Tat ist diese 1537 bei Schöffer und Apiarius in Strassburg gedruckte Variante satirischer als die andern und fügt sich am besten in den reformatorischen Kontext. Allerdings scheint es mir müssig, nach der ‹richtigen› oder ‹ursprünglichen› Fassung zu suchen, die nach Bächtold noch aggressiver gewesen sein soll.[187] Wenn auch deren Wortlaut nicht genau der zitierten Version entsprach, so dürfte das Berner Bohnenlied doch damit verwandt gewesen sein. Zwei Merkmale sind dabei charakteristisch und passen besonders gut in die Fastnacht 1523: dass es sich um ein Spottlied handelt und dass es sich in der zitierten oder auch in einer leicht veränderten Form sehr wohl auf den katholischen Klerus beziehen lässt. Eine Verwendung des Spottlieds im reformatorischen Kontext illustriert beispielsweise auch Utz Eckstein in seinem «Reichstag der Bauern»: «Nunnengsang nützt zu keinen Dingen, / Und wenn sie schon ihr Lebtag singen; / Drum wird ihnen Gott eben lonen, / Als sungen s': Gang mir us den Bonen.»[188] Den spöttischen Grundton der Bohnenlieder, mit denen man einer Person oder einer Sache eine Absage erteilt und sie als unglaubwürdig und lächerlich zurückweist, bestätigen ja auch die Bohnenlied-Redensarten. Obschon ihr Zusammenhang mit einem tatsächlich gesungenen Lied nicht klar ist[189], lassen Gebrauch und Bedeutung der Redensarten doch eine enge Verbindung erkennen zum zitierten Bohnenlied oder einer Variante davon. In diesem Sinn stimme ich Ludwig Tobler

zu, der – im Gegensatz zu Bächtold – die überlieferten Bohnenlied-Texte nicht als allzu harmlos einschätzt.[190] Im konkreten Aufführungszusammenhang vermitteln sie eine durchaus sinnvolle und wirksame Botschaft: das scherzhafte Austreiben des Klerus, für den der Ablass als Symbol steht. Denn Ablass und Ablasshandel verkörpern aus reformatorischer Sicht geradezu exemplarisch die Unglaubwürdigkeit, Nichtigkeit, Lächerlichkeit und Nutzlosigkeit der päpstlichen Kirche.
Ohne den zweifellos auf die spezifischen Berner Verhältnisse zugeschnittenen Text zu kennen, kann man die wichtigste Aussage des Bohnenlieds, das Anshelm erwähnt, mit hoher Wahrscheinlichkeit rekonstruieren. Am treffendsten wird sie wohl vom Schweizerischen Idiotikon in einer Auslegung der Redensart ‹Einem das Bohnenlied singen› auf einen Nenner gebracht: «ihm sagen, es sei mit ihm zu Ende, man kümmere sich nicht mehr um ihn»[191] – eben um den Ablass und damit auch um den Papst oder die katholische Kirche. Diese Deutung erscheint nicht zuletzt aufgrund eines Textes von Niklaus Manuel plausibel. In seinem 1528 gedruckten «Testament der Messe» wird nicht mehr der Ablass, sondern – nach dem gleichen Muster wie 1523, was offenbar einem üblichen karnevalistischen Ritual entspricht – sogar die personifizierte Messe mit einem Aschermittwoch-Spottlied verabschiedet und sozusagen endgültig beerdigt. In ihrem letzten Willen setzt die Messe fest, «dass min jarzit und gedächtnus zweimal im jar begangen werd; das erst uf der Eschen mitwuchen, am abent mit einem gesungnen spottlied zum schlaftrunck, am morgen mit eim järlichen schowspil zu miner gedächtnus, mit dem besen über das grab; [...]»[192].
Als scherzhafte Beerdigung des Ablasses lassen sich schliesslich die von Valerius Anshelm selbst gebrauchten Worte interpretieren, die im Anschluss an den Bericht über Bernhardin Samsons Ablasshandel in Bern 1518 fallen. Anshelm bezieht sich dort mit einer ähnlichen Formulierung wie später auf den Bohnenlied-Umzug von 1523: «Aber nach wenig jaren ward uss dem ablas und sinen briefen uf der Aeschen-Mitwoch ein offen vasnacht-spil, und mit dem bonenlied durch alle gassen getragen; und dis ist zu Bern durchs evangelisch liecht des Römschen ablas letze, und ouch, das Got gäb, end gewesen.»[193]
Interessanterweise bezeichnet der Berner Chronist diese Abdankungs-Parodie hier als ein ‹offenes› Fastnachtspiel. Das fordert wiederum dazu heraus, das Bohnenlied in seinem Kontext und als Bestandteil einer Aufführung zu betrachten.

«aller ley uppige Schand unnd Schmach-Lieder»

Schon in der Darstellung der städtischen Kommunikationsbedingungen habe ich auf die wichtige Funktion des Singens bei der Popularisierung reformatorischer Ideen hingewiesen. Tatsächlich ist die Bedeutung des Berner Bohnenlied-Umzugs nur im Zusammenhang damit erfassbar. Aus den Archivalien der Reformationszeit geht nämlich hervor, dass Lieder und Singen in der Öffentlichkeit nicht nur zu den wichtigen und alltäglichen Kommunikationsformen gehörten, sondern auch einen politischen Faktor darstellten, den die Obrigkeit durchaus ernst nahm. Ein Zürcher Mandat vom 14. Mai 1524 versucht auf diese Weise Zensur auszuüben: «Demnach so singend etlich personen schandberi und schmachlieder; es syge dann tags oder nachts, das unsern Herren missfallt. Darumb so wöllent si mänklichen warnen, dass man sölicher lieder abstand; dann wer darüber die sunge und si dess mügent innen werden, den wöllent si ouch strafen nach gestalt der sach und des gesangs.»[194] Dass damit nicht einfach Spottlieder beliebigen Inhalts gemeint sind, mag jenes Berner Verbot vom 22. Dezember 1526 illustrieren, das sich ausdrücklich gegen Lieder mit Anspielungen auf «die Disputatz, Zwingli, Luther old derglichen»[195] wendet. Dabei stellten solche Verbote nicht etwa nur präventive Drohungen dar: «Heinrich Erlt, der schnyder, leistet umb das er die verbotnen lieder gesungen 1 monat und gitt 10 ß»[196], meldet eine Notiz aus Bern um 1527.
Wiederum erweist sich die Fastnachtszeit als günstige Gelegenheit, reformatorische Spottlieder zu singen, denn die Fastnacht bietet traditionsgemäss den geeigneten Anlass für «aller ley uppige Schand unnd Schmach-Lieder, darinnen geistlich unnd weltlich personen unrechtlicher massen angezogen, irer Eeren geschmecht, geletzt und verspottet worden»[197]. Gerade während der Reformationszeit dürfte ausserdem die Verbreitung und Überlieferung von propagandistischen Liedtexten, die sich mit einzelnen Personen und konfessionellen Angelegenheiten beschäftigten, durch gedruckte Liedflugschriften unterstützt worden sein.[198]
Was Sänger, Performanz und Milieu betrifft, so sind genauere Angaben problematisch. Der zitierte Basler Erlass von 1526 ist nicht nur an die «jungen unnd alten» gerichtet, sondern auch an das «gesind», während als Zeit des Singens Tag und Nacht genannt werden, sei es «uff den gassenn» oder «in Husern».[199] Dennoch haben wir Kunde davon, dass besonders zur Fastnachtszeit das Singen von Liedern häufig die Aktion einer Gruppe

begleitet, wie es auch im Berner Bohnenlied-Umzug durchschimmert. Das ist beispielsweise anhand der Performanz des sogenannten Judaslieds beobachtbar. Es handelt sich dabei um die letzte Strophe der Osterhymne «Laus tibi, Christe, qui pateris», die vor allem in ihrer deutschen Übersetzung und in den Parodien darauf ziemlich verbreitet gewesen zu sein scheint: «O du armer Judas, / was hast du getan, / dass du deinen herren / also verraten hast! / darumb mustu leiden / in der helle pein / Lucifers geselle / mustu ewig sein. Kyrieleison.»[200]
Archer Taylor hat verschiedene Beispiele präsentiert, wie das Judaslied während der Reformation parodiert und sinnfällig auf spezifische Situationen gemünzt wurde[201]; ein frühes Zeugnis von 1520 lautet so: «Ach du armer MURNarr, / Was hastu getan, / das du also blint / in der heilgen schrift bist gan? / des mustu in der kutten / liden pin, / aller gelerten MURR NARR / mustu sin. / Ohe ho lieber Murnar.»[202]
Falls es ein älteres, vorreformatorisches Bohnenlied gegeben hat, so könnte man sich dessen Umdichtung auf einen Exponenten der päpstlichen Kirche in Bern ganz ähnlich vorstellen.

Spottprozessionen, Scherzbegräbnisse und fastnächtliche ‹Austreibungen›

Aufschlussreich für eine mögliche Rekonstruktion des Bohnenlied-Umzugs sind nun aber einige Situationen, in denen Judaslied-Parodien oder vergleichbare Lieder gesungen wurden.
1520 inszenierte in Wittenberg eine Gruppe von Studenten einen Fastnachtsumzug, bei dem ein Schiffswagen mit einer riesigen Papstbulle als Segel mitgeführt wurde. Das Ende der Spottprozession bildete ein Feuer, in das die Bulle und Bücher von Luther-Gegnern hineingeworfen wurden. Dazu zog man um das Feuer und sang «O du armer Judas».[203]
In Basel wurde an der Fastnacht 1529 sogar ein Kruzifix aus dem Dom an einem langen Seil durch die Strassen geschleift. Junge Knaben begleiteten den scherzhaften Umzug mit dem Judaslied, bevor das Kreuz im Zeughaus verbrannt wurde.[204]
In beiden Fällen ist das Lied Bestandteil einer Spottprozession. Diese Kombination von scherzhafter Aufführung und entsprechendem Gesang ist häufig zu beobachten, auch wenn die Lieder nicht immer benannt werden; dabei kommen die Aktionen gesamthaft oft der symbolischen Vernichtung eines Gegenstands oder einer Person – dargestellt als Puppe

– gleich und stellen eine Art ‹Beerdigung› dar. Ein traditionelles fastnächtliches Ritual scheint zugrunde zu liegen, das von der älteren Volkskunde meist als «Fastnacht begraben» oder gar als «Todaustragen, -austreiben» beschrieben wurde.[205] Wenn auch die Deutung solcher Bräuche als heidnische Fruchtbarkeitskulte kaum mehr haltbar ist, so ist an ihrer Existenz an sich nicht zu zweifeln. Ohne näher auf ihre Geschichte einzugehen und ohne Gefahr der Überinterpretation dürfen sie aus dem Fastnachtskontext heraus zunächst als Parodien auf kirchliche Zeremonien aufgefasst werden. Nur so ist zu erklären, weshalb diese Scherzbegräbnisse so leicht von der Reformation vereinnahmt werden konnten: Das antiklerikale Potential war in ihnen schon angelegt. Es erstaunt denn auch nicht, dass während der Reformation an vielen verschiedenen Orten sehr ähnliche propagandistische Spiele inszeniert werden, zu denen ich auch die Berner Bohnenlied-Prozession und die Judaslied-Umzüge rechne.

Wesentlich häufiger bezeugt ist freilich die nach dem gleichen stereotypen Muster ablaufende Variante, in der eine Papstfigur mit Spottliedern und in einer Prozession ‹ausgetrieben› wurde. Am 17. Februar 1521 schreibt Martin Luther in einem Brief an Spalatin über einen fastnächtlichen Vorfall in Wittenberg:

> Iuventus nostra his diebus bacchanalibus nimis ludicre papam personatum circumvexerunt sublimem & pompaticum, tandem in foro ad torrentem proiecturis similes fugitivum cum cardinalibus, episcopis familiisque suis in diversas partes oppidi disperserunt & insecuti sunt, festivo valde & arguto invento.[206]

Ein ähnliches Ereignis überliefert Karl Haupt in seinem «Sagenbuch der Lausitz», in dem auch chronikalisches Material verwertet wurde. Zur Fastnachtszeit 1523 sollen in Bautzen (Oberlausitz) die beiden als Mönche verkleideten «Baccalaurei» Weiss und Tuschenberg eine Papstpuppe gebastelt, «auf einer Tragbahre zur Reichengasse herausgeschleppt und auf dem Markte in's Feuer geworfen haben»[207].

Ein Bericht von 1524 erzählt von einer Aktion in Buchholz, die so endet: «Darnach namen sie den Bapst und setzten yhn auff die misttrage, und trugen yhn vier empor, Kamen mit gesange zu eynem Rhorkasten, da worffen sie den Bapst hyneyn mit stul und mit allem [...].»[208]

Am 17. Februar 1530 wird in Goslar in fastnächtlicher Manier eine Palmsonntagsprozession parodiert, wobei unter anderem ein Papst auf einer Sau durch die Strassen reitet. Schliesslich beerdigt man in einer scherzhaften Zeremonie die Messe.[209] Obschon sich in diesem Fall verschiedene Rituale – beziehungsweise Parodien davon – überlagern, lässt sich auch hier das Element des ‹Papstaustreibens› identifizieren, das offenbar neben der symbolischen Vernichtung und Beerdigung auch einfach eine Erniedrigung beinhalten kann. Die Bezeichnung ‹Papstaustreiben› soll dabei nicht etwa auf das sogenannte ‹Todaustreiben› als heidnischen Kult Bezug nehmen. Ich übernehme sie ohne weitere Deutung aus dem Text eines Liedes, das eng mit den beschriebenen Prozessionen verbunden ist und in dieser Hinsicht durchaus mit Bohnenlied oder Judaslied verglichen werden kann. Ob jenes «Lied vom Babst» tatsächlich Martin Luther zuzuschreiben ist, soll hier nicht zur Diskussion stehen.[210] Wichtiger scheint mir, dass es sich wahrscheinlich einmal mehr um eine reformatorische Umdichtung eines älteren, bekannten Lieds handelt und dass dieses die gleiche inhaltliche Tendenz aufweist, die etwa der Refrain «Nun gang mir aus den Bohnen» ausdrückt:

> Nun treiben wir den Babst hinaus,
> Aus Christus kirch und Gottes haus,
> Darin er mörtlich hat regiert
> Unzehlich viel seelen verfürt.
>
> Troll dich aus, du verdamter son,
> Du rote Braut von Babylon,
> Du bist der greul und Antichrist,
> Voll lügen, mords und arger list.
>
> Dein ablassbrief, bull und decret,
> Leit nun versigelt im secret,
> Damit stalst du der welt ir gut
> Und schendst dardurch auch Christus blut.
>
> [...].[211]

Der ganze Text, dessen ältester bekannter Druck (Wittenberg 1541) offenbar verschollen ist[212], umfasst sieben Strophen und wird teilweise ergänzt durch ein sechsstrophiges Lied, «auf dem widerwege zu singen»[213], das heisst bei der Rückkehr des Umzugs. Es wird als Parodie auf das ältere Lied «So treiben wir den Winter aus» interpretiert.[214] Seinen Zusammenhang mit einer Art Prozession bestätigt Johann Mathesius an einer Stelle, die allerdings die Fragen der Verfasserschaft, des Alters und der Tradition des Papstliedes eher kompliziert als erhellt. Zum Jahr 1545 schreibt Mathesius:

> Diss Jar besucht ich Doctor Luther zum letzten / unnd bracht jm das Lied mit / darinn unser Kinder zu Mitterfasten den Antichrist ausstreiben / wie man etwan den todt / unnd die alten Römer jren Bilden und Argeis theten / die / sie auch inns wasser warffen / Diss Lied gab er inn Druck / unnd macht selbs die unterschrifft / Ex montibus & vallibus, ex sylvis & campestribus.[215]

Die Spuren des Papstlieds sollen hier nicht weiter verfolgt werden. Es geht lediglich darum, anhand seines Zusammenhangs mit Antipapst-Prozessionen Rückschlüsse auf den Berner Bohnenlied-Umzug zu ziehen, zu dem sich doch einige Parallelen ergeben. Die erwähnten Vorfälle um das ‹Papstaustreiben›, in denen dem Papst eben auch – der oben erläuterten Redensart gemäss – «das Bohnenlied gesungen» wird, mögen das Berner Ereignis in plausibler Weise konkretisieren und Anshelms spärliche Angaben mit einem *möglichen* Inhalt füllen.

Die Deutung des Bohnenlied-Umzugs als eine Austreibung, die dem Muster eines wohlbekannten fastnächtlichen Spott-Rituals folgt, wird überdies auch durch einige entsprechende Vorfälle auf katholischer Seite unterstützt; solche sind freilich bei den Altgläubigen weniger häufig.

1522 soll in Altenburg bei Dresden entsprechend dem Papstaustreiben ein ‹Lutheraustreiben› stattgefunden haben. Eine Luther-Puppe wurde von einem Scherzgericht zum Tod im Feuer verurteilt und nach einem Umzug wie ein Ketzer verbrannt.[216]

Aus der alten Eidgenossenschaft ist schliesslich ein ganz ähnlicher Fall überliefert. An derselben Fastnacht 1523, bei der man in Bern mit Bohnenlied und Ablässen durch die Stadt zog, wurde in Luzern eine Zwingli-Puppe ausgetrieben. Zwingli selbst erwähnt in einem Brief vom 1. März 1523 an Johannes Xylotectus oder Iodocus Kilchmeyer in Luzern «apud vestros contumeliam pati»[217]. Xylotectus seinerseits nimmt in einer Antwort an Zwingli darauf Bezug: «De passione Zvinglii apud nos celebrata, quid scribam? quum tu omnia, quam ego, melius scias.» Er selbst sei eben fort gewesen, als diese «Zwingli-Passion» gespielt wurde («luderetur»).[218] Der Vorfall wird bestätigt in den Gründen, die in den «Eidgenössischen Abschieden» für das Fernbleiben Zwinglis von der Badener Disputation 1526 geltend gemacht werden: «Zum vierten sig offenlich und menklichem zuo wüssen, wie unser Eidgnossen von Lucern M. Uolrich Zwinglis biltnuss mit offener schmach, schand und tratzlichem hochmut verbrennt [habent].»[219]

Wenn schon aus den angeführten Parallelfällen hervorgeht, wie sehr der Berner Bohnenlied-Umzug einem ritualisierten Spiel entspricht, das relativ weit verbreitet war[220] und demnach mit grosser Wahrscheinlichkeit vorreformatorische Wurzeln besitzt, so lässt sich meine Deutung nun auch noch durch das Element des Ablasses untermauern. Selbst in dieser Beziehung dürfte der Berner Umzug kaum originell sein, wie schon die satirische Verwendung einer Papstbulle in Wittenberg 1520 erahnen liess. Wie das Spektakel in Bern konkret ausgesehen haben könnte, veranschaulicht die St. Galler Chronik des Hermann Miles. Die traditionelle Fronleichnamsprozession 1524 wird von protestantischen Bürgern gestört:

> Do truog der apt das sacrament durch die stat mit aller zierd, und im umgang sind etlich luterisch burger an webergassen gesin, die hatend ablasbrief an stangen ussgehenkt und schruwend: lösend ab den ablass! lösend den ablass! und hand dazuo kain mejen gestelt, wie von alter her. Die sind darnach um 5 pfund d. gestraft worden; den si ruoftend in einer verachtung: lösend den aplass![221]

Dass weder die Berner noch die St. Galler Ablassverspottung isolierte Einzelfälle sind, ist aus einem weiteren Ereignis ersichtlich, das 1522 wiederum in Bautzen registriert wurde: Auch dort trugen zur Fastnachtszeit zwei Verkleidete «eine Stange, daran viel Ablass- und Butterbriefe gehangen. Solche boten sie gegen Jedermann feil, und da sie Niemand kaufen noch annehmen wollte, warfen sie die Stange sammt den Briefen in's Feuer, nahmen ihre Flegel und schlugen tapfer darauf, dass die Funken stoben.»[222]

Ein politisches Schmähritual

So erweisen sich denn die einzelnen bei Anshelm erwähnten Elemente als Teile eines lebendigen Spektakels, das zumindest von der Form und vom Ablauf her in der zeitgenössischen städtischen Fastnacht eine vertraute Erscheinung gewesen sein dürfte. Auch in Bern selbst konnten solche verspottenden Austreibungen nicht unbekannt sein. Denn nur zwei Jahre vor dem Bohnenlied-Umzug war jenes ‹Kardinalaustreiben› inszeniert worden, das in seinem symbolischen Charakter dem Handlungsmuster der Papst- oder Ablassaustreibung gleicht und selbst eine Variante davon ist: Nach der Schlacht von Mailand 1521 setzt sich der auf der kaiserlich-päpstlichen Seite stehende Kardinal Schiner für die geschlagenen Eidgenossen ein, stellt aber den Gefangenen die spöttische Frage: «Wie stats nun um uwerer gemaleten gilgenknaben Eschenmitwochen-spotspil, darin unser her, der Römsch keiser, mit kutzen und hutzlen, und ich, uwer puntgnos, uf einem stecken mit lärer däschen postende, hond müessen offentlich durch alle stat verachtet und verspotet werden?»[223]

Deutlich kommt in Schiners Worten der politische Chrakter der ganzen Aufführung zum Ausdruck. Es handelt sich also hier wie bei den anderen ‹Austreibungen› nicht einfach um einen harmlosen, womöglich mythologisch erklärbaren Brauch; vielmehr wird in solchen Demonstrationen meist konkret auf einzelne Personen und politisch-konfessionelle Verhältnisse Bezug genommen: Die Feinde werden dem öffentlichen Spott und der Aggression ausgeliefert. So überrascht es denn auch nicht, wenn dieses mit Puppen durchgeführte Schmähritual sogar auf dem Schlachtfeld anzutreffen ist. 1487, bald nach der Fastnacht, klagen die Luzerner, dass die Söldner des Herzogs den «redlichen kriegsbruch» nicht respektierten. Denn sie hätten etlichen von ihren Feinden «die abgehownen köpf ufgstekt und die abgehownen finger uf den hieten umbtragen [...], der Tütschen kleider etliche mit stro gevilt, mit vil unnemlichen lastern und schmachworten verspottet, einer ganzen Eidgnoschaft zu schand reichend [...]»[224].

Aus der Belustigung ist eine tödlich ernste Sache geworden. Wie leicht die Grenze vom Spiel zum Ernst bei diesen symbolischen Aktionen überschritten wurde, illustriert die Walliser Mazze, die zwischen 1508 und 1516 das stärkste aufständische Potential entwickelte.[225] Auffällig ist dabei, dass diese eindeutig politische Kundgebung wie die behandelten Varianten des Austreibens in das Umfeld karnevalistischer Aktivitäten gehört und dass dabei wiederum Lieder und symbolische Figuren eine wichtige Rolle spielen.[226] Interessanterweise richtet sich die Mazze 1511 und 1517 gegen den mächtigen Kardinal Schiner[227], ist also sogar inhaltlich – als ‹Kardinalaustreiben› – mit der Berner Aufführung von 1521 verwandt.

Executio in effigie

Der Vergleich von einigen besser dokumentierten Vorfällen, die die gleiche Struktur und ein ähnliches Umfeld aufweisen, lässt kaum daran zweifeln, dass dem Berner Bohnenlied-Umzug 1523 mit dem Ablass das Handlungsmuster des Austreibens und der öffentlichen Verspottung oder Schmähung zugrundeliegt. Inwiefern dieses Ritual auch von Rechtsbräuchen inspiriert war, müsste einmal genauer geklärt werden. Immerhin lassen sich Zusammenhänge mit der sogenannten executio in effigie denken. In seiner gründlichen Untersuchung «Bildnis und Brauch» geht Wolfgang Brückner auch auf das seit dem Mittelalter bekannte Gerichtsverfahren ein, bei dem der Angeklagte durch dessen Bild ersetzt werden konnte.

Staatliches Recht, nämlich die *executio in effigie*, scheint über die politische Demonstration aus volkstümlichem Brauch erwachsen zu sein, so dass man den Zeugnissen wechselseitige Beweislast aufbürdet. Hierfür steht vor allem das weite Gebiet termingebundener Brauchspiele mit einem Winterpopanz, wie dem Todaustragen, Fastnachtbegraben, Judasverbrennen, -Erhängen, -Ertränken, -Zerstücken und entsprechend Kerb- oder Kirmes-Endbräuche, bei denen Masken oder Puppen exekutiv vernichtet werden.[228]

Dabei distanziert sich Brückner entschieden und zu Recht von der Herleitung solcher Rechtsbräuche aus germanischen Kultspielen und liefert einsichtige Gründe für die Skepsis gegenüber Erklärungen, die sich einseitig auf Magietheorien und Bildzauber berufen.[229]
Eine eher sozialpsychologische und auf der Sündenbock-Theorie aufbauende Deutung des beschriebenen Handlungsmusters legt Yves-Marie Bercé dar. Er beurteilt die executio in effigie als höchsten Grad ritueller Sanktionen, wobei wirkliche Tribunale und Exekutionen imitiert würden; dazu gehört natürlich auch, dass diese Schau-Spiele in aller Öffentlichkeit stattfinden, so dass wie beim obrigkeitlichen Strafvollzug eine Menge von Zuschauern teilnehmen können. «La scène de sacrifice la plus commune est celle de la mise à mort du Carnaval, représenté par un roi de paille énorme et grotesque. Son triomphe le jour du Mardi Gras est aussitôt suivi par son massacre le lendemain mercredi des Cendres.»[230]
Der Termin des Berner Bohnenlied-Umzugs, Aschermittwoch, ist ein weiteres Indiz dafür, dass er mit dem von Bercé beschriebenen Ritual verwandt ist. Bercé macht im übrigen darauf aufmerksam, dass der ‹Sündenbock› keineswegs nur durch imaginäre Figuren verkörpert wurde.[231] Ferner ist zu berücksichtigen, dass der ganze Vorgang des Austreibens für Spieler und Zuschauer eine Blitzableiter-Funktion

erfüllt.[232] Neben den möglicherweise auf Tatsachen beruhenden Anschuldigungen werden natürlich auch andere Aggressionen einer Gruppe, ja vielleicht der ganzen Stadt, auf den Sündenbock projiziert und an ihm ausgelebt. Im Fall von reformatorischen Aktionen ergibt sich daraus umgekehrt immer wieder eine Stärkung und Legitimierung der Aktivisten und wohl auch Solidarität unter den passiven Zuschauern. Durch die Bestimmung eines Feindbilds wird auf simple Weise eine klare Unterscheidung zwischen der ‹guten› und der ‹bösen› Partei möglich, was gleichzeitig zur Identifikation mit bestimmten Inhalten und Werten führt – ein alter Propagandaeffekt, der zu allen Zeiten wirksam war und ist.

Wer steht hinter dem Bohnenlied-Umzug? Trotz der Beobachtung, dass es sich um ein vertrautes Verhaltensmuster handelt, lässt er sich nicht einfach als ‹volkstümlichen Brauch› bezeichnen. Immerhin sind bei einigen vergleichbaren Fällen Jugendliche, zum Teil sogar Studenten oder «Baccalaurei» als Akteure erwähnt. Demnach könnten auch in Bern die gleichen Kreise für die Spottprozession verantwortlich gewesen sein, die schon als wahrscheinliche Träger der beiden andern Fastnachtspiele eruiert wurden. Damit stimmt die Darstellung von Yves-Marie Bercé überein, der die «mise à mort d'un bouc émissaire» zu den Aktivitäten der städtischen Jugendgruppen rechnet.[233]

Gilt folglich für den Umzug am Aschermittwoch dieselbe Publikums- und Spielersoziologie, die ich ansatzweise für die grösseren Schauspiele zu skizzieren versucht habe?

Es gibt Unterschiede: Da es sich um eine Prozession handelt, die «durch alle gassen» der Stadt führt, ist die Chance gross, dass damit breitere, auch ausserhalb des prestigeträchtigen Stadtzentrums lebende Bevölkerungskreise angesprochen und involviert werden. Dem kommt die einfache und von anderen Gelegenheiten her wohlbekannte Handlungsstruktur entgegen, die auch die Möglichkeit spontaner Aktionen zulässt; ein Schneeballeffekt in bezug auf aktive Partizipation – und damit auch auf Identifikation – ist sehr wohl denkbar, selbst wenn die Initiative bei einer kleinen elitären Gruppe liegt. Gemeinsames Singen fordert zum Mitmachen auf; dazu sind keine bildungsmässigen Voraussetzungen nötig.

Insgesamt dürfte der Bohnenlied-Umzug einen höheren Popularitätsgrad erreicht haben als Manuels Fastnachtspiele, wobei die Hauptakteure vielleicht derselben Gruppe von Jugendlichen angehören. So bildet die Spottprozession – vom Standpunkt reformatorischer Propaganda aus gesehen – eine sinnvolle Ergänzung zu den literarischen Fastnachtspielen.

VI. Text und Kontext in Manuels Fastnachtspielen

Analyse der Spiele

Was die Berner Zuschauer am 15. und 22. Februar 1523 auf der Kreuzgasse zu sehen bekamen, habe ich in groben Zügen zu Beginn meiner Untersuchung skizziert. Nachdem bisher vor allem äussere, auf der sichtbaren Handlungs- und Ereignisebene beruhende Zusammenhänge zwischen den Spielen und ihrem fastnächtlich-reformatorischen Umfeld zur Sprache gekommen sind, soll jetzt nach den inneren Bezügen geforscht werden. Es geht darum, die überlieferten Spieltexte zu analysieren und zu erkunden, inwiefern auch verbal und visuell vermittelte Spiel*inhalte* mit der spezifischen Aufführungssituation korrespondieren. Dabei wird sich wiederum herausstellen, dass die Spiele nicht nur zufällig in der Fastnacht stattfinden; erst die Wechselwirkungen zwischen textimmanenten Elementen und Rahmenbedingungen produzieren einen Sinn, aus dem man die gesellschaftliche Bedeutung der Aufführungen ableiten darf.

Ich werde mich zur Hauptsache an die «Totenfresser» und das eine Woche später aufgeführte Spiel «Von Papsts und Christi Gegensatz» halten. Am Rande soll bei der Textanalyse auch das 1525 von Niklaus Manuel verfasste Stück «Der Ablasskrämer» berücksichtigt werden. Obschon dafür keine Aufführungsdaten oder Drucke bekannt sind, darf man annehmen, dass eine allfällige Inszenierung zur Fastnachtszeit stattgefunden hätte, da ja, wie erwähnt, sämtliche bekannten Aufführungen in Bern zwischen 1506 und 1530 in diese Zeit fielen[1]; somit ist für dieses Spiel ein am Kontext von Fastnacht und Reformation orientierter Ansatz gerechtfertigt.[2] Schliesslich sollen zur Klärung und Verdeutlichung von inhaltli-

chen Tendenzen andere Schriften von Manuel sowie vergleichbare Texte aus der Reformationszeit herangezogen werden.
Wenn Fragen der Struktur und des Textaufbaus in den Hintergrund geraten, so aus zwei Gründen: Einmal kann keine Gewissheit darüber bestehen, ob die in Flugschriften ab 1524 überlieferten Spieltexte in dieser Form auch die Vorlagen zu den Aufführungen bildeten; vielmehr ist zu vermuten, dass eine ursprünglich handschriftliche Fassung für die Drucklegung überarbeitet oder sogar neu organisiert wurde. Zweitens weist gerade etwa die Editionsgeschichte der «Totenfresser» auf Probleme hin, die eine allzu enge Fixierung auf den vorhandenen Text verbieten. So ist selbst die zuverlässigste Ausgabe der «Totenfresser»[3] eine *Rekonstruktion* des ursprünglichen Spieltextes, die zwar einigermassen plausibel, aber keineswegs gesichert ist. Wohl konnte sich Ferdinand Vetter dabei auf eine 1897 von Fritz Burg gefundene Handschrift stützen; da diese jedoch Lücken aufweist, musste der Text mit Hilfe der auf Flugschriften beruhenden Fassung von Jakob Bächtold[4] ergänzt und in seiner Abfolge zum Teil neu arrangiert werden.[5] Eine Textanalyse sollte folglich nicht übersehen, dass bereits die Edition selbst eine Interpretation erforderte, die bei aller Bemühung um Objektivität noch in Vetters Einleitung durchschimmert: «[...] dass wir auf Grund neuerer Entdeckungen und Forschungen gerade dieses Spiel zum erstenmal in der ursprünglichen und allein des Dichters würdigen und *für den heutigen Leser geniessbaren Gestalt* glauben bieten [...] zu können.»[6] Hier schleichen sich wohl unbewusst die ästhetischen (aristotelischen) Theatermassstäbe des 19. Jahrhunderts in die Edition eines frühneuzeitlichen Textes. Das drückt sich nicht zuletzt auch in Vetters Unterteilung des Stücks in sieben Szenen aus, da es ihm nach seinen Korrekturen «als eine immer noch formlose, aber an verschiedenen Stellen nun weit besser geordnete dramatische Satire»[7] erscheint. Ein solcher Eingriff ist natürlich aus heutiger Sicht nicht zu verantworten und entspricht kaum dem ästhetischen Empfinden noch dem Schauspielverständnis des 16. Jahrhunderts.
Wesentlich geringer wird das Risiko von überlieferungsbedingten Fehlinterpretationen durch die Konzentration auf grundlegende *inhaltliche* Aussagen und Ideologie. Diese dürften sich selbst bei Veränderungen und Eingriffen in die Gesamtstruktur erhalten haben und im allgemeinen dem entsprechen, was das Berner Publikum in den Aufführungen gesehen und gehört hat.
Grundsätzlich steht auch bei der Textanalyse die Optik des zeitgenössi-

schen Zuschauers im Vordergrund, so dass Fragen zur Entwicklungsgeschichte des Theaters oder Quellen und Einflüsse geistesgeschichtlicher Natur eher ausgeblendet werden. Ob beispielsweise das Gedankengut der Berner Aufführungen eher von Zwingli oder von Luther beeinflusst war, ist ein Problem, das aus der Distanz beschäftigen mag, jedoch kaum einen der Anwesenden interessiert hat und daher für die unmittelbare Wirkung unbedeutend ist. Unwesentlich scheint mir ferner die Diskussion um die literarische Originalität der Spieltexte, die für den zeitgenössischen Zuschauer nicht ins Gewicht fällt. Was zählt, ist die aktuelle, sicht- und hörbare Darbietung in einer konkreten Situation, aus dem beschränkten Erfahrungshorizont des städtischen Alltags heraus, in einem bestimmten historischen Moment. Daraus entsteht eine durchaus *einmalige* Botschaft, deren Originalität nicht an allfälligen Vorlagen zu messen ist. Die Entzifferung ihres spezifischen Codes hängt davon ab, ob es gelingt, die innere Logik der Spiele mit der Logik der äusseren Umstände zu vernetzen.

Die Totenfresser[8]

Es handelt sich um ein breit angelegtes Stück in 1770 Versen, worin ein ganzes Panorama von Ständen und Berufen, vom Bettler bis zum Papst, nacheinander vorgeführt wird. Die über fünfzig Rollen mit entsprechenden Kostümen und Requisiten lassen auf ein farbenprächtiges Spektakel schliessen, dem auch eine gewisse Monumentalität und hierarchische Starrheit eignet. Schon aus diesem Grund kann es nicht so sehr um eine aus gemeinsamer Interaktion zu entwickelnde Handlung gehen als um eine Art Bilderbogen, in welchem kleinere (Sprech-)Handlungseinheiten für sich stehen und wirken müssen.
Übergreifendes Thema ist die Korruption der päpstlichen Kirche, eingeleitet durch das Beispiel der Beerdigung eines reichen Bauern. Bald entfaltet die im Zusammenhang damit demonstrierte Profitsucht des Klerus jedoch eine Eigendynamik, so dass dahinter ein ganzes Wirtschaftssystem zum Vorschein kommt. Der riesige päpstliche Apparat funktioniert nur aufgrund verschiedener Ausbeutungsinstrumente und Abhängigkeiten, zu denen neben Ablass und Jahrzeiten auch etwa Pfründenpolitik, Söldnerwesen, Kriege oder gar Prostitution gehören.
Die auftretenden Figuren lassen sich in drei Gruppen aufteilen. Zunächst werden die Vertreter der päpstlichen Kirche durch deren wehrlose Opfer

kontrastiert. Darunter fallen die «zwen leidmann», die den Toten beklagen (V. 1–10), und der «armm kranck husman» (V. 529–570). An ihnen zeigt sich, dass die Kirche nicht fähig ist, die ihr anvertrauten Funktionen und Pflichten zu erfüllen. Ebenfalls zur Gruppe der Opfer gehört der verarmte Edelmann, der die Folgen kirchlicher Ausbeutung veranschaulicht (V. 571–628); schliesslich ist auch der «Rodysser ritter» zu den Opfern zu rechnen, da er sich in seinem Glauben an den Papst betrogen sieht und in seiner Mission als miles christianus keine Unterstützung erhält (V. 743–936). Die dritte Gruppe umfasst die Kämpfer für das Evangelium sowie die Vertreter der ‹richtigen› Kirche, Petrus und Paulus. Sie kommt erst in der zweiten Hälfte der Aufführung zum Einsatz (ab V. 957), nachdem sich einige Bauern zu ihrer inneren Wandlung zum Evangelium bekannt haben. So wird auch die inhaltliche Wende von der alten zur neuen, reformatorischen Kirche und deren Programm vollzogen. Hatte der «Rodysser ritter» den Papst angeklagt und dabei resigniert, so wird jetzt Hoffnung auf Veränderung verbreitet (vgl. zum Beispiel V. 968).
Am Ende herrschen klare Verhältnisse: Der Papst steht als Kriegsgurgel inmitten eines Heers von beutegierigen Klerikern und blutrünstigen Söldnern (V. 1547–1664), während auf der anderen Seite der eigentliche Reformator im Stück, «Doctor Lupolt Schuchnit», in einem Gebet – oder einem propagandistischen Plädoyer – die Grundsätze des Evangeliums entfaltet (V. 1665–1770). Dieses kontrastiert als einzig gültiger Massstab für richtiges Verhalten und wahres Christentum mit der Lehre des Papstes, der inzwischen als Verkörperung des Antichrist erscheint. Die Bitte um den göttlichen Segen für eine gerechte Sache, die das Spiel beschliesst, entwertet und entlarvt den selbstherrlich gespendeten Segen, den der Papst zuvor für Krieg und Zerstörung über seine Heere gesprochen hatte. Die Literaturwissenschaft hat immer wieder die innovative Kraft dieses und anderer Spiele von Manuel betont. Barbara Könneker sieht in der «gattungsmässig provokativen Tendenz» der Fastnachtspiele von Manuel einen «Markstein» in der Geschichte des Genres. «[Sie weisen] eine Fülle von verschiedenen Formen auf und vermitteln eine eindrucksvolle Vorstellung von den reichhaltigen theatralischen Möglichkeiten, die in dieser Gattung angelegt waren.»[9]
Nicht zuletzt aufgrund von Elementen wie dem Bauernauftritt, wo sich das Reihenspiel zu einem Handlungsspiel entwickelt, stellt Derek van Abbé Manuel sogar an den Anfang des modernen Dramas, da er echte

Individualität und Interaktion, gegenseitige Kommunikation und Beeinflussung eingeführt habe. Van Abbé versucht dies etwa im Vergleich zu Pamphilus Gengenbach und dessen nicht genau datierbaren «Totenfressern» zu zeigen, die häufig als Vorlage zum Berner Spiel betrachtet werden.[10]
Wie dem auch sei: Interessant scheint mir, dass allfällige dramentechnische Innovationen hier einem Schreiben entspringen, das ganz klar religiöse, soziale und politische Veränderungen herbeiführen will, also propagandistische Zwecke verfolgt. Nicht primär ästhetische, sondern pragmatische Überlegungen dürften für die wirksame Vermittlung reformatorischer Ideen ausschlaggebend gewesen sein, ein Ziel, das nach Ansicht des Reformationshistorikers Steven Ozment kaum besser hätte verwirklicht werden können:

> As a performed popular play, Die Totenfresser illustrates, even better than the vernacular pamphlets that were read to the nonliterate laity, how these laymen came to have as profound a grasp of the issues of the Reformation as any Protestant don. Even the modern scholar comes away with the feeling that it has all here been said, and with unique forcefulness.[11]

Von Papsts und Christi Gegensatz

Das kleinere, eine Woche später aufgeführte Stück erweist sich bei genauerer Betrachtung als konsequente Fortsetzung und Verdichtung der «Totenfresser». Die eigentliche Handlung endet bei den «Totenfressern» mit dem Abzug des päpstlichen Kriegsheeres (V. 1651–1664 und die folgende Anweisung), worauf der reformatorische Prediger in seinem Epilog den Vergleich mit dem Einzug Christi herstellt: «Du bist nit me denn einmal gritten / Uf einem armen einfalten tier, / Glichet sich einem esel schier; / Darzu so was er ouch nit din. / Din kronen die ist dörnin gsin / [...].» (Totenfresser, V. 1748–1752)
Genau diese Konstellation beziehungsweise der darin angelegte Gegensatz wird nun im kleineren Spiel in verdichteter Form wieder aufgenommen und inszeniert: Die beiden Züge bewegen sich auf verschiedenen Seiten der Gasse frontal aufeinander zu. In dieser Bewegung liegt an sich schon ein spannungsreiches, farbenprächtiges und musikalisch untermaltes Spektakel mit vielfältigen Kostümen und Requisiten, das einen

wesentlichen Teil der ganzen Aufführung ausmacht und gegenüber dem überlieferten verbalen Teil nicht unterschätzt werden sollte. Aus dieser Optik und eingedenk der Tatsache, dass wir es mit einer stärker visuell als literarisch entwickelten Kultur – eben einer ‹Image-Kultur› – zu tun haben, halte ich die Darbietung auch nicht für «senf nach der mahlzeit»[12]. Im Gegenteil: Die Steigerung vom Kontrast Papst – Petrus in den «Totenfressern» zum Gegensatz Papst – Christus im kleineren Spiel steht keineswegs im Widerspruch zu den Datierungen und zur Reihenfolge der Darbietungen, die Ferdinand Vetter rekonstruiert hat, obschon er Skepsis darüber empfand, dass das einfacher gebaute Spiel erst *nach* der grösseren und komplizierteren Inszenierung folgen sollte.[13] Gerade auf dieser Einfachheit beruht die Eindringlichkeit und Intensitätssteigerung der Aufführung, die auch dann verstanden werden kann, wenn man den kommentierenden Dialog der beiden Bauern ausser acht lässt. In der Tat könnte dieser in der konkreten Inszenierung angesichts des lauten und die Blicke auf sich ziehenden Spektakels der beiden Züge untergegangen sein. Jedenfalls spielt er nicht die Rolle, die ihm im Medium der späteren Flugschrift zukommt, wo er zur eigentlichen Substanz des Schauspiels avanciert.

Dennoch dient der typisch reformatorische Bauerndialog in geschickter Weise der Verdeutlichung der Bilder. Es ergeben sich so gewissermassen zwei filmische Einstellungen, die erste auf die Christus-Gruppe (V. 1–62) und die zweite auf die Papst-Gruppe (V. 63–172) gerichtet. Cläiwe Pflug leitet diese Einstellungen jeweils ein mit der Frage an Rüede Vogelnest, wer denn der Betreffende sei, der da vorüberreite; gleichzeitig macht er die Zuschauer mit einer vorurteilslosen, unaufdringlichen Beschreibung auf die je spezifischen Merkmale und Unterschiede der beiden Züge aufmerksam. Rüede Vogelnest dagegen unterrichtet seinen Freund über die Verhältnisse und liefert somit die nicht unmittelbar einsichtigen Hintergründe zu den Bildern. Wenn Cläiwe Pflug schon vorher nicht mehr an die päpstliche Lehre geglaubt hat, so überzeugt ihn das Gesehene jetzt erst recht von deren Falschheit, so dass er sich vom Ignoranten zum reformatorisch aufgeklärten Bauern wandelt. Auf diesen Lernprozess, die innere Wandlung einer Figur, die schon am Beispiel der Bauern in den «Totenfressern» illustriert wurde (Totenfresser, V. 983–1260), deutet auch Rüede Vogelnest hin: Er beklagt sich, selbst lange Zeit von Papst und Klerus geblendet worden zu sein, jetzt aber in Christus eine neue, mutig, widerstandsfähig und unabhängig machende Wahrheit gefunden zu

Lucas Cranach: Passional Christi und Antichristi (1521)

haben. Mit der Hinwendung zum Evangelium und zu dessen innerer Überlegenheit über weltlichen Reichtum und Prunk des Papstes endet die spektakuläre und plakative Präsentation.
Es ist sehr wohl möglich, dass Manuel bei diesem Stück von bildlichen Vorlagen inspiriert wurde. Die bekannteste davon ist Cranachs «Passional Christi und Antichristi» (1521). Anderseits braucht es sich nicht um eine direkte Abhängigkeit zu handeln, da das Motiv zu dieser Zeit relativ weit verbreitet gewesen sein muss.[14] Aber auch hier gilt, dass für die Zuschauer durch diese Aufführung weniger die gelehrte Tradition und die literarischen Quellen als bestimmte Phänomene aus dem alltäglichen städtischen Erfahrungsbereich aktualisiert wurden.

Der Ablasskrämer

Das dritte zur Diskussion stehende Fastnachtspiel lässt sich zwar nicht in einen konkreten Aufführungskontext einbetten, wohl aber zur Absicherung gewisser Hypothesen beiziehen. Der «Ablasskrämer» ist nur in einer Handschrift von Niklaus Manuel aus dem Jahr 1525 überliefert, liegt jedoch heute in der zuverlässigsten aller Manuel-Textausgaben vor.[15] Obschon das Spiel mit grosser Wahrscheinlichkeit auf eine fastnächtliche Aufführungssituation hin konzipiert wurde, sollten doch gewisse Kontextveränderungen gegenüber 1523 berücksichtigt werden. Nicht nur ist der Autor inzwischen zum Landvogt von Erlach aufgestiegen und residiert demnach ausserhalb von Bern; auch in Bern selbst hat sich das politisch-konfessionelle Klima verändert. Während 1523 einerseits die Kräfteverteilung zwischen reformatorischem und päpstlichem Lager noch sehr diffus war, die Berner anderseits immer noch wesentlich von den Mailänderkriegen profitierten und gleichzeitig unter ihnen litten, so zeichnen sich 1525 in der Frage der Reformation doch deutlichere Tendenzen ab. Die reformatorischen Bewegungen haben eine gewisse Eigendynamik entwickelt, die entfesselten Kräfte klarere Fronten provoziert. Die sozialen Spannungen, das Konflikt- und Gewaltrisiko dürften dadurch noch zugenommen haben. Sie werden auch in den allenthalben aufflammenden Bauernunruhen sichtbar. Allerdings ist der Ausgang der reformatorischen Bewegungen trotz klareren Positionen nach wie vor unentschieden; die Berner Obrigkeit sieht sich im eidgenössischen Spannungsfeld noch immer zu einer vorsichtigen, zum Teil widersprüchlichen und auf Kompromisse bedachten Politik veranlasst.[16]

Niklaus Manuel: Der Ablasskrämer (1525)

Die explosive Gespanntheit der Lage sowie die Steigerung des Gewaltpotentials zwischen den Fronten hat sich im «Ablasskrämer» niedergeschlagen. Wohl liesse sich das 558 Verse umfassende Stück äusserlich auf einen sieben Jahre zurückliegenden Vorfall beziehen, nämlich den 1518 gross aufgezogenen Ablasshandel des Barfüssermönchs Bernhardin Samson im Berner Münster.[17] Äussere Verwandtschaft besteht auch mit einer Szene in Gegenbachs «Der neu deutsch Bileamsesel».[18]
Wichtiger scheint mir jedoch der Aktualitätsbezug, der durch das am 19. November 1524 vom Berner Rat erlassene Verbot des Ablassverkaufs[19] keineswegs in Frage gestellt ist. Im Gegenteil: Offenbar handelt es sich beim Ablasshandel um ein Problem, das die Gemüter immer noch beschäftigt. Die so tief sitzende Gewohnheit und Institution des Ablasses liess sich trotz reformatorischer Aufklärung kaum von einem Tag auf den andern aus dem Alltag verbannen. Gerade das Jahr 1525, als die Erfüllung des zyklischen Vierteljahrhunderts eine päpstliche Jubelfeier rechtfertigte[20], dürfte den Ablasshandel – wenn auch an gewissen Orten nur inoffiziell – durch verstärkte Propagandabemühungen auf katholischer Seite erneut gefördert haben. Dazu kommt jenes Moment, das schon im Bohnenlied-Umzug 1523 eine wichtige Rolle spielte: Der Ablass wurde in der reformatorischen Propaganda zum Sinnbild päpstlicher Missbräuche schlechthin. So werden für den einzelnen abstrakte theologische Fragen konkret fassbar und wohl auch häufig mit individuellen Lebenserfahrungen verknüpft. Es versteht sich, dass daher durch das Ablasssymbol auch Emotionen und Aggressionen geschürt werden konnten. Dass es im «Ablasskrämer» nicht nur um das reale Phänomen Ablass geht, sondern ebenso um die damit verbundene Symbolwirkung und Stellvertreter-Funktion, machen die Worte des Ablasskrämers Rychardus Hinderlist deutlich – etwa wenn er von seinen Untaten und dem daraus geschlagenen Gewinn berichtet:

> von dissem allem hatt jch teil und gemein
> doch so bin jch ouch der sebig nitt allein
> unßer sind vil allenthalben jmm land
> die sölich pratick mitt den pfaffen hand
> wier trybend den kilch heren das gewild jn das seyl
> den habend wier von allen dingen den halben teil
> [...]. (Ablasskrämer, V. 335–340)

Der Ablasskrämer erscheint hier nicht nur als fehlbares Individuum,

sondern als *der* Vertreter des päpstlichen Systems. In diesem Sinn spricht er auch meist kollektiv («wier») vom Klerus. Als Figur des Stückes stellt er denn auch den Mittelpunkt einer von hoher dramatischer Intensität und Spannung getragenen Handlung dar, die durchaus als Ausdruck der Verhältnisse um 1525 gewertet werden darf. Die heftige, oft brutale und gewalttätige Konfrontation, die in diesem Stück zwischen der selbstbewussten, aufrührerischen Bauernschaft und dem in eine tiefe Krise geratenen System (vertreten durch Rychardus Hinderlist) stattfindet, ist gleichsam eine Verdichtung der Realität von 1525 auf ein einziges Spannungsmoment.[21]
Die raffinierte Steigerung des Spiels auf diesen Höhepunkt hin wird nicht zuletzt durch eine für die Zeit eigenwillige Technik erzeugt, die D. van Abbé so beschreibt: «This was obviously an entirely ‹dramatic› work; it had one plot, one action, unity of place. Moreover it deployed a number of characters who reacted *on* each other [...].»[22] Im Gegensatz zu den vorangegangenen Fastnachspielen ist hier der Schritt vom Reihenspiel zum Handlungsspiel endgültig vollzogen.
Was im «Ablasskrämer» geschieht, erinnert zum Teil an die Bauernszene der «Totenfresser» (V. 983–1260), ist aber eigentlich nur die natürliche Entwicklung und Konsequenz aus einer andern Stelle jenes Stückes; jetzt tritt ein, was der Prior schon dort beklagt hat:

> Her apt, der tüffel ist im spyl,
> Das man uns nüt me opferen wil.
> Ich sag an der canzlen von der hell
> Und von dem feg für was ich well:
> Es ist vergeben, sy gend nüt drumm.
> Wo ich ins wirtzhus zu inen kum,
> So vahend sy an zu arguieren;
> Wil ich dann mit inen disputieren,
> Das denn unsern nutz antrifft,
> So sprechend sy: ‹Zeig's mit der gschrifft,
> Und nemlich, die da biblisch sy
> Und nit mir römscher bubery!›
> Sprich ich, es muss ein römscher ablass sin,
> So spricht der pur frefenlich, er schiss drin!
> So sprich ich dann: ‹Pur, du bist ietz im ban!›
> So spricht der pur: ‹Ich wuschti den ars dran,

Ann römschen aplass und bann alle bed!›
Ich mein das der tüffel uss im red.
Wil ich dann die gschrifft verkrümmen,
So sprechend sy: ‹Pfaff, denk syn nümmen:
Wir künnentz och also verkeren und bügen!›
Und heissen mich denn frefenlich lügen.
Ich dar schier nümmen zu inen gan:
Ich sorg by Got, sy schlahind mich dran. (Totenfresser, V. 341–364)

Im «Ablasskrämer» lässt Manuel nun doch noch einmal einen Geistlichen zu den Bauern gehen, lässt die beiden Parteien der Zeit gemäss aufeinanderprallen, um in einer experimentellen Situation die verschiedenen Elemente miteinander reagieren zu lassen. Was in den «Totenfressern» noch ein referierter Dialog war, wird hier zur direkten, dramatisierten Aktion, wobei der damalige Inhalt manchmal sehr ähnlich wieder erscheint.[23] Das Resultat von Manuels ‹Experiment› ist – psychologisch realistisch entwickelt – einerseits Brutalität und Gewalt, anderseits die endgültige Entlarvung und Überwindung der päpstlichen Lehre.

Die Ausgangslage: Der Ablasskrämer, Rychardus Hinderlist, bietet seine Ablassbriefe zum Verkauf an und preist gleichzeitig die Vorzüge der katholischen Auffassung und Praxis. Es finden sich nach und nach sieben Bäuerinnen, ein Bauer und ein Bettler ein, die jedoch nicht Ablässe lösen wollen, sondern – nun besser über die kirchlichen Missbräuche unterrichtet – das Geld zurückfordern, das der Ablasskrämer ihnen offenbar bei einem früheren Ablassverkauf abgenommen hat. In ihren zornigen Klagen kommen allmählich immer mehr Betrügereien des Ablasskrämers wie des Klerus überhaupt zum Vorschein. Die Solidarität unter den Betrogenen wächst über der Entdeckung ihres gemeinsamen Schicksals, so dass die Forderungen bald in aggressive Drohungen übergehen. Die Spannung wird umso grösser, als gerade die sieben Bäuerinnen heftige Rachgelüste entwicklen; dabei erzielt Manuel einmal mehr mit einem scharfen Kontrast eindrucksvolle Wirkungen, indem er nämlich die sozial schwachen Frauen dem an Macht eigentlich weitaus überlegenen Geistlichen gegenüberstellt. Der komische Effekt bleibt natürlich nicht aus. Der Wortkampf zwischen dem Vertreter des päpstlichen Rechts und den Bäuerinnen endet mit deren Überlegenheit:

Sy namend jn gemeinlich und schlugend jn zu der erden / mitt kellen kuncklen schytren und ein allt böss wyb lüff darzu mitt einer rostigen allten hallenbartten / und bundend imm hend unnd füss zugend jn an einem seyl hoch uff in aller wyss form und gestallt wie man ein mörder streckt biss er sprach er wett vergechen. (Ablasskrämer, Anweisung vor V. 283)

In der Folge muss Rychardus Hinderlist unter den Folterqualen ein Geständnis über alle seine schmutzigen Geschäfte und Praktiken ablegen, womit gleichzeitig die Korruption der kirchlichen Institutionen entlarvt wird. Schliesslich entledigen ihn die Bäuerinnen und der Bauer seines Geldes, zahlen sich je ihren Anteil aus und übergeben den Rest dem Bettler Steffen Gygenstern. Hier, am Ende des Spiels, haben sich die Aggressionen gegen die Vertreter der Kirche in eine spontane, konstruktive Aktion verwandelt: Das Evangelium wird in die Tat umgesetzt. Aber die Funktion des Bettlers in diesem Stück besteht nicht bloss darin, passiv ein gutes Werk im evangelischen Sinn zu ermöglichen; vielmehr kommt gerade ihm als sozialem Aussenseiter die Aufgabe zu, die Zusammenhänge aufzudecken, die zur Grundlage der Gesellschaft geworden sind. Als Aussenstehender kann er am besten auf die Schwächen eines Systems hinweisen, in welchem der Reichtum von Papst und Klerus die Armut und das Elend einer andern gesellschaflichen Gruppe geradezu bedingt: «Du falscher provet / o topel dieb / bist du aber jm land / so ist man wol sicher das ess arm lüt nitt gut hand / [...].» (Ablasskrämer, V. 113f)
Als Entlarver erweist sich Steffen Gygenstern, wenn er seine Beobachtungen aus dem ‹Milieu› preisgibt: So weiss er über das Verhältnis des Ablasskrämers zum Türken, einem anderen sozialen Aussenseiter, zu berichten:

jch sach in hüt in din herberg ryten [...]
er hatt for hin ein grosse wunden
er hatt dins strytens dick empfunden
du magst in noch krutzlich aber zwingen
hinacht am bett under dich bringen
sin brüst gend milch sin har ist lang
o wolf das dich der todt an gang. (Ablasskrämer, V. 158–164)

Schliesslich ist es auch der Bettler, der sich nicht mit einer Rückzahlung des Geldes zufriedengeben kann, da er selbst ja nie Geld hatte, einen Ablass zu erstehen; ihm kann es nur um die Wahrheit gehen, weshalb die

Idee von ihm stammt, den Ablasskrämer zu strecken, um ihm so Geständnisse zu entlocken: «sterckend [= streckend] den bösswicht an einnem seyl / so hörend jer siner thück ein teil.» (Ablasskrämer, V. 251f) Interessant und gleichzeitig erstaunlich an diesem Spiel sind die Entwicklungen, die die Mehrzahl der Figuren entweder im Laufe des Stücks vollziehen oder zumindest implizieren. So sieht der Ablasskrämer am Ende sein Unrecht ein, schwört, nie mehr Ablässe zu verkaufen (V. 518) und bekennt sich gewissermassen zur Wahrheit des Evangeliums mit den Worten:

doch ist es us[ss] es lyt am tag
das gotz gnad niemand kouffen mag
anders den durch rüw und leid
dess gibt alle schrift bescheyd
got last üch die sünd nach usss genaden
allein uss siner gütte[n] an allen schaden
durch das sterben jhesus crist
[...]. (Ablasskrämer, V. 473–479)

Ebenso haben sich die Bauern gewandelt von Unwissenden, die dem falschen Glauben verhaftet sind, zu Eingeweihten, die zwischen Wahrheit und Falschheit unterscheiden können und den Betrüger zur Rechenschaft ziehen. Auf diese Entwicklung weisen die Aussagen hin, die sich auf einen ausserhalb des Stückes liegenden Zeitpunkt beziehen, nämlich ihre letzte Begegnung mit dem Ablasskrämer.[24]
Weshalb ist ausgerechnet dieses aktionsreiche und spannungsgeladene Spiel nur in einer einzigen Handschrift von Manuel selbst überliefert? Lässt sich daraus und aus fehlenden Aufführungszeugnissen wirklich schliessen, dass es sich um ein «Lesedrama zur ideologischen Selbstverständigung von Manuels Freundeskreis»[25] handelt?
Die Antworten müssen natürlich spekulativ bleiben. Immerhin sei auf einige Faktoren hingewiesen, die erklären könnten, weshalb das Stück nicht als Druck erhalten ist und auch nicht aufgeführt wurde, obschon es sich meiner Meinung nach besser als die anderen für eine Inszenierung eignet und wohl auch mit dieser Absicht verfasst worden war.[26]
Einerseits besteht die Möglichkeit, dass die Drucke grösstenteils schon während der Reformation selbst von den konfessionellen Gegnern vernichtet wurden. So klagt Johannes Salat in der 1536 abgeschlossenen Reformationschronik als Rechtfertigung für die Kürze seines Berichts,

dass er von der grossen Menge an Drucksachen, die im Umlauf gewesen waren, kaum mehr genug finden konnte,

> des ursach / so bald man sy kouft / überlesen / und ein mal ghört / hat / man sin gnug / vercleybts umd wend / fenster / oder verbrants / alls jrrig ding / allso die trück jn kurtzen zyten gar von handen kon mogend / [...] Dann ouch gar vil unru, nyd und hass / us dem manigfalltigen trucken kamm da jeder / uff allen teylen lies usgan / was er wott wider die ander party / mit schällten / tratzen / verrüffen der eeren / und unlydenlichen dingen / da dann ouch der büchlj vil verbotten / ufghepptt / ustriben / abtan / und untertruckt wurdend.[27]

Anderseits muss besonders bei einer geplanten Aufführung mit Zensur durch die Obrigkeit gerechnet werden, selbst wenn diese reformatorisch gesinnt ist. Da die Fastnachtspiele in Bern ja im Macht- und Einflussbereich der Herrschenden (auf der Kreuzgasse) inszeniert wurden, ist anzunehmen, dass auch eine gewisse Kontrolle darüber stattfand. 1525, im Jahr des Ausbruchs der Bauernkriege, hatten vielleicht die reformatorischen Drucker wie auch die politischen Behörden Angst vor der potentiellen Aufforderung zur Gewalt im «Ablasskrämer». Es ist sehr wohl denkbar, dass die Drucklegung und Inszenierung dieses radikalen Spiels unterdrückt wurde, wo doch sein Inhalt schon in der Realität oft genug zur ‹Aufführung› gelangte. Am 27. April 1526 ergreift die Berner Obrigkeit Strafmassnahmen «der puren halb, so zum priester mit steinen geworfen»[28] haben. Ebenso muss beispielsweise der Schultheiss von Murten am 18. Mai 1527 angewiesen werden, «den priester zu handthaben, zu schützen und zu schirmen, und mit dem anderen zu verschaffen, den gerüwigot zu lassen»[29].
Möglicherweise ist die Gefahr der Gewalt-Eskalation in dieser Zeit zu gross, als dass man – dazu noch während der Fastnacht – eine so emotions- und aggressionsgeladene Darstellung des reformatorischen Konflikts, wie sie sich im «Ablasskrämer» präsentiert, verantworten könnte.

Die Fastnacht als Rahmenhandlung

Weder in den «Totenfressern» noch im «Gegensatz» oder im «Ablasskrämer» lässt der Text allein auf den ersten Blick eine innere Bindung an den Fastnachtskontext erkennen. Im Gegensatz zu den Nürnberger Fastnachtspielen gibt es nur spärliche verbale Äusserungen, die darauf Bezug nehmen. Eine indirekte Anspielung fällt etwa in den «Totenfressern», wo der Papst sein Heer zur Eile antreibt: «Der winter ietz zum poden strucht, / Der sommer tringt daher mit dem glentz, / Und sol man schnell und angentz / Ein aplass füren in Tütsche land / [...].» (Totenfresser, V. 1558–1561) Deutlicher sind die Worte des Bauern Cläiwe Pflug im kleineren Spiel, die den Papst und sein Gefolge als «wild fassnachtbutzen» (Gegensatz, V. 83) bezeichnen.

Ebenfalls selten sind publikumsgerichtete Elemente, die für die offene Struktur zumindest der Nürnberger Fastnachtspiele typisch sind. Wenn Doctor Lupolt predicant fragt: «Ir frommen landlüt, wüssend ir nit darvon?» (Totenfresser, V. 982), so ist nicht ganz klar, ob er sich damit nur an die Figuren im Spiel oder auch an die Zuschauer richtet. Dasselbe gilt für die Aufforderung des Bauern Heini Filzhut, den päpstlichen Bann nicht zu fürchten: «Ir sind nüt dest minder christen / – Gend ir schon nit gelt in ir kisten – , / Christus brüeder, Gotes kind, / Tund ir das ir schuldig sind.» (Totenfresser, V. 1185–1188)

Dass dennoch entscheidende innere Zusammenhänge zwischen Spielinhalten, Fastnacht und Reformation bestehen, ist nur aufgrund der Einsichten in Struktur und Bedeutung der zeitgenössischen Fastnacht erkennbar.

Ein gewichtiges Element der beiden Spiele von 1523 ist beispielsweise der pompöse, farbenprächtige Aufzug des päpstlichen Gefolges, was weniger verbal als visuell zum Ausdruck kommt. Dabei muss daran erinnert werden, dass selbst in den «Totenfressern» alle Figuren von Anfang an sichtbar sind und sich vielleicht auch vor, während und nach dem Spiel unter die Zuschauer mischen. So sind etwa Petrus und Paulus bis zu ihrem Auftritt am Schluss eigentlich selbst nur Zuschauer.[30] Es ist also mit jener Durchmischung von Akteuren und Publikum zu rechnen, die auch bei anderen Aufführungen zu beobachten ist.

Die reiche Ausstattung von Papst und Priesterschaft erhält nun aber erst durch den Fastnachtskontext ihren satirisch-kritischen Sinn: Auf diese Weise werden die sonst Respekt heischenden Kleidungen zu blossen Fastnachtsverkleidungen degradiert, erweisen sich als lächerliche Kostümierung und Maskierung, die auf der gleichen Stufe stehen wie andere fastnächtliche Vermummungen. Am Beispiel von Kleidung und Verkleidung lässt sich exemplarisch zeigen, inwiefern die Fastnacht zur Entlarvung und zur Kritik am Klerus eingesetzt wird. Dass dieser in den

Fastnachtspielen keine ernstzunehmenden Rollen innehat wie etwa in den geistlichen Spielen, sondern als närrisch-fastnächtliche Gesellschaft erscheint, wird einerseits durch die erwähnte Stelle im «Gegensatz» bestätigt (Gegensatz, V. 71–84), anderseits durch die Verkleidungen, die zu jener Zeit auch unabhängig von literarischen Spielen offenbar beliebt waren. So ergibt sich beispielsweise eine verblüffende Übereinstimmung zwischen den Figuren, die in den Berner Spielen 1523 auftreten, und den Verkleidungen, die gleichzeitig in Zürich verboten werden. Gälte jenes bereits früher zitierte Verbot nicht für Zürich, sondern für Bern, so könnte es geradezu gegen das Personal der Fastnachtspiele gerichtet sein, das sich an den übrigen Fastnachtstagen in der Stadt herumtreibt; denn das Verbot betrifft Verkleidungen, «so bäpstlich Heligkeit, keiserlich Majestät, die Cardinäl, unser Eidgnossen, die landsknecht, münch, pfaffen, klosterfrowen, noch ander fürsten, herren, gmein noch sonder personen, frömbd noch heimsch, geistlich noch weltlich, mügent berüeren, bedüten, schmähen, reizen oder widerwillig machen [...]»[31].

Es handelt sich nicht um einen Einzelfall; das geht zum Beispiel aus einem an der Fastnacht 1522 in Nürnberg ausgesprochenen Verbot hervor: «Das vasnachtspil, darinnen ein babst in aim chormantel get und im ein dreifach creütz wirdet vorgetragen, ganz abstellen [...].»[32]

Erst solche Parallelen lassen die politische Brisanz erahnen, die hinter dem Auftritt der Fastnachtspiel-Geistlichen zu diesem Zeitpunkt steckt. Die Botschaft, dass der päpstliche Klerus nichts anderes als ein Haufen verkleideter Narren sei, wird auch durch jene Konnotationen vermittelt, die auf bekannte Formen von fastnächtlichen Umzügen verweisen. So ist Cläiwe Pflugs Beschreibung des päpstlichen Zugs («Der rot, der schwarz, der brun, der blaw, / Und etlich ganz schier eselgraw, / Der wiss und schwarz in ägristen wis [...].» [Gegensatz, V. 73–75]) durchaus vergleichbar mit dem chronikalischen Bericht von Hermann Miles über den Einzug der Konstanzer an der St. Galler Fastnacht 1527: «komend etlich burger von Costanz in katzen wis, in grüenen roken, hohen hüeten mit grüenen spiessen [...].»[33]

Wie stark der parodistische Gehalt der päpstlich-karnevalistischen Auftritte sowohl in den «Totenfressern» als auch im «Gegensatz» ist und mit wieviel Spott auf ein reales Phänomen der Zeit angespielt wird, ist heute nur noch durch den Vergleich mit einer ernstgemeinten Zeremonie erfassbar.

Von der Kaiserkrönung Karls V. (1530) berichtet Anshelm:

Uf dem plaz wurden ufgemacht 2 leuwen und in miz ein adler, gabent roten und wissen win. Nach darbi briet man einen ganzen ochsen, und darin ein schwin, ein lam, vil capunen, pfauwen, räbhüener und vil andres gflügel, strekt alles sine Köpf hinuss. Es waren uf dem plaz vor dem pallast verordnet 1800 landsknechte, 1500 Spanier in einer schlachtordnung und das gros gschüz, zu ring drum, hielten den plaz in. Demnach ward der Bapst in die kilchen tragen, vor im giengen die obresten burger und doctores von Bononia, uf die ward getragen gar ein schöne ofne infel; darnach giengen 56 bischof in chormäntlen und inflen von wisser gestikter linwat, darnach 20 cardinäl in messgwanden und inflen von wissem damast; uf die ward der Bapst von 12 manen getragen uf einem sässel, mit gulden knöpfen und rotem samat überzogen, hat ein guldinen chormantel und ein bapstscron uf, mit vil grossen köstlichen steinen und pärlin, und lief neben im sin gard, und hinnach vil priester und curtisanen, für den altar, da abgesessen und niderknüwet; darnach sich in sinen stul bim altar gesezt; da haben im die cardinäl die hend und die bischof d'fües küsst; demnach schikt der Bapst die zwen eltesten cardinäl dem Keiser entgegen, lies im den chormantel abtun und ein messgwand anlegen und sin drifache kron uf den altar setzen.[34]

Indem solche Zeremonien in der *Fastnacht*, genauer: in den Spielen von 1523 imitiert werden (vgl. Totenfresser, Anweisung vor V. 1, 1261–1266 oder Gegensatz, Anweisung vor V. 63, V. 63–87), sind sie der Lächerlichkeit preisgegeben.[35]
Ein weiterer Schlüssel, um die Wirksamkeit der Gleichsetzung von Priesterschaft und Fastnachtsnarren zu verstehen, liegt in der Geschichte der liturgischen Gewänder. Wenn der «Gegensatz» die Buntheit des päpstlichen Zugs gegenüber der Schlichtheit der Christus-Anhänger betont, so wird damit auch auf die liturgischen Farben Bezug genommen, die erst mit dem tridentinischen Konzil 1570 verbindlich festgelegt wurden.[36] Erst recht scheinen vor 1570 die Farben Weiss, Rot, Grün, Violett, Schwarz und Rosa je nach Fest bei den Gewändern des Klerus eine wichtige Rolle gespielt zu haben.[37] Es erstaunt daher nicht, dass diese Farbigkeit zu einem theologischen Kritikpunkt und besonders zum Gespött der Reformatoren wurde, die gerade mit schlichter Laienkleidung gegen die farbige Äusserlichkeit des geistlichen Standes protestierten.[38]
Die Entlarvung der Priesterkleidungen als Fastnachtskostüme hat also

durchaus einen tieferen theologischen Sinn und vermittelt auf anschaulich-sinnlicher Ebene reformatorische Ideologie. Schlichtheit und Innerlichkeit gegen Farbigkeit und Äusserlichkeit: Diese simple Polarisierung wird im reformatorischen Kampf zu einem Symbol mit weitreichenden Konnotationen. In seiner Predigt am 22. Sonntag nach Trinitatis 1530 (13. November) geht Martin Luther darauf ein, indem er warnend das Bild des Satans heraufbeschwört: «Er kan ouch zum tancz gehen. Er muss schwarcz und weyss gecleydet seyn. Er ist bunth gekleydet. [...] Ita videmus eum coloratum in Comiciis praeteritis, qui contra manifestam veritatem egit Duces et Episcopos.»[39]
Um überhaupt solche Botschaften und Anspielungen zu ermöglichen, sind die Spiele von 1523 auf die Fastnacht als Rahmenhandlung angewiesen; isoliert man sie daraus, so gehen alle diese unausgesprochenen, aber unterschwellig mitschwingenden Konnotationen verloren.

Narren und Verkehrte Welt: Fastnachtsmetaphern in der reformatorischen Propaganda

Die *ideelle* Bedeutung der Fastnacht für die Reformation liegt im Prinzip der Entlarvung, wofür sich fastnächtliches Masken- und Larvenwesen, Spott und Parodie natürlich besonders eignen. So entwickelte sich denn die Fastnacht in der reformatorischen Polemik zu einer beliebten Metapher, mit der man die päpstliche Kirche gleichzeitig verspotten und entlarven konnte, zumal dadurch populäre und allseits bekannte Bilder evoziert wurden. Komplexe Inhalte sind damit auf eine knappe, eingängige Formel gebracht, die immer wieder von neuem zum Spiel mit Worten und Bildern anregte.
In dieses Umfeld gehören verschiedene Aussagen von Luther selbst. Im Anschluss an die im Zusammenhang mit dem ‹Papstaustreiben› zitierte Stelle, wo Luther die Spottprozession der Wittenberger Jugend 1521 beschreibt[40], heisst es: «Dignus enim hostis Christi hoc ludibrio, qui summos reges, imo Christum ludificatur. excuditur iam ea fabula versibus eruditis.»[41] Die Fastnacht erlaubt also nach Luther eine Umkehr des alltäglichen Spotts, den Christus durch den päpstlichen Klerus zu erdulden habe. Diese Entlarvungsabsicht konkretisiert sich beispielsweise in den Versen, auf die Luther hier angespielt haben soll:

In papam ridicule circunvectum
nuper in Bacchanalibus ludis scazon.

Vos ergo, larvae purpuratae, abite inter
Errate larvas, scenici greges papae!
Quid enim nisi inane nomen estis et larvae?
[...]
Spectator, hunc papisticum gregem ride,
Larvas inanes, histrionicam turbam![42]

Im selben Jahr, 1521, schreibt Luther gegen die «Papisten», er kämpfe darum, «euch die fastnachts larven abtzutzihen [...]»[43]. In diesem Sinn spottet er auch 1523: «Drumb sind unser Bischoff nichts denn Niclas Bischoff, und wie yhr priesterthumb ist, so sind auch yhr gesetz, opffer und werck. Es were eyn feyn spiel ynn die fassnacht, on das der gottliche name unter dem scheyn gelestert wirtt.»[44] Diese Worte sind gar als Aufforderung zur Aufführung von antiklerikalen Fastnachtspielen interpretierbar. Dass Luther darin wirklich ein Kampf- und Propagandamittel gesehen haben könnte, geht nicht nur aus dem Bericht von Mathesius über das Lied vom ‹Papstaustreiben› hervor.[45] Auch Simon Grunau überliefert in seiner preussischen Chronik eine Aufforderung Luthers, «die stedte solten frei auf sein einrathen die munche nach Turkischer Weise in den pflug spannen» und «von den munchen und nonnen ein fasttnachttspiell machen»[46].

In Bern selbst wurde die Fastnachtsmetapher 1522 vom reformatorisch gesinnten Klein-Höchstetter Prediger Jörg Brunner im sogenannten Brunnerhandel gebraucht und könnte sogar, falls er anwesend war, Niklaus Manuel inspiriert haben.[47] In der Verteidigung seiner Klage gegen Papst und Priesterschaft gibt Brunner zu Protokoll: «Ich weiss, das es alles fasnachtspil ist, was die bischoff wichen und bescheren, und haben es selb erdacht, dass sy ir eignen larven und fasnachtbutzen hetten in der welt umlöffen, der welt zu einem gelechter und spott, damit si uns gnug für narren umzügen; [...].»[48] Niklaus Manuel spricht dementsprechend vom «gouglerisch wesen» (Gegensatz, V, 150) der Priesterschaft oder lässt die «Götzen» in ihrer Klagrede jammern: «Und wir ie sind das fassnachtspil.»[49]

Seinerseits spielt auch Luther in späteren Schriften wieder mit dem Bild einer Priesterschaft, die im Grunde in die Fastnacht gehörte, wodurch ihre Verstellung und Falschheit den passenden Rahmen erhielten und

offenkundig würden. In einer Predigt von 1529 schreibt er: «Es ist ein fasnacht spil, quod stulti in larvis sunt reges et econtra. Sic qui habentur pro Christianis, non sunt, et econtra.»[50] Hier wird gleichzeitig das Stereotyp der fastnächtlichen Verkehrung bemüht, um der reformatorischen Botschaft metaphorisch zum Ausdruck zu verhelfen.[51]
Dies bestätigt nun aber auch die früher geäusserte Vermutung, dass es sich beim karnevalistischen Motiv der Verkehrten Welt eher um ein (oberschichtliches oder theologisches) Interpretament handelt als um ein systematisch praktiziertes Fastnachtsverhalten. Als *Idee* und *Deutung* eignet sich die Verkehrte Welt sehr wohl, um die Anhänger des Papsts zu diskreditieren und gleichzeitig für reformatorische Ziele zu werben. Indem den Vertretern der alten Kirche immer wieder die Schuld zugeschoben wird für die verwerfliche Verkehrtheit der Welt, erscheinen Massnahmen und Aktionen gegen den Klerus gerechtfertigt und legitim. Die Repräsentanten und Verursacher einer fastnächtlich verkehrten Zeit und Welt müssen zur Räson und die Welt selbst wieder in Ordnung gebracht werden. So beschränkt sich denn die reformatorische Propaganda nicht darauf, die Priesterschaft mit Fastnachtsnarren gleichzusetzen, sondern verwendet auch die eindringlichen, angstschürenden und moralisch unmissverständlichen Bilder der Verkehrten Welt.[52]
Auf den ideellen Hintergrund der Berner Spiele von 1523 lässt sich das so übertragen: Da der von einer korrupten Kirche geprägte ‹Normalzustand› der Welt aus reformatorischer Sicht als Verkehrung und Perversion der göttlichen Ordnung erscheint, bietet natürlich der Ausnahmezustand der Fastnacht den sinnvollsten Anlass, die Verkehrtheit überhaupt darzustellen und zu entlarven. Daraus ergibt sich einmal mehr eine innere Bindung der Spiele an ihren Kontext.
Die Inszenierung der Metapher von der Verkehrten Welt beruht allerdings ebensowenig wie die Fastnacht selbst auf einer systematischen Verkehrung aller Verhältnisse. Vielmehr werden dafür einzelne Elemente, Motive und Strukturen verwendet. In diesem Sinn darf man etwa die Entlarvung des Papsts als Antichrist auffassen. «Du bist, ich gloub, der war antichrist!» (Totenfresser, V. 902), muss der Ritter von Rhodos zu seinem Schrecken erkennen und wird darin von Petrus bestätigt: «Wie wol er der allerheiligest gheissen ist, / So hiess er billicher der widercrist!» (Totenfresser, V. 1545f)
Ebenso eindeutig wirkt das Prinzip der Verkehrung im kleinen Spiel, wenn sich herausstellt, dass der mit Prunk beladene Herrscher der Welt,

der sich selbst Stellvertreter Christi nennt, in Wirklichkeit den absoluten Gegensatz zu Christus, eben den Antichrist, verkörpert. In Wahrheit ist er bloss «der allerminst süwhirt in diser welt» (Totenfresser, V. 965).

Anonymer Holzschnitt: Bauern am Altar, Mönche am Pflug. (Nürnberg 1508)

Dagegen sind die äusserlich armseligen und elenden Figuren dank des Evangeliums im Besitz eines reich machenden Glaubens: allen voran natürlich Christus selbst, aber auch die ihm folgenden Lahmen, Blinden, Krüppel, Bettler und Bauern.
So erscheint der Papst/Antichrist als Zentrum der moralisch verkehrten Welt, die das «widerspil» (Totenfresser, V. 1512 und 1521) zur christlichen Lehre darstellt.
Dieser Zusammenhang wurde schon von Robert Scribner analysiert.[53] Zwar geht er dabei vor allem von Cranachs «Passional Christi und Antichristi» aus, das jedoch im Konzept genau Manuels Spiel «Von Papsts und Christi Gegensatz» entspricht oder gar als Vorlage dafür in Frage kommt. Entscheidend ist, dass es der Reformationspropaganda in diesem wie in vielen anderen Beispielen gelingen konnte, «one of the most fascinating figures of the late-medieval popular thought»[54] aufzugreifen und in Verbindung mit dem Motiv der Verkehrten Welt zu einer erfolgreichen visuellen Botschaft zu verdichten:

> However pervasive the notion of inversion or reversal throughout Reformation visual propaganda, the stock motifs of the world turned upside-down, as they appeared in the genre depiction with that name, found little direct use. These joking improbabilities must have seemed slight and pallid in the face of the more serious inversions which evangelical propaganda produced. That God's representative on earth could be revealed as the Devil, as the inversion of the divine, was a reversal so radical that such stock motifs could scarcely do it justice. Indeed, the notion was so shocking that it could probably only be conceived in terms of a total and ultimate inversion of the world, the last days, the Antichrist and the dawn of the millennium. The full weight of the world turned upside-down in evangelical propaganda is, therefore, carried by apocalyptic motifs. These gave the identification of the pope as Antichrist an urgency and compulsion it would otherwise have lacked.[55]

Dabei betont Scribner, dass die Wirksamkeit der Verbindung von Antichrist und Verkehrter Welt entscheidend auf der vorreformatorischen Popularität dieser Motive beruht.[56] In der Tat deutet etwa das aus dem 15. Jahrhundert stammende Fastnachtspiel «Des Entkrist Vasnacht»[57] darauf hin, dass der Antichrist schon früh mit dem Karneval assoziiert wurde.

Die zu reformatorischem Handeln herausfordernde Verkehrtheit der Welt äussert sich noch in anderen Texten Manuels. Zum Beispiel in der Klage von Barbali: «Ich wil nüt von doctorn hören, / Die all heilig gschrift verkeren.»[58] Im «Ablasskrämer» wiederum wird insofern mit einem Element der Verkehrten Welt gespielt, als die Frauen den Mann schlagen.[59] Der Ablasskrämer muss also selbst die Folgen der päpstlichen Lehre ertragen, die die Welt aus ihren Fugen gehoben hat. Die suggestive Wirkung ist eindeutig: Wenn Papst und Priesterschaft weiterhin die Welt regieren, kommt es noch so weit, dass die Frauen die Herrschaft über die Männer erlangen. Aber diese Warnung erfasst nur, wer mit der Tradition und Botschaft der sexuellen Inversion vertraut ist.

Auf den Zusammenhang des Geschlechtsrollentausches mit der Karnevalskultur habe ich schon hingewiesen.[60] Seine Popularität lässt sich auch beispielsweise anhand des «Hosenkampfes» oder «Hosenstreits» belegen, jener häufig dargestellten Szene, in der sich Frauen um eine Männerhose streiten.[61] Bei diesem Symbol für Weibermacht und verkehrte Herrschaftsverhältnisse treten oft sieben Frauen auf[62], so dass die Figurenkonstellation im «Ablasskrämer» nicht ganz zufällig scheint: Es sind genau sieben Bäuerinnen, die den Geistlichen verprügeln, unterstützt von einem

Rock- und Hosenkrieg. Einblattdruck. Kopenhagen, Ende 18. Jahrhundert.

Urs Graf: Frauen traktieren Mönch (1521)

Bauern und einem Bettler.[63] Dass es sich in der Tat um eine verbreitete und vertraute Fastnachtspiel-Form handeln könnte, geht aus einem anderen Bericht über eine Aufführung an der Fastnacht 1518 in Zwickau hervor: Es ist dort die Rede von einem «spiel wie sich syben weyber umb einen man gezweihet und geschulten haben [...]»[64]. Und schliesslich ist auch bei diesem Motiv zu beobachten, wie sich die Reformation zu propagandistischen Zwecken seiner bedient: Die Verkehrtheit des Klerus wird dadurch verspottet und entlarvt, dass immer wieder Geistliche als Opfer der Weibermacht dem allgemeinen Gelächter preisgegeben werden.[65] In diesem Sinn ist auch Manuels «Ablasskrämer» keine originelle Erfindung, vielmehr spielt der Autor wiederum mit vorgeprägten Mustern.[66]

Der warner Narr.

Ir Herrn schawt auff es ist groß zeit
Wail ir geschehen worden seit
Der geschmirte bauß ist bol vñ glas
Der auch lang zeit geeffet hat
Doch als im ein trügnisflichen schein
Als muß ir im geborsam sein
Vnd alles glauben was sie leren
Darmit betten ir schepssie meeren
...

Zü iartag/pfrunden vñ gozdinst
Zü Pfisstin/Closteen rent vñ sinst
Das durch Kungreich/stet/leut vñ lant
Ist kumen in der gaistlich bant
Die darauß nimer wider kumen
Das bar manch als gschlecht abgenummen
Der der burgerschafft vñ dem adel
Das es an gut leit grossen sadel
Vnd wer das fein vñ wider ban
...

Darmit schreckens Künig vñ Fuersten
Der halb wach auf vñ laßt euch dursten
Nach rainer ler hailliger schrift
Flicht menschen ler als bœbes gift
So wert ir rechte Christen fraum
Plaibt bey laim laiten vñ reichsam
Entget irem stricken vñ gaarnen
Ich benn ñ Narrchi auch frœlich warnen
Die man denn sagt vor alten tagen
...

Anonymer Holzschnitt: Der warner Narr (Augsburg, vor 1546)

Eine innere Verbindung zwischen den Spielen von 1523 und dem Fastnachtskontext lässt sich ferner anhand von Elementen der Narrheit aufzeigen. Wiederum handelt es sich um den Einsatz von karnevalesken Metaphern, deren symbolische Ausdruckskraft wichtiger ist als der Bezug auf reale Narren in der Fastnacht. Allerdings gilt es, die Ambivalenz des Närrischen zu beachten. Gerade um die Wende vom 15. zum 16. Jahrhundert wird der Narr zum beliebten Sinnbild für die Missachtung bestimmter Normen. Zwar sind damit grundsätzlich Kritik und Moralsatire verbunden, aber im Zusammenhang mit der Reformation kann der Narr durchaus eine positive Einschätzung erhalten. Darin besteht seine Ambivalenz: Einerseits werden Reformatoren und Katholiken als Narren *kritisiert* – die einen, weil sie gegen die bestehenden Normen verstossen, die andern, weil sie die echten christlichen Normen nicht erfüllen. Anderseits erscheint der Narr in einer *positiv* bewerteten Tradition[67] als Verkünder neuer (reformatorischer) Wahrheiten und Normen.[68] Luther selbst führt sich in seiner Schrift «An den Christlichen Adel deutscher Nation» als Narr ein: «Es hat wol mehr mal ein nar weysslich geredt, unnd viel mal weysse leut groblich genarret, wie Paulus sagt ‹wer do wil weyss sein, der muss ein nar werden›.»[69] Gleichzeitig sind für ihn – diesmal negativ bewertet – die Anhänger des Papstes Narren, deren Treiben er als «narn spiel» und «narnwerck» bezeichnet.[70]

In solcher Ambivalenz taucht die mit der Fastnacht verbundene Narrheit auch in Manuels Spielen auf. Der reformatorische Lupolt Schuchnit nennt es eine Sünde, «das wir die narry ie hand gelesen» (Totenfresser, V. 1736), ebenso rät der Bauer Heini Filzhut, die päpstliche Lehre zu verachten: «Sprechend sie [die Geistlichen] dann, es sye in concilien geboten, / Ja so mag man der närrischen antwort wol spotten.» (Totenfresser, V. 1149–1150)

Erscheinen Papst und Priesterschaft als unwissende, das Evangelium verleugnende Narren[71], so verkörpert Petrus vor allem in den «Totenfressern» den positiv bewerteten christlichen Narren, obschon er nie explizit als Narr bezeichnet wird. Hingegen deuten schon die Attribute der Glatze und der Brille auf diese Funktion hin. So wird er einmal als «alt glatzet fischer» beschrieben (Gegensatz, V. 47), ein andermal als «peter mit dem glatzeten grind» (Totenfresser, V. 737), während er den Papst «mit ougenspieglen» betrachtet (Totenfresser, Anweisung vor V. 1261).[72] Erst recht weist ihn aber sein Verhalten als Narr aus: «Demnach do kam sant Peter und Paulus hinden herfür und fand ein cortisanen, bi dem stund

Ein Faßnacht spyl / so zů Bern vff
der Herren Faßnacht in dem M.D.XXII.
jar / von burgers sünen offentlich gemacht ist /
Darinn die warheyt in schimpffs wyß
vom Babst vñ siner priester=
schafft gemeldet wirt.

Item ein ander spyl / daselbs vff der
Alten Faßnacht darnach gemacht / anzey=
gende grossen vnderscheid zwüschen
dem Bapst vñ Christum Jesum vnserē sáligmacher.

Titelholzschnitt zu einer Ausgabe von Manuels Fastnachtspielen (Zürich 1525)

Petrus lang und sach den bapst an mit ougenspieglen und sunst, und kunt in nit gnug verwundern wer der wäre, [...].» (Totenfresser, Anweisung vor V. 1261) Die Komik der Gebärden, die diesen Auftritt begleiten, kann man sich leicht ausmalen. Dazu kommen die naiv-närrischen Fragen, die er anschliessend stellt: «Was mag doch das sin für ein man? / Ist er ein türk oder ist er ein heid, / Dass man in so hoch uf den achslen treit, / Oder hat er sunst gar kein fuss, / Dass man in also tragen muss?» (Totenfresser, V. 1262–1266)
Dabei besitzt die Rolle des närrischen Petrus ihrerseits mittelalterliche Tradition:

> In den volkssprachlichen Osterspielen und im Osterteil der Passionsspiele [...] wird Petrus [...] zur Lustspielfigur: Er hinkt, fällt, stärkt sich mit einem Schluck aus der Weinflasche, wimmert, weint und schimpft. Besonders im ‹Wiener› und ‹Erlauer Spiel› [...] ist die Figur des Petrus derb gezeichnet und von starker Komik durchsetzt.[73]

Wenn Fastnacht, Verkehrte Welt und Narrheit hier auf einer ideellen oder symbolischen Ebene aussagekräftige Metaphern für reformatorische Propaganda hergeben, so überrascht es nicht, dass auch Elemente aus der realen Karnevalspraxis – wie schon am Beispiel der Verkleidung angedeutet – für die anschauliche Vermittlung bestimmter Botschaften eingesetzt werden. Dies umso mehr, als es sich ja gerade dabei um einen Vorrat an traditionell vertrauten Verhaltens- und Spielformen handelt, die sich nun mit neuen reformatorischen Inhalten füllen lassen. Diese Neuausrichtung ist ohne gewaltsame Sinnentfremdung möglich, ging es doch schon vor der Reformation häufig um antiklerikale und verspottende Kundgebungen. Für die weitere Analyse orientiere ich mich daher vor allem an den früher erarbeiteten Strukturen der zeitgenössischen Fastnacht.

Spiegelungen der Fastnachtskultur im Inhalt der Spiele

Was die Fastnacht als Fest des sozialen Körpers betrifft, so spiegelt sich beispielsweise die fastnächtliche Überhöhung der städtischen Gesellschaft im Reigen der Stände, der etwa in den «Totenfressern» einen wesentlichen Teil des Handlungsverlaufs ausmacht – ohne freilich eine realistische Abbildung der Berner Stadtbevölkerung darzustellen. Vielmehr geht es darum, die Gesellschaft in Form von Andeutungen umfassend zu repräsentieren, und zwar vom Bettler bis zum Edelmann. Die mit dem Fest der Fastnacht verknüpfte Wunschvorstellung, die ganze städtische Gesellschaft harmonisch zu vereinigen, ohne die Standesgrenzen zu verwischen, schimmert auch noch im Schlussgebet von Lupolt Schuchnit durch, wobei sich die Utopie der harmonisch vereinten Stadt mit jener der religiösen Gemeinschaft verbindet: «Ach süesser Jesus Christ, ich bitten dich: / Erlücht uns alle durch dinen geist, / Die oberkeiten ouch allermeist, / Dass sie die schäfli füerind recht / Und sich erkennind dine knecht / Und nit selb wellind herren sin, / [...].» (Totenfresser, V. 1756–1761)

Dass die Spiele bei aller Kritik am Klerus keinesfalls beabsichtigten, die hierarchische Ordnung der Stadt durcheinanderzubringen, geht auch aus dem Votum des Ammans von Maraschwil hervor: «Aber weltliche herrschaft die muss man han, / Das zeiget uns Christus an menchen orten an; / Weltliche oberkeit kumpt von Gott herab, / [...].» (Totenfresser, V. 1193–1195)[74] Solche Aussagen könnten überdies ein weiteres Indiz dafür sein, auf welcher Ebene der Fastnacht die Aufführungen von 1523 zu lokalisieren sind: gewiss nicht auf einer subversiven.

Das Thema der fastnächtlichen Integration manifestiert sich auch in den Rollen der Bauern. Es mag zunächst überraschen, dass diese nicht wie in der älteren Fastnachtspiel-Tradition als tölpelhafte Spottfiguren erscheinen; davon sind ihnen nur noch die Namen geblieben, die allerdings in den Auffführungen selbst kaum ausgesprochen werden. Aber die Folgerung, dass «Manuel [...] das Landvolk gewinnen [wollte]»[75], wie Richard Feller und andere Autoren immer wieder behaupteten, scheint mir an der Fastnachtsrealität völlig vorbeizugehen. Wenn auch die soziale Zusammensetzung des Publikums nicht genau aufgeschlüsselt werden kann und Besucher von ausserhalb denkbar sind, so darf man doch annehmen, dass an jenem Ort und zu jenem Zeitpunkt in erster Linie für eine städtische Zuschauerschaft gespielt wurde. Ausserdem haben sich die zeitgenössischen Spannungen zwischen Stadt und Land gerade auch in Bern wiederholt in Form von Bauern-Verspottungen an der Fastnacht niedergeschlagen. Das Landvolk dürfte demnach als Zielpublikum der Spiele kaum in Frage kommen. Welche Funktion erfüllen dann aber die positiv dargestellten Bauern in Manuels Fasnachtspielen?

Ebenso wie in anderen reformatorischen Schriften wird mit Bauernfiguren symbolisch für die Reformation geworben. Es geht dabei weniger um den realen Bauern als um eine Identifikationsfigur, die in deutlichem Gegensatz zu den päpstlichen Geistlichen steht und die den Prozess der

Aufklärung vom Unwissenden und Ausgebeuteten zum unabhängigen, schlagfertigen und evangelisch gebildeten Christen vorzüglich illustrieren kann. Parallel dazu soll ja die Figur des Bettlers in den Spielen oder das Mädchen Barbali auch nicht die sozialen Gruppen der Bettler oder der Kinder ansprechen. Für die Bauernfiguren gilt überdies, dass sie gerade durch ihre Tradition als vertraute Spottfiguren vor einem städtischen Publikum besonders wirksam eingesetzt werden können: Wenn sogar der tölpelhafte Bauer die evangelische Lehre begriffen hat und dank ihr zu Freiheit und Unabhängigkeit gelangt ist, dann muss dies den Städter herausfordern, sich selber mit dem Evangelium auseinanderzusetzen. Der reformatorische Entwicklungsprozess wird sozusagen einen Stand zu tief angesetzt, vermag aber gerade durch die so häufig beobachtbare Verbindung von Vertrautem und Neuem auf subtile Weise das Interese zu wecken.

Die komische Komponente der Bauernrollen ist dabei wesentlich mit der Karnevalskultur verknüpft. Nicht im Zusammenhang mit der Bauernrealität, sondern nur vor dem Hintergrund des in der Stadt beliebten fastnächtlichen Bauernthemas ist dessen Wirkung für die Reformation verständlich. In den Fastnachtspielen dienen die Bauernfiguren somit letztlich der Bildung einer städtisch-bürgerlichen Identität, was ja eng mit der festlichen Utopie einer harmonisch vereinigten Bürgerschaft verbunden ist. Dieses Gemeinschaftsgefühl wird anderseits dadurch gefördert oder wenigstens suggeriert, dass sämtliche Aggressionen der städtischen Bevölkerung auf den päpstlichen Klerus projiziert werden. Während früher ein Teil der aggressiven Spannungen noch auf die bäuerlichen Spottfiguren entfiel, so werden diese jetzt gewissermassen entlastet und aufgewertet dank eines Feindbildes, das in den Spielen das gesamte städtische Aggressionspotential ertragen muss.

Wiederum reflektieren die Schauspiele eine sozialpsychologische Dynamik, die ich aufgrund von nachweisbaren Erscheinungen als besonders charakteristisch für die zeitgenössische Fastnacht beschrieben habe: Das erhöhte Risiko von Gewaltausbrüchen findet in den Aufführungen von 1523, besonders aber im Text des «Ablasskrämers», einen mit dem Kontext korrespondierenden Ausdruck. In den «Totenfressern» ruft der Edelmann den Geistlichen zu: «Wir müssten üch mit knütlen bürsten» (Totenfresser, V. 612), und der Bauer Batt Süwschmer meint: «Man solt die ablasskrämer all ertrenken!» (Totenfresser, V. 1250) Solche verbalen Aggressionen werden dann im «Ablasskrämer» in die Tat umgesetzt, und zwar oft mit unverkennbarer Lust. Trine Filtzbengel zum Beispiel möchte auch in den Genuss des Prügelns kommen: «Schland in nitt / schland in nitt / land mich jmm bürsten / o were jmm das mul voller winckel würsten / [...].» (Ablasskrämer, V. 197f)

Ein karnevalesker Fressumzug

Das Thema fastnächtlicher Gewalt und Aggressionen, das in den Aufführungen von 1523 zumindest unterschwellig immer präsent ist, führt bruchlos in den Bereich jener Körperlichkeit, die in der Fastnacht als Fest des individuellen Körpers oft sehr stark betont wird. Auch auf diese wichtige Dimension des Kontextes scheinen die reformatorischen Spiele von Niklaus Manuel Bezug zu nehmen, um darauf eine klare antikatholische Botschaft aufzubauen. Im «Gegensatz» kommentiert der Bauer Rüede Vogelnest den Auftritt des Papsts und seines Gefolges so:

> Botz verden, katigen treckigen schweiss!
> Wie sind die keiben so glatt und feiss!
> Wie hend wir die schölmen müessen mesten!
> Sie fressend und trinkend allweg des besten
> Und gebietend uns bi gotts ban
> Und wend uns ouch weder fleisch noch eier lan,
> Und fressend aber sie alles, das si gelust,
> Rebhüenli, gut feisst kappunen und anders sust;
> Das bringt man inen uf ross und wägen.
> Das in's der tüfel müesse gesegnen! (Gegensatz, V. 163–172)

Das ist an sich schon eine Anklage. Aber jetzt, während der Fastnacht, wo Fress- und Saufgelage ausnahmsweise auch von jenen demonstriert werden, die sonst nicht viel zu beissen haben, ist der päpstlich-schlaraffische Zug natürlich eine scharfe Provokation. Vor dem Hintergrund des fastnächtlichen Ausnahmezustands kann den Zuschauern so richtig bewusst werden, wie der kulinarische *Alltag* der Priesterschaft aussieht – jedenfalls in der krassen propagandistischen Überzeichnung von Manuel, die man sich sehr wohl konkret ausmalen darf. Ein zeitgenössischer Bericht über den Karneval von Metz 1511 gibt eine Vorstellung, auf welche Weise der päpstliche Auftritt in Bern inszeniert worden sein könnte: In einem Umzug wird ein Wagen mitgeführt, auf dem sieben oder acht Personen sitzen,

> autour d'un bancquet en manière de bellitres; leur nappe estoit trouée et pertuisée en plusieurs lieux et à demy teincte du vin qu'ilz avoient respandu; ilz mangeoient comme chiens enfamés et tres deshonnestement, et en deffaulte de verres, ilz beuvoient en des pots de terre, et, en maingeant, ilz chantoient et hurloient tous ensemble, l'ung hault, l'aultre bais, sans rime et sans raison, et menoient ces gens icy la plus grande vie que jamais on vist mener à bellitres [...].[76]

Demnach spielt vielleicht auch der Berner Umzug auf solch typisch karnevaleske Erscheinungen an, mit dem Unterschied, dass diejenigen, die das Gelage inszenieren, gleichzeitig den Papst und dessen Anhänger darstellen. Die Provokation wird dadurch noch gesteigert, dass es just diese Kreise sind, die die Fastnacht demnächst wieder mit Fastenvorschriften beenden wollen und sich selbst – das impliziert die Botschaft – vom Fasten ausnehmen.

Also nicht nur in bezug auf ihre Kleidung, sondern auch in ihren kulinarischen Ausschweifungen erweisen sich die katholischen Geistlichen als Fastnachtsgesellschaft. Dass damit, neben der Belustigung, soziale Ungerechtigkeiten angeprangert werden, geht aus einer Flugschrift Heinrichs von Kettenbach (1522) hervor, wo mit etwas ausführlicheren Worten dasselbe Bild heraufbeschworen wird:

> Es ist gespot dem fasten. darumb die pfaffen, münch und nunnen, die da maynen, sy fasten aller maist, fasten gar nicht kain tag, sy stecken / vol als die zecka, Vol, vol, vol guter viesch, guts weins, sy haben jre sunderliche collatz, wein, jr latwergen, feigen, mandel, raynfal etc. Sy spoten gots mit jrem fasten, und fasten dem bapst also. widerumb die armen baurn und hantwercksleüt, die fasten das mer tail jm jar, wann sy auch ain tag vier mal essen; wann sy selten ain mal gnug guter speiss haben zu essen, selten guten wein zu drincken.[77]

In einer Zeit, in der Hungersnöte eine durchaus reale Bedrohung sind, dürfte die klerikale Fresserei, die uns im Berner Spiel nur durch wenige kommentierende Worte von Rüede Vogelnest vermittelt wird, von nicht ganz harmloser Wirkung sein. Emotionen werden besonders dadurch geschürt, dass die fetten Priester mit dem elenden Zug der Christus-Anhänger kontrastiert werden. Möglicherweise liegt dieser Opposition das alte fastnächtliche Thema des Kampfes zwischen Karneval und Fastenzeit zugrunde, dessen vielfältige Erscheinungen in der frühen Neuzeit Peter Burke idealtypisch zusammenfasst:

Der Triumph des Karneval (Neapel, um 1850)

‹Karneval› wurde gewöhnlich als dicker Mann dargestellt, mit einem Bierbauch und einem roten Gesicht, lustig, oft mit Lebensmitteln wie Würsten, Geflügel und Wild behängt, auf einem Fass sitzend, oder, wie 1572 in Venedig, von einem riesigen Kessel mit Makkaroni begleitet. Die ‹Fastenzeit› war im Gegensatz dazu eine magere alte Frau, schwarz gekleidet und mit Fisch behängt.[78]

Dieses Spiel endete gewöhnlich damit, dass ‹Quaresima› (Fastenzeit) über ‹Carnevale› siegte, was auch als Sieg der Kirche über die sündige Welt interpretiert werden darf. Ist das kleine Berner Spiel vielleicht eine Abwandlung dieses bekannten Modells, indem ironischerweise die päpstliche Kirche mit der sündigen Welt gleichgesetzt ist, während Christus als Vertreter der wahren Kirche den Sieg davonträgt? Eine solche Deutung wird unterstützt vom Kommentar des Cläiwe Pflug zum Christus-Zug, worin er tatsächlich das Thema des Essens wieder aufnimmt, und zwar ganz im Sinn einer materiellen Enthaltsamkeit, die jedoch einen inneren Triumph darstellt: «Dann Christus hat uns selber gladen / Zu dem himelischen nachtmal / In des öbristen küngs sal; / Da lebt man wol und gibt nieman nüts, / Die ürten hat er selbs bezalt am crütz. / Da werdend wir wie die fürsten leben, / Ganz fri und umbsunst, geschenkt, vergeben.» (Gegensatz, V. 194–200)
Die Reformation verlegt das Schlaraffenland in den Himmel.
Die Anspielung des Berner Spiels auf einen traditionellen karnevalesken Fressumzug erscheint ausserdem plausibel, weil es noch andere reformatorische Umsetzungen dieses Motivs gibt. So könnte etwa der Holzschnitt «Die Pfaffenkirmes» von Peter Flötner (um 1535) beinahe eine Illustration zu Manuels «Gegensatz» abgeben, wobei freilich in der bildlichen Darstellung die fastnächtlichen Elemente noch eindeutiger sind als im Text von Manuel.[79]

Kannibalen und Totenfresser: Die Priesterschaft beim Leichenmahl

Das Thema der karnevalistischen Fresserei ist im Grunde auch im grösseren Spiel von 1523 präsent, allerdings mit einer Wendung ins Groteske. Nicht zufällig ging es ja unter dem Titel «Die Totenfresser» in Anshelms Chronik ein. Freilich handelt es sich nur um ein Bild, das eine der Hauptaussagen des Stücks auf einen Nenner bringt: dass nämlich die päpstliche Kirche sich von den Toten ernähre, indem sie einerseits den

Hinterbliebenen Messen und Jahrzeiten abverlange, anderseits Kapital schlage aus der Angst der Menschen vor dem Tod, einer Angst, die nicht zuletzt durch die päpstliche Fegfeuer-Ideologie geschürt werde. In diesem übertragenen Sinn fressen die Kleriker die Toten und bereichern sich an ihnen: «Und ee ir den werdent verzeren, / Wirt üch Got ein besseren bscheren» (Totenfresser, V. 45f), freut sich der Tischdiener zu Beginn des Stücks, während der enttäuschte Ritter später den Papst anklagt: «Dine roten hüet und bschorne rott / Hand blutig und roubwölfen zän! / Ir hettind gut würstmacher gen, / So ir so gern im blut umbgand, / Ein lust die lüt zu metzgen hand!» (Totenfresser, V. 918–922) Wie konkret aber diese Kannibalismus-Metapher ausgestaltet und wie eng dadurch die Beziehung zur Fastnachtsfresserei wurde, illustriert der Titelholzschnitt zu Gengenbachs Totenfresser-Spiel.[80]

Was hat es mit dem Kannibalismus auf sich? In seiner vorbildlichen Analyse des blutigen Karnevals von Romans 1580 erwähnt Emmanuel Le Roy Ladurie, wie eine aufständische Bruderschaft eine fastnächtliche Beerdigung inszenierte und dabei mit dem Ruf «sechs Deniers das Pfund Christenfleisch» scherzhaft und ernsthaft zugleich die Notabeln bedrohte.[81] Interessant ist Le Roy Laduries Einschätzung der kannibali-

Peter Flötner: Die Pfaffenkirmes (um 1535)

schen Phantasie: «Möglicherweise gehört sie zu den Symptomen einer Psychoanalyse der Geschichte; mit Sicherheit zu manchen spezifischen Karnevals- und Aufruhrriten, die ins Kannibalische abgleiten (zum Beispiel in Agen im Jahre 1635 oder in Montpellier im Jahre 1380).»[82] Zwar bezieht die aufständische Bruderschaft von Romans den Kannibalismus auf sich selbst, während er in Bern den Gegnern zum Vorwurf gemacht wird. Aber die Verbindung des Kannibalismus-Motivs mit der Fastnacht scheint eine gewisse Tradition zu besitzen, aus der auch die reformatorische Bewegung schöpft.[83] Sogar Zwingli soll 1524 zum Ärger der Katholiken gepredigt haben, die (altgläubigen) Eidgenossen «verkoufid das kristenplut und essid das kristenfleisch»[84].

Nicht auszuschliessen ist ein Zusammenhang zwischen der Metapher der Totenfresser und der fastnächtlichen Figur des Narrenfressers, die zum Beispiel 1522 für Nürnberg bezeugt ist.[85]

Deutlicher erscheint allerdings die Verbindung von Totenfresserei und Fastnachtskultur – wenigstens im Berner Spiel von 1523 –, wenn man den Auftritt der Priesterschaft gewissermassen als Leichenmahl interpretiert. Dies ist nicht so abwegig angesichts der Tatsache, dass ja die ganze Handlung durch eine Beerdigung ausgelöst wird und darauf aufbaut.[86] Da

templum wir geben / auerſt taceatis:
erinde als wir leben / alſo faciatis.
ur mundi ſein wir noch / alles improbitatis:
Lazarei ſein wir doch / auerſt ne credatis
mnia ſein vns vreij / durch Bullen euulgatis
circo dragen wir / ₰eilichdom ſanctitatis. 3.

Auff wir doch ſchon in Teuten ſingen /
Das vns der Toten tzum hals auffpringen:
Bonnen wir das gar wider abſtaen /
Mit ₰eilich Waſſer / vnd ander dingen:
Die wir mit Ablaſs dar vnder mingen /
Das wir dem Abten / reine Schweinen ſlaen. 4.

Titelholzschnitt zu Pamphilus Gengenbachs «Totenfressern» (Augsburg 1522)

es sich dabei mit grosser Wahrscheinlichkeit um ein von fastnächtlichen Scherzbegräbnissen entlehntes Element handelt, ist die Totenfresserei im Berner Spiel also zumindest indirekt von der Fastnachtskultur abhängig und entwickelt sich daraus.

Die Deutung des ersten Teils der «Totenfresser» als Begräbnisparodie lässt sich besonders durch die Vergegenwärtigung des sichtbaren Geschehens abstützen. Da wird zunächst ein Toter «in einem boum, in gestalt in ze vergraben» (Totenfresser, Anweisung vor V. 1), vorgeführt. Zwar brechen die «leidlüt», die der Bahre folgen, sogleich in Klagen aus; aber schon der zweite Vers, in dem der Tote als «vetter Bonenstengel» bezeichnet wird, weist auf die scherzhafte Dimension des Geschehens hin. Damit liegt es nahe, dass dieser Vetter Bohnenstengel selbst eine Scherzfigur verkörpert, wie wir es aus der zeitgenössischen Fastnacht kennen. Ein Visitationsbericht aus der südsteirischen Stadt Radkersburg berichtet beispielsweise von einem Aufzug am Aschermittwoch 1528, der den Klerus verspottete: Eine Prozession folgte einer Bahre, «dar Innen ist gelegen Hosenn undt wammass ausgeschoppt, daran ain Kurbiss alls ain haubt in der gestalld aines todtenn mennschen undt Häring daran [...]»[87]. So oder ähnlich könnte auch der Berner Vetter Bohnenstengel als Puppe ausgesehen haben – es ist ja nicht anzunehmen, dass er von einem Spieler verkörpert wurde. Dabei waren vermutlich sowohl die Leidmänner als auch die Bahre, die «für die pfeffisch rott ward nider gestellt» (Totenfresser, Anweisung vor V. 1), während der ganzen nachfolgenden Spielzeit zu sehen, so dass der Betrachter im Gegensatz zum Leser die Ausgangslage – eben das Spottbegräbnis – immer vor Augen hatte.[88]

Fastnächtlich-reformatorische Skatologie

Bei der fastnächtlichen Betonung des Körperlichen und Kreatürlichen spielen skatologische und sexuelle Elemente keine geringe Rolle. Sie schlagen sich ebenso wie die Fresserei in Manuels Fastnachtspielen nieder, wiederum mit einer reformatorischen Tendenz versehen. Besonders das Thema der Skatologie illustriert sehr schön, welche Funktionen das ins Groteske verzerrte Prinzip des Materiell-Leiblichen, wie es Bakhtine beschrieben hat[89], in der Reformationspropaganda erfüllte.

Skatologie wurde zunächst einmal eingesetzt, um den Klerus beziehungsweise bestimmte sakrale Bereiche zu erniedrigen und ‹in den Dreck zu ziehen›. Dieser Abbau von Respekt gegenüber Institutionen und Vertretern der religiösen Macht war gewissermassen die psychologische und ideologische Voraussetzung für antiklerikale Aktionen. Bei ihrer Untersuchung von Riten der Gewalt in der frühen Neuzeit hat Natalie Davis auf die wichtige Rolle der Konzepte von Schmutz und Reinheit im religiösen Kontext hingewiesen:

> Pollution was a dangerous thing to suffer in a community, from either a Protestant or a Catholic point of view, for it would surely provoke the wrath of God. [...] It is not surprising, then, that so many of the acts of violence performed by Catholic and Protestant crowds have [...] the character either of rites of purification or of paradoxical desecration, intended to cut down on uncleanness by placing profane things, like chrism, back in the profane world where they belonged.
>
> This concern of Catholic and Protestant crowds to destroy polluting elements is reminiscent of the insistence of revolutionary millenarian movements that the wicked be exterminated that the godly may rule.[90]

In diesem Sinn liefert die ‹Pollution› des Gegners durch skatologische Elemente gleichsam die Legitimation oder gar die Verpflichtung, Massnahmen zum Schutz der ‹echten› und reinen Sakralität zu ergreifen. Was vordergründig ein primitiver Scherz ist, ermöglicht darüber hinaus auf ideologischer Basis eine neue Grenzziehung zwischen sakralem und profanem Bereich und besitzt damit Reformpotential. Das Skatologische dient also nicht nur der Erniedrigung der konfessionellen Feinde, sondern hat gleichzeitig auch regenerierende Kraft, was ja Bakhtine in seiner allgemein auf mittelalterliche Lachkultur bezogenen Darstellung immer wieder betont hat.[91]

Auf diese Weise nehmen die innovativen Kräfte der Reformation auf einer ganz elementar-kreatürlichen Ebene Gestalt an.

In Manuels Fastnachtspielen spielt Skatologie zwar keine dominante Rolle, taucht jedoch in einem stereotypen Bild immer wieder auf:

> Und han den ars an brief gewüst. (Totenfresser, V. 1034)
> Ich schiss in ablass und wüste den ars an ban, [...]. (Gegensatz, V. 208)
> nim du den brief und schyss drin [...]. (Ablasskrämer, V. 68)

Diese verbale fäkalische Besudelung von Ablassbriefen ist mehr als simpler Spott. Sie besitzt vielmehr den symbolisch-rituellen Charakter, der erforderlich ist, um die mit magischen Kräften versehenen Objekte der katholischen Kirche zu entzaubern und unschädlich zu machen. Die Bedeutung von Exkrementen und Fäkalsprache in diesem Kontext ist überdies daraus ersichtlich, dass sie auch im weiteren Rahmen der reformatorischen Propaganda demonstrativ und fast zwanghaft verwendet werden. Vor allem aber die Reaktionen darauf zeigen an, dass damit substantielle Botschaften vermittelt wurden, die Tabus verletzten und das bestehende Weltbild erschütterten. Nur so ist zu verstehen, weshalb der Berner Rat 1526 nachforschen lässt, «wär zu Arberg geredt hab, er schiss uff die mäss»[92]. Ebenso befremdlich mutet es auf den ersten Blick an, wieviel Aufwand die Zürcher Obrigkeit betreibt, um das Gerücht zu dementieren, «dass in der kilchen unsers spitals in ein ampel, vor dem heiligen sacrament hangende, menschenkat gelegt sye, [...]»[93]. Auch dies ist nur erklärbar durch den hohen Symbolgehalt solcher skatologischer Elemente, der sich wiederum in der Formelhaftigkeit ihrer Verwendung niederschlägt. So findet etwa das Zürcher Gerücht von 1523 eine Entsprechung bei Luther: «Sitzt der Bapst an Christus stet in der Kirchen und leuchtet wie dreck in der latern.»[94]

Wichtig für Verständnis und Einschätzung verbaler skatologischer Metaphern sind schliesslich auch nonverbale symbolische Ausdrucksformen, die einen wichtigen Bereich des zeitgenössischen Kommunikationsverhaltens ausmachen. Wenn der mit der Reformation sympathisierende Zuger Chronist Werner Steiner 1523 klagt, die «mutwilligen gsellen» hätten ihm eine tote Katze vor das Haus geworfen «und beschissind mir die hinterthüren mit luter koth»[95], so handelt es sich dabei um eine vertraute und ritualisierte Form von Beleidigung.[96]

Dasselbe gilt für gewisse Gebärden. Salat berichtet in seiner Chronik: «[...] und alls da selbs zu Glarus / fromm eerlich / mann und frowenn / allt gloubig / uff eim kilchweg / fürgiengend / hatt ein secter sin blossen ars / und andern unrat / zumm venster us gstossen / und redtt zu den allten sy sottend da lugen / das wär jr sacrament.»[97]

Vor diesem Hintergrund kann man erahnen, welche Aussagekraft das oben zitierte ‹Scheissen auf den Ablass› besitzt und weshalb ein gewisser Cristan Gurgi(?) auf Befehl der Berner Obrigkeit 1528 ins Gefängnis muss «von der red wegen: m.h. habind vyl pfaffen berüfft uff die disputatz und wuss nitt, was sy da schaffen, dan das sy gross huffen da schissen, damitt vyl zibellen wachsen»[98].

Die verbalen Beleidigungen scheinen unmittelbar assoziiert zu werden mit bestimmten symbolischen Aktionen und besitzen daher grösseres Gewicht als harmlose, auf dem vordergündigen Wortsinn beruhende Scherze, wie auch Robert Scribner bestätigt:

> We have evidence that such debasement of the opponents of the Reformation was applied literally. One pamphlet of 1528 told how Luther had been sent a copy of a work written by two Leipzig *Magister*, attacking in scurrilous terms his marriage to Katharina von Bora. This work was taken off to the lavatory by various of Luthers supporters in Wittenberg, ‹illustrated› there, and then returned to its authors. There was, however, another dimension to this scatological humour than just an intention to demean and humiliate. In the popular mind it would also have served to link the pope and his followers with the demonic. In popular superstition the privy was the haunt of demons and evil spirits. It is thus no surprise that the themes of defecation and the demonic should be linked in Reformation propaganda.[99]

Zwar beschränkt sich die Popularität skatologischer Ausdrücke und Symbole gewiss nicht auf die Fastnacht. Hingegen dürfte die Toleranz dafür zur Fastnachtszeit wesentlich grösser sein, weshalb Skatologie und Karnevalskultur – verstärkt durch die allgemeine Betonung des Körperlichen an der Fastnacht – eben doch in enger Verbindung stehen: Die gleichen Worte, die zeitweise mit Gefängnis bestraft werden, toleriert man offenbar an der Fastnacht beziehungsweise in den Fastnachtspielen.

VII. Die reformatorische Botschaft

Die Wechselwirkungen zwischen den Fastnachtspielen und ihrem Kontext sind vielfältig und können heute, bald ein halbes Jahrtausend nach den Aufführungen, wohl nur zu einem geringen Teil rekonstruiert werden. Immerhin hoffe ich an einigen Beispielen demonstriert zu haben, aufgrund welcher Rahmenbedingungen wirksame Botschaften entstehen und wie sehr das Verständnis von Spielinhalten von der Einsicht in die Karnevalskultur abhängig ist. Stand bis jetzt gerade dieses sinnstiftende Zusammenspiel zwischen textimmanenten Elementen und Kontext im Vordergrund, so sei im folgenden doch noch der Versuch gewagt, aus den Spieltexten einige wenige Grundideen herauszudestillieren. Welche Einstellungen, Werte und Glaubenshaltungen liegen der reformatorischen Botschaft zugrunde, wie sie in Manuels Fastnachtspielen vermittelt wird? Was für eine Ideologie war es denn eigentlich, die durch das komplexe Medium Fastnachtspiel popularisiert und in Bern verbreitet wurde?[1]

Einstellungen zur alten Kirche

Ein wesentliches Moment der meisten reformatorischen Schriften besteht darin, die päpstliche, ‹falsche› Lehre den ‹richtigen›, evangelischen Werten und Grundsätzen gegenüberzustellen. Diese heben sich immer im Kontrast zur alten Kirche ab und müssen daher in einem strukturellen Abhängigkeitsverhältnis gesehen werden; es handelt sich um eine Struktur, die als Denkschema eine Einheit bildet, bestehend aus einem negativen und einem positiven Pol, welche natürlich, je nach Perspektive, auch umgewertet werden können. Es scheint daher angebracht, zuerst von diesem kontrastierenden Hintergrund der alten Kirche auszugehen, auf dem die neue Lehre aufbaut.

«*O bapst, bapst, wie bistu so gar verirt!*»[2]

Auch Manuel verwendet einen grossen Teil seiner Werke darauf, den Gegensatz zwischen dem entfremdeten Papsttum und dem wahren Christentum aufzuzeigen, ja er baut sogar ein ganzes Stück auf diesem Thema auf: Im «Gegensatz» liefert er dessen eindringlichste Darstellung. Häufig wird die päpstliche Lehre in den Kontext von Krieg, Zerstörung und Gewalt gesetzt, wogegen das Evangelium Frieden und Eintracht verspricht (zum Beispiel Gegensatz, V. 105f). Die Entfremdung des Papstes manifestiert sich ausserdem in der Gegenüberstellung von zwei Lebensweisen beziehungsweise von Reichtum und Armut:

> Wir bischoff hand ein gute sach,
> Darumm sind wir an gut nit schwach:
> Darzu so hilft uns das bepstlich recht.
> Die sach wer sust nit halb so schlecht
> Und wurdent nit vil syden tragen,
> Och nit gros gut verton mit jagen,
> Zu keiner zyt imm harnasch rytten;
> Ich wer och nit hoptman in strytten:
> Ich trug villicht grob tuch und zwilchen! (Totenfresser, V. 123–131)

Den stärksten Ausdruck erreicht das Gegensatzpaar aber in der Personalisierung aller Missstände im Papst und aller positiven Werte in Christus oder Petrus, wie es im «Gegensatz» geschieht. Dies dient dann gleichzeitig dazu, die logische Konsequenz herzuleiten, in welcher der Papst wörtlich zum negativen Gegenstück Christi wird, eben zum Antichrist. (Totenfresser, V. 1546)

«*Das ist min gmüt und anschlag / Zu kriegen, stryten und zu fechten*»[3]

In einem Augenblick, in dem die Mailänderkriege wohl jeden Berner beschäftigen – und zwar nicht nur als konkrete Quelle des Elends, sondern auch als Zeichen eines schrecklichen, unfassbaren Weltzustandes –, liefert Manuel eine Erklärung: Der Papst und seine Priesterschaft sind für den Unfrieden auf der Welt zumindest mitverantwortlich. «Du bapst und keiser Carolus, ir bed / Sind nit unschuldig an dem blut / Das ietz der Türk vergiessen tut!» (Totenfresser, V. 914–916) Immer wieder ist es der Papst, der aufrüstet und als eigentlicher «kriegsman» (Totenfresser, V. 660) erscheint, aber nicht etwa, um das Christentum gegen äussere Feinde zu verteidigen, sondern aus blosser Gewinnsucht oder gar nur, um die Christenheit zu zerstören. Der Krieg an sich wird als erstes und vordringlichstes Anliegen des ganzen Klerus geschildert, welcher offenbar auch gar nicht ohne ein Heer vorgestellt werden kann; vielmehr sind sich Geistliche und Kriegsleute sehr verwandt, wie aus der Rede des Kardinals hervorgeht:

Heiliger vatter, das sol beschehen!
Wir künnend wol einen krieg ansehen,
Das cristenblut gemm himel sprützt.
Von herzen gern hör ich das gschützt
Und lieber dann die vesper singen:
Min herz facht an in fröden springen! (Totenfresser, V. 1565–1570)

Die gegenseitige Verstrickung und Durchdringung von kriegerischem und geistlichem Element erreichen einen Höhepunkt im Bild vom Christenblut, das zum Himmel spritzt.

«Es muss einr psalen und wirt drumm gschint: / Ein pur der d'schu mit widen bint!»[4]

Der treibende Motor hinter allen Aktivitäten der katholischen Geistlichen ist das Geld. Manuel begnügt sich aber nicht bloss damit, die Gewinnsucht des Klerus aufzuzeigen. Vielmehr macht er ökonomische Zusammenhänge sichtbar, wenn er verschiedentlich darauf hinweist, dass das ausschweifende Leben und insbesondere die Kriege des Klerus beziehungsweise des Papstes irgendwie finanziert werden müssen und dass die päpstlichen Einrichtungen wie Ablässe, Jahrzeiten und Messen nur diesem Zweck dienen. Leidtragender des Systems ist meistens der gutgläubige Bauer: «Wie hend uns die pfaffen geschaben und geschunden! / [...] Was habend sie us unserem gelt gemacht, / Das wir inen umb den ablass gaben! / Damit versolden sie die reisknaben / Und hend gross büchsen lassen giessen.» (Gegensatz, V. 156–161)

Aber auch der Edelmann wird ausgebeutet:

> Ich heiss Hans Urich von Hanenkron,
> Ir hand aber rendt und gült darvon:
> Ir hand den nutz und ich den namen.
> Der tüffel nemm üch allsammen!
> Min vordren warend gfryet heren
> Und fürtend ir stat mit grossen eren:
> Do wurdentz überredt von üch pfaffen,
> Sy kündint vor Got nüt bessers schaffen
> Denn das sy ir gut nach irem leben
> Üch pfaffen, münchen und nonnen geben:
> Sy gabent das gut den merteil dahin. (Totenfresser, V. 583–593)

Neben dem Interesse am Krieg ist also das ‹Wirtschaftsunternehmen› Kirche vor allem auf Rentabilität ausgerichtet, was mit seiner Monopolstellung bei der Vermarktung von Himmel, Hölle, Ehe, Sünde und ähnlichem (Totenfresser, V. 725–730) nicht schwerfällt.
Geradezu modern mutet die Erklärung des Bettlers Steffen Gygenstern für die Armut und das Elend einer breiten Bevölkerungsschicht an, die nicht etwa als gottgegeben akzeptiert, sondern in sehr einleuchtende Zusammenhänge eingebettet werden: Über das Geld, das man «uss tütschen landen» den hohen Geistlichen nach Rom zuführt, sagt er: «man ernertte hundert mönschen mitt / denen man doch nitt ein haller gitt / unnd aber üch buben um ein falschen brief.» (Ablasskrämer, V. 135–137) Diese ‹Fluchtgelder›, die im unterentwickelten «tütschen land» im Grunde einen sozialen Ausgleich oder zumindest eine Linderung des Elends ermöglichen würden, investiert man lieber in die Kirche, um sich einen sicheren Platz im Himmel zu ergattern – unabhängig davon, ob es sich um sauberes oder aus «wucher roub gestolen gut oder von falschem spil» (Ablasskrämer, V. 32) erworbenes Geld handelt. (Ablasskrämer, V. 23–33)
Dass solche Praktiken mitunter auch Korruption und wirtschaftliche Abhängigkeiten bis hin zur Prostitution nach sich ziehen, versteht sich von selbst. Die «pfaffenmätz» berichtet davon:

> Vor bin ich lang im frowenhus gsin
> Zu Strassburg da niden an dem Rin;
> Doch gwan min hurenwirt nie so vil
> An uns allen (das ich globen wil)

Als ich dem bischoff han müssen geben.
Ach Got, möcht ich noch den tag erleben
Das der bischoff nit wer min wirt! (Totenfresser, V. 261–267)

«*Das man das gmein volk mag erschreken, / Das hilft gar wol den schalck bedecken*»[5]

Dass das ganze korrupte System immer noch funktioniert, ist der raffinierten Einschüchterungstechnik der Geistlichen zu verdanken. Selbst wenn die Laien das ausschweifende Leben des Klerus verurteilen, so sind sie doch in dessen Gewalt, solange sie auf das eine Verhältnis zur Bibel und zu Gott angewiesen sind, das ihnen von der Kirche her angeboten wird; eine Alternative gibt es vor der Reformation noch nicht. Die Macht, die insbesondere dem Papst durch diese Abhängigkeit der Laien zufällt, ist unerhört:

Ich ryt mit drü-, viertusent pferden,
Ein cardinal mit zwei-, drühundert:
Wiewol die leyen übel wundert,
Ich zwing sy alle durch den ban.
Sy wondint der tüffel fiel sy an,
Wo sy ein wort darwider redtend.
Darumm, wenn wir nun selber wedtend,
So sind wir her der ganzen welt,
[...]. (Totenfresser, V. 72–79)

Gerade die letzten Zeilen zeigen die Ohnmacht des Volkes, dessen Mut und Selbstvertrauen so unterdrückt ist, dass es sich nicht einmal gegen offensichtliche Ungerechtigkeiten auflehnen würde. Eine eindrucksvolle Schilderung solcher Praxis, die an psychischen Terror grenzt, liefert der Ablasskrämer Rychardus Hinderlist in seinem Geständnis, wie er den Zuhörern in der Kirche jeweils mit allen erdenklichen Qualen des Fegfeuers gedroht habe (Ablasskrämer, V. 305–326).
Mit solchen Entlarvungen macht Manuel auf die Schwachstellen der päpstlichen Lehre aufmerksam, an welchen die Reformation angreifen und allenfalls konstruktive Alternativen bieten kann. Der so geschürte Antiklerikalismus muss zwangsläufig zu einer Solidarität unter den bisher Betrogenen führen und damit auch zu einem neuen, kollektiven Selbst-

vertrauen beitragen, das gerade für die frühe Phase der Reformation von grosser Bedeutung ist.

Die evangelische Alternative

«Min hoffnung ist in dich gesetzt»[6]

Wie schon aus der Beschreibung der konkreten historischen Situation hervorging, kann die Reformation mindestens teilweise und in ihren ersten Jahren als Reaktion angsterfüllter, entwurzelter und orientierungsloser Menschen verstanden werden, die dringend nach einer Erlösung von der sozialen und psychischen Krisensituation verlangt, aber auch nach einer Befreiung von grossen materiellen Sorgen und von den unerträglich gewordenen sozialen Spannungen. So muss man sich das Auftauchen reformatorischer Ideen auch als das Erscheinen einer Utopie vorstellen: «The promise of Protestant preachers was the promise of a society no longer burdened psychologically or socially by religion, a community in which religious energies and endowments directly served the common good.»[7]

Das Prinzip Hoffnung kommt etwa im Gebet des Lupolt Schuchnit zum Ausdruck (Totenfresser, V. 1665–1770), wo das päpstliche System nicht mehr nur angeklagt, sondern auch dessen Überwindung vorausgenommen wird. Wie ich gezeigt habe, bezieht sich diese Utopie auch auf Gesellschaft und Politik, indem der Prediger die Obrigkeit ausdrücklich ins Gebet einbezieht und das Bild einer harmonischen Gemeinschaft heraufbeschwört (Totenfresser, V. 1756–1761), deren ideologische Basis das Evangelium bildet. Das Versprechen, dass mit der Reformation alles besser werde, ist unterschwellig meistens präsent, auch wenn es nicht ausgesprochen wird. So spielt etwa die öfters demonstrierte innere wie äussere Befreiung oder Emanzipation einzelner Figuren darauf an.

«Zeig's mit der gschrifft»[8]

Wenn das Funktionieren der katholischen Kirche darauf beruht, dass die eigentlichen Inhalte des Evangeliums vom Klerus verschleiert oder gar missbraucht werden, so bedeutet der Kampf gegen Missbräuche in erster

Linie, dass man sich selbst einen Zugang zu diesem biblischen Machtinstrument verschaffen muss. Solange die Geistlichen das Evangelium als Geheimnis hüten können, sind sie unverletzlich, und ihrer Willkür sind keine Grenzen gesetzt; denn das Prinzip der Heimlichkeit, das ihre Praxis durchdringt und stützt, verhindert auch die Kommunikation unter den Laien, die für die Enthüllung notwendig wäre: «es gloubtz kein mönsch uff erttrich recht / wass heimlich jn der bicht wirtt gewunnen / [...] den jederman schwigt das er nitt seitt / was man jmm da in der bicht uff leitt / [...].» (Ablasskrämer, V. 404–414)
Im Moment, in dem dieses Prinzip entdeckt wird, bricht der Kampf um die Macht des Wortes und des Wissens aus. So wie das Lesen von der einen Seite plötzlich als Waffe zur Befreiung erkannt wird, so nimmt auch die Angst der anderen Seite vor der drohenden Aufklärung zu; ganz besonders die Drucker, die den Aufklärungsprozess technisch ermöglichen, werden als grosse Gefahr empfunden:

> So gat uns ab an allen dingen;
> Denn sy wend selb der gschrift zu tringen.
> Der tüffel nemm die truckergsellen
> Die alle ding in tütsch thund stellen,
> Das alt und nüw testament!
> Ach werend sy wol halb verprent!
> Sy thund uns grossen schaden
> Und wend uns überladen:
> Ein ietlicher pur der lesen kan,
> Der gwünnt's eim schlechten pfaffen an. (Totenfresser, V. 227–236)

Vor allem im «Barbali» zeigt Manuel, dass das Lesen und die Kenntnis des Evangliums einerseits Schutz vor Betrug bedeuten, anderseits aber ganz besonders als Mittel zur Emanzipation, zur Unabhängigkeit und zur Macht dienen: Dank seiner Bibellektüre kann Barbali seine Widersacher souverän überwinden und in die Schranken weisen. In diesem Licht muss die bei Manuel – wie überhaupt bei allen Reformatoren – lancierte Aufklärungs- und Alphabetisierungskampagne gesehen werden. Wo immer die Monopolstellung der Kirche und das Geheimnis des Klerus durchbrochen ist, beginnen die Laien zu diskutieren, gewinnen sie Selbstvertrauen und Mut und wagen es, die päpstliche Lehre auf die Probe zu stellen mit der Aufforderung: «Zeig's mit der gschrifft»! Das Evangelium wird zum einzig massgebenden Prüfstein für Wahrheit und Falschheit,

und wer lesen kann, so wird suggeriert, ist in seiner Unabhängigkeit gefeit
vor Ausbeutung und Betrug:

> Nein, herrli, ir hand z'vil gelogen,
> Die armen schlechten leien trogen!
> [...]
> Darumb glouben ich nit einer ieden sag,
> Die man mit gschrift nit b'wärt an tag,
> [...]
> Ich weiss, was goldsteins man bruchen sol,
> Darbi man alle ler nun vast wol
> Erkennen und probieren mag. (Barbali, V. 484–506)[9]

«*So ist der gloub das obrest gut*»[10]

Worin besteht aber diese Wahrheit des Evangliums, aus der die Laien
plötzlich so viel Kraft schöpfen? Auf theologischer Ebene stimmt sie im
allgemeinen mit den Grundsätzen überein, die Luther daraus zieht. Sie
gründet hauptsächlich auf den absoluten und unbedingten Glauben in
Christus (Totenfresser, V. 1384, 1669, 1702; Gegensatz, V. 201). Der
Glaube ist auch die einzige Voraussetzung für die Gnade Gottes, die
keinesfalls, wie in der päpstlichen Lehre, als käufliches Gut erworben
werden kann (Ablasskrämer, V. 87). Damit wird dem Laien aber auch
eine sehr attraktive Alternative geboten zum Ablasshandel und in der
Frage des Seelenheils, die zu den ganz wichtigen Problemen der Zeit
gehören und wohl sehr viele Leute in einer heute kaum mehr nachvoll-
ziehbaren Art und Weise beschäftigen. Was bisher ein Privileg der
Reichen war, die sich mit Geld die Gunst des Klerus erkaufen konnten, ist
plötzlich allen Menschen zugänglich: Der Platz im Himmel steht ausnahmslos allen offen, die in Christus glauben. «Wer gnad begert, dem
mag sy werden», sagt Petrus in den «Totenfressern» (V. 1394), und
Doctor Lupolt Schuchnit spricht in seinem Gebet:

> Herr, du bist doch allein die tür
> Dardurch wir werdind in himel gan!
> Her, erbarm dich über iederman,
> Alle menschen, niemants usgenommen!
> Herr, lass uns all zu genaden kommen
> [...]. (Totenfresser, V. 1764–1768)

Mit dieser Demokratisierung christlicher Grundsätze und Ideale geht
natürlich, wie schon beobachtet, auch die Öffnung des Zugangs zur
christlichen Lehre, das heisst insbesondere zum Evangelium, einher, das
zu einem jedermann verfügbaren Gut werden soll. Es vollzieht sich so fast
automatisch eine immer stärkere gegenseitige Durchdringung von geistlichem und weltlichem Leben, eine Säkularisierung religiöser Ideale in
Richtung der Gesellschaft als corpus christianum. Selbstverständlich wirkt
sich das auf den Alltag jedes einzelnen aus, indem eine neue Sozialethik
zur Grundlage des Gemeinschaftslebens gemacht wird. Dabei handelt es
sich nur relativ gesehen um neue Werte und Normen, werden doch diese
von den Anhängern der Reformation aus der Besinnung auf die ursprüngliche christliche Lehre heraus proklamiert.

«Wer nit werket, sol ouch nit essen»[11]

Im Zentrum der sozialethischen Konsequenzen, die die Reformation mit
sich bringt und die auch in Manuels Werken deutlich spürbar sind, steht
im Grunde ein neues Verantwortungsgefühl, das dem einzelnen in der
Gemeinschaft übertragen wird. So, wie er in theologischer Hinsicht
mündig geworden ist, soll er auch in bezug auf seine Umgebung mündig
handeln. Das bedeutet beispielsweise, dass jeder für seinen eigenen
Lebensunterhalt aufkommen muss, um ja der Gemeinschaft nicht zur Last
zu fallen; dabei erhält die Arbeit eine ganz bedeutende Rolle als positiver
Grundwert, während Müssiggang gleichzeitig verurteilt wird. Auf diese
Weise scheint es auch möglich, soziale Ungerechtigkeiten und Missstände
auszugleichen. Denn nur ein über unmittelbare Bedürfnisbefriedigung
hinausgehendes Verhältnis zur Arbeit erlaubt es, einen Überschuss zu
produzieren, der den Hilfsbedürftigen zugute kommen kann. Diese Hal-
tung, die wiederum ein konstruktives Angebot zur Lösung von sozialen
Spannungen und Missverhältnissen darstellt, lässt sich natürlich auf die
Gebote des Evangeliums abstützen.
Die neuen ökonomischen Prinzipien sind ethisch zu rechtfertigen als
Arbeit zum Nutzen der Gesellschaft – aus Nächstenliebe. Barbali, dem
Grundsatz folgend: «Man sol werken, nit müessig gon» (Barbali, V. 433),
kommt zum Schluss, dass sie keine Nonne werden könne, da sie dann
keine gemeinnützige Arbeit verrichten würde: «Gott büt, lib und leben
für den nächsten z'setzen; / D'nunnen wend nit ein fuss für porten netzen /

Dem nächsten zu nutz, notdurft und lieb. / Ja, wird ich ein nunn, so bin ich ein dieb!» (Barbali, V. 375–378) Viel eher will Barbali «kind söugen, erziehen mit täglicher Arbeit» (V. 1044), um so ihren Beitrag an die Gesellschaft zu leisten.[12]
Grosses Verantwortungsgefühl legen aber auch etwa die Bauern an den Tag, die einen Teil des vom Ablasskrämer zurückgeforderten Geldes aus eigenem Antrieb dem Bettler Steffen Gygenstern übergeben (Ablasskrämer, V. 545f).
Manuel kann die Forderung nach Nächstenliebe kaum oft genug unterstreichen. In den Worten des Bauern Heini Filzhut:

Lond pfaffen reden was und wie sie wend.
Ja wenn wir sunst armen huslüten gend,
Unseren nachpuren, deren vast vil sind
Arm, ellend und krank und hand ouch kind:
Das gevalt am allerhöchsten Gott,
[...]. (Totenfresser, V. 1131–1135)

Ein solches Verantwortungsgefühl ist nur durch die Verinnerlichung gewisser Werte zu erlangen. Es entspricht ganz diesem komplizierten Internalisierungsprozess, wenn zum Beispiel der Begriff der Freiheit verinnerlicht wird und auf den ersten Blick vielleicht widersprüchlich erscheint; aber da er eben primär eine innere, religiöse Freiheit meint (Barbali, V. 781 und 1480), verträgt er sich durchaus mit dem Gehorsam gegenüber der Obrigkeit (Totenfresser, V. 1193–1195). So darf man nach Freiheit streben, ohne die soziale Ordnung zu gefährden.[13] Immerhin legitimiert Manuel aber auch den Ungehorsam gegenüber einem «meister», wenn dessen Gebote nicht mit dem Evangelium vereinbar sind (Barbali, V. 901–903, 913f, 1475).
Insgesamt werden alle positiven Werte des Evangeliums, alle Alternativen, die aus der gesellschaftlichen und religiösen Krise herausführen sollen, durch Christus verkörpert; immer wieder taucht er als grosses Vorbild auf, dem die in Manuels Werken auftretenden Repräsentanten der Reformation nacheifern. Der Berner Autor verstand es, in Christus als idealer Identifikationsfigur und in den Bauern, Bettlern und reformierten Predigern seiner Stücke als aktiven christlichen Helden die reformatorische Botschaft in anschaulicher Weise weiterzuvermitteln.

VIII. Die Bedeutung von Fastnachtspielen für die Reformation

Belege zur Rezeption der Berner Spiele

Die komplexen Beziehungen und Zusammenhänge, die sich im Laufe meiner Untersuchung zwischen den Spielen und ihrem ausserliterarischen Umfeld ergeben haben, bilden die Grundlage für ein Wirkungspotential, das nicht zu unterschätzen ist. Obschon direkte Zeugnisse der Rezeption in Bern fehlen, mögen immerhin einige Belege andeuten, dass die Aufführungen und Texte nicht echolos verhallten.
Valerius Anshelm nach zu schliessen bewirkten die Fastnachtspiele von 1523 den für die Reformation in Bern entscheidenden Gesinnungswandel bei der breiten Bevölkerung: «Durch dis wunderliche und vor nie, als gotslästerliche, gedachte anschowungen ward ein gross volk bewegt, kristliche friheit und bäbstliche knechtschaft zuo bedenken und ze underscheiden.»[1]
Freilich ist anzunehmen, dass Anshelm aus seiner proreformatorischen Sicht die Aufführungen und ihren Aufklärungseffekt überbewertet. Das gilt auch für seine Einschätzung hinsichtlich Popularität und Verbreitung der auf den Spielen beruhenden Flugschriften: «Es ist ouch in dem evangelischen handel kum ein büechle so dik getrukt und so wit gebracht worden, als diser spilen.»[2]
Zwar hat Jakob Bächtold allein bis 1529 sechs verschiedene Auflagen gezählt[3], was bei einer Zahl von maximal 1000 Exemplaren pro Auflage[4] bedeutet, dass die Berner Fastnachtspiele bis zum Ende der zwanziger Jahre in rund 6000 einzelnen Flugschriften verbreitet wurden. Obschon keiner dieser Drucke aus Bern selbst stammt[5], so ist doch zu vermuten,

dass ein Teil der Flugschriften wieder nach Bern zurückfloss, wo Interesse und Absatzchancen für Lokalthemen sicher am grössten waren. Dennoch hält sich damit die Popularität der gedruckten Texte in Grenzen; diese haben, wie ich zu zeigen versuchte, vielmehr die Funktion von Kommunikationsimpulsen und dürften so den zur oralen Kultur gehörenden Diskurs über die Aufführungen und deren Inhalte immer wieder neu belebt haben. Aus diesem Grund lässt sich der Wirkungsgrad der Fastnachtspiele nicht an den Auflagenhöhen messen. Aufschlussreicher und für den Ablauf der beschriebenen Kommunikationsprozesse bezeichnend sind dagegen die Worte, die der katholische Luzerner Johannes Salat in seiner Chronik zum Jahr 1527 äussert. Er vergleicht die Verbreitung und Durchsetzung reformatorischer Ideen in Bern mit dem Ausbruch einer Feuersbrunst, welche nicht zuletzt durch jene Glut entfacht worden sei, die durch Ereignisse wie die Fastnachtspiele entzündet wurde und lange Zeit im Verborgenen geglimmt habe:

> Der funck und glusen / so lang jn der eschen verborgen glegen / [...] lies nun sich sechen / fieng an zu nemenn / und ward jn kurtzem ein aller schädlichst gros füür und brunst darus / alls man hören wirt. Und das der gifftfunck lang jn jnn glegen / lies sich wol sechen by zwej spilen / so jr / Berner / burger machtend vom bapst und priesterschaft / gar hoch damit schmechend alle geystlichkeyt / [...].[6]

Während damit eher die Breitenwirkung in Bern selbst angesprochen ist, so lässt sich die für den gesamten Kommunikationsprozess unentbehrliche Teilnahme der Gebildeten und ‹opinion leaders› an der Auseinandersetzung mit Manuels Schriften ebenfalls nachweisen. Dass Zwingli sich etwa mit dem «Ablasskrämer» und anderen, teilweise verschollenen Werken von Manuel beschäftigt hat, geht aus einem Brief des Berner Autors an den Zürcher Reformator hervor. Er bittet darin um die Rückgabe von etlichen «schimpfschriften in rimen verfasst, so ich üch vor etliche zit überantwurt und zu besechen geben hab: namlich ein gougler vom aplass sprechend, ein aplasskremer, ein troum, zierman und zierweib in einer zech [...]»[7].

Auch Bullinger scheint Manuels Werke mindestens zum Teil rezipiert zu haben, verwendet er doch in seinen Briefen die Namen von Figuren aus dem «Barbali»[8], was wiederum auf einen gewissen Bekanntheitsgrad schliessen lässt.

Diese spärlichen Belege sind natürlich untauglich, um die Funktion der Fastnachtspiele im Prozess der Berner Reformation zu beurteilen. Ausserdem sollte aufgrund der bisherigen Untersuchung deutlich geworden sein, dass allfällige Rezeptionszeugnisse immer nur für einen schmalen Sektor der vielschichtigen Kommunikationsprozesse aussagekräftig sein können.

Ebensowenig wie die Fastnacht selbst lassen sich die Fastnachtspiele auf eine eindeutige Funktion reduzieren. Es kann daher nicht das Ziel dieser abschliessenden Betrachtungen sein, die interdisziplinär erarbeiteten, aus dem Zusammenspiel unterschiedlichster Faktoren abgeleiteten Wirkungsweisen auf einen einzigen Nenner zu bringen. Gerade das Aufdecken von verborgenen Strukturen, Abhängigkeiten, Verknüpfungen und Anspielungen hat ja deutlich gemacht, in wievielen Bereichen und auf welche Weise einzelne Elemente der Spiele in den Gang der politischen, konfessionellen, kommunikativen und alltäglichen Ereignisse eingreifen konnten.

Wie auch immer die spezifischen Wechselwirkungen aussehen: zusammengenommen bestätigen sie den Eindruck, dass die zeitgenössische Festkultur, insbesondere aber Fastnacht und Fastnachtskultur als zentrale Bereiche davon, für die Überwindung des alten Glaubens und für die Popularisierung und Durchsetzung reformatorischer Ideen in der Stadt eine wichtige Rolle spielte. Die von Robert Scribner eher quantitativ ermittelten Zusammenhänge zwischen Fastnacht und Reformation liessen sich in der qualitativ ausgerichteten Analyse eines Einzelfalles differenzieren und inhaltlich weiter erschliessen. Die Frage, wie und weshalb Fastnacht und Fastnachtspiele bei der Umstrukturierung von Weltbild und Ideologie einer Gesellschaft hervorragende Aufgaben erfüllen konnten, glaube ich in bezug auf einzelne Aspekte beantwortet zu haben. Die Erkenntnisse seien hier noch einmal knapp zusammengefasst.

Erfolgreiche Vermittlung reformatorischer Ideen

Die Grundvoraussetzung für den nachweislich engen Zusammenhang zwischen Fastnacht und Reformation liegt im hohen Stellenwert, den schon die vorreformatorische Fastnacht im sozialen und politischen Leben der Stadt einnimmt. Es handelt sich wohl um das bedeutendste Fest der damaligen Gesellschaft, das auch auf andere Bereiche der zeitgenössi-

schen Festkultur ausstrahlt. Indem die Zeit des Karnevals aber nicht einfach einen anarchischen Gegensatz zum Alltag bildet, sondern diesen in schillernden Brechungen fortsetzt, erweist sie sich als Zeit, die der städtischen Gesellschaft lebenswichtige Kommunikationsprozesse ermöglicht. Obschon es sich gezeigt hat, dass man nicht von einer einzigen, homogenen Festkultur ausgehen darf, so lässt sich das gesamte Phänomen Fastnacht doch als ein – freilich sehr komplexes – Kommunikationsforum definieren, da ja nicht nur innerhalb der einzelnen sozialen Schichten, also horizontal, kommuniziert wird; die Selbstdarstellung bestimmter Gruppen oder überhaupt die Möglichkeit, sich an der Fastnacht öffentlich zu einer Gruppe zu bekennen, deuten auch auf ein vertikales Kommunikationsbedürfnis hin, das über die Standesschranken hinausgreift. Sprache und Grammatik des Festes eignen sich dabei sowohl zum Ausdruck repräsentativer, distinktiver, und integrativer Bestrebungen innerhalb der Stadt als auch zu aussenpolitischen Konfliktlösungen oder Sympathiekundgebungen. Die Entwicklung der fastnächtlichen Besuchskultur vor und während der Reformation lässt klar erkennen, wie bedeutend das politisch-kommunikative Potential der Fastnacht für den informellen Dialog zwischen den eidgenössischen Orten ist. Innenpolitisch ist vielleicht die Zunahme fastnächtlicher Gewalterscheinungen während der Reformation ein Indikator für die Steigerung der Kommunikations- und damit auch der Konfliktfrequenz während der Fastnacht. Es existiert wohl kaum ene Periode im Jahreszyklus jener Zeit, in der verschiedene gesellschaftliche Gruppen und Kräfte, aber auch viele Individuen, so ungehindert miteinander in Kontakt treten können wie zur Fastnachtszeit. Dass daraus neben dem grösseren Informationsfluss nicht nur Harmonie, sondern ebensohäufig Aggressionen und Gewalt resultieren, leuchtet ein. Somit bietet die Fastnacht als Kommunikationsforum ideale Bedingungen für verschiedenste Formen breitenwirksamer und populärer Auseinandersetzung mit reformatorischen Ideen.
Unter diesen Formen der Auseinandersetzung kommt den Fastnachtspielen eine bedeutende Rolle zu, wobei ich gezeigt habe, dass zwischen literarischen und anderen Aufführungen keine scharfen Grenzen zu ziehen sind. In der oralen Kultur des frühen 16. Jahrhunderts gehören Schau-Spiele zu den wirksamsten Kommunikationsmitteln, da sie ein multimediales Spektakel bieten und eine grosse Anzahl von Adressaten gleichzeitig ansprechen oder gar partizipieren lassen; die durch die Aufführungen ausgelösten Kommunikationsprozesse entwickeln dann in Form von Dis-

kussionen oder auch nur Gerüchten darüber eine gewisse Eigendynamik, die das gemeinsam erlebte Spektakel vor anderen Medien auszeichnet. Natürlich ist die Bedeutung des Mediums Schau-Spiel in der Wechselwirkung mit anderen zeitgenössischen Medien zu sehen, dürfte aber, selbst bei einmaliger Aufführung, auf lokaler Ebene mehr zur Meinungsbildung beigetragen haben als beispielsweise die in diesem Zusammenhang meist zuerst genannten Flugschriften. Das hängt nicht zuletzt damit zusammen, dass eine Aufführung gewöhnlich die Rezipienten bei der Vermittlung der Botschaft aktiv einbezieht und ihnen Identifikationsmöglichkeiten bietet; dabei wird die Botschaft selbst – im Gegensatz zu den Flugschriften – an die lokalen Verhältnisse angepasst, was für die Popularisierung der Reformation von grosser Bedeutung ist. Gerade hinsichtlich der unentbehrlichen Adaption neuer Inhalte an bekannte Formen und Erscheinungen eignet sich das Fastnachtspiel in besonderem Mass, sofern es den populären, allseits verständlichen Code der zeitgenössischen Fastnachtskultur aufnimmt, also vertraute karnevalistische Elemente integriert und propagandistisch ausnützt. Die Wirkung der Fastnachtspiele im reformatorischen Kommunikationsprozess beruht folglich auch darauf, dass sie nicht nur äusserlich an den Fastnachtstermin gebunden sind (wie in der Fastnachtspielforschung immer wieder behauptet wird), sondern auch enge innere Beziehungen zu ihrem karnevalistischen Kontext aufweisen. Es gehörte zu den Hauptzielen dieser Untersuchung, solche Beziehungen transparent zu machen.

Selbstverständlich müssen die Vorteile einer Aufführung gegenüber den Flugschriften immer wieder vor dem Hintergrund der kaum verbreiteten Lesefähigkeit eingeschätzt werden. Umso höher entwickelt waren wohl in jener Gesellschaft beispielsweise visuelle und aktionale Mitteilungsformen und Symbole, die ja in jedem Fastnachtspiel reichlich verwendet werden.

Als Medium erreicht die fastnächtliche Darbietung einen hohen Grad an Publizität durch die Fastnacht als Rahmenbedingung. Dafür ist neben dem zahlenmässigen Aufmarsch der Zuschauerschaft auch deren Erwartungshaltung verantwortlich, also eine traditionell begründete Rezeptionsbereitschaft und ein ‹Gewohnheitsrecht› auf Darbietungen und Spektakel.

Was die reformatorische Propaganda betrifft, so eignen sich Fastnachtspiele ebensogut wie etwa die von Robert Scribner analysierten Holzschnitte für einen wirksamen Appell an den Betrachter.[9]

Eine wichtige Funktion erfüllen die Spiele von 1523 für die Entwicklung der Berner Reformation, indem sie auf das besondere politisch-konfessionelle Kräftespiel in Bern und der Eidgenossenschaft reagieren. Da die Obrigkeit zu dieser Zeit darum bemüht ist, sich weder mit den katholischen noch mit den reformatorisch gesinnten Orten zu verfeinden, schlägt sie hinsichtlich der Reformation offiziell keinen eindeutigen Kurs ein. Auch innenpolitisch scheint zwar eine Mehrheit der bürgerlichen Elite Sympathien für die Reformation zu haben, besitzt aber nicht die Entschlossenheit und Durchsetzungskraft, die für eine klar proreformatorische Politik nötig gewesen wären. Während also gegen aussen hin eine relativ undurchsichtige Haltung eingenommen wird, subventioniert man im Innern jene Aufführungen, die ein unmissverständliches Bekenntnis zur Reformation ablegen. Dieses Bekenntnis hat immerhin offiziösen Charakter, indem man ihm einen für die Identität der Stadt bedeutsamen und symbolträchtigen Ort zur Verfügung stellt. Anderseits brauchen sich die Obrigkeit und die einflussreiche Elite nicht zu exponieren: Die Unverbindlichkeit der Fastnachtspiele ist dadurch gewährleistet, dass es sich um Inszenierungen von – wahrscheinlich in einer Verbindung organisierten – Jugendlichen handelt, und dass die Fastnacht selbst ein gewisses Mass an Toleranz, Meinungs- und Äusserungsfreiheit erlaubt. In ihrer ambivalenten gesellschaftlichen Funktion zwischen Stabilisierung von herrschenden Normen und Kritik an Missständen bilden vielleicht gerade die Jugendlichen eine wichtige Verbindung zwischen der Reformation und den von ihnen bevorzugten karnevalistischen Ausdrucksformen. Die Inszenierung des reformatorischen «Gewissens der Stadt» liegt dabei durchaus im Interesse der Obrigkeit.

Als zeitlich begrenzte Ausnahmesituation verleiht die Fastnacht den Aufführungen zunächst einen spielerischen, nicht ernstzunehmenden Charakter, so wie ja schon vor der Reformation antiklerikale fastnächtliche Manifestationen die Autorität der Kirche nicht ernsthaft in Frage gestellt, sondern eher bestätigt haben. Nun ist es gerade bezeichnend für reformatorische Aktionen, dass sie sich zwar formal gewissermassen auf das Recht karnevalistischer Spielereien und antiklerikaler Parodien berufen, gleichzeitig aber inhaltlich in subtiler Weise die Grenzen zwischen Spiel und Ernst aufheben. Dieses Oszillieren zwischen Spiel und Ernst erlaubt somit zwei Interpretationen desselben Vorfalls: Während er offiziell als blosse fastnächtliche Posse abgetan werden kann, wofür die Obrigkeit nicht verantwortlich ist, nehmen die Akteure (und wohl auch

ein Teil der Zuschauer) die propagandistische Botschaft ihrer Aktion durchaus ernst. In diesem Sinn funktionieren die Aufführungen von 1523 als willkommenes Korrektiv zum offiziellen politisch-konfessionellen Kurs.
Angesichts der allgemein zunehmenden sozialen Spannungen in den frühen zwanziger Jahren, die möglicherweise durch saisonale Faktoren wie Teuerung und Arbeitslosigkeit verstärkt werden, erstaunt es nicht, dass die Obrigkeit 1523 zwar die unkontrollierbaren Bereiche der Fastnacht einzudämmen versucht, daneben aber gleichzeitig die Darbietung von Spielen belohnt. Dies weist die Aufführungen nicht nur als Element der wohlgeordneten, offiziellen und eher oberschichtlichen Fastnacht aus, sondern deutet darauf hin, dass damit andere fastnächtlich-reformatorische Aggressionen kanalisiert und aufgefangen wurden. Die Spiele sind also auch Ausdruck einer politischen Gratwanderung zwischen der zögernden Befürwortung der Reformation und der Angst vor der Eskalation unerwünschter Bewegungen und Begleiterscheinungen, die weit über den religiösen Bereich hinausgehen und die gesamte soziale Ordnung bedrohen. Falls die Aufführung des «Ablasskrämers» 1526 tatsächlich unterdrückt wurde, so dürfte dies genau mit jener Gratwanderung zusammenhängen, indem in diesem späteren Spiel das Mass des Tolerierbaren überschritten wurde.
Widerspiegeln demnach die hier untersuchten Spiele eine städtische Reformation, die weniger von der breiten Bevölkerung, als ‹von oben›, von der Obrigkeit ausging? Sicher wäre es falsch, die Aufführungen einfach als ein Instrument der Regierung zu betrachten, selbst wenn sie zum Teil deren Ansichten repräsentieren. Ebenso irrig ist die Meinung, sie seien Ausdruck einer Volkskultur. Die Analyse hat immer wieder gezeigt, dass sie ein Produkt von Kräften aus verschiedenen sozialen und kulturellen Sphären sind und dass ihr propagandistischer Erfolg vielleicht gerade auf der Verschmelzung und Integration von unterschiedlichen kulturellen Ausdrucksformen beruht: Auf diese Weise reflektieren die Aufführungen eine reformatorische Bewegung, die ihrerseits nicht schichtspezifisch fixierbar ist.
Wenn sich die drei Phasen des städtischen Reformationsprozesses, wie sie von Steven Ozment beschrieben wurden, tatsächlich verallgemeinern lassen, so sind die Berner Spiele wohl am Anfang der mittleren Phase anzusiedeln, die zwischen der Prediger- und der Magistratenreform stattfindet: «[...] ideologically and socially mobile burghers, primariliy from

the (larger) lower and middle strata, created a wedge of popular support»[10]; dabei scheint es mir zumindest für Bern angebracht, die hier herausgehobenen Unterschichten durch «upper and middle strata» zu ersetzen. Falls die städtischen Unterschichten aufgrund solcher Ereignisse wie Fastnachtspiele doch von der reformatorischen Bewegung erfasst worden sein sollten – was ungeklärt bleibt –, so vielleicht eher durch die spezifisch fastnächtlichen Kommunikationsbedingungen und weniger als direkte Adressaten der Aufführungen.

IX. Das Fastnachtspiel als Konfliktritual – ein Versuch

Bei den bisherigen Antworten auf die Frage nach der Funktion der Fastnachtspiele im reformatorischen Kommunikationsprozess habe ich mich immer sehr stark auf die konkrete historische Situation bezogen. Das entspricht dem grundsätzlich kontextorientierten Ansatz dieser Untersuchung, der meiner Überzeugung nach die primäre Voraussetzung darstellt für das Verständnis der Spiele. Der Nachteil dieses Ansatzes besteht jedoch in der Gefahr, zu sehr auf einzelne, spezifische Zusammenhänge und auf je unterschiedliche Betrachtungsebenen fixiert zu bleiben, ohne diese in einer wirklichen Synthese vereinigen zu können. Was sich an der Fastnacht 1523 in Bern im kulturellen und gesellschaftlichen Gesamtgefüge abspielte, schimmerte im Verlauf der Untersuchung wohl da und dort durch, bedarf aber doch noch einer übergreifenden Erklärung. Da diese notwendig auf einer abstrakteren anthropologischen Ebene ansetzen muss, ist sie auch mit einer gewissen Entpolitisierung des Gegenstands verbunden. Daher soll sie nur als Ergänzung zu den politischen Deutungsversuchen verstanden werden – durch einen Perspektivenwechsel lassen sich die grösseren Dimensionen erfassen, ohne dabei die aus untergeordneten Blickwinkeln gewonnenen Resultate ausser Kraft zu setzen. Es geht um den abschliessenden Versuch, mit Hilfe eines kultur- oder sozialanthropologischen Modells neue Einsichten in die Wechselwirkung zwischen Aufführungen verschiedenster Art und gesellschaftlichen Prozessen zu gewinnen. Das Experiment hat vorläufigen Charakter und möchte zu Widerspruch und Weiterentwicklung herausfordern.

Es ist vor allem das Verdienst des englischen Sozialanthropologen Victor Turner, für die Erklärung gesellschaftlicher Prozesse und Rituale Begriffe

eingeführt zu haben, die einen Vergleich zwischen Schauspielen im engeren Sinn und anderen Aufführungen ermöglichen. Turner benutzt den Terminus ‹social drama›, um gesellschaftliche Konfliktlösungsstrategien zu beschreiben: «Social dramas [...] are units of aharmonic or disharmonic process, arising in conflict situations. Typically, they have four main phases of public action, accessible to observation.»[1]
Die erste Phase besteht nach Turner im Bruch («breach») zwischen einzelnen Personen oder Gruppen; der Bruch wird dabei signalisiert durch eine öffentliche Verletzung der Normen, die die sozialen Beziehungen regeln.

Die zweite Phase bezeichnet Turner als Krise («crisis») mit Tendenz zur Eskalation, wobei, je nach Grösse des Konflikts, die soziale Ordnung mehr oder weniger stark gefährdet ist.

In der dritten Phase werden Massnahmen zur Restauration ergriffen («redressive action»), um die Ausweitung der Krise zu verhindern. Diese Massnahmen «may range from personal advice and informal medication or arbitration to formal juridicial and legal machinery, and, to resolve certain kinds of crisis or legitimate other modes of resolution, to the performance of public ritual»[2].

Schliesslich kommt es in einer vierten und letzten Phase entweder zur Reintegration («reintegration») der verfeindeten Gruppen oder zur Anerkennung der Notwendigkeit einer Spaltung («schism») zwischen den Parteien.[3]

Ursprünglich zur Analyse von sozialen Prozessen und Ritualen in traditionalen afrikanischen Gesellschaften entwickelt[4], hat Turner später selbst gezeigt, inwiefern das ‹social drama›-Konzept nicht nur auf komplexe Industriegesellschaften übertragbar ist, sondern auch auf kulturelle Erscheinungen wie beispielsweise konkrete Theateraufführungen.

Da jedes soziale System durch Gruppen, Klassen, Hierarchien strukturiert wird und so ständige Reibungsflächen aufweist, schliesst Turner, dass «social life [...], even in its apparently quietest moments, is characteristically ‹pregnant› with social dramas»[5]. Diese haben gewissermassen die Funktion, unsichtbare Sozialstrukturen und unterschwellige Konflikte an der Oberfläche sichtbar zu machen und zu aktivieren. Dabei vergleicht Turner den Prozess des ‹social drama› mit Van Genneps Konzept der (kollektiven) ‹rites de passage›: Der Übergang von einem System von gruppen- oder gesellschaftsspezifischen Normen, Werten, Rollen und

Positionen zu einem anderen findet – ebenso wie die kollektiven jahreszeitlichen Übergänge, zum Beispiel am Jahres- oder Frühlingsanfang – nicht nur in ritualisierter Form statt, sondern impliziert auch eine liminale Phase, das heisst eine Zeit der Ausgrenzung aus dem Fluss alltäglicher Aktivitäten. Diese Phase, die der dritten Phase des ‹social drama› entspricht, ermöglicht und erfordert einen hohen Grad an Selbstdarstellung oder Metakommunikation mittels ‹Aufführungen›. In diesem Sinn sind solche Performanzen, ob sie als Rituale oder als Schauspiele bezeichnet werden, nicht einfach mehr oder weniger belanglose, fakultative Abbilder der Gesellschaft – vielmehr sind sie konstitutiv für soziale Erfahrung und soziales Bewusstsein überhaupt.[6]

> By means of such genres as theatre, including puppetry and shadow theatre, dance drama, and professional story-telling, performances are presented which probe a community's weaknesses, call its leaders to account, desacralize its most cherished values and beliefs, portray its characteristic conflicts and suggest remedies for them, and generally take stock of its current situation in the known ‹world›.
> Thus the roots of theatre are in social drama [...].[7]

Sind demnach europäische Theateraufführungen mit afrikanischen Stammesritualen gleichzusetzen? Natürlich wäre eine so verkürzte Folgerung unzulässig und sinnlos. Dennoch kann eine ethnologische Analyse von ‹exotischen› Ritualen helfen, europäische Phänomene zu verstehen, die ähnliche Bedingungen erfüllen. Wohl gibt es ernstzunehmende Einwände gegen die Interpretation einer modernen, von Individualismus geprägten Theaterproduktion als Ritual – obschon auch dadurch neue Einsichten über die gesellschaftliche Funktion des Theaters gewonnen werden könnten.[8]
Aber für den hier zur Diskussion stehenden Gegenstand drängt sich die entscheidende Frage geradezu auf: Inwiefern lassen sich Fastnachtspiele des 15. oder 16. Jahrhunderts als kollektive Rituale betrachten? Und daran anschliessend: Welche Erkenntnisse sind aus einem solchen anthropologischen Ansatz zu ziehen?
Bei allen Vorbehalten gegen die Ausdehnung des Ritual-Begriffs auf säkulare Erscheinungen komplexer Gesellschaften[9] ist zunächst festzuhalten, dass es keine verbindliche Ritual-Definition gibt. In seiner ausführlichen und übersichtlichen Diskussion zum Konzept des Rituals kommt Iwar Werlen zum Schluss:

[...] die Kategorie ‹Ritual› ist primär eine Beobachterkategorie, keine Teilnehmerkategorie: damit ist sie abhängig von theoretischen Vorentscheidungen des Beobachters. Es wird daher immer die Möglichkeit geben, über die Kennzeichnung einer bestimmten Handlung sowohl in einer Stammesgesellschaft wie in einer Industriegesellschaft zu diskutieren: was dem einen Beobachter und Interpreten als Ritual erscheint, ist dem andern etwas anderes.[10]

Ob ein Fastnachtspiel unter dem Aspekt des Rituals betrachtet werden kann und soll, hängt daher vor allem vom Nutzen und den Erkenntnissen ab, die ein solcher Ansatz mit sich bringt.
Definitionsvorschläge, die das Ritual nicht auf sakrale Bereiche beschränken, legen jedenfalls ein so ausgerichtetes Experiment nahe. Wenn Werlen selbst ein Ritual als «expressive institutionalisierte Handlung oder Handlungssequenz»[11] zu fassen versucht, so trifft diese Umschreibung durchaus auf ein Fastnachtspiel zu. Ebenso passt die auf formalen Eigenschaften von Ritualen beziehungsweise Zeremonien beruhende Eingrenzung der Sozialanthropologinnen Sally F. Moore und Barbara G. Myerhoff; die sechs von ihnen aufgezählten Bedingungen lassen sich problemlos auf Fastnachtspiele des 15. und 16. Jahrhunderts übertragen:

1. die Wiederholbarkeit von Anlass, Inhalt oder Form;
2. die Qualität einer vorbereiteten, nicht-spontanen Handlung beziehungsweise ‹Inszeniertheit›;
3. der nicht-alltägliche, stilisierte Einsatz von Handlungen und Symbolen, die dadurch Aufmerksamkeit auf sich ziehen;
4. die deutliche Organisation und Ordnung mit klarem Anfangs- und Endpunkt, die das Ritual vom übrigen Geschehen abgrenzen;
5. die Erhöhung des kollektiven Bewusstseins der Teilnehmer, das durch bestimmte Symbole und sinnliche Effekte stimuliert wird;
6. die kollektive Dimension, die «a social meaning» beziehungsweise «a social message» produziert.[12]

Die Autorinnen weisen selbst darauf hin, dass alle diese Bedingungen auch von «such activities as drama and games»[13] erfüllt werden, welche daher nicht formal, sondern höchstens inhaltlich von kollektiven Ritualen zu unterscheiden seien. Da diese Unterscheidung jedoch nicht unproblematisch ist, schlage ich im Gegenteil vor, keine strenge Grenze zu ziehen, dafür vom allfälligen Erkenntnisgewinn einer sozialanthropologischen, ritualorientierten Fastnachtspielbetrachtung zu profitieren. So könnten die genannten Eigenschaften, die das Ritual zu einem «ideal vehicle for the conveying of messages in an authenticating and arresting manner»[14] machen, zu einem neuen Verständnis der Funktion von Fastnachtspielen führen.

Wohl existieren in der bisherigen Forschung einige Ansätze, die sozialwissenschaftliche Konzepte einbeziehen, allerdings meist ohne die gebührende Auseinandersetzung mit deren Grundlagen und Theorien. Die Diskussion erschöpft sich denn auch meist in der Deutung von Fastnachtspielen als systemstabilisierende Ventile oder als Ausdruck einer Rebellion.[15] Mit dieser simplifizierenden Opposition ist natürlich noch nicht viel gewonnen.[16]

Die Übertragbarkeit des skizzierten sozialanthropologischen Modells auf meinen Untersuchungsgegenstand hängt zunächst davon ab, ob die Ereignisse und Entwicklungen, die wir unter dem Begriff ‹Reformation› zusammenfassen, auch als ‹social drama› identifiziert werden können. Tatsächlich weisen die reformatorischen Bewegungen, wenn man sie auf eine allgemeine und abstrakte Struktur reduziert, die vier konstitutiven Phasen des ‹social drama› auf.

Sowohl die lokalen Entwicklungen als auch das Gesamtphänomen beginnen immer mit einer Verletzung hergebrachter (kirchlicher) Normen und Regeln. Fast zwingend folgt darauf eine Phase, die man als Krise bezeichnen darf und die sich niederschlägt in der Erschütterung fundamentaler Werte, in einer gewissen Orientierungslosigkeit, im Zweifel über bisher unangefochtene Wahrheiten und Autoritäten oder gar in der Gefährdung der sozialen Ordnung. Als Reaktion darauf werden Massnahmen ergriffen, um die Gefahr zu bannen, die alte Ordnung wiederherzustellen oder die Situation durch eine neue, reformatorische Ordnung zu klären. Dazu gehören auf katholischer Seite symbolisch-öffentliche ‹Aufführungen› wie Bücherverbrennungen oder Exkommunizierungen, während auf der reformatorischen Seite nicht zuletzt die Aufführung von Fastnachtspielen genannt sei. In dieser dritten Phase, die der Bewältigung der sozialen Krise dient, befindet sich Bern um 1523 – sie wird näher zu betrachten sein. Schliesslich ist auch eine vierte Phase im Prozess der Reformation erkennbar, wenn sich die eine oder andere Partei durchsetzen kann oder indem es zu einer klaren Trennung zwischen Protestanten und Katholiken kommt.

Als Gesamtphänomen führt die Reformation durch das Zusammenwirken von vielen Einzelreformen zu einer Veränderung von Ideologie und

253

Weltbild; der in kleinen Schritten vollzogene religiöse, soziale und kulturelle Wandel ist als kollektiver Übergang vom vorreformatorischen zum reformatorischen Werte- und Normensystem charakterisierbar, wobei gerade die Umwandlungsphasen soziale Unruhen und Instabilität mit sich bringen. In Form von kollektiven ‹rites de passage› kann einerseits der Wandel selbst realisiert und anderseits die Instabilität durch feste, ritualisierte Strukturen kompensiert werden. Dieses Bedürfnis nach Übergangsriten entspricht nach Turner dem Bedürfnis, in der dritten Phase des ‹social drama› mittels Aufführungen aller Art Konflikte zu bewältigen und die soziale Ordnung wiederherzustellen. In diesem Sinn ist Van Genneps Konzept der kollektiven ‹rites de passage› durchaus in den Prozess des ‹social drama› integrierbar und findet auch im Prozess der Reformation seine Entsprechungen. Denn: «Such rites may be extended to include collective response to hazards such as war, famine, draught, plague, earthquake, volcanic eruption, and other natural or man-made disasters.»[17] Sollte die reformatorische Herausforderung mit all ihren schockierenden und die Stabilität der Gesellschaft erschütternden Erscheinungen nicht auch zu den «man-made disasters» (in bezug auf soziale Harmonie) gezählt werden dürfen?

Akzeptiert man die hier freilich stark verallgemeinerten Aussagen über die Reformation, so stellt sich kein Hindernis bei der Betrachtung der Reformation als ‹social drama› und den Fastnachtspielen als eine Form von Übergangsriten. Auf dieser Basis ergeben sich neue Erklärungen für die Bedeutung von Fastnacht und Fastnachtspielen in der Reformation.

So erscheint es beispielsweise nicht als Zufall, dass reformatorische ‹rites de passage› häufig mit einem so ausgeprägten und traditionellen jahreszeitlichen Übergangsritus wie der Fastnacht zusammenfallen. Denn die ‹rites de passage› setzen unter anderem jene zeitliche und räumliche Ausgrenzung voraus, die Turner in traditionalen Gesellschaften als liminale, in komplexen Gesellschaften als liminoide Phase bezeichnet hat.[18] Sie entspricht, wie erwähnt, der dritten Phase des ‹social drama›. Während die liminale Phase individueller Übergangsriten in der Absonderung von Gesellschaft und alltäglichen Aktivitäten stattfindet, haben kollektive Übergangsriten,

> which are public in general orientation, [...] their liminality in public places. The village greens or the squares of the city are not abandoned but rather ritually transformed. It is as though everything is switched

into the subjunctive mood for a priviledged period of time – the time, for example, of Mardi Gras or the Carnival Carême. Public liminality is governed by public subjunctivity. For a while almost anything goes: taboos are lifted, fantasies are enacted, the low are exalted and the mighty abased; indicative mood behavior is reversed. Yet there are some controls: crime is still illicit; drunken bodies may be moved off the sidewalks. And ritual forms still constrain the order and often the style of ritual events.[19]

In der Tat weisen gerade die Berner Fastnachtspiele von 1523 jenen liminoiden Charakter auf, der nach Turner zu den Komponenten kollektiver Übergangsriten gehört, finden sie doch nicht nur während der ‹Grenzzeit› der Fastnacht statt, sondern auch auf einem symbolträchtigen, «ritually transformed» öffentlichen Platz.
Sogar inhaltlich erkennt man die von Turner beobachteten Gesetzmässigkeiten und Funktionen im Fall der Berner Spiele wieder: Nach Turner werden in der liminoiden Phase soziale Normen und Relationen häufig suspendiert, verkehrt oder spielerisch unterwandert; kulturelle Symbole werden von ihrem Alltagskontext isoliert und neu zusammengesetzt, so dass aus kombinatorischer Phantasie oft groteske Bilder entstehen. «In other words, in liminality people ‹play› with the elements of the familiar and defamiliarize them. Novelty emerges from unprecedented combinations of familiar elements.»[20] Diese allgemein-anthropologische Erklärung stimmt verblüffend gut mit der Interpretation überein, die ich aus der Untersuchung des Zusammenhangs von Fastnachtspielen und Reformation abgeleitet habe: Immer wieder hat sich gezeigt, wie das neue reformatorische Gedankengut in der Verwendung vertrauter, nur leicht abgewandelter Muster zum Ausdruck gebracht wurde. Und wenn Turner generell konstatiert, dass soziale Innovationen und kultureller Wandel sehr häufig in gesellschaftlichen «interfaces and limina» ihren Ausgang nehmen[21], um erst später offiziell legitimiert zu werden, so bestätigt er damit auf abstrakter Basis meine früheren Erläuterungen: Die Betrachtung der Fastnacht als liminoide Phase macht erst recht deutlich, weshalb das Fest der Spiele mit seinem kreativen Potential für reformatorische Innovationen – seien sie religiöser, gesellschaftlicher oder politischer Natur – eine nicht zu unterschätzende Bedeutung hat.
Der von Turner in Anlehnung an Brian Sutton-Smith beschriebene Prozess kann tel quel als Erklärung für den Zusammenhang von Fastnacht,

Fastnachtspielen und Reformation dienen, wenn man den angesprochenen kreativen Prozess hier nicht so sehr auf die Entwicklung neuer Ideen als auf deren Verbreitung und Durchsetzung bezieht. Liminale und liminoide Situationen seien

> the settings in which new models, symbols, paradigms, etc., arise – as the seedbeds of cultural creativity in fact. These new symbols and constructions then feed back into the ‹central› economic and politico-legal domains and areas, supplying them with goals, aspirations, incentives, structural models and *raisons d'être*.[22]

Genau aufgrund dieser komplizierten Wechselwirkung ist es meiner Ansicht nach falsch, Phänomene wie die Fastnacht auf die zwei komplementären Deutungsmodelle ‹Rebellion› oder ‹Ventil› zu reduzieren. Die Herrschaft des Konjunktivs («subjunctivity») in der liminoiden Zeit der frühneuzeitlichen Fastnacht ist Ausdruck einer Dynamik, die sowohl utopische als auch realistische, kompensatorische wie auch subversive, visionäre wie regressive, verunsichernde wie stabilisierende Momente enthält und, so hoffe ich gezeigt zu haben, in einem dialektischen Verhältnis zu zentralen Bereichen des gesellschaftlichen und politischen Alltags steht. Gewisse Rückwirkungen sind damit vorprogrammiert.[23]

Die Ambivalenz und die komplexen Funktionen der Liminalität für die Gesellschaft lassen sich vielleicht besser darstellen anhand der Aufführungen und Rituale in dieser Phase des ‹social drama›. Dabei scheint es mir sinnvoll, den von Edward Norbeck eingeführten Terminus ‹Konfliktritual› zu verwenden, um auch begrifflich eine eindimensionale Polarisierung zwischen Rebellion und Ventil zu vermeiden.[24] Ausgehend von Max Gluckmans Theorie des letztlich stabilisierenden ‹Rebellionsrituals› versucht Norbeck mit dem Begriff ‹Konfliktritual› auf die unterschiedlichen Funktionen solcher Rituale aufmerksam zu machen, die zwar wohl eine kathartische Wirkung haben können, darüber hinaus aber gleichzeitig auch andere Zwecke erfüllen.[25] Norbeck unterscheidet bei dieser institutionalisierten Aufhebung alltäglicher Normen mehrere Typen von «ritual expressions of apparent social conflict», worunter jener «between formally defined social and political groups»[26] auch den Konflikt zwischen Papst-Anhängern und Reformierten in Bern charakterisiert. Die Betrachtung der Fastnachtspiele als Konfliktrituale erlaubt damit differenziertere Aussagen über ihre Funktion und wird am ehesten jener Ambivalenz gerecht, die Turner als Merkmal der Liminalität erkannt hat.[27]

Was leisten nun aber die in der dritten, liminalen oder liminoiden Phase des ‹social drama› inszenierten Rituale, die ich hier Konfliktrituale nennen möchte?
Zentral ist wohl die Funktion, in einer von gesellschaftlichen Disharmonien, Brüchen, Krisen und Unsicherheiten geprägten Situation eine Sinnkonstruktion anzubieten, welche die Ungereimtheiten und Widersprüche aus einer bestimmten Perspektive auflöst. Auf diese Weise liefern die Konfliktrituale eine Interpretation der sozialen Realität oder jenen Metakommentar, der für jede Gesellschaft unentbehrlich ist und von Clifford Geertz treffend als «story a group tells itself about itself»[28] umschrieben wurde – in einer Variation dazu sagt Turner vom Schauspiel, es sei «a play a society acts about itself – not only a reading of its experience, but an interpretative reenactment of its experience»[29], was für die Konflikt*verarbeitung* von grosser Bedeutung ist. Die Konsequenz ist zunächst eine Zunahme an Reflexivität, indem die Gesellschaft ihre normativen Grundlagen in Frage stellt und überprüft, ihre verborgenen Machtstrukturen transparent werden lässt und natürlich ihre aktuellen Konflikte symbolisch darstellt. Schon bei der Suche nach konstitutiven Merkmalen eines Rituals erwiesen sich ja der Einsatz von Symbolen und – damit verbunden – die Steigerung des kollektiven Bewusstseins als wichtige Elemente.[30]
Die hier ausgebreiteten Eigenschaften von Konfliktritualen sind auch in den Berner Fastnachtspielen zu erkennen, woraus denn auch ihre Funktionsweisen – entsprechend denjenigen von Konfliktritualen – abgeleitet werden können. Deutlich zeigt sich auch auf dieser Basis, weshalb das Medium Schauspiel (im weitesten Sinn) für die Verbreitung reformatorischer Ideen in einer städtischen Gesellschaft unentbehrlich ist: Die Möglichkeiten der Reflexivität und des Metakommentars, die die eigentliche Information überlagern, sind bei keinem anderen Medium so stark entwickelt. Deshalb sind Aufführungen aller Art nicht einfach durch Flugschriften ersetzbar, obschon diese in bezug auf die reine Information vielleicht überlegen sind.
Aber auch bei anderen Funktionen von Konfliktritualen ergeben sich Parallelen zu den analysierten Berner Spielen, deren Wirkungen durch den Vergleich mit dem anthropologischen Idealtypus leichter zu entschlüsseln sind. So ist beispielsweise die Desakralisierung von kirchlichen Institutionen, Autoritäten und Gegenständen nicht nur aus dem reformatorischen Zusammenhang erklärbar, sondern ebenso als fester Bestandteil von allgemeinen Konfliktritualen im ‹social drama›. Diese können ja ihre

Funktionen der Reflexivität und des Aufdeckens von verborgenen Strukturen nur erfüllen, indem sie unter anderem «desacralize its [a community's] most cherished values and beliefs»[31].
Ferner vermitteln Rituale mit ihrer klaren Struktur gerade als Massnahme gegen herrschende Unsicherheiten das Gefühl einer über jeden Sinn-Zweifel erhabenen Handlung. Die darin enthaltene Botschaft bietet nicht nur eine spezifische Interpretation der sozialen Realität und eine Lösung der Krise an, sondern beansprucht – nicht zuletzt aufgrund formaler Strenge, Eindeutigkeit und Tradition – auch eine gewisse Legitimität, die zur Durchsetzung des präsentierten Weltbildes herausfordert. In diesem Sinn können Konfliktrituale dazu dienen, (Nachfolge-)Handlungen zu legitimieren, die sonst undenkbar wären. Wiederum bietet es keine Mühe, Erscheinungen der Reformationszeit aufgrund des beschriebenen Prozesses zu erklären. So sind beispielsweise Bilderstürmereien, antikatholische Gewaltakte, skatologische Erniedrigungen und überhaupt die Entmystifizierung sakraler Bereiche oder Objekte kaum ohne vorausgehende ideologische Legitimation vorstellbar.[32] Genau diese Rechtfertigung leisten unter anderem Konfliktrituale von der Art der Berner Fastnachtspiele durch ihre Interpretation der Welt.
Im übrigen widerspiegelt der Zusammenhang zwischen ideologischer Botschaft und daraus folgender Aktion, der für Konfliktrituale bezeichnend ist, einmal mehr den Übergang vom Spiel zum Ernst, der sich in so manchen Ereignissen der Reformationszeit abzeichnet.[33]
Dass die im Konfliktritual angebotene Interpretation der sozialen Realität nicht objektiv sein kann, versteht sich von selbst. Vielmehr handelt es sich um die spezifische Sicht einer Interessengruppe, womit auch propagandistische oder manipulative Aspekte reformatorischer Aufführungen als unabdingbare Bestandteile des ‹social drama› verstanden werden können.

> The response to crisis may [...] emerge from a group intent on altering or restructuring the social order in some decisive way, reformative or revolutionary. Such a clash between conserving and reforming parties may create a new crisis as the representatives of the *ancien* and *nouveau régime* confront one another. Redress may then take the form of civil war, insurgency, or revolution.[34]

Zwar kommt es in Bern nie zu einer so heftigen Konfrontation zwischen Altgläubigen und Reformierten. Dennoch wirken die Fastnachtspiele als Konfliktrituale im reformatorischen ‹social drama› so, wie es Turner

allgemein beschrieben hat: nämlich als Katalysatoren, die von einer reformwilligen Gruppe ausgehen und zu einer Frontenbildung herausfordern. Indem die latenten sozialen, religiösen und politischen Konflikte – natürlich proreformatorisch verzerrt – manifest gemacht werden, provozieren sie zu einer Stellungnahme des einzelnen und der Gesellschaft. In diesem Sinn geht es auch in Bern um die Konfliktbewältigung und um die Lösung sozialer Spannungen im Interesse einer Partei, also um die Herbeiführung der letzten Phase des ‹social drama›, das mit der offiziellen Einführung der Reformation 1528 zu einem vorläufigen Ende kommt.
So lassen sich die politischen Zusammenhänge dieses Vorgangs doch wieder in das sozialanthropologische Deutungsmodell integrieren: Es handelt sich ja keineswegs um einen mechanisch ablaufenden Prozess. Deshalb ist es wichtig, die für die Spiele verantwortlichen Personen einzubeziehen:

> According to my observations, the political aspect of social dramas is dominated by those I have called «star-groupers». They are the main protagonists, the leaders of factions, the defenders of the faith, the revolutionary vanguard, the arch-reformers. These are the ones who develop to an art the rhetoric of persuasion and influence, who know how and when to apply pressure and force, and are most sensitive to the factors of legitimacy.[35]

Diese Beobachtung von Turner lässt sich wohl ebenso auf den Autor, die Förderer und die Akteure der reformatorischen Fastnachtspiele von 1523 beziehen. Noch einleuchtender ist aber seine Begründung, weshalb solche Aufführungen auch nach der erfolgreichen Überwindung der sozialen Krise weiterhin eine wichtige Funktion erfüllen: «The winners of social dramas positively require cultural performances to continue to legitimate their success. And such dramas generate their ‹symbolic types› [...]: traitors, renegades, villaines, martyrs, heroes, faithful, infidels, deceivers, scapegoats.»[36]
Gerade die starke Typisierung von Figuren in den Spielen von Manuel oder etwa die Identifizierung eines Sündenbocks im Bohnenlied-Umzug erfüllt demnach eine wesentliche Aufgabe bei der Verbreitung und Verfestigung des reformatorischen Mythos, wonach beispielsweise die Ursache des Bösen beim teuflischen Papst liegt oder die Hoffnung auf Gerechtigkeit im Evangelium begründet ist, um nur zwei Aspekte jener ideologischen Botschaft herauszugreifen. Wie wichtig dieser kollektive Mythos

auch Jahre später zur Legitimierung reformatorischer Politik und Ethik ist, spiegelt sich noch in Anshelms Verklärung im Rückblick: Sein offizieller chronikalischer Bericht reflektiert nicht zuletzt den städtisch-kollektiven Mythos der reformierten Sieger, der die Spiele zum entscheidenden Wendepunkt für die Berner Reformation stilisiert. Freilich entpuppen sich die Aufführungen bei genauerer Analyse nicht gerade als die entscheidenden, aber doch – auch jenseits der ideologischen Überbewertung – als ernstzunehmende Faktoren im städtischen Reformationsprozess. Das sozialanthropologische Deutungsmodell hat nicht nur die in der Detailanalyse erarbeiteten Ergebnisse bestätigt, sondern darüber hinaus für äusserst komplexe kulturelle, gesellschaftliche und politische Prozesse eine plausible synthetische Erklärung geliefert. Mit diesem abschliessenden Experiment hoffe ich gezeigt zu haben, dass weitere Forschungen in der eingeschlagenen Richtung durchaus lohnend sein könnten.

Anmerkungen

«Sy sind wol in der fassnacht geboren»

1   Liliencron, Rochus Freiherr von: Die historischen Volkslieder der Deutschen vom 13. bis 16. Jahrhundert, Bd. IV. Leipzig 1869, 27–31, Nr. 428: Ein hüpsch lied von der schlacht zu Capell; hier 30.
2   Bercé, Yves-Marie: Fête et révolte. Des mentalités populaires du XVIe au XVIIIe siècle. Paris 1976, 55.
3   Die amerikanische Historikerin und Kennerin der frühen Neuzeit Natalie Zemon Davis schrieb 1975: «The relationship between popular festivals and politics clearly warrants further study [...].» (Davis, Natalie Zemon: Society and culture in early modern France. Stanford ^{4}1975, 119)
4   Geertz, Clifford: Dichte Beschreibung. Beiträge zum Verstehen kultureller Systeme. Frankfurt am Main 1987, 253.

Kapitel I

1   Schib, Karl (Hg.): Hans Stockars Jerusalemfahrt 1519 und Chronik 1520–1529. Basel 1949, 86.
    Bei der Wiedergabe von Quellentexten halte ich mich an die Orthographie und Interpunktion der Vorlagen; aus typographischen Gründen werden jedoch folgende Vereinfachungen vorgenommen: Umlaute erscheinen ohne übergeschriebenes e als ä, ö und ü; u mit übergeschriebenem o wird zu u aufgelöst; v in vokalischer Funktion erscheint als u, u in konsonantischer Funktion als v.
2   Steck, Rudolf / Tobler, Gustav (Hg.): Aktensammlung zur Geschichte der Berner-Reformation 1521–1532, Bd. I. Bern 1923, 51, Nr. 190. Missiv an Burgdorf, Wangen, Aarwangen, Bipp, Zofingen, Aarau, Lenzburg, Brugg, Schenkenberg.
    «Zutrinken» meint: Jemanden zum Mittrinken auffordern oder gar nötigen (Vgl. Schweizerisches Idiotikon, Bd. XIV. Frauenfeld 1987, Sp. 1180/81). Bei der Erneuerung dieser Gebote am 16. Dezember 1524 spricht sich die Obrigkeit noch konkreter

aus, so dass der gesellige Hintergrund des «Schwerens» und «Zutrinkens» sehr deutlich wird: Wer «sollich schwür und gotslestrungen von andern, heimschen und frömbden, es sye uf der gassen, in gesellschaften, wirtshüsern oder andern orten» höre, wird aufgefordert, den Übeltäter zu ermahnen oder anzuzeigen. Und wenn «jemand sich der unordnung des zutrinkens gebruchen, oder jemand dem andern, es sye mit bedüten und geverlichen anzöigungen und gebärden zu sollichem zutrinken ursach wurde gäben, wellen wir, dass der und dieselben umb drü pfund gestraft [werde]». (R. Steck / G. Tobler [Hg.] I, 1923, 163, Nr. 530)

[3] [Anshelm, Valerius:] Die Berner-Chronik des Valerius Anshelm. Hg. vom Historischen Verein des Kantons Bern, Bd. V. Bern 1896, 38: «Einer stat Bern ernüwerete ordnung wider etliche miswesen.»

[4] V. Anshelm IV, 1893, 358.

[5] [Tegerfeld, Anton:] Chronik des Anton Tegerfeld von Mellingen. Geschrieben in den Jahren 1512–1525. In: Argovia. Jahresschrift der Historischen Gesellschaft des Kantons Aargau XII (1881) 209–309; hier 292.

[6] Zitiert nach Zehnder, Leo: Volkskundliches in der älteren schweizerischen Chronistik. Basel 1976, 438.

[7] R. Steck / G. Tobler (Hg.) I, 1923, 86, Nr. 336. Zum Bundschuh als Feldzeichen aufrührerischer Landleute zu Beginn des 16. Jahrhunderts: Vgl. Wackernagel, Hans Georg: Einige Hinweise auf die ursprüngliche Bedeutung des «Bundschuhs». In: Schweizerisches Archiv für Volkskunde 54 (1958) 150–155. Wackernagel erwägt auch die Möglichkeit, dass der Bundschuh von Verbänden von Jugendlichen «als Feldzeichen zu fehdemässigen und karnevalistischen Unternehmungen geführt wurde». (Ebenda 155)

[8] R. Steck / G. Tobler (Hg.) I, 59, Nr. 220.

[9] Vgl. Wermelinger, Hugo: Lebensmittelteuerungen, ihre Bekämpfung und ihre politischen Rückwirkungen in Bern vom ausgehenden 15. Jahrhundert bis in die Zeit der Kappelerkriege. Bern 1971, 56/57 (Archiv des Historischen Vereins des Kantons Bern, Bd. 55). Der Preis für das wichtigste Lebensmittel, das Getreide, hat sich nach Wermelinger zwischen 1490 und 1550 mehr als verdoppelt.

[10] V. Anshelm IV, 1893, 503.

[11] Haller, Berchtold: Bern in seinen Rathsmanualen 1465–1565. Hg. vom Historischen Verein des Kantons Bern, Bd. III. Bern 1902, 120 (20. Dezember 1521). Die gebräuchlichsten Währungseinheiten in Bern sind Pfund, Schilling und Pfennig (1 Pfund = 20 Schilling = 240 Pfennig), seltener Plappart (1524/25 = 15 Pfennig) und Groschen («Gross»). Vgl. dazu H. Wermelinger 1971, 16.

[12] H. Wermelinger 1971, 48–56.

[13] B. Haller III, 1902, 120.

[14] H. Wermelinger 1971, 18/19.

[15] V. Anshelm IV, 1893, 510.

[16] Vgl. Varnhagen, Hermann: Der Mailänder Feldzug vom Jahre 1522. (Bicocca-Schlacht). In: Mitteilungen der antiquarischen Gesellschaft in Zürich XXIX (1923) 83–145; hier 101.

[17] Dass viele Söldner als Bettler aus dem Krieg zurückkehrten, geht aus den Eidgenössischen Abschieden des Jahrs 1523 hervor: «Die armen Kriegsleute, die bettelnd umherstreifen, sollen in jedem Orte schwören, sogleich in ihre Heimat zu ziehen.» (Eidgenössische Abschiede, Bd. IV, Abt. 1a. Brugg 1873, 264, Nr. 124, lit. aa.)

[18] V. Anshelm IV, 1893, 462/463.

[19] B. Haller II, 1901, 90.

[20] R. Steck / G. Tobler (Hg.) I, 1923, 115, Nr. 397 (Bern an die Untertanen).

21 Ebenda 186, Nr. 596.
22 Ebenda 304, Nr. 872.
23 Ebenda 72, Nr. 268.
24 Ebenda 52, Nr. 191. Zum «uberlouffen»: Vgl. Schweizerisches Idiotikon III, 1895, Sp. 1129: «überfallen, insbes. den Hausfrieden brechen.»
25 Zur Frage der Datierung: Vgl. Vetter, Ferdinand: Über die zwei angeblich 1522 aufgeführten Fastnachtspiele Niklaus Manuels. In: Beiträge zur Geschichte der deutschen Sprache und Literatur 29 (1904) 80–117. Die Bestimmung der Monatstage beruht auf der von H. Grotefend erstellten Zeitrechnungstabelle (Grotefend, Hermann: Taschenbuch der Zeitrechnung des deutschen Mittelalters und der Neuzeit. Hannover ^{11}1971, 172).
26 Vetter, Ferdinand (Hg.): Niklaus Manuels Spiel evangelischer Freiheit «Die Totenfresser». Leipzig 1923, 3. Die folgende Inhaltsangabe basiert auf Vetters Edition des Stückes, auf die sich auch die fortan im Text hinter dem Kurztitel «Totenfresser» erscheinenden Versangaben beziehen.
27 V. Anshelm IV, 1893, 261.
28 Vgl. Fluri, Adolf: Dramatische Aufführungen in Bern im XVI. Jahrhundert. In: Neues Berner Taschenbuch auf das Jahr 1909. Bern 1908, 133–159; hier 135. Als «Weibel» werden hier wohl die Gerichtsboten und -vollzieher bezeichnet; vgl. Grimm, Jacob und Wilhelm (Hg.): Deutsches Wörterbuch, Bd. XXVIII. Leipzig 1955, Sp. 377–379.
29 Bächtold, Jakob (Hg.): Niklaus Manuel. Frauenfeld 1878, 103. Die folgende Inhaltsangabe basiert auf dem Bächtold edierten Spiel (ebenda 103–111), das in der Forschung allgemein unter dem Titel «Von Papsts und Christi Gegensatz» behandelt wird. Die im Text hinter dem Kurztitel «Gegensatz» erscheinenden Versangaben beziehen sich ebenfalls auf diese Edition.
30 V. Anshelm IV, 1893, 475.
31 Bei den allgemeinen Angaben zu diesem Überblick stütze ich mich auf folgende Darstellungen: Bächtiger, Franz: Bern zur Zeit von Niklaus Manuel. In: Menz, Cäsar / Wagner, Hugo (Hg.): Niklaus Manuel Deutsch – Maler, Dichter, Staatsmann. Ausstellungskatalog. Bern 1979, 1–16. De Capitani, François: Adel, Bürger und Zünfte im Bern des 15. Jahrhunderts. Bern 1982. Feller, Richard: Geschichte Berns, Bd. I und II. Bern/Frankfurt ^{2}1974. Morgenthaler, Hans: Bilder aus der älteren Geschichte der Stadt Bern. Bern 1924.
32 Zu den Bevölkerungszahlen: vgl. R. Feller II, ^{2}1974, 24 und F. De Capitani 1982, 22. Zum Vergleich: «In der Schweiz gab es keine grossen Städte, dafür existierten seit dem Mittelalter zahlreiche Kleinstädte. Von den wichtigsten Hauptorten der eidgenössischen Stadtstaaten zählte Solothurn im 16. und in der ersten Hälfte des 17. Jahrhunderts vielleicht 2000, Luzern 3500 bis 4000, Freiburg 4500, Bern 5000, St. Gallen 4500 bis 5000, Schaffhausen 3700 bis 6000 und Zürich 5000 bis 8000 Einwohner, Basel und Genf waren mit 9000 bis 10'000 beziehungsweise 10'000 bis 17'000 Einwohnern am grössten.» (Körner, Martin: Glaubensspaltung und Wirtschaftssolidarität [1515–1648]. In: Im Hof, Ulrich et al.: Geschichte der Schweiz – und der Schweizer, Bd. II. Basel/Frankfurt 1983, 7–96; hier 10).
33 R. Feller II, ^{2}1974, 16/17.
34 F. De Capitani 1982, 21: «Eine vollständige Gleichheit aller Vermögen ergibt in dieser Darstellungsart eine Diagonale. Die Abweichung von dieser Diagonale zeigt die Ungleichheit der Vermögensverteilung.» Die beiden Kurven wurden aus den Tellbüchern von 1389 und 1494 errechnet und lassen auf eine zunehmende Polarisierung zwischen Reichen und Armen im Lauf des 15. Jahrhunderts schliessen.
35 F. De Capitani 1982, 30.

36 Zu den «grossen Familien des 15. Jahrhunderts» in Bern: vgl. F. De Capitani 1982, 30.
37 Vgl. F. De Capitani 1982, 17. «Die Pensionen [...] stellten somit einen politischen Machtfaktor ersten Ranges dar.» (Ebenda) Dazu vor allem auch: Körner, Martin H.: Solidarités financières suisses au XVIe siècle. Lausanne 1980, 409–415.
38 Maschke, Erich: Soziale Gruppen in der deutschen Stadt des späten Mittelalters. In: Fleckenstein, Josef / Stackmann, Karl (Hg.): Über Bürger, Stadt und städtische Literatur im Spätmittelalter. Göttingen 1980, 127–145; hier 131.
39 F. De Capitani 1982, 63.
40 Die vier Vennergesellschaften stellen aber auch den grössten Teil der Räte im Grossen und Kleinen Rat. Vgl. F. De Capitani 1982, 70/71.
41 Vgl. F. De Capitani 1982, 67. De Capitani liefert Hinweise für die Verknüpfung von Bürgerrecht und Gesellschaftszwang, die 1534 auch gesetzlich fixiert wurde.
42 F. De Capitani 1982, 66. Ebenso urteilten schon H. Morgenthaler 1924, 153 und F. Bächtiger 1979, 2.
43 Vgl. dazu beispielsweise Kellenbenz, Hermann / Walter, Rolf: Das Deutsche Reich 1350–1650. In: Handbuch der europäischen Wirtschafts- und Sozialgeschichte, Bd. III. Stuttgart 1986, 822–893; hier 841.
44 Fischer, Thomas: Städtische Armut und Armenfürsorge im 15. und 16. Jahrhundert. Göttingen 1979, 31. Zum Armutsbegriff: Vgl. auch Fischer, Thomas: Armut, Bettler, Almosen. Die Anfänge städtischer Fürsorge im ausgehenden Mittelalter. In: Meckseper, Cord (Hg.): Stadt im Wandel. Kunst und Kultur des Bürgertums in Norddeutschland 1150–1650. Ausstellungskatalog, Bd. IV. Stuttgart / Bad Cannstatt 1985, 271–286.
45 Fischer unterscheidet dabei zwischen einer primären Armut, bei der die Befriedigung von Grundbedürfnissen nicht gesichert ist, und einer sekundären Armut, bei der es an Gütern für ein standesgemässes Leben mangelt. Für die primäre Armut nimmt er eine Vermögensgrenze von 50, für die sekundäre eine solche von 100 rheinischen Gulden an. (Ebenda, 21 und 32) Für ein differenziertes, gesellschaftliche Normen miteinbeziehendes Modell der Sozialstruktur in spätmittelalterlichen Städten vgl. auch Graus, František: Randgruppen der städtischen Gesellschaft im Spätmittelalter. In: Zeitschrift für historische Forschung 8 (1981) 385–437.
46 Th. Fischer 1979, 56.
47 Walter, Emil J.: Soziologie der alten Eidgenossenschaft. Eine Analyse ihrer Sozial- und Berufsstruktur von der Reformation bis zur Französischen Revolution. Bern 1966, 236.
48 Vgl. dazu R. Feller II, ²1974, 66–84.
49 Vgl. oben S. 16/17.
50 Einen Überblick über die Berner Reformation bieten zum Beispiel R. Feller II, ²1974, 110–182; Dellsperger, Rudolf: Zehn Jahre bernischer Reformationsgeschichte. Eine Einführung. In: Michel, Hans A. et al. (Hg.): 450 Jahre Berner Reformation. Beiträge zur Geschichte der Berner Reformation und zu Niklaus Manuel. Bern 1980/81, 25–59 (Archiv des Historischen Vereins des Kantons Bern, Bd. 64/65).
51 Zum Jetzerhandel: Vgl. R. Feller II, ²1974, 99–106. Zum Betrug um die Anna-Reliquie: Vgl. ebenda 96.
52 V. Anshelm IV, 1893, 472. Zum «Brunnerhandel»: Vgl. Studer-Trechsel, F.: Georg Brunner, Kirchherr zu Klein-Höchstetten. Ein Bild aus der Vorgeschichte der bern[i-schen] Reformation. In: Berner Taschenbuch auf das Jahr 1885. Bern 1884, 224–250; R. Steck / G. Tobler (Hg.) I, 1923, 27–38, Nr. 129; R. Feller II, ²1974, 113–115.
53 Arbenz, Emil (Hg.): Die Vadianische Briefsammlung der Stadtbibliothek St. Gallen, Bd. III. St. Gallen 1897, 11, Nr. 341.
54 R. Steck / G. Tobler (Hg.) I, 1923, 65, Nr. 249. (Mandat von Viti und Modesti).

55 Im Hof, Ulrich: Niklaus Manuel als Politiker und Förderer der Reformation. In: C. Menz / H. Wagner (Hg.) 1979, 92–99; hier 93.
56 Vgl. von Muralt, Leonhard: Stadtgemeinde und Reformation in der Schweiz. In: Zeitschrift für schweizerische Geschichte 10 (1930) 349–384; R. Feller II, ²1974, 121–124. Zur Eigenart der eidgenössischen Reformation: Stadler, Peter: Eidgenossenschaft und Reformation. In: Angermeier, Heinz (Hg.): Säkulare Aspekte der Reformationszeit. München / Wien 1983, 91–111.
57 Ozment, Steven E.: The Reformation in the cities. The appeal of protestantism to sixteenth-century Germany and Switzerland. New York / London 1975, 131.
58 Vgl. R. Feller II, ²1974, 130–137.
59 Brief von Niklaus Manuel an die Berner Regierung, geschrieben zu Vigevano am 2. April 1522; zitiert nach Wagner, Hugo: Niklaus Manuel in den Dokumenten. In: C. Menz / H. Wagner (Hg.) 1979, 121–137 [= H. Wagner 1979a]; hier 130f.
60 Bei der folgenden biographischen Skizze stütze ich mich auf Lavater, Hans Rudolf: Niklaus Manuel Deutsch – Themen und Tendenzen. In: H. Michel et al. (Hg.) 1980/81, 289–312 [= H. R. Lavater 1980/81a]; J. Bächtold 1878, XI–LVIII; Wagner, Hugo: Niklaus Manuel – Leben und künstlerisches Werk. In: C. Menz / H. Wagner (Hg.) 1979, 17–41 [= H. Wagner 1979b].
61 V. Anshelm IV, 1893, 475.
62 Vgl. H. R. Lavater 1980/81a, 300.
63 Vgl. Zinsli, Paul: Der Berner Totentanz des Niklaus Manuel. Bern ²1979

Kapitel II

1 Scheurer, Samuel: Bernerisches Mausoleum. Bern 1742, 207f.
2 Kuhn, G. J.: Die Reformatoren Berns im XVI. Jahrhundert. Bern 1828, 275.
3 Ebenda 277.
4 J. Bächtold 1878, V.
5 Grüneisen, Karl von: Niklaus Manuel. Stuttgart / Tübingen 1837.
6 Ebenda 42.
7 Ebenda 252.
8 Ebenda 243.
9 Tatsächlich muss Grüneisen nach seinen Studien am Tübinger Stift von 1819 bis 1824 und später bei Schleiermacher in Berlin dem Kreis der Romantiker und deren Anschauungen sehr nahe gestanden haben. Vgl. Allgemeine Deutsche Biographie, Bd. X. Berlin 1968, 36f.
10 Vgl. J. Bächtold 1878, LIX–CXX.
11 Bächtold, Jakob: Geschichte der deutschen Literatur in der Schweiz. Frauenfeld 1892, 282f.
12 J. Bächtold 1878, CCXIX.
13 J. Bächtold 1892, 292.
14 J. Bächtold 1878, CCXXIIf.
15 Burg, Fritz: Dichtungen des Niklaus Manuel. In: Berner Taschenbuch auf das Jahr 1897. Bern 1896, 1–136.
16 J. Bächtold 1892, 291.
17 Vgl. Kaiser, Adolf: Die Fastnachtspiele von der «Actio de sponsu». Göttingen 1899.
18 Vgl. F. Vetter 1904.

265

[19] Singer, Samuel: Sprache und Werke des Niklaus Manuel. In: Zeitschrift für hochdeutsche Mundarten 2 (1901) 5–13.
[20] Fluri, Adolf: Niklaus Manuels Totentanz in Bild und Wort. In: Berner Taschenbuch auf das Jahr 1901. Bern 1900, 119–266. [= A. Fluri 1900b]
[21] Vetter, Ferdinand: Schwert und Feder. Niklaus Manuel als Kriegsmann und Dichter. In: Sonntagsblatt des «Bund», Nr. 2, 17. Jan. 1915, 28–32; Nr. 3, 24. Jan. 1915, 42–46; Nr. 4, 31. Jan. 1915, 57–60; Nr. 5, 7. Feb. 1915, 71–73.
[22] Vetter, Ferdinand: Ein Traum. Gesicht vom Weltkrieg und von Papst und Kardinal. In: Blätter für bernische Geschichte, Kunst und Altertumskunde 12 (1916) 295–331.
[23] Vetter, Ferdinand: Der Mailänderkrieg von 1516 und Niklaus Manuel. In: Archiv des Historischen Vereins des Kantons Bern, Bd. 23. Bern 1917, 141–237. [= F. Vetter 1917a]
[24] Vetter, Ferdinand: Ein Rufer im Streit. Niklaus Manuels erste reformatorische Dichtungen. Bern 1917, 102f. [= F. Vetter 1917b]
[25] Ebenda 3.
[26] Ebenda 102.
[27] Ebenda 43. Derselbe puritanische Geist im Sonntagsblatt des «Bund», Nr. 5, 7. Feb. 1915, 72, wo Vetter von dem ursprünglich Manuel zugeschriebenen Stück «Elsli Tragdenknaben» schreibt, seine «Verbindung von derber Zotigkeit und frommer Salbaderei» wäre «Manuels keineswegs würdig».
[28] So zum Beispiel auch bei der Neuausgabe der «Totenfresser». Vgl. F. Vetter 1923.
[29] Zinsli, Paul: Ein unveröffentlichter Brief Niklaus Manuels. In: Berner Zeitschrift für Geschichte und Heimatkunde. Bern 1948, 6–10. Ders.: Niklaus Manuel in Erlach. In: Hochwächter 5 (1949) 207–218. Ders.: Ein unbekannter Brief Niklaus Manuels. In: Hochwächter 6 (1950) 211–218. Ders.: Zwei Briefe Niklaus Manuels aus gefahrvollen Zeiten. In: Der kleine Bund. Literatur- und Kunstbeilage des «Bund», Nr. 250, 1. Juni 1951. Ders.: Zwielichtiges und Erhelltes um Niklaus Manuel. In: Reformatio XII (1963) 213–224.
[30] Zinsli, Paul (Hg.): Niklaus Manuel: Der Ablasskrämer. Bern 1960.
[31] van Abbé, Derek: Change and tradition in the work of Niklaus Manuel of Berne (1484–1531). In: Modern Language Review 47 (1952) 181–198. [= D. van Abbé 1952a] Ders.: Niklaus Manuel of Berne and his interest in the Reformation. In: Journal of Modern History XXIV (1952) 287–300. [= D. van Abbé 1952b]
[32] D. van Abbé 1952b, 290. Allerdings scheint van Abbé Vetters Korrektur der Datierung der Fastnachtspiele (von 1522 auf 1523) nicht registriert zu haben, weshalb er dazu tendiert, Manuels Bedeutung für den Verlauf der Berner Reformation zu überschätzen. Das ändert aber nichts an der Stringenz seiner Ausführungen.
[33] Beerli, Conrad André: Le peintre poète Nicolas Manuel et l'évolution sociale de son temps. Genève 1953.
[34] Ebenda 55.
[35] Ebenda 267. Beerli setzt sich aus modernem Blickwinkel zum Ziel, «de dépeindre les mouvements populaires, les troubles, les psychoses contagieuses, de corriger l'arbitraire de l'initiative personnelle par les facteurs sociaux qui ont contribué à former la mentalité de l'individu, par les impulsions sourdes des masses qui déclenchent, amplifient ou limitent son action [...]. C'est pourquoi seule une enquête qui ne négligera pas les aspects les plus concrets de la vie d'une cité nous restituera le fait historique dans toute sa complexité, sa richesse et sa vigueur [...]». (Ebenda IX).
[36] Tardent, Jean-Paul: Niklaus Manuel als Staatsmann. Bern 1967, 3 (Archiv des Historischen Vereins des Kantons Bern, Bd. 51).

37 Zinsli, Paul: Niklaus Manuel der Schriftsteller. In: C. Menz / H. Wagner (Hg.) 1979, 75–91; hier 87.
38 Ebenda 82.
39 Ebenda 88.
40 H. Michel et al. (Hg.): 450 Jahre Berner Reformation. Beiträge zur Geschichte der Berner Reformation und zu Niklaus Manuel. Bern 1980/81 (Archiv des Historischen Vereins des Kantons Bern, Band 64/65).
41 Tardent, Jean-Paul: Niklaus Manuel als Politiker. In: H. Michel et al. (Hg.) 1980/81, 405–431; hier 405.
42 Locher, Gottfried W.: Niklaus Manuel als Reformator. In: H. Michel et al. (Hg.) 1980/81, 383–404; hier 387.
43 Vgl. Zinsli, Paul: Der «seltsame wunderschöne Traum» – ein Werk Niklaus Manuels? In: H. Michel et al. (Hg.) 1980/81, 350–379.
44 Vgl. Zinsli, Paul: Niklaus Manuel als Schriftsteller. In: H. Michel et al.(Hg.) 1980/81, 104–137; hier 104 und 107.
45 Ginzburg, Carlo: Beweise und Möglichkeiten. Randbemerkungen zur «Wahrhaftigen Geschichte von der Wiederkehr des Martin Guerre». In: Davis, Natalie Zemon: Die wahrhaftige Geschichte von der Wiederkehr des Martin Guerre. München / Zürich 1984, 185–217, hier 187.
46 Vgl. dazu etwa Burke, Peter: Städtische Kultur in Italien zwischen Hochrenaissance und Barock. Eine historische Anthropologie. Berlin 1986, bes. 11–14. Burke versucht die historische Anthropologie durch fünf Hauptmerkmale von den anderen Arten der Sozialgeschichte abzugrenzen: Sie sei «bewusst qualitativ und auf spezifische Fälle orientiert»; sie wähle eine «mikroskopische Perspektive», die sich auf kleinere Gemeinschaften konzentriere, «um tiefer schürfen und ihrer Darstellung mehr Farbe geben zu können»; anstelle von Kausalerklärungen versuche sie «eine Interpretation der sozialen Interaktion in einer gegebenen Gesellschaft in deren eigenen Normen und Kategorien»; sie interessiere sich vor allem für Symbole und symbolisches oder ritualisiertes Verhalten im Alltagsleben; und schliesslich sei sie bei ihren Fallstudien bestrebt, anthropologische Theorien und Erkenntnisse fruchtbringend anzuwenden. (Ebenda, 11f)
47 Die Möglichkeit, einen freilich ganz anders gearteten literarischen Text im Sinne der historischen Anthropologie auszuwerten, hat Natalie Z. Davis am Beispiel von Montaigne vorgeführt. Vgl. Davis, Natalie Zemon: Die Gaben des Michel de Montaigne. In: Dies.: Frauen und Gesellschaft am Beginn der Neuzeit. Berlin 1986, 108–116.

Kapitel III

1 Clemen, Carl: Der Ursprung des Karnevals. In: Archiv für Religionswissenschaft 17 (1914) 139–158.
2 Ebenda 139.
3 Vgl. zum Beispiel Hoffmann-Krayer, Eduard: Die Fastnachtsgebräuche in der Schweiz. In: Schweizerisches Archiv für Volkskunde 1 (1897) 47–57, 126–142, 177–194, 257–283; ders.: Fruchtbarkeitsriten im schweizerischen Volksbrauch. In: Schweizerisches Archiv für Volkskunde 11 (1907) 238–269. Beide Aufsätze wurden von Paul Geiger neu herausgegeben: Hoffmann-Krayer, Eduard: Kleine Schriften zur Volkskunde. Hg. von Paul Geiger. Basel 1946, 24–94 und 160–189.

4   C. Clemen 1914, 158.
5   Vgl. Moser, Dietz-Rüdiger: Nationalsozialistische Fastnachtsdeutung. Die Bestreitung der Christlichkeit des Fastnachtsfestes als zeitgeschichtliches Phänomen. In: Zeitschrift für Volkskunde 78 (1982) 200–219.
6   Meuli, Karl: Der Ursprung der Fastnacht. In: Ders.: Gesammelte Schriften, Bd. I. Basel / Stuttgart 1975, 238–299; hier 296. Meulis Aufsatz stammt aus dem Jahr 1962 (vgl. ebenda 22, Bibliographie Nr. 127 und 140), beruht aber im wesentlichen auf seinen in den dreissiger Jahren entwickelten Thesen zum Maskenwesen. Vgl. ders.: Artikel ‹Maske, Maskereien›. In: Handwörterbuch des deutschen Aberglaubens, Bd. V. Berlin / Leipzig 1933, Sp. 1744–1852. Auch wenn Meulis Theorie einen wichtigen anthropologischen Beitrag zur Entstehung von Masken lieferte, so sind ihre Ergebnisse beispielsweise für die städtische Fastnacht des Spätmittelalters kaum mehr anwendbar.
7   K. Meuli 1975, 296.
8   Weiss, Richard: Volkskunde der Schweiz. Erlenbach / Zürich 1946, 165.
9   Vgl. ebenda 163–169.
10 Vgl. zum Beispiel Moser, Hans: Zur Geschichte der Maske in Bayern. In: Schmidt, Leopold (Hg.): Masken in Mitteleuropa. Wien 1955, 93–141.
11 Bausinger, Hermann et al. (Hg.): Fasnacht. Beiträge des Tübinger Arbeitskreises für Fasnachtsforschung. Tübingen 1964.
12 Diese Abwendung vollzog sich in Deutschland radikaler als anderswo und ist wohl auch als Reaktion auf die nationalsozialistischen Interpretationen zu sehen, denen die Betonung des kultischen Hintergrunds der Fastnacht entgegenkam: Auf solchem Nährboden konnte sich die «Germanenthese» entwickeln, die die Fastnacht aus uralten germanischen Kulthandlungen und Festen ableiten wollte. Vgl. zum Beispiel: Stumpfl, Robert: Kultspiele der Germanen als Ursprung des mittelalterlichen Dramas. Berlin 1936; Spamer, Adolf: Deutsche Fastnachtsbräuche. Jena 1935.
13 Bausinger, Hermann: Fasnacht und Fasnachtsforschung. In: Ders. et al. (Hg.) 1964, 5–14; hier 7.
14 Moser, Hans: Die Geschichte der Fasnacht im Spiegel von Archivforschungen. In: H. Bausinger et al. (Hg.) 1964, 15–41; hier 18.
15 Vgl. H. Moser 1964, 24.
16 Roller, Hans-Ulrich: Der Nürnberger Schembartlauf. Tübingen 1965.
17 Ebenda 8.
18 Ebenda 52.
19 Vgl. ebenda 99: Ursprünglich als Schutztruppe des Metzgertanzes (Zämertanz) eingesetzt, lösten sich die in Rotten organisierten Schembartläufer ab 1475 immer mehr vom Zämertanz und bildeten bald eines der wichtigsten Aktionszentren der Fastnacht, an dem sich zunehmend auch Patrizier beteiligten.
20 Vgl. ebenda 174f. Es scheint sich beim Schembartlauf im 14. und 15. Jahrhundert um ein Beispiel für aufsteigendes Kulturgut zu handeln – mit entsprechenden Veränderungen von Form und Funktion.
21 Vgl. Lexers, Matthias: Mittelhochdeutsches Taschenwörterbuch. Stuttgart ^{35}1979, 264. Diese Ableitung bestätigte natürlich die Anhänger der Fruchtbarkeitstheorie.
22 Vgl. Religion in Geschichte und Gegenwart, Bd. II^1. Tübingen ^{3}1958, 887.
23 Grimm, Jacob und Wilhelm: Deutsches Wörterbuch III, 1862, Sp. 1354.
24 Auch diese Erklärung ist älter: vgl. zum Beispiel C. Clemen 1914, 148, Anm. 2.
25 Vgl. Religion in Geschichte und Gegenwart II^1, Tübingen ^{3}1958, 887.
26 Meisen, Karl: Namen und Ursprung der Fastnacht. In: Rheinisches Jahrbuch für Volkskunde 17/18 (1967) 7–47. Rosenfeld, Hellmut: Fastnacht und Karneval. Name, Geschichte, Wirklichkeit. In: Archiv für Kulturgeschichte 51 (1969) 175–181. Weitere

27 Literatur zur Etymologie bei Hans Moser: Fasnacht, Fassnacht, Faschang. In: Schweizerisches Archiv für Volkskunde 68/69 (1972/73) 433–453.
27 K. Meisen 1967, 46.
28 H. Rosenfeld 1969, 181.
29 Weidkuhn, Peter: Fastnacht – Revolte – Revolution. In: Zeitschrift für Religions- und Geistesgeschichte 21 (1969) 289–306; hier 292.
30 Ebenda 297f.
31 Vgl. P. Weidkuhn 1969, 301f.
32 Zu nennen wären neben vielen anderen: Berner, Herbert: Fasnacht und Historie. In: H. Bausinger et al. (Hg.) 1964, 42–71; Kurrus, Theodor: Theologische Aspekte der Fastnacht. In: Bausinger et al. (Hg.) 1964, 80–98; Wais, Richard: Die Fastnacht auf der Baar. In: H. Bausinger et al. (Hg.) 1964, 72–79; Die Beiträge des Tübinger Arbeitskreises für Fasnachtsforschung in: Bausinger, Hermann et al. (Hg.): Masken zwischen Spiel und Ernst. Tübingen 1967.
33 Vgl. vor allem H. Moser 1964; ders.: Städtische Fasnacht des Mittelalters. In: H. Bausinger et al. (Hg.) 1967, 135–202, jetzt auch in: Moser, Hans: Volksbräuche im geschichtlichen Wandel. Ergebnisse aus fünfzig Jahren Quellenforschung. München 1985, 98–140.
34 H. Moser 1964, 41.
35 Vgl. H. Moser 1985, 100.
36 Vgl. ebenda 101.
37 Zur Geschichte der Fastenzeiten und dazugehöriger Termine: Vgl. Moser, Dietz-Rüdiger: Fastnacht – Fasching – Karneval. Das Fest der «Verkehrten Welt». Graz / Wien / Köln 1986, 19–27.
38 H. Moser 1964, 27.
39 Vgl. auch H. Moser 1972/73, 439f.
40 H. Moser 1985, 112.
41 Ebenda 111–116. Zum Maskenwesen der unteren Stände schreibt Hans Moser: «Die in der Brauchforschung als primitiv im Sinne von ursprünglich und altschichtig bezeichneten Maskierungen waren die am leichtesten zu beschaffenden und deshalb zu jeder Zeit verfügbaren: das schäbige Gewand, der umgekehrte Pelz, das über die Kleidung gezogene weisse Hemd und auch die Strohverhüllung.» (Ebenda 133f, Anm. 101)
42 Ebenda 122.
43 Ebenda 112. Diese Demokratisierung der Fastnacht braucht der von Roller beobachteten Vereinnahmung des Schembartlaufs durch die Ehrbaren nicht zu widersprechen. Vielmehr wird deutlich, wie wichtig innerhalb des Phänomens Fastnacht soziale Differenzierungen sind.
44 Ebenda 108.
45 Ebenda.
46 Humburg, Norbert: Städtisches Fastnachtsbrauchtum in West- und Ostfalen. Münster 1976.
47 Ebenda 10.
48 Ebenda 146.
49 Vgl. ebenda 156.
50 Moser, Dietz-Rüdiger: Fastnacht und Fastnachtspiel. Zur Säkularisierung geistlicher Volksschauspiele bei Hans Sachs und ihrer Vorgeschichte. In: Brunner, Horst / Hirschmann, Gerhard / Schnellbögl, Fritz (Hg.): Hans Sachs und Nürnberg. Bedingungen und Probleme reichsstädtischer Literatur. Nürnberg 1976, 182–218.
51 Ebenda 190.
52 Ebenda 191.

53 Ebenda 198.
54 Vgl. ebenda 192–198. Eine ganz besondere Bedeutung schreibt D.-R. Moser aus dieser Optik den Fastnachtspielen zu, da sie sich am besten dazu eignen sollen, die intendierte didaktische Botschaft zu vermitteln. (Vgl. ebenda 184–189)
55 Moser, Hans: Kritisches zu neuen Hypothesen der Fastnachtforschung. In: Jahrbuch für Volkskunde NF 5 (1982) 9–50.
56 Vgl. D.-R. Moser 1976, 198–210.
57 Moser, Dietz-Rüdiger: Elf Thesen zur Fastnacht. In: Jahrbuch für Volkskunde NF 6 (1983) 75–77 [= D.-R. Moser 1983a]; hier 76.
58 Küster, Jürgen: Spectaculum Vitiorum. Studien zur Intentionalität und Geschichte des Nürnberger Schembartlaufes. Remscheid 1983. [= J. Küster 1983b] Vgl. dazu die fundierte und kritische Rezension von Hans Schuhladen in: Zeitschrift für Volkskunde 82 (1986) 109–113.
59 Kimminich, Eva: Des Teufels Werber. Mittelalterliche Lasterdarstellung und Gestaltungsformen der Fastnacht. Frankfurt am Main / Bern / New York 1986. «Die Herkunft und Bedeutung auch kleinster Gestaltungselemente liess sich [in der Untersuchung] auf den Motivkreis der Sünden-, Straf- und Busslehren zurückführen.» (Ebenda 257) Vgl. dazu meine Rezension in Schweizerisches Archiv für Volkskunde 83 (1987) 112–114.
60 Bausinger, Hermann: Für eine komplexere Fastnachtstheorie. In: Jahrbuch für Volkskunde NF 6 (1983) 101–106.
61 Ebenda 105.
62 Harvolk, Edgar: Zur Intentionalität von Fastnachtsbräuchen. In: Jahrbuch für Volkskunde NF 6 (1983) 85–87; Trümpy, Hans: Kirchlicher Einfluss oder christliches System? In: Jahrbuch für Volkskunde NF 6 (1983) 88–90. Neben den genannten Einwänden betrifft die Kritik an D.-R. Mosers Fastnachtsdeutung etwa die unterschätzten Verständnis- und Verhaltensabweichungen besonders der unteren sozialen Schichten gegenüber der offiziellen Kirche. Abgesehen davon, dass die Haltung der mittelalterlichen Kirche zur Fastnacht keineswegs geklärt ist, können die Äusserungen der Kirchenmänner, auf die sich D.-R. Moser stützt, kaum als repräsentativ für eine grösstenteils analphabetische Bevölkerung betrachtet werden. In diesem Zusammenhang müssen auch die Einwände genannt werden, dass D.-R. Mosers Ansatz der fastnächtlichen Eigendynamik und den sozialhistorischen oder religionssoziologischen Realitäten zu wenig Rechnung trägt. Er kann die Vermittlung und Popularisierung des theologischen Gedankenguts nicht hinreichend erklären.
63 Küster, Jürgen: Fastnachtsgebote als Quellen. Zur Interpretation archivalischer Zeugnisse. In: Jahrbuch für Volkskunde NF 6 (1983) 53–74. [= J. Küster 1983a]
64 Ebenda 63.
65 Mezger, Werner: Denkanstösse zur Bedeutungsforschung. Die Narrenfigur in der Fastnacht. In: Jahrbuch für Volkskunde 6 (1983) 78–84.
66 Schindler, Norbert: Karneval, Kirche und die verkehrte Welt. Zur Funktion der Lachkultur im 16. Jahrhundert. In: Jahrbuch für Volkskunde NF 7 (1984) 9–57.
67 Ebenda 18.
68 Ebenda 20.
69 Ebenda 32.
70 Ebenda 48f.
71 Vgl. dazu beispielsweise E. Kimminich 1986.
72 Vgl. Scribner, Robert: Cosmic order and daily life: sacred and secular in pre-industrial German society. In: Greyerz, Kaspar von (ed.): Religion and society in early modern Europe 1500–1800. London 1984, 17–32. [= R. Scribner 1984a]

[73] Vgl. H. Bausinger 1964, 9f. Es ist nicht zuletzt dieser parodistische Grundzug, der eine Integration von widersprüchlichen Deutungen möglich macht: Sie können alle zugleich und nebeneinander auf die Fastnacht zutreffen.
[74] Vgl. E. Kimminich 1986.
[75] Siehe oben S. 56.
[76] Heers, Jacques: Fêtes, jeux et joutes dans les sociétés d'occident à la fin du moyen âge. Montréal 1971, 121. Vgl. auch ders.: Vom Mummenschanz zum Machttheater. Europäische Festkultur im Mittelalter. Frankfurt 1986, 37: «Es mag verwunderlich erscheinen, aber die Narrenfeste, Feiern der Unordnung, der auf den Kopf gestellten Hierarchien, haben sich ausnahmslos in kirchlichen Kreisen entfaltet. Es waren Kleriker, die, vor dem manchmal verblüfften Volk, zu ihnen den Anstoss gaben, und dies, jedenfalls in der ersten Zeit, fast immer mit Unterstützung der zuständigen Dekane oder der Bischöfe.»
[77] J. Heers 1986, 37–56.
[78] Ebenda 87–119.
[79] Ebenda 219–229.
[80] Siehe oben S. 50.
[81] Vgl. D.-R. Moser 1976, 192.

Kapitel IV

[1] Die Suche nach nicht-edierten, handschriftlichen Dokumenten zur Berner Fastnacht im Staatsarchiv Bern erwies sich als ziemlich aussichtslos. Die Chance, wichtiges Quellenmaterial zu finden, das über die bereits gedruckten Archivalien hinaus zu neuen Erkenntnissen führen könnte, halte ich – nach verschiedenen Sondierungen – für gering. Anstelle aufwendiger und langwieriger Archivrecherchen mit minimalem Ertrag zog ich es vor, das verstreute, aber in grossem Umfang gedruckt vorliegende Quellenmaterial zur Geschichte von Bern und seinen Nachbargebieten möglichst gut auszuwerten.
[2] Röllin, Werner: Fastnachtsforschung in der Schweiz. In: Jahrbuch für Volkskunde NF 8 (1985) 203–226.
[3] Hoffmann-Krayer, Eduard: Die Fastnachtsgebräuche in der Schweiz. In: Ders.: Kleinere Schriften zur Volkskunde. Hg. von Paul Geiger. Basel 1946, 24–94. Siehe oben S. 267, Anm. 3.
[4] «[...] so werden wir uns lediglich auf das historisch Überlieferte beschränken und von vornherein alle mythologischen Deutungen, die ja doch zum grossen Teil hypothetischer Natur sind, ausschliessen.» (Hoffmann-Krayer, Eduard: Bilder aus dem Fastnachtsleben im alten Basel. Zürich 1896, 5)
[5] E. Hoffmann-Krayer 1946, 27.
[6] Ebenda 38.
[7] Ebenda 71.
[8] Vgl. Wackernagel, Hans Georg: Altes Volkstum in der Schweiz. Basel 1956, 25, 231, 241, 247, 257, 267, 293/94, 308. Die in diesem Band vereinigten Aufsätze wurden zum grössten Teil in den dreissiger Jahren geschrieben. Vgl. ebenda 325f.
[9] Ebenda 294. Anderseits werden beispielsweise Ende Mai 1499 Basler Hirten von kaiserlichen Kriegsknechten überfallen, von denen einige wie an der Fastnacht «in

gestalt der wibern gekleidet» waren. (Ebenda 247) Zur Verflechtung von Kriegs- und Festkultur schreibt Wackernagel: «Gerade die Personengleichheit zwischen fast berufsmässigen Kriegs- und ‹Fest›-helden dürfte als nicht ganz nebensächliche alteidgenössische Eigentümlichkeit gelten.» (Ebenda 267)

[10] Schaufelberger, Walter: Spätmittelalter. In: Handbuch der Schweizer Geschichte, Bd. I. Zürich 1972, 239–388 [= W. Schaufelberger 1972b]; hier 365.

[11] Vgl. Schaufelberger, Walter: Der Wettkampf in der Alten Eidgenossenschaft. Bern 1972 [= W. Schaufelberger 1972a], 52–58.

[12] Ebenda 37.

[13] Vgl. zum Beispiel auch die Luzerner Fastnacht um 1500, von der Anne-Marie Dubler schreibt: «So wandelten sich Kriegs- und Erinnerungsfeiern bald zu fasnächtlichen bunten Zügen, die aber nie des militärischen Elementes entbehrten. Nach Schilling zogen die Gesellschaften alljährlich am Schmutzigen Donnerstag vor der Pfaffenfasnacht in vollem Harnisch mit Bruder Fritschi durch die Stadt. Wie bei einem Auszug waren sie vom Fähnlein, von Pfeiffern und Trommlern begleitet.» (Dubler, Anne-Marie: Handwerk, Gewerbe und Zunft in Stadt und Landschaft Luzern. Luzern / Stuttgart 1982, 81f) Auch Paul Hugger weist bei seiner Deutung der «fasnächtlichen Integrationsfigur» Bruder Fritschi von Luzern auf die «eigenartige Vermischung von fasnächtlichem Treiben und der Waffenschau» hin. (Hugger, Paul: Bruder Fritschi von Luzern. Zur Deutung einer fasnächtlichen Integrationsfigur. In: Schweizerisches Archiv für Volkskunde 79 [1983] 113–128; hier 122)

[14] Vgl. Grimm, Jacob und Wilhelm: Deutsches Wörterbuch V, 1873, Sp. 828–833. Lexikon für Theologie und Kirche, Bd. VI. Freiburg 1961, Sp. 303f.

[15] Kessler, Johannes: Sabbata. Mit kleineren Schriften und Briefen. Herausgegeben vom historischen Verein des Kantons St. Gallen. St. Gallen 1902, 52. Die Abfassung der «Sabbata» wurde wahrscheinlich 1524, Reinschrift und Ergänzungen wurden 1533 begonnen.

[16] Ebenda 51.

[17] B. Haller III, 1902, 343.

[18] Einem obrigkeitlichen Verbot von 1481 zufolge sollen in Bern alle «als um ein offen kilchwihe-bruch» gestraft werden, die an Kirchweihen tanzen, spielen, kegeln, mit Karten spielen, würfeln und schiessen. (Anshelm I, 1884, 187f) Joachim Wäbers «Vergehen» dürfte also eine dieser Vergnügungen betreffen.

[19] Mayer, J.G. (Hg.): Chronik des Fridolin Bäldi in Glarus. In: Zeitschrift für schweizerische Kirchengeschichte 1 (1907) 43–52, 112–127. Über einen der häufigen Festbesuche schreibt er: «Jn dem 1518. jar kamend in der Fassnacht auf Sant Hilarisskilbi alhar die us der grafschaft Werdenberg hundert und drisig hüpscher gsellen sampt dem Stäger, irem vogt.» (Ebenda 115)

[20] Brant, Sebastian: Das Narrenschiff. Hg. von Manfred Lemmer. Tübingen 1962, 210. Weitere Belege, die den engen Zusammenhang zwischen Fastnacht, Kirchweih und allgemeiner Festkultur dokumentieren, zitiert W. Schaufelberger 1972a, Anmerkungsband 17, Anm. 7 und 8.

[21] Tatsächlich ergibt eine chronologische Zusammenstellung, dass zwischen 1460 und 1530 kaum ein Jahr vergeht, in dem nicht die obligaten Fastnachts- oder Kirchweihbesuche stattfinden. Vgl. dazu Liebenau, Theodor von: Fastnacht im alten Luzern. In: Vaterland Nr. 18, 24. Januar 1894; E. Hoffmann-Krayer 1946, 30; W. Schaufelberger 1972a, 36f.

[22] V. Anshelm I, 1884, 289.

[23] Zitiert nach Morgenthaler, Hans: Zur Fastnachtfahrt der Schwyzer 1486. In: Anzeiger für Schweizerische Geschichte 48 (1917) NF 15, 94–99; hier 94.

[24] Ebenda.
[25] Ebenda 95.
[26] «It. 1 ℔ dem senger an der fasnacht hie was von Lutzerren.» (Morgenthaler, Hans: Kulturgeschichtliche Notizen aus den solothurnischen Seckelmeisterrechnungen des XV. Jahrhunderts. (Fortsetzung). In: Anzeiger für Schweizerische Altertumskunde XXI (1919) 57–60; hier 57.
[27] Vgl. H. Morgenthaler 1917, 98. Die enormen Ausgaben konnten sogar die Verschiebung einer Fastnacht (mit)verursachen: «Lucern stellt eine Fassnacht ab zu der die von Basel eingeladen hatten, und verschiebt selbe auf St. Verenentag (1. September), wo, so Gott wolle, alle Dinge nicht so theuer sein werden als zur Stunde und wo die Gesellschaft kommlicher möge gehalten werden». (Eidgenössische Abschiede III, Abt. 2. Luzern 1869, 125, Nr. 60, lit. y [Baden, Juni 1501])
[28] Usteri, Joh. Martin (Hg.): Gerold Edlibach's Chronik. Zürich 1847, 238f. «Zum süffzen» ist der Namen einer Patrizierstube. Edlibachs Bericht dreht sich anschliessend vor allem um die Frage, wo die Gäste zusammen mit Bürgermeister, «vil rätten und sust vil edler und gutt burger» jeweils am Montag, am Dienstag, am Mittwoch und am Donnerstag assen; meistens wird die Mahlzeit mit Tanzen beendet. (Vgl. ebenda 239f)
[29] So zum Beispiel beim Besuch der Werdenberger und Sarganser in Glarus 1518 (vgl. J. G. Mayer 1907, 115) oder beim Besuch der Eidgenossen in Basel 1521 (vgl. L. Zehnder 1976, 322). Von der Überlinger Fastnacht 1530 notiert Vadian in seinem Diarium sogar, es sei «der adel sampt etlichen prelaten und unserm abt Kilian zu Überlingen bi ainandern gsin und alda vasnacht ghalten». (Watt, Joachim von [Vadian]: Deutsche Historische Schriften, Bd. III. Hg. von Ernst Götzinger. St. Gallen 1879, 241) Auch die bildliche Darstellung des Fastnachtstreffens in Schwyz 1508 bei Diebold Schilling lässt vornehm gekleidete Paare beim Tanz erkennen. (Vgl. Schmid, Alfred A.: Die Schweizer Bilderchronik des Luzerners Diebold Schilling 1513. Sonderausgabe des Kommentarbandes zum Faksimile der Handschrift S 23 fol in der Zentralbibliothek Luzern. Luzern 1981, 397.)
[30] Grinberg, Martine: Carnaval et société urbaine XIVe-XVIe siècles: le royaume dans la ville. In: Ethnologie française, nouvelle série 4 (1974) 215–244; hier 232f.
[31] Vgl. M. Grinberg 1974, 234. Die «Urbanisierung» der Fastnacht führe dazu, dass «cette fête finit par concerner la ville plus que la collectivité agissante». (Ebenda)
[32] V. Anshelm II, 1886, 68.
[33] Zitiert nach W. Schaufelberger 1972a, 55. Es handelt sich vermutlich um dieselbe Fastnacht, an welcher die Berner aus bündnispolitischen Gründen vorerst nicht teilnehmen konnten. In diesem Fest kristallisieren sich die Spannungen, die sich zu jenem Zeitpunkt durch den ganzen eidgenössischen Bund ziehen.
[34] A. Schmid 1981, 397. Dass der Inhalt dieser Fastnacht einer politischen Tagung gleichkam, ist schon Schillings Überschrift zu entnehmen: «Wenn der dryen Lendern vasnacht anfieng und ussgieng, ouch wz sy wartetend und ze rat warend worden.» (Ebenda) Schillings Aufzeichnung erhält ihr Gewicht wiederum erst durch den Machtkampf zwischen Frankreich und Habsburg, der auch die Eidgenossen in zwei Lager aufspaltet.
[35] Deutlich zum Beispiel beim Besuch von Uri und Unterwalden in Zürich an der Fastnacht 1487 (vgl. J. M. Usteri [Hg.] 1847, 192 beziehungsweise Eidgenössische Abschiede III, Abt. 1. Zürich 1858, 259, Nr. 288, lit. g) oder bei der Versammlung eidgenössischer Vertretungen in Bern an der Fastnacht 1465 (vgl. Liebenau, Theodor von: Fastnacht in Bern 1465. In: Anzeiger für Schweizerische Geschichte 28 [1897] NF 7, 533f) und wohl auch bei den meisten unpolitisch scheinenden Fastnachtsbesuchen.

36 Hottinger, Johann Jakob / Vögeli, Hans Heinrich (Hg.): Heinrich Bullingers Reformationsgeschichte, Bd. I. Zürich 1985, 388 (Reprint der Ausgabe von 1838).
37 Strickler, Johann: Actensammlung zur Schweizerischen Reformationsgeschichte in den Jahren 1521–1532, Bd. II. Zürich 1879, 50.
38 Hauser, Kaspar (Hg.): Die Chronik des Laurencius Bosshart von Winterthur 1185–1532. Basel 1905, 181. Vgl. als Gegenstück dazu zum Beispiel das Treffen der Katholischen an der Herrenfastnacht 1530 in Überlingen. Siehe oben S. 273, Anm. 29.
39 Zitiert nach L. Zehnder 1976, 225. Ein solches Auswahlverfahren wird mit grosser Wahrscheinlichkeit auch bei den Fastnachtsbesuchen angewendet. Für den oben S. 75 erwähnten Fastnachtsbesuch der Berner in Schwyz an Martini 1497 «schickt der Rath den in Schwyz festfeiernden Herren 100 Pfund zu, damit sie anständig auftreten möchten». (V. Anshelm II, 1886, 68, Anm 4.) Für den Kirchweihbesuch der Glarner in Uri 1523 wurde die 200 Mann zählende Delegation «mit hüpschen und neuen kleidern, der merertheil sidin wams» ausgerüstet. (J. G. Mayer [Hg.] 1907, 117)
40 [Ryff, Fridolin:] Die Chronik des Fridolin Ryff 1514–1541 mit der Fortsetzung des Peter Ryff 1543–1586. In: Vischer, Wilhelm / Stern, Alfred (Hg.): Basler Chroniken, Bd. I. Leipzig 1872, 1–229; hier 113.
41 Cysat, Renward: Collectanea chronica und denkwürdige sachen pro chronica Lucernensi et Helvetiae. Bearbeitet von Josef Schmid, Bd. I^2. Luzern 1969, 716. Ein solches Fest veranstaltet die Luzerner Obrigkeit 1490 mit Werdenberg: «Alls demnach min herren Ao 1490 die graffschafft Werdenberg jm Oberland zuo jrer statt handen erkoufft und zuo einer landtvogty gmacht, liessend sy dieselben underthanen ouch allso an ein fassnacht allhar laden [...].» (Ebenda) In diesem Zusammenhang wird auch die grosse Bedeutung von fastnächtlichen Integrationsfiguren (zum Beispiel Bruder Fritschi von Luzern) verständlich. Vgl. dazu P. Hugger 1983.
42 Ebenda.
43 Zitiert nach L. Zehnder 1976, 324.
44 Zitiert nach W. Schaufelberger 1972a, Anmerkungsband 17, Anm. 7.
45 Vgl. W. Schaufelberger 1972a, 30. Nach den Kappeler Kriegen wird sogar der Versuch einer Integration über die konfessionellen Grenzen hinweg gemacht. Zürich lädt 1533 zu einer Kirchweih nicht nur «ettlich gmeinden ab der landschafft», sondern auch die fünf katholischen Innerschweizer Orte ein. Allerdings scheint das Fest nicht frei von Spannungen gewesen zu sein, wie aus den Spottworten hervorgeht, die Johannes Stumpf in seinem Bericht erwähnt. (Gagliardi, Ernst / Müller, Hans / Büsser, Fritz [Hg.]: Johannes Stumpfs Schweizer- und Reformationschronik, Bd. II. Basel 1955, 315f)
46 J. Kessler 1902, 433.
47 K. Schib (Hg.) 1949, 92. Lässt der Einschub «was als erlubt» darauf schliessen, dass bei anderen (ähnlichen) Festgelegenheiten soziologisch gesehen nicht alles «erlaubt» war, dass also bestimmte Sozialschichten und Bevölkerungsgruppen ausgeschlossen waren?
48 Siehe oben S. 69/70.
49 Schaufelberger, Walter: Altschweizerisches und altbernisches Kriegsvolk, wie es nicht im Geschichtsbuch steht. In: Archiv des Historischen Vereins des Kantons Bern 46 (1961/62) 323–348; hier 343. «Volksjustiz» betrachte ich in diesem Zusammenhang weniger als Ausdruck für Rechtsformen und Rechtssprechung «von unten» denn als Gegensatz zum obrigkeitlichen Rechtswesen. Demnach fällt auch etwa die Austragung von Privatfehden in der Oberschicht unter den Begriff der «Volksjustiz».
50 Benz, Walther (Hg.): Die eidgenössische Chronik des Wernher Schodoler um 1510 bis 1530, Bd. III. Luzern 1983, 253.
51 «Unnd allso an dem eschennmittwuchenn des vorgenanten jares [19. Februar 1477]

zugenn si uss unnd kamen am erstenn gan Luczernn; [...]» (ebenda); «Darnach am samstag vor der allten vassnacht, da kamen dieselben zwey örtter von Ure unnd Swicz mer dann mit sibenhundert mannen in der von Bern gebiet [...]» (ebenda 254).

52 Ebenda 254.
53 Ebenda 253.
54 Eidgenössische Abschiede III, Abt. 1, 1858, 143, Nr. 172, lit. s (Baden 7. Januar 1483). Die Vorsichtsmassnahmen scheinen allerdings wenig zu fruchten; das geht nicht nur aus oft wiederholten Verboten hervor, sondern auch aus Zeugnissen über ähnliche Vorfälle. Vgl. zum Beispiel Götzinger, Ernst (Hg.): Fridolin Sichers Chronik. St. Gallen 1885, 29: «Im 1495 jar vor fasnacht zoch ain mutwillig volk von Uri, Underwalden und Zug in das Turgow [...]». Dazu Wackernagel, Hans Georg: Fehdewesen, Volksjustiz und staatlicher Zusammenhalt in der alten Eidgenossenschaft. In: Schweizerische Zeitschrift für Geschichte 15 (1965) 289–313. Nach Wackernagel handelt es sich um «eine erpresserische Heerfahrt von jungen Kriegsknechten gegen Konstanz. Den Anlass zum Unternehmen gab das rücksichtslose und wucherische Vorgehen einer reichen Frau aus Konstanzer Finanzkreisen gegen tief verschuldete Thurgauer Bauern. [...] Wie auf einen Schlag und in bemerkenswerter Solidarität rotteten sich, erbost über die Konstanzer Hochfinanz, etwa 1000 junge Burschen, vor allem aus Uri, Unterwalden, Zug, aus dem oberen Freiamt (Wagental) sowie aus dem Thurgau selbst, zum Kriege gegen die Stadt am Bodensee zusammen. Dies geschah, was ausdrücklich hier hervorzuheben wäre, in völligem Widerspruche zum Stanser Verkommnis von 1481 und entgegen dem mehrfachen geäusserten obrigkeitlichen Willen, besonders von Zürich und Luzern.» (Ebenda 302)
55 V. Anshelm I, 1884, 187. Im gleichen Zug nennt Anshelm ein Spiel- und Tanzverbot. Es scheint, den oft wiederholten Waffenverboten nach zu schliessen, üblich gewesen zu sein, bewaffnet an der Kirchweih zu erscheinen. Ähnliche Verbote bei H. G. Wackernagel 1956, 308. Bereits 1485 heisst es bei Anshelm erneut: «Item, und der kilchwihinen unfuren, todschläg und andre laster zu verkommen: die gewapneten mit pfifen und trummen zuzüg, alle spil, keglen und tänz, nach vor ussgangnem verbot, in stat und land bi 5 pfund pfenningen buss ernstlich verboten.» (V. Anshelm I, 1884, 281)
56 B. Haller III, 1902, 322.
57 V. Anshelm I, 1884, 407. Auch die Lösung eines Pfründenstreits um die Probstei Moutier, welche von der Berner Obrigkeit «brachium seculare, weltlichen gewalt» efordert, fällt auf Fastnacht 1486 – Anshelm bezeichnet sie als «die unrüewig alte fassnacht zu Münster». (Ebenda 289f)
58 Vgl. zum Beispiel die Taktik der eidgenössischen Söldner beziehungsweise ihrer Hauptleute im Kampf gegen die Truppen des Markgrafen Ludwig II von Saluzzo im Piemont 1487: «Hienach uber 3 tag, was der pfaffen vassnacht, hub der von Gryers ein ungewarten sturm an mit hilf der Eidgnossen [...]. Ein andrer sturm. Also ward ein anschlag, dass alle läger gmeinlich eins angrifs uf die jungen vassnacht frie söltid stürmen [...]». (Ebenda 307f) Vgl. auch V. Anshelm II, 1886, 124f.
59 V. Anshelm V, 1896, 104. Am Ende des betreffenden Eintrags schreibt Anshelm: «[...] damit dis kriegsche vasnacht, wie gemelt, volendet ist worden [...].» (Ebenda 106) Die sprachliche Verbindung von Krieg und Fastnacht ist Ausdruck der zeitgenössischen Assoziationen, welche die Grenzen zwischen kriegerischer Fastnacht und fastnächtlichem Kriegen verschwimmen lässt. Entsprechendes gilt für die Kirchweih: vgl. Schweizerisches Idiotikon III, 1895, Sp. 795: «kilchwichkrieg».
60 E. Götzinger (Hg.) 1885, 25. Vgl. dazu auch V. Anshelm I, 1884, 338f.
61 «Auf den 10 tag februarius [1491], ist S. Scholastica tag, wais der unsinig donstag, ward ain uflauf von etlichen der gmaind wider den rat [von St. Gallen]». (Schiess, Traugott

[Hg.]: Die Chronik des Hermann Miles. In: Mitteilungen zur vaterländischen Geschichte 28 [1902] 275–385; hier 292). In bezug auf die Kirchweih sei ein Beispiel von 1487 genannt, «als deren von Solaturn undertanen lantlüt [...] ab einer kilchwihe mit zweien vänlin ufrüerischem glöf, on ir obren gheiss [...] das schloss und herschaft Münchenstein uss deren von Basel handen ungewarnter sach ze rissen understanden [...]». (V. Anshelm I, 1884, 316)

[62] B. Haller I, 1900, 98.

[63] V. Anshelm III, 1888, 444.

[64] Ebenda.

[65] Ebenda 444f.

[66] Ebenda 446. Zu den politischen Hintergründen des Könizaufstandes: Vgl. R. Feller I, ^{2}1974, 531–538.

[67] Siehe unten S. 92.

[68] Zur Mazze: Vgl. Büchi, Albert: Die Mazze. In: Schweizerischer Anzeiger für Altertumskunde NF XI (1909) 309–317; Hoffmann-Krayer, Eduard: Die Walliser Mazze. In: Schweizerisches Archiv für Volkskunde 16 (1912) 53–55; Carlen, Albert: Das Oberwalliser Theater im Mittelalter. In: Schweizerisches Archiv für Volkskunde 42 (1945) 65–111, besonders 88–97.

[69] Vgl. zum Beispiel V. Anshelm II, 1886, 48 über die Vertreibung des Bischofs Josef von Silenen in einer Mazze von 1496. Zum Jahr 1517 notiert Anshelm: «Diss jars Hornung haben die Walliser ire wilden matzen ufgeworfen wider iren hern und fürsten, den cardinal [Schiner].» (V. Anshelm IV, 1888, 239) Über den Zusammenhang von Mazzen und Fastnachtskultur: Vgl. H. G. Wackernagel 1956, 232, 239. Der rebellische Charakter der Mazzen wird auch dadurch bestätigt, dass für die Bezeichnung der Anführer bei den Aufständen im Berner Oberland 1528/29 immer wieder das Wort «matzenmeister» verwendet wird. (Vgl. V. Anshelm V, 1896, 313; R. Steck / G. Tobler [Hg.] II, 1923, 754, Nr. 1754 und 885, Nr. 1999)

[70] Vgl. dazu H. G. Wackernagel 1956, 309.

[71] Elias, Norbert: Über den Prozess der Zivilisation, Bd. I. Frankfurt am Main ^{8}1981, 263–283.

[72] N. Elias ^{8}1981, 276.

[73] Zitate nach E. Hoffmann-Krayer 1896, 15 (Basler Erkanntnisbuch I, 159). Vgl. ders. 1946, 82. Aufgrund der sprachlichen Formulierung von Hoffmann-Krayers Beleg lässt sich das «slahen uff der schiben» nicht mit dem sogenannten «Scheibenschlagen» gleichsetzen, bei dem an der Fastnacht glühende Holzscheiben in die Luft geschleudert wurden. Vgl. zum «Scheibenschlagen»: Grass, Nikolaus: Der Kampf gegen die Fasnachtsveranstaltungen in der Fastenzeit. In: Zeitschrift für Volkskunde 53 (1956/57) 204–237; hier 207; Vogt, Friedrich: Beiträge zur deutschen Volkskunde aus älteren Quellen. In: Zeitschrift des Vereins für Volkskunde 3 (1893) 349–372 und 4 (1894) 195–197.

[74] J. M. Usteri (Hg.) 1847, 244.

[75] Ebenda.

[76] Zitiert nach L. Zehnder 1976, 231. (Quelle: Vischer, Wilhelm / Boss, Heinrich [Hg.]: Johannis Nebel Capellani Ecclesiae Basiliensis Diarium, Bd. II. Leipzig 1887, 270)

[77] E. Götzinger (Hg.) III, 1897, 221.

[78] J. G. Mayer (Hg.) 1907, 121. Ein aufschlussreiches Beispiel einer Gewalteskalation (Pferdemord), die 1531 beinahe zum Krieg zwischen Zürich und Zug führt, liefert auch Laurencius Bosshart in seiner Chronik. Vgl. K. Hauser (Hg.) 1905, 240. Allgemein zu Mord an Fastnacht und Kirchweihen: Vgl. L. Zehnder 1976, 231–233, 313, 314.

[79] Vgl. J. Strickler II, 1879, 40, 455. An der Fastnacht 1530 berichtet Konrad Luchsinger

nach Zürich, «dass hauptleute zu Zell am Untersee und in Überlingen knechte annehmen und 20'000 mann zusammenbringen wollen [...]». (Ebenda)

80 R. Steck / G. Tobler (Hg.) I, 1923, 223, Nr. 689. Ähnlich 1529 bei einer Kirchweih in der Berner Landschaft: «So nun die löuff äben sorglich und gevarlich, von wegen des nechstvergangnen kriegs, und der friden noch nit gar erlütert», befürchtet der Berner Rat, «dass zu beyden syten sich an den ort von unverstanden lüten etwas sich zutragen möcht, das zu widerwertigkeit dienen, [...].» (R. Steck / G. Tobler [Hg.] II, 1923, 1128, Nr. 2500)

81 «Überlaufen» bedeutet etwa «überfallen, insbes. den Hausfrieden brechen». (Schweizerisches Idiotikon III, 1895, Sp. 1129) Anshelm nennt zum Beispiel auch den gewaltsamen Überfall der Könizer Bauern anlässlich ihrer Kirchweih 1513 einen «uberlouf». (V. Anshelm III, 1888, 445)

82 Häufig geht es um das «Küechliholen» oder um Essen und Trinken, das der «Heimgesuchte» zur Verfügung zu stellen beziehungsweise in Form von Zechen zu bezahlen hatte.

83 Rechtsquellen des Kantons Bern, Bd. I. Hg. von Friedrich Emil Welti. Aarau 1902, 151. (Satzungenbuch der Stadt Bern) Offenbar wurden Hosen zur Maskierung verwendet.

84 R. Steck / G. Tobler (Hg.) I, 1923, 14, Nr. 68.
85 Ebenda 52, Nr. 191 und 91, Nr. 344.
86 H. G. Wackernagel 1965, 303. Vgl. auch H. G. Wackernagel 1956, 259–265.
87 Vgl. Grass, Nikolaus: Das Widum- und Kloster-«Stürmen» sowie verwandte Faschingsbräuche in Süddeutschland, Österreich und der Schweiz. In: Zeitschrift der Savigny-Stiftung für Rechtsgeschichte 71, Kan. Abt. (1954) 159–200. Auch hier spielte neben teilweise erzwungenen Gelagen namentlich in der Schweiz das Küchleinholen eine wichtige Rolle. Eine Notiz aus dem Jahr 1520 meldet: «Sy syen uf der Pfaffen Fasnacht nachts für des Kilchherren zuo Bülach Hus gekommen und [hätten] zuo demselben gesprochen, ob er inen das Küechli wellte geben.» (Ebenda 171f, ohne Quellenangabe) Vgl. auch E. Hoffmann-Krayer 1946, 55f und H. Moser 1972/73, 439f.

88 Vgl. E. Hoffmann-Krayer 1946, 55f; N. Grass 1954, 170; Stolz, Dieter H.: Die Fastnacht in Überlingen. In: H. Bausinger et al. (Hg.) 1967, 65–105.

89 H. G. Wackernagel 1965, 303. Vgl. auch H. G. Wackernagel 1956, 256f.
90 H. G. Wackernagel 1956, 259–265 und 250–258.
91 Ebenda 262.
93 Ebenda 26.
94 Vgl. H. G. Wackernagel 1965, 303f und 1956, 265. Weitere Beispiele bei L. Zehnder 1976, 436–439. Wackernagel vermutet, dass diese überlieferten Fälle nur eine ganz kleine Auswahl aus den Klosterstürmen der Reformationszeit repräsentieren. Dass gerade Frauenklöster so häufig zum Ziel der Anschläge wurden, hängt wohl nur zu einem Teil damit zusammen, dass dort «kein ernsthafter Widerstand zu erwarten war» (H. G. Wackernagel 1965, 303). Nicht auszuschliessen als Motive sind «Männerphantasien» sowie der zu jener Zeit beliebte «Weiberspott».

95 J. Strickler I, 1878, 197, Nr. 547.
92 Meier, Gabriel (Hg.): Bericht über das Frauenkloster St. Leonhard in St. Gallen von der Frau Mutter Wiborada Fluri [=Mörli] 1524–1538. In: Anzeiger für Schweizerische Geschichte 44 (1914) NF 12, 14–44; hier 23f.

96 R. Steck / G. Tobler (Hg.) I, 1923, 200, Nr. 623.
97 Ebenda 654, Nr. 1555. Weitere Streitigkeiten um die Abgabe von Fastnachtshühnern: Vgl. Rechtsquellen des Kantons Bern, Bd. VII. Hg. von Hermann Rennefahrt. Aarau

98 1960, 330; R. Steck / G. Tobler (Hg.) I, 1923, 175, Nr. 558, 218, Nr. 670, 255, Nr. 800 und II, 1923, 952, Nr. 2117; J. Strickler II, 1879, 450f.
99 R. Steck / G. Tobler (Hg.) I, 1923, 612, Nr. 1490.
100 Ebenda 623, Nr. 1501. Ähnliche Ultimaten: Ebenda II, 1923, 1199, Nr. 2667; E. Götzinger 1885, 77.
101 V. Anshelm V, 1896, 375. Vgl. [Briefer, Niklaus:] Des Dekans Niklaus Brieffer [sic] Chronik der Basler Bischöfe 741–1529. In: Bernoulli, August (Hg.): Basler Chroniken, Bd. VII. Leipzig 1915, 357–435; hier 432f. F. Ryff 1872, 88f; [Schnitt, Konrad:] Die Chronik Konrad Schnitts 1518–1533 sammt Fortsetzung bis 1537. In: Bernoulli, August (Hg.): Basler Chroniken, Bd. VI. Leipzig 1902, 87–184; hier 116f; Roth, Paul (Hg.): Aktensammlung zur Geschichte der Basler Reformation in den Jahren 1519 bis Anfang 1534, Bd. IV. Basel 1941, 70–72. Vgl. ausserdem P. Weidkuhn 1969, 293 und Scribner, Robert W.: Reformation, carnival and the world turned upside-down. In: Batory, Ingrid (Hg.): Städtische Gesellschaft und Reformation. Stuttgart 1980, 234–264, besonders 239, 247f.
102 Vgl. dazu Jezler, Peter / Jezler, Elke / Göttler, Christine: Warum ein Bilderstreit? Der Kampf gegen die «Götzen» in Zürich als Beispiel. In: Unsere Kunstdenkmäler 35 (1984) 276–296, besonders 287f; R. W. Scribner 1980, 258f.
103 Vgl. Ebenda.
104 Bildersturm an der Fastnacht zum Beispiel in Zürich 1524 (vgl. Egli, Emil [Hg.]: Aktensammlung zur Geschichte der Zürcher Reformation in den Jahren 1519–1533. Zürich 1879, 216, Nr. 497); in St. Gallen 1527, 1528, 1529, 1530 (vgl. E. Götzinger [Hg.] 1885, 78, 137; G. Meier [Hg.] 1914, 35; J. Kessler 1902, 310); in Glarus 1528 (vgl. J. G. Mayer [Hg.] 1907, 119); in Aarau 1534 (vgl. Oelhafen, Christian [Hg.]: Chronik der Stadt Aarau, von deren Ursprung bis 1798. Aarau 1840, 51).
105 R. Steck / G. Tobler (Hg.) I, 1923, 295, Nr. 831 und Nr. 832, 367, Nr. 1094.
106 Ebenda II, 1923, 1321, Nr. 2930.
107 Vgl. dazu R. W. Scribner 1980, 258–260. Scribner betont dabei – im Gegensatz zur materialistischen Deutung von Mikhaïl Bakhtine, siehe unten S. 96 – den rituellen Charakter der Desakralisierung.
108 Jezler, Peter (Hg.): Gerold Edlibachs Aufzeichnungen über die Zürcher Reformation 1520–1526. In: Altendorf, Hans-Dietrich / Jezler, Peter (Hg.): Bilderstreit. Kulturwandel in Zwinglis Reformation. Zürich 1984, 41–74; hier 48.
109 Douglas, Mary: Ritual, Tabu und Körpersymbolik. Frankfurt ²1986, 2. (Englisches Original: Natural Symbols. Explorations in Cosmology. London 1970)
110 Ebenda 106.
111 Ebenda.
112 Bakhtine, Mikhaïl: L'œuvre de François Rabelais et la culture populaire au Moyen Age et sous la Renaissance. Paris 1970, 89 und 96, Hervorhebungen im Original. (Aus bibliographischen Gründen verwende ich die französische Umschrift des russischen Autorennamens.) Bakhtines Ansicht, wonach die Körpersprache gleichzeitig die Revitalisierung und Erneuerung der Welt im Karneval ausdrückt, beruht einerseits auf den lange vorherrschenden Interpretationen der Fastnacht als Fruchtbarkeitskult, anderseits auf These, dass der Körper gerade in der Volkskultur nicht nur als Abbild von sozialen, sondern auch von kosmischen Strukturen gesehen wurde: «Le cosmique, le social et le corporel sont indissolublement liés [...].» (Ebenda 28)
113 Vgl. ebenda 29.
114 N. Schindler 1984, 49, vgl. auch 23. Zur generellen Fastnachtsinterpretation von Schindler siehe oben S. 60/61.
115 Ebenda 49.

[115] Ebenda 46f.
[116] Zitiert nach H. Moser 1985, 101.
[117] R. Steck / G. Tobler (Hg.) II, 1923, Nr. 2260: «Wir hand vernommen, wie die von Münsingen und Belp mit denen von Worbe ein abenttrunck oder fassnacht uf jetzkünftigen sontag haben wellen, das nun uns ganz und gar widrig.»
[118] Weyrauch, Erdmann: Mahl-Zeiten. Beobachtungen zur sozialen Kultur des Essens in der Ständegesellschaft. In: Imhof, Arthur E. (Hg.): Leib und Leben in der Geschichte der Neuzeit. Berlin 1983, 103–118; hier 110.
[119] Rechtsquellen des Kantons Bern I, 1902, 150.
[120] Vgl. dazu A. Dubler 1982, 44. Ähnliche Verhältnisse wie in Bern herrschten in Luzern im 15. Jahrhundert: «Die Trinkstube erlaubte der Gesellschaft und dem einzelnen Handwerk, Gäste zu empfangen. Berühmt waren das Aschermittwochessen auf der Herrenstube zum Affenwagen und die Festlichkeiten am Berchtoldstag bei den Schützen. Während der Fastnachtstage ausgangs Winter wurden die Stuben zum Mittelpunkt eines ausgelassenen Festbetriebs.» (Ebenda) Vgl. auch H. Moser 1985, 101 zum gemeinsamen Mahl als wichtigem Element zünftischer (und allgemeiner) Festkultur. Die brauchmässige und ritualisierte Funktion von Essen und Trinken in den Zürcher Zunftstuben des Spätmittelalters belegt ausserdem zum Beispiel Hauser, Albert: Vom Essen und Trinken im alten Zürich. Zürich ^{3}1975, 86f.
[121] E. Weyrauch 1983, 112.
[122] Ein schönes Beispiel eines elitären Fastnachtsbanketts um 1509 liefert die Zimmerische Chronik. Zwar bezieht sich die Stelle auf Köln, mag aber dennoch auch eine Ahnung davon geben, wie die vornehmen Festessen in der Eidgenossenschaft konkret vor sich gegangen sein könnten: «Und aber dieselbig nacht war an der rechten vassnacht ain gross banket in aines reichen burgers haus, [...] und bald darnach kam der herr im haus mit etlichen seinen freunden, lueden die herren zum banket, mit bit, sie wellten die masquen abthuen und sie zu erkennen geben. Sie wonten auch nit anders, dann es weren eitel domherren, inen bekannt. [...] Nach dem sas man an einer langen dafel zusamen, die herren und das frawenzimmer, und fieng das banket an. [...] Do wurdt an wiltpret, es sei federwilpret oder anders, confect, ops, alle schleckbissle, kalt und warm, die bösten wein und pier, trefenliche musica, freuntlich gesprech nichs gespart, usserhalb die gesundthait, die wurt an denen orten nit gespart, sondern kecklich gewaget. [...] Das weret gar nahe biss umb vier uhren nach mitternacht gegen tag, [...].» (Barack, Karl August [Hg.]: Zimmerische Chronik, Bd. III. Freiburg / Tübingen ^{2}1881, 161f)
[123] Vgl. dazu: Mennell, Stephen: Über die Zivilisierung der Esslust. In: Zeitschrift für Soziologie 15 (1986) 406–421, besonders 411.
[124] Zitiert nach L. Zehnder 1976, 301. (Quelle: Gagliardi, Ernst [Hg.]: Dokumente zur Geschichte des Bürgermeisters Hans Waldmann, Bd. I. Basel 1911, 313) «Schlegel»: Vgl. Schweizerisches Idiotikon IX, 1929, Sp. 260: «Gasterei, üppiges Gelage, ‹üppige Fresserei, dergleichen sich Freunde wechselweise geben; Fastnachtmahl›.»
[125] Siehe oben S. 98/99.
[126] Vgl. beispielsweise das Gelage der Schwyzer in Solothurn, oben S. 73. Der Basler Bischof Johann von Venningen führt zwischen 1463 und 1470 eine detaillierte Abrechnung über seine Ausgaben für Fastnachtsmähler, die meistens auf der Patrizierstube «zum Suffczen» sattfinden. Seine Gäste scheinen jeweils speziell geladen worden zu sein. Vgl. Kälin, Hans: Von der Basler Fasnacht im Mittelalter. In: Schweizer Volkskunde 62 (1972) 6–8. Aus Zürich stammt eine obrigkeitliche Notiz von 1521: «Etwas gelts uf die zünft und stuben geschenkt für guot jar und ze verfasnachten.» (Schweizerisches Idiotikon IV, 1901, Sp. 654; ohne Quellenangabe)

127 E. Egli (Hg.) 1973, 533, Nr. 1126.
128 Ebenda 584, Nr. 1344. Das beschriebene Verhalten gehört wohl zu dem häufig erwähnten Trinkzwang, dem Zutrinken, das nach einem Berner Verbot von 1523 auch «mit bedüten und geverlichen anzöigungen und gebärden» provoziert wird. (R. Steck / G. Tobler [Hg.] I, 1923, 163, Nr. 530; siehe oben S. 261, Anm. 2)
129 «Einem sozialen Vorgang kann auf natürliche Weise eine besondere Würde gegeben werden, wenn man alle körperlich-organischen Vorgänge strikt aus ihm ausschliesst. Soziale Distanz drückt sich also als Distanzierung von physiologisch Ursprünglichem aus und umgekehrt.» (M. Douglas ^{2}1986, 3)
130 Dass es dabei nicht nur um Verpflegung geht, sondern um Rituale, hinter denen auch eine soziale Botschaft steht, wurde bei der Darstellung des Überlaufens deutlich (siehe oben S. 90–92). Abgesehen davon, dass diese Ess- und Trinkformen in einem Gegensatz zu den kultivierteren Zunftgelagen stehen, gibt es jedoch kaum Hinweise für ihre genauere Verortung in der sozialen Hierarchie.
131 Rechtsquellen des Kantons Bern VII, 1960, 344.
132 K. Schib (Hg.) 1949, 142f. Vgl. dazu das wohl leicht übertriebene Sich-Totfressen beim Tannhäuser, oben S. 97.
133 Vgl. K. Meisen 1967, 13–15.
134 Mandrou, Robert: Introduction à la France moderne 1500–1640. Essai de psychologie historique. Paris 1961, 35.
135 Ebenda 31.
136 Vgl. S. Mennell 1986. Ursprüngliche Fassung englisch in Mennell, Stephen: All manners of food. Eating and taste in England and France from the middle ages to the present. Oxford 1985, 20–39.
137 Burke, Peter: Helden, Schurken und Narren. Europäische Volkskultur in der frühen Neuzeit. Stuttgart 1981, 204. Zum Schlaraffenland als populärer Utopie: Vgl. Richter, Dieter: Schlaraffenland. Geschichte einer populären Phantasie. Köln 1984.
138 M. Bakhtine 1970, 280.
139 R. Steck / G. Tobler (Hg.) I, 1923, 14, Nr. 68.
140 Bernische Jahrzeitbücher. Mitgeteilt von H. Türler und A. Plüss. In: Archiv des Historischen Vereins Bern 16 (1900) 403–473; hier 410f.
141 Morgenthaler, Hans: Kulturgeschichtliche Notizen aus den solothurnischen Seckelmeisterrechnungen des XV. Jahrhunderts. In: Anzeiger für Schweizerische Altertumskunde NF XX (1918) 187–189; hier 188. Auch die geistliche Obrigkeit hatte solchen Spendepflichten nachzukommen; vgl. N. Grass 1954, 169–172. Vielleicht ist die Spende der Zofinger Obrigkeit 1516 ebenfalls für die Allgemeinheit bestimmt, da keine Adressaten genannt werden: «It. ussgeben xiii ß [=Schilling] um milch und kriessimus an der fassnacht.» (Gränicher, Th. G.: Die Stadtrechnungen von Zofingen [16. Jahrhundert]. In: Blätter für Bernische Geschichte und Altertumskunde XII [1916] 177–233; hier 210)
142 K. Schib (Hg.) 1949, 92. Eine obrigkeitliche Spende an die Öffentlichkeit waren wohl auch die 900 Laib Brot, die der Schaffhauser Rat am Samstag vor der alten Fastnacht 1522 backen liess. (Im-Thurn, Eduard / Harder, Hans W. [Hg.]: Chronik der Stadt Schaffhausen. Schaffhausen 1844, 37)
143 P. Jezler (Hg.) 1984, 49.
144 Als Politikum von landesweiter Bedeutung erscheint das Fleischessen in einem Beschluss der katholischen Kantone, die 1525 von der jungen Fastnacht an den reformatorisch gesinnten Orten kein Fleisch mehr liefern wollen. (Eidgenössische Abschiede IV, Abt. 2, Brugg 1873, 810)
145 J. Kessler 1902, 52.

146 Hoffmann-Krayer schreibt zwar von «geschlechtlichen Exzessen» an der Fastnacht, kann aber für die alte Eidgenossenschaft keine konkreten Beispiele liefern. (Vgl. E. Hoffmann-Krayer 1946, 38) Hans Moser zitiert einige wenige Belege aus Deutschland (vgl. H. Moser 1985, 117); unbestritten ist jedoch die Sexualität als wichtiges Thema der Nürnberger Fastnachtspiele, dem sich die Forschung vor allem in jüngerer Zeit angenommen hat. Vgl. dazu: Bastian, Hagen: Mummenschanz. Sinneslust und Gefühlsbeherrschung im Fastnachtspiel des 15. Jahrhunderts. Frankfurt 1983.

147 R. Steck / G. Tobler (Hg.) I, 1923, 192, Nr. 610.

148 Vgl. zum Beispiel ebenda 440, Nr. 1235; E. Egli (Hg.) 1973, 525, Nr. 1096; D. Stolz 1967, 85. Dass der Tanz nicht nur Anlass zu erotischen Freizügigkeiten gab, sondern eine ausdrucksstarke Körpersprache darstellte, bestätigt Conrad-André Beerli aufgrund seiner Studien über die Tanz-Darstellungen von Urs Graf und Niklaus Manuel: «Chez nos peintres-guerriers, l'évocation de la musique et de la danse s'allie presque toujours à la satire, d'ailleurs indulgente, des mœurs galantes, et au symbolisme érotique.» (Beerli, Conrad-André: Quelques aspects des jeux, fêtes et danses à Berne pendant la première moitié du XVIe siècle. In: Jacquot, Jean [ed.]: Les fêtes de la Renaissance, tome 1. Paris 1956, 347–370; hier 352)

149 Vgl. E. Egli (Hg.) 1973, 48, Nr. 170 und 525, Nr. 1096.

150 Ebenda 533, Nr. 1126.

151 Vgl. R. Steck / G. Tobler (Hg.) I, 1923, 440, Nr. 1235. Die Tanzverbote werden häufig übertreten. Das geht nicht nur aus den zahlreichen Wiederholungen der Verbote hervor, sondern auch aus den in den Ratsmanualen vermerkten Geldbussen für unerlaubtes Tanzen. (Vgl. ebenda II, 1923, 1182, Nr. 2625 und 1493, Nr. 3276, Nr. 3277; B. Haller II, 1901, 278, 326–330). Beerli schreibt dazu: «Le peuple dansait à toute occasion (fiançailles, noces, fêtes patronales, carnaval, etc.) dans les rues, à l'Hôtel de Ville, sous les arcades françiscains.» (C.-A. Beerli 1956, 354)

152 C.-A. Beerli 1956, 360. Zu Recht relativiert Beerli allerdings eine allzu eindeutige soziale Lokalisierung der Tänze: «Mais ici, comme dans les jeux de carnaval, il faut savoir déceler la satire. Les paysans avaient bon dos: les gesticulations et les bonds de ces rustres, dans les carnets de modèles, ne seraient-ils pas tout simplement une caricature des danses populaires en vogue dans la ville elle-même?» (Ebenda)

153 Vgl. Theologische Realenzyklopädie, Bd. XI. Berlin / New Yok 1983, 52 (Art. ‹Fasten, Fasttage›).

154 Dass die kirchlichen Forderungen nach sexueller Enthaltsamkeit strikt befolgt wurden, wie beispielsweise H. Ragotzky vermutet, scheint mir unwahrscheinlich. (Vgl. Ragotzky, Hedda: Der Bauer in der Narrenrolle. Zur Funktion «verkehrter Welt» im frühen Nürnberger Fastnachtspiel. In: Wenzel, Horst [Hg.]: Typus und Individualität im Mittelalter. München 1983, 77–101; hier 82). Die statistisch errechneten Kurven zu den saisonalen Schwankungen der Konzeptionen sprechen jedenfalls für Luzern im 17. und 18. Jahrhundert, für Genf vom 16. zum 18. Jahrhundert eine andere Sprache und deuten eher auf einen Zusammenhang mit saisonalen Arbeitsschwankungen. Interessant ist immerhin, dass sich im katholischen Luzern doch noch im 17. Jahrhundert Mitte Februar eine deutliche (relative) Spitze von Konzeptionen ergibt; ob sie auf fastnächtliche Sexualität und Eheschliessungen zurückzuführen ist, müsste allerdings auf breiterer Basis (auch für das 16. Jahrhundert) verifiziert werden. Vgl. die Diagramme in Im Hof, Ulrich et al. II, 1983, 11.

155 Zitiert nach E. Hoffmann-Krayer 1946, 41.

156 K. Hauser (Hg.) 1905, 102f. Vgl auch R. Steck / G. Tobler (Hg.) II, 1923, 1199, Nr. 2666: Der Berner Rat gebietet 1529, dass «seckelschryber Marti sich biss vassnachten vereelichen» solle. Solche Belege zeigen neben denjenigen aus dem Wirtschaftsle-

ben (siehe oben S. 99), wie bedeutend die Fastnacht als Termin im Jahreslauf für das ganze soziale Leben gewesen sein muss.

[157] Siehe oben S. 50.

[158] Franck, Sebastian: Weltbuch-spiegel und bildtniss dess gantzen erdtbodens. Tübingen 1534, 50.

[159] Ebenda 131. Es handelt sich wohl bei Francks Beschreibung um eine Mischung aus eigenen Beobachtungen und literarisch geprägten Stereotypen, die er etwa bei Boemus (vgl. Boemus, Johann: Repertorium librorum trium Ioannis Boemi de omnium gentium ritibus. O. O. 1520, LIX) oder Baptista Mantuanus (vgl. Trümpy, Hans: Die Fasti des Baptista Mantuanus von 1516 als volkskundliche Quelle. Nieuwkoop 1979, 30–33) lesen konnte.

[160] Vgl. dazu die Maskentheorie von Karl Meuli in: Handwörterbuch des deutschen Aberglaubens, Bd. V. Berlin / Leipzig 1933, Sp. 1744–1852. Siehe oben S. 268, Anm. 6. Dagegen schreibt etwa Elie Konigson über die Masken im Mittelalter, sie seien «d'abord des déguisements qui ne supposent aucun rituel codifié, aucun interdit lié à leur fabrication ou à leur utilisation, aucune liaison particulière entre celui qui le porte et la représentation qu'il figure.» (Konigson, Elie: Le masque du démon. Phantasmes et métamorphoses sur la scène médiévale. In: Le masque. Du rite au théatre. Paris 1985, 103–117; hier 104)

[161] Vgl. H. Moser 1955, 99; verschiedene Belege ebenda 114, zum Beispiel 1507 in Nördlingen: «Daniel Frey der ledrer hat in dem veranngen umbgang teufels klaider angehept und getragen, hat sich gegen den frowen bilden unwesentlich gehalten, ist an sie gefallen und an in genollet wie ain hund, und auff des pfarrers meurlin gestanden und gegen sein dienerin unzimliche wort geprawcht.»

[162] H. Moser 1964, 40.

[163] Siehe oben S. 69; vgl. H. G. Wackernagel 1956, 309f. So könnte sich beispielsweise ein Berner Verbot vom 20. November 1486 nicht nur auf karnevalistische Gesichtsverhüllungen, sondern gleichzeitig auch auf eine nicht-fastnächtliche, aus dem Reislauf stammende Modeerscheinung beziehen: «Item, den schnöden kurzen kleidern ein mäss, und 5 pfund buss ufgelegt, item die butzenantlitz und hosenlumpen heissen leisten.» (V. Anshelm I, 1884, 298)

[164] Vgl. E. Egli (Hg.) 1973, 569, Nr. 1309 (9. November 1527, Samstag vor Martini): «Da es sich ergibt, dass etliche junge Gesellen an die Kirchweih zu Meilen und an des Widlers Hochzeit zu Baden »in blossem Leib« gezogen sind, so wird das bezügliche Verbot erneuert, von den Fehlbaren die Busse von 10 s. eingezogen und M. Zeller und Schneeberger mit Untersuchung der Sache beauftragt.» Vgl. auch W. Schaufelberger 1972a, Anmerkungsband, 64, Anm. 254, wo eine fastnächtlich-militärische Aktion in Lausanne 1541 beschrieben wird: «Ils couraient tout nus ou masqués par la ville [...].» H. G. Wackernagel 1956, 275 zitiert einen Fall aus der Basler Fastnacht 1532: eine Gruppe von «Bürgerssöhnen» sei halbnackt oder ganz nackt in der Öffentlichkeit «hin und her [...] getanzet und [habe] ein ungefüg leben glich einem uffrur getriben». Ob die Bezeichnung «nackt» in den Quellen tatsächlich vollständige Entblössung meint, müsste allerdings genauer überprüft werden. «So fand um 1500 eine enganliegende Tracht mit kurzem Rock Verbreitung und wurde von den Jünglingen hauptsächlich zum Besuch auswärtiger Hochzeits- und Kirchweihtänze getragen. Die derart bekleideten Jünglinge wurden jedoch als schamlos oder ‹nackt› und bar der ‹guoten manszucht, erberkeit und frombkeit› empfunden.» (Lutz, Albert: Jünglings- und Gesellenverbände im alten Zürich und im alten Winterthur. Affoltern a. Albis 1957, 51)

[165] Zitiert nach E. Hoffmann-Krayer 1946, 59. Interessanterweise ist hier von einer «nüwen gewonheit» die Rede, die sich aber vermutlich nur auf die zeitliche Ausdeh-

166 nung fastnächtlicher Mummerei bezieht – sie soll jetzt wieder auf die traditionell vorgesehene Maskenzeit eingeschränkt werden.
«Wie wol man üch zer nehsten [letzten] verkündung gegönnet und erlaubet hat uff gester an ze vahende in Bökenwise [maskiert] ze gonde die vassnacht uss. So tribent jr die fröud so gar schalklich und wüstlich, daz wirdig herren und frowen uff jr stuben nit getantzen, noch kein ruwe vor üch gehaben mögent, davon gross kumber und gebrest ufarston möchte.» (Zitiert nach E. Hoffmann-Krayer 1946, 27)
167 Vgl. weitere Belege bei E. Hoffmann-Kayer 1896, 19.
168 Zitiert nach E. Hoffmann-Krayer 1896, 20.
169 Zitiert nach H. G. Wackernagel 1956, 274f. (Gerichtsarchiv Basel D22 fol. 114, a. 1516, 12. April)
170 Bern: vgl. Rechtsquellen des Kantons Bern I, 1902, 150f, 232; B. Haller II, 1901, 88. Zürich: vgl. J. Bächtold 1892, 220. Luzern: vgl. L. Zehnder 1976, 303. Schaffhausen: vgl. E. Hoffmann-Krayer 1946, 43. Überlingen: vgl. D. Stolz 1967, 84f. Vgl. allgemein auch L. Zehnder 1976, 309. In bezug auf Ost- und Westfalen schreibt Humburg: «Die häufigste Verbindung der Verbote des Waffentragens und des Maskierens lässt erkennen, dass diese Massnahmen aus Sicherheitsgründen erfolgten [...].» (N. Humburg 1976, 121)
171 R. Cysat I^2, 1969, 723.
172 Ebenda. Es handelt sich hier also durchwegs um Leute am Rande der Gesellschaft, um Unehrliche, Kranke und Bettler, die sich verkleidet unter eine bürgerliche Gesellschaft mischen.
173 O[chsner], C.: Wider die Fassnacht / Drey in H. Geschrifft wolgegründete Predigen. Zürich [?] 1600, 13b.
174 «Viri vestes femineas, feminae vestes viriles in ipsis kalendis, vel in alia lusa plurima nolite vestire.» (Zitiert nach H. Moser 1955, 97)
175 Siehe oben S. 107. Bei Boemus heisst die entsprechende Stelle: «[...] viri mulierum vestimenta, mulieres virorum induunt.» (J. Boemus 1520, LIX)
176 Zitiert nach H. G. Wackernagel 1956, 274. (Quelle: Ratsbücher B I fol. 60)
177 Ebenda. (Quelle: Ratsbücher 07 fol. 45v)
178 Zitiert nach Grether, Rosmarie: Frauen an der Basler Fasnacht. In: Schweizer Volkskunde 62 (1972) 1–5; hier 1, Anm. 4.
179 «In hierarchical and conflictive societies, which loved to reflect on the world turned upside down, the topos of the woman on top was one of the most enjoyed. Indeed, sexual inversion – that is switches in sex roles – was a widespread form of cultural play, in literature, in art, and in festivity.» (Davis, Natalie Zemon: Women on top: symbolic sexual inversion and political disorder in early modern Europe. In: Babcock, Barbara [ed.]: The reversible world. Ithaca / London 1978, 147–190; hier 152)
180 Ebenda 154.
181 Ebenda 172.
182 Vgl. den oben S. 271, Anm. 9 zitierten Überfall auf Basler Hirten (1499) bei dem einige der angreifenden kaiserlichen Knechte als Frauen verkleidet waren. Weitere Beispiele bei N. Z. Davis 1978, 178–182. «In fact, the donning of female clothes by men and the adopting of female titles for riots were surprisingly frequent in the early modern period.» (Ebenda 178) In einer Gesellschaft, die das weibliche Geschlecht als «the disorderly one par excellence» (ebenda 147) betrachtete, konnte die feminine Verkleidung auch zur Legitimierung von Verstössen gegen die herrschende Ordnung dienen.
183 Zitiert nach D. Stolz 1967, 85. (Quelle: Staatsarchiv Überlingen R. Pr. 1496–1518, 158f)
184 Vgl. E. Hoffmann-Krayer 1946, 57.

283

185 «Jenner 27. bedenck an Mh. ze bringen von der wegen, die in tüfelscleidern geloffen sind, was man mit inen handlen welle.» (B. Haller III, 1902, 327)
186 Zitiert nach E. Hoffmann-Krayer 1946, 58. Vgl. auch H. Moser 1964, 37.
187 V. Anshelm III, 1888, 446. Siehe oben S. 86. Zur Verwandtschaft der fastnächtlichen Bauernfigur mit dem Narren: vgl. etwa H. Moser 1964, 37 und Mezger, Werner: Fasnacht, Fasching und Karneval als soziales Rollenexperiment. In: Bausinger, Hermann et al. (Hg.): Narrenfreiheit. Beiträge zur Fastnachtsforschung. Tübingen 1980, 203–226 [= W. Mezger 1980b]; hier 214.
188 Fluri, Adolf: Beschreibung der deutschen Schule zu Bern. Aufzeichnungen der deutschen Lehrmeister Gabriel Hermann (1556–1632) und Wilhelm Lutz (1625–1708). Mit einer Einleitung und Anmerkungen von Ad. Fluri. In: Archiv des Historischen Vereins des Kantons Bern 16 (1900) 492–651 [= A, Fluri 1900a]; hier 644: Maskenverbot vom 28. Februar 1517.
189 E. Hoffmann-Krayer 1896, 20.
190 E. Hoffmann-Krayer 1946, 58. Wenn es sich tatsächlich um einen feststehenden Verkleidungstyp handeln würde: warum wird er von der Obrigkeit nicht beim Namen genannt?
191 Zitiert nach H. G. Wackernagel 1956, 274, Anm. 3.
192 Rechtsquellen des Kantons Bern I, 1902, 150f und 232; V. Anshelm I, 1884, 298. Siehe oben S. 90 und S. 282, Anm. 163.
193 Rechtsquellen des Kantons Bern I, 1902, 232. «Entschepfen» bedeutet «entstellen, vernichten» (M. Lexers [35] 1979, 41) und «gehelnn» heisst «verhehlen; refl. sich verbergen, mit gen. sich mit oder in etwas verstellen» (M. Lexers [35] 1979, 57).
194 Zitiert nach L. Zehnder 1976, 324. Der Beleg bezieht sich auf das Jahr 1484. (Quelle: Kleine Toggenburger Chroniken. Hg. von Gustav Schiesser. St. Gallen 1874, 40f)
195 T. Schiess (Hg.) 1902, 331f. Siehe auch oben S. 274, Anm. 39.
196 E. Egli (Hg.) 1973, 191, Nr. 467. Ähnlich lautet ein Verbot aus Nürnberg vom 3. Februar 1529: «Zwischen hie und wissen suntag [14. Februar] noch mummerei gestatten zimlicher weis, doch nit in gaistlichen klaidungen.» (Hampe, Theodor: Archivalische Miszellen zur Nürnberger Literaturgeschichte. In: Mitteilungen des Vereins für Geschichte der Stadt Nürnberg 27 [1928] 251–278; hier 264)
197 J. J. Hottinger / H. H. Vögeli (Hg.) II, 1985, 45. Der Beleg bezieht sich auf ein Mandat vom 26. Januar 1529. Vgl. auch die «Böggenwerk»-Verbote bei E. Egli (Hg.) 1973, 525, Nr. 1096 und 896, Nr. 2005.
198 Zum Einsatz von Masken bei Überfällen während der Reformation: vgl. zum Beispiel H. G. Wackernagel 1956, 239.
199 W. Mezger 1980b, 213.
200 Auf die Nähe von ‹Spiel› und ‹Brauch› beziehungsweise ‹Ritus› weist etwa Huizinga hin – trotz seiner Einschränkung von ‹Ritus› auf den Sakralbereich: Er stellt eine «weitgehende Gleichartigkeit ritueller und spielmässiger Formen» und eine «wesentliche und ursprüngliche Identität von Spiel und Ritus» fest. (Huizinga, Johan: Homo ludens. Vom Ursprung der Kultur im Spiel. Hamburg 1956, 29) Das gilt umso eher bei einem auf profane Bereiche erweiterten Ritus- oder Ritual-Begriff.
201 Siehe unten S. 133/134.
202 Zitiert nach E. Hoffmann-Krayer 1946, 42. (Quelle: Basler Erkanntnisbuch I, 193) Ähnliche Verbote lassen sich in Basel für die Jahre 1436, 1442, 1476, 1488 belegen (abgedruckt ebenda 28, 42, 84).
203 Zum Beispiel in Zürich, Bern, Luzern, Bischofszell (vgl. L. Zehnder 1976, 311) oder Schaffhausen (vgl. E. Hoffmann-Krayer 1946, 43).
204 B. Haller III, 1902, 327.

[205] V. Anshelm I, 1884, 165. Vgl. Rechtsquellen des Kantons Bern VII, 1960, 104.
[206] Vgl. E. Hoffmann-Krayer 1946, 33, 50–55, 84, 92. Am besten dokumentiert sind vielleicht noch die Fastnachtsfeuer, aber es gibt keine stichhaltigen Gründe, sie als die Elemente von Fruchtbarkeitskulten zu deuten, die Hoffmann-Krayer in beinahe allen Fastnachtsphänomenen zu entdecken glaubt (vgl. ebenda 51). Es ist anzunehmen, dass die Fastnacht noch für eine Menge von anderen, nicht fastnachtspezifischen Spielen den geeigneten Rahmen bot, die aber einen privateren und weniger spektakulären Charakter hatten (etwa Würfeln, Kegeln, Kartenspiele) und aus diesem Grund nur selten in die schriftlichen Akten gelangten.
[207] Vgl. E. Hoffmann-Krayer 1946, 41.
[208] S. Franck 1534, lj. Ähnliches Treiben wird in Überlingen 1496 verboten: «Es soll auch nyemands jung und allt in der Vassnacht sich unnderstan das block oder annder ziehen, auch die töchtern nit darzu holen noch ziehen.» (Zitiert nach D. Stolz 1967, 84)
[209] Zitiert nach E. Hoffmann-Krayer 1946, 41. Ob das Pflugziehen in der Schweiz tatsächlich verbreitet war, lässt sich nicht feststellen. Hoffmann-Krayer erweckt diesen Eindruck, gibt aber gleichzeitig zu, dass der erwähnte Fall nur durch einen zweiten Beleg aus Freiburg i. Ue. 1580 ergänzt werden kann.
[210] Zitiert nach H. Moser 1985, 123.
[211] Ebenda. Ganz ähnliche Belege stammen aus Stralsund 1522 und Münster 1532 (vgl. ebenda); zu ihrer Datierung: vgl. R. Scribner 1980, 239f, Anm. 22.
[212] Abrahams, Roger: Play. In: Newall, Venetia J. (ed.): Folklore studies in the twentieth century. Suffolk 1980, 119–122, hier 120.
[213] Vgl. Wuttke, Dieter (Hg.): Fastnachtspiele des 15. und 16. Jahrhunderts. Suttgart ^{2}1978, 27–33: Hans Rosenplüt (?): «Ein vasnacht spil: die egen».
[214] Bausinger, Hermann: Formen der «Volkspoesie». Berlin ^{2}1980, 250. [= H. Bausinger 1980a]
[215] Ebenda 251.
[216] S. Franck 1534, CXXXj.
[217] M. Bakhtine 1970, 15.
[218] Zitiert nach Chartier, Roger: Phantasie und Disziplin. Das Fest in Frankreich vom 15. bis 18. Jahrhundert. In: Van Dülmen, Richard / Schindler, Norbert (Hg.): Volkskultur. Zur Wiederentdeckung des vergessenen Alltags (16.-20. Jahrhundert). Frankfurt am Main 1984, 153–176; hier 170.
[219] Ebenda 162f.
[220] Vgl. zum Beispiel L. Zehnder 1976, 302. Besonders für Nürnberg lassen sich die Fastnachtsprivilegien der Metzgerzunft nachweisen, die dort wie andernorts mit einer Legende von ihrer Loyalität zur Obrigkeit in Verbindung gebracht werden. Vgl. H.-U. Roller 1965, 8; H. Moser 1955, 119–124.
[221] M. Grinberg 1974, 216.
[222] Zu den «Abbayes de la Jeunesse» in Frankreich: vgl. vor allem Davis, Natalie Zemon: The Reasons of Misrule. In: N. Z. Davis ^{4}1975, 97–123. Für die alte Eidgenossenschaft vgl. A. Lutz 1957 und Métraux, Hans: Schweizer Jugendleben in fünf Jahrhunderten. Geschichte und Eigenart der Jugend und ihrer Bünde im Gebiet der protestantischen deutschen Schweiz. Zürich 1942.
[223] Vgl. zum Beispiel Rechtsquellen des Kantons Bern I, 1902, 150f: Vom Verkleidungsverbot werden 1416 in Bern nur Kinder unter 10 Jahren ausgenommen. 1534 werden ebenda die Eltern angehalten, ihren Kindern das Heischen zu verbieten. (Vgl. A. Fluri 1900a, 644)
[224] Bei der Schilderung des Saubannerzuges 1477 spricht Schodoler von «etlichen jungenn unnd muttwilligenn lüttenn» (W. Benz [Hg.] III, 1983, 253). Im Falle des karnevali-

stisch durchgeführten Überfalls auf das Elsässer Stift St. Leonhard 1525 konnte Wackernagel nachweisen, dass die Hauptakteure zu einer Knabenschaft gehörten, zwischen 10 und 18 Jahre alt und Bürgerssöhne oder Knechte waren. (Vgl. H. G. Wackernagel 1956, 250–258)

225 H. G. Wackernagel 1956, 231. Die Rolle von Jugendlichen und Knabenschaften an der Fastnacht soll im Zusammenhang mit den Fastnachtspiel-Aufführungen in Bern ausführlicher diskutiert werden. Siehe unten S. 172–175.

226 Vgl. zum Beispiel den Jahrzeitrodel des Unteren Spitals Bern von 1450 (oben S. 103) oder Cysats Beschreibung von Verkleidungssitten (oben S. 109), wo Unterschichtsvertreter zum Zug kommen. Auch für die Landleute, deren Status jedoch nicht näher bestimmbar ist, war der städtische Fastnacht offensichtlich eine wichtige Festgelegenheit, wie verschiedentlich zum Ausdruck kommt.

227 Vgl. H. G. Wackernagel 1956, 244.

228 R. Grether 1972, 2. (Quelle: Basler Rufbuch I fol. 30 V. 1418)

229 Rechtsquellen des Kantons Bern I, 1902, 232. Vgl. auch R. Grether 1972, 1, Anm. 2 für Basel.

230 Vgl. oben S. 100.

231 Zitiert nach L. Zehnder 1976, 322. Ähnlich heisst es bei Hans Salat: «Die empter [die Festbesucher von der Landschaft] kouftend zwei ochsen, brachtends uf den kindlin tag [nach Luzern] und schanktends minen herren und darzuo 20 fl. den wibern in der stat zuo verfasnachten.» (Zitiert nach: Schweizerisches Idiotikon IV, 1901, Sp. 654, ohne genaue Quellenangabe.) Vgl. auch N. Grass 1956/57, 219.

232 Vgl. R. Grether 1972, 2.

233 Dass die verschiedenen gleichzeitigen Fastnachten nicht nur ein theoretisches Konstrukt sind, sondern auch in der Realität mehr oder weniger deutliche Formen annehmen konnten, bestätigt Emmanuel Le Roy Ladurie sehr eindrucksvoll am Beispiel von Romans 1580: «Sobald der Karneval [...] das Fest der Stadt oder wenigstens eines Kollektivs sein will, zeigt er unvermeidlich soziale Konflikte auf. Er schafft eine Sprache der Konfrontation, die alles andere als einen harmonischen Chor erzeugt. Im schlimmen Fall kommt es zur Veranstaltung von zwei getrennten Karnevalsfesten oder sogar zwei Maibäumen in derselben Gemeinde: einen der Armen [...] und einen der Reichen.» (E. Le Roy Ladurie: Karneval in Romans. Stuttgart 1982, 310f)

234 Zitiert nach W. Schaufelberger 1972a, Anmerkungsband, 64, Anm. 258. Cysat berichtet 1579 von Luzern: «Es hatt die burgerschaft von alltem här am Donstag vor der herren fassnacht den man nempt den schmutzigen Donstag oder Fritschis tag, ettwas fests und umbzugs durch die statt, glych einer kriegsmusterung [...].» (R. Cysat II[1], 1977, 455)

235 Bercé, Yves-Marie: Fête et révolte. Des mentalités populaires du XVIe au XVIIe siècle. Essay. Paris 1976, 102f.

236 Dazu vor allem J. Heers 1971, 77–100.

237 R. Cysat II[1], 1977, 455. Vgl. Anm. 234.

238 Y.-M. Bercé 1976, 55.

239 Siehe oben S. 110–112.

240 Siehe oben S. 114.

241 V. Anshelm III, 1888, 444. Siehe oben S. 86.

242 E. Egli (Hg.) 1973, 841.

243 Y.-M. Bercé 1976, 32.

244 Vgl. B. Babcock (ed.) 1978; N. Z. Davis 1978; Clark, Stuart: Inversion, misrule and the meaning of witchcraft. In: Past & Present 87 (1980) 98–127.

245 S. Brant 1962.
246 Murner, Thomas: Narrenbeschwörung. Halle 1967, 229 (Kap. 76, V. 1).
247 Vgl. dazu Lefebvre, Joël: Les fols et la folie. Paris 1968, 46f, 88f.
248 Vgl. M. Lexers ³⁵1979, 272. J. und W. Grimm XII, 1956, Sp. 633f. Das Motiv der Verkehrten Welt wurde nicht nur als Verurteilung, sondern auch als Warnung vor Verstössen gegen die (gottgewollte) Ordnung didaktisch eingesetzt: «That trees might grow with their roots in the air, or left-handedness take priority, were not merely images of disorder but states of affairs that a man might expect to encounter. [...] Thus, while the world turned upside down undoubtedly became a topos with purely literary or iconographical reference, we should not underestimate its original appeal as a description of real events consequent upon acts of sin.» (C. Stuart 1980, 117)
249 B. Babcock 1978, 14. Zur Ambivalenz von Verkehrungen, die gleichzeitig stabilisierenden wie subversiven Charakter haben: Vgl. N. Z. Davis 1978, 163, 172, 182 (siehe oben S. 111); M. Grinberg 1974, 238.
250 Eco, Umberto: The frames of comic ‹freedom›. In: Eco, Umberto / Ivanov, V. V. / Rector, M.: Carnival! (ed. Th. A. Sebeok). Berlin / New York / Amsterdam 1984, 1–9; hier 6.
251 Aufzeichnungen eines Basler Karthäusers aus der Reformationszeit. In: W. Vischer / A. Stern (Hg.) 1872, 427–491; hier 489.

Kapitel V

1 E. Gagliardi / H. Müller / F. Büsser (Hg.) I, 1952, 50: «[...] zugend ettlich der rädten, edel- und ander eerenlüt von Zürich zu iren nüwen und lieben eidgnossen gon Bassel an ein fassnacht mit eynem schimpffspil (oder eyner böggenardt): das warend der zwölff ortten zeichen, wie sy die dan gewonlich füerend, namlich zwen wolgemacht bassilissken nebend Bassler wapen, zwen Löwen nebend Zürcher wapen, zwen beren nebend Bern, etc., also durch uss.»
2 Auch Gerold Edlibach berichtet von diesem Spiel. Ihm zufolge «leittend sich die unssren [die Zürcher] an jn böggen wiss sy dan darkamend und wz die artt die xij ortt der eignschaft und jetlich ortt sin schilt [...]» (J. M. Usteri [Hg.] 1847, 238).
3 Siehe oben S. 116–122.
4 E. Hoffmann-Krayer 1946, 41. Vgl. oben S. 120. Auch Simon Grunau nennt eine entsprechende Aktion von 1522, bei welcher Mönche und Nonnen scherzhaft vor den Pflug gespannt werden oder diesen begleiten, ein «fasttnachttspiell» (vgl. H. Moser 1985, 123).
5 Zitiert nach L. Zehnder 1976, 301.
6 K. Schib (Hg.) 1949, 142.
7 Zitiert nach L. Zehnder 1976, 320.
8 Dürr, Emil (Hg.): Aktensammlung zur Geschichte der Basler Reformation in den Jahren 1519 bis 1534, Bd. I. Basel 1921, 105.
9 Zitiert nach Süss, Rudolf: Zur Geschichte und Gegenwart der Freiburger Fastnacht. In: H. Bausinger et al. (Hg.) 1967, 107–133; hier 108. (Quelle: Freiburger Ratsprotokolle 1496, Bd. V, fol 8b)
10 Basler Ratsbücher 03, 213, Staatsarchiv Basel: Lienhart Hanis gesteht im Verhör: «wol hab er von den Reblüten in den Reben gehört / das sy geseyt / es werd ein Osterspil werden wie ein vasnachtspil gsin sig», womit er auf die politischen Ereignisse vom 8./9.

Februar 1529 anspielt. Parallel zu dieser Verwendung von ‹Fastnachtspiel› wird beispielsweise der Walliser Aufstand von 1550 («Trinkelstierkrieg») offiziell als «matzenspil» bezeichnet (Vgl. H. G. Wackernagel 1956, 229).

[11] Einen guten Forschungsüberblick liefert H. Bastian 1983, 52–62.

[12] Catholy, Eckehard: Fastnachtspiel. Stuttgart 1966, 3. Vgl. auch ebenda 5.

[13] Linke, Hansjürgen: Das volkssprachige Drama und Theater im deutschen und niederländischen Sprachbereich. In: Erzgräber, Willi (Hg.): Neues Handbuch der Literaturwissenschaft, Bd. VIII. Wiesbaden 1978, 733–763; hier 755. Selbst die stark volkskundlich ausgerichtete «Enzyklopädie des Märchens» folgt in dem von Thomas Habel verfassten Artikel ‹Fastnachtspiel› diesem Muster und blendet nach einem kurzen Hinweis auf die vielen zeitgenössischen Bedeutungen von ‹vasnachtspil› alle nichtliterarischen Formen aus. Vgl. Enzyklopädie des Märchens Bd. IV. Berlin / New York 1984, Sp. 886–900.

[14] Vgl. Wehrli, Max: Geschichte der deutschen Literatur, Bd. I: Vom frühen Mittelalter bis zum Ende des 16. Jahrhunderts. Stuttgart 1980, 580.

[15] Ebenda 586.

[16] N. Humburg 1976, 148. Vgl. auch ebenda 67, 147. Eine «dauernde Trennung von Produzenten und Konsumenten» liegt nach Humburg etwa im Fall von Wanderbühnen vor.

[17] Ebenda 67.

[18] R. Steck / G. Tobler (Hg.) II, 1923, 647, Nr. 1538.

[19] Siehe oben S. 23.

[20] V. Anshelm IV, 1893, 261. Der Eintrag nimmt Bezug auf den letzten grossen Ablassverkauf in Bern 1518, der im Auftrag des Papstes von Bernhardin Samson organisiert wurde.

[21] Vgl. zum Beispiel D. Wuttke (Hg.) ^{2}1978.

[22] Vgl. Hampe, Theodor: Die Entwicklung des Theaterwesens in Nürnberg von der zweiten Hälfte des 15. Jahrhunderts bis 1806. In: Mitteilungen des Vereins für Geschichte der Stadt Nürnberg 12 (1898) 87–306; 13 (1899) 98–237.

[23] D. Wuttke ^{2}1978, 425f.

[24] Siehe unten S. 289, Anm. 33.

[25] Kleinschmidt, Erich: Stadt und Literatur in der frühen Neuzeit. Voraussetzungen und Entfaltung im südwestdeutschen, elsässischen und schweizerischen Städteraum. Köln / Wien 1982, 190. Ebenda auch eine Auswahl von Literatur, die sich den Aufführungszeugnissen im behandelten Raum widmet.

[26] Neumann, Bernd: Spätmittelalterliches Drama und Theater im deutschen Sprachgebiet: Grundlagen und Editionen (1978–1984). In: Jahrbuch der Oswald von Wolkenstein Gesellschaft 3 (1984/85) 387–419; hier 404f. Allerdings verleiten die von Neumann genannten Zahlen sowie seine Korrektur bisheriger Ansichten vielleicht auch wieder zu einer Überschätzung der Bedeutung des zeitgenössischen Schauspiellebens. Nachweisbar sind ja mit tausend Aufführungen in 300 Jahren durchschnittlich nur etwas mehr als drei Aufführungen im Jahr, die zudem auf einen grossen geographischen Raum verteilt sind. Zwar betont Neumann zu Recht, dass es sich beim Schauspiel um ein städtisches Phänomen handelt; aber mit der Formulierung, dass «geistliches Drama und Theater im gesamten deutschen Sprachgebiet eine allgemein bekannte und ausgeübte Angelegenheit war», unterschlägt er dann doch wieder die Tatsache, dass die städtische Kultur jener Zeit nur einen kleinen Sektor des gesamten kulturellen Lebens ausmacht. Dass Schauspiele beim weitaus grössten Teil der Bevölkerung, der auf dem Land lebte, allgemein bekannte Erscheinungen waren, muss bezweifelt werden, während diese Feststellung für den städtischen Raum – trotz meiner Relativie-

rung der faktisch belegbaren Aufführungen – zutreffen dürfte. Das Missverhältnis zwischen überlieferten Texten und Aufführungszeugnissen könnte auch darin begründet sein, dass Spielhandschriften für einfachere Aufführungen gar nicht erforderlich waren. Ausserdem ist mit grosser Sicherheit anzunehmen, dass die auf uns gekommenen Spielnachrichten nur einen Teil aller Aufführungen erfasst haben. Vgl. auch Neumann, Bernd: Geistliches Schauspiel als Paradigma städtebürgerlicher Literatur im ausgehenden Mittelalter. In: Germanistik – Forschungsstand und Perspektiven. 2. Teil: Ältere Deutsche Literatur / Neuere Deutsche Literatur. Berlin / New York 1985, 123–135.

[27] E. Catholy 1966, 8.

[28] Ebenda 79.

[29] Vgl. E. Kleinschmidt 1982, besonders 186–226. Diese wichtige Studie bleibt zwar aufgrund ihrer Fragestellung relativ allgemein, liefert aber dennoch brauchbare Grundlagen für Spezialuntersuchungen. Vor allem ist ihr eine sonst seltene ganzheitliche Perspektive eigen, die literarische und kulturelle Phänomene in bezug auf ihren Stellenwert und ihre Bedeutung im gesellschaftlichen Leben hinterfragt.

[30] Ebenda 99f.

[31] Ebenda 195.

[32] Ebenda 197. Einmal mehr muss allerdings daran erinnert werden, dass es sich beim Schauspiel um ein vorwiegend städtisches Phänomen handelt. Kleinschmidts Aussage ist also nicht absolut, sondern in erster Linie in bezug auf die Stadt zu verstehen. Demnach sollte auch der Begriff des ‹Massenmediums› nur mit Vorsicht verwendet werden, weil dabei die eigentliche ‹Masse› der Bevölkerung, nämlich die Landbevölkerung, gewissermassen als ‹quantité négligeable› erscheint. Vgl. H. Linke 1978, 738: «Modern gesprochen ist das geistliche Schauspiel in der Volkssprache wie sonst nur noch die Predigt ein mittelalterliches Massenmedium.»

[33] Eine systematische Zusammenstellung aller aus Chroniken, Rechnungsbüchern und anderen Quellen stammenden Aufführungsbelege im fraglichen zeitlichen und geographischen Raum existiert weder für Schauspiele allgemein noch für Fastnachtspiele, wäre aber wünschenswert. L. Zehnder 1976, 640–657, liefert eine Reihe von Zeugnissen für «Volksschauspiele», die jedoch – aufgrund seiner Beschränkung auf chronikalische Quellen – sehr unvollständig ist. Jakob Bächtold hat zum eidgenössischen Schauspiel des 16. Jahrhunderts ein «chronologisches Verzeichnis» aufgestellt, das sich zwar auf verschiedene Quellengruppen stützt, aber keine vollständige oder systematische Auswertung beinhaltet (vgl. J. Bächtold 1892, Anhang, 57–64). Vorarbeiten zu einer umfassenden Chronik belegter Aufführungen finden sich in Darstellungen zur Theatergeschichte einzelner Städte und Regionen. Vgl. zum Beispiel für Basel: Burckhardt, L. August: Geschichte der dramatischen Kunst zu Basel. In: Beiträge zur Geschichte Basels 1 (1839) 169–211. – Für Bern: A. Fluri 1908; Streit, Armand: Geschichte des bernischen Bühnenwesens vom 15. Jahrhundert bis auf unsere Zeit. Bern 1873. – Für Biel: Türler, Heinrich: Kirchliche Verhältnisse in Biel vor der Reformation. In: Neues Berner Taschenbuch auf das Jahr 1902. Bern 1901, 136–189, v.a. 178–182. – Für das Wallis: A. Carlen 1945, v.a. Anhang, 108. Als Beispiel für eine brauchbare chronologische Übersicht über Fastnachtspielaufführungen – leider ohne zusammenhängende Quellentexte – sei die Zusammenstellung erwähnt, die Norbert Humburg für West- und Ostfalen erarbeitet hat. Sie bezieht sich erfreulicherweise nicht nur auf literarische Spiele, sondern auf alle belegbaren «szenischen Aufführungen zur Fastnacht». (N. Humburg 1976, 74–79)

[34] Welti, Friedrich Emil (Hg.): Die Stadtrechnungen von Bern aus den Jahren MCCCCXXX–MCCCCLII. Bern 1904, 65. Die Berner Fastnachtspieltradition ist

verhältnismässig gut belegt. Für die folgende Darstellung stütze ich mich hauptsächlich auf die Arbeiten und Quellensammlungen von A. Streit 1873 und vor allem A. Fluri 1908.

[35] Siehe unten S. 143.

[36] 1448 erhielten Schüler einen Beitrag «ze stür an ir spil» (F. E. Welti 1904, 248a). Streit berichtet von weiteren Fastnachtspielen, die anlässlich der Besuche eidgenössischer Orte in Bern 1461 (gemeint ist wohl 1465) und 1486 stattgefunden hätten, kann dafür jedoch keine konkreten Belege vorlegen (vgl. A. Streit 1873, 95f).

[37] A. Fluri 1908, 134 (Quelle: Seckelmeisterrechnungen der Stadt Bern). Dass ein Tanz ebenso unterstützt wird wie ein Schauspiel, bestätigt die These von den fliessenden Grenzen zwischen verschiedenartigen Aufführungen. Es scheint sich also beim «maristentantz» oder Moriskentanz nicht einfach um eine beliebige spontane Fastnachtsaktivität zu handeln, sondern um eine vorbereitete, inszenierte Vorführung, die daher durchaus als Fastnachtspiel bezeichnet werden darf. Zum Moriskentanz: Vgl. C. A. Beerli 1956, 358 oder Catholy, Eckehard: Das deutsche Lustspiel. Stuttgart / Berlin 1969, 86.

[38] V. Anshelm III, 1888, 446.

[39] A. Fluri 1908, 135.

[40] «Denen, so das spill in der vassnacht machten, 5 kronen, tut 14 ℔ 13 ß 4 d.» (Ebenda, zitiert nach den Seckelmeisterrechnungen)

[41] V. Anshelm IV, 1893, 450. Nicht das Spiel selbst, sondern Schiners Reaktion ist dem Chronisten eine Notiz wert. Die Stadtrechnung der ersten Hälfte 1521 ist nicht mehr vorhanden. Zum Spiel selbst vgl. unten S. 186.

[42] Zum Beispiel 1530, 28. Februar: «Denen, die das spil hand ghan, 10 kronen an ir costen zestür.» (A. Fluri 1908, 136) 1534, 26. Januar: «Dem friweibel Gurtner [von Seftigen], min hern verstanden das Fassnacht spill, so etlich angefangen, und wie wol min hern doran wenig gefallens, so aber sollichs im besten ungesinnot beschehen, lassens min hern also beliben. Doch hinfür söllicher sach sich müssigent, dan gar bald ein gschrey und unwillen gegen den anstössern doruss ervolgen möchte.» (Ebenda 136f)

[43] Vgl. E. Kimminich 1986, 177–191. «Im Hinblick auf die Frage nach den Motivquellen für die Gestaltung der Fastnacht erscheint es wichtig, dass zu ihrer Darstellung auch Elemente astrologischen Denkweise verwendet wurden.» (Ebenda 188) Fluri versteht unter den zwölf Planeten «die 12 Bilder des Tierkreises [...]. Die Alten kannten nur 7 Planeten [...].» (A. Fluri 1908, 152, Anm. 1) Ob allerdings der Zusammenhang zwischen Fastnacht und Planeten auf den mittelalterlichen Lasterkanon zurückzuführen ist, wie E. Kimminich vermutet, ist eine andere Frage.

[44] Scribner, Robert: Flugblatt und Analphabetentum. Wie kam der gemeine Mann zu reformatorischen Ideen? In: Köhler, Hans-Joachim (Hg.): Flugschriften als Massenmedium der Reformationszeit. Stuttgart 1981, 65–76 [= R. Scribner 1981a].

[45] Zu diesem Begriff vgl. Wohlfeil, Rainer: ‹Reformatorische Öffentlichkeit›. In: Grenzmann, Ludger / Stackmann, Karl (Hg.): Literatur und Laienbildung im Spätmittelalter und in der Reformationszeit. Stuttgart 1984, 41–52.

[46] Einen guten Überblick über die noch relativ junge Flugschriftenforschung liefert neuerdings Köhler, Hans-Joachim: Die Erforschung der Flugschriften des frühen 16. Jahrhunderts als Beitrag zur Presse- und Kommunikationsgeschichte. In: Presse und Geschichte II. Neue Beiträge zur historischen Kommunikationsforschung. München / London / New York / Oxford / Paris 1987, 21–55.

[47] Vgl. R. Feller II, ²1974, 285.

[48] Vgl. R. Wohlfeil 1982, 126.

⁴⁹ Für die Gesamtheit von Luthers eigenen Schriften, die zwischen 1517 und 1520 zirkulierten, hat Scribner ausgerechnet, dass höchstens «2,3 per cent of the population, or one person in forty three, would have encountered Luther's ideas in this way». (Scribner, Robert: The German Reformation. Cambridge 1986, 20) Optimistischer lauten die von Köhler vorgelegten Zahlen, zumal er die gesamte Flugschriftenproduktion und vor allem die diesbezüglich bedeutenden zwanziger Jahre ins Auge fasst. Er kommt zum Schluss, «dass zwischen 1501 und 1530 etwa zehn Millionen Flugschriftenexemplare verbreitet worden sind. Bei einer mutmasslichen Einwohnerzahl von ca. 12 Millionen entfiel also im Durchschnitt ungefähr ein Exemplar auf jeden Bewohner des Reiches. Berücksichtigt man nun die Tatsache, dass – jedenfalls nach den Zahlen von Rolf Engelsing – nur etwa fünf Prozent der Bevölkerung lesen konnten, so ergibt sich ein Verhältnis von ca. 15 bis 20 Flugschriftenexemplaren für jeden Lesefähigen. [...] alleine 1524 erschienen etwa 2400 Flugschriftendrucke bzw. 2,4 Millionen Exemplare, also knapp fünf für jeden Lesefähigen. Die Zahlen für 1523 sind nur wenig niedriger. [...] Eine weitere Beobachtung zeigt, dass sich die Jahre 1520 bis 1526 als deutlich abgegrenzter Zeitraum eines ‹Produktionsbooms› für Flugschriften feststellen lassen. In diesen sieben Jahren erschienen fast drei Viertel (73,9%) der Gesamtproduktion, also über 11 000 Drucke mit mehr als 11 Millionen Exemplaren, oder (anders ausgedrückt) über 20 Exemplare für jeden Lesefähigen.» (Köhler, Hans-Joachim: Erste Schritte zu einem Meinungsprofil der frühen Reformationszeit. In: Press, Volker / Stievermann, Dieter (Hg.): Martin Luther. Probleme seiner Zeit. Stuttgart 1986, 244–281; hier 249f)

⁵⁰ Vgl. Scribner, Robert: For the sake of simple folk. Popular propaganda for the German Reformation. Cambridge / London / New York / New Rochelle / Melbourne / Sydney 1981, 2. [= R. Scribner 1981b] Scribner stützt sich dabei auf die Untersuchungen von Engelsing, Rolf: Analphabetentum und Lektüre. Stuttgart 1973.

⁵¹ R. Scribner 1981a, 66.

⁵² R. Steck / G. Tobler (Hg.) I, 1923, 48, Nr. 169. Dass Bern gerade von Zürich aus mit reformatorischen «büchli» beliefert wurde, belegt ein Brief der Berner an Zürich von 1526, worin geklagt wird, dass «derglich büchli, so mer zu unruw und zang, dann warer christenlicher lieb dienen, in üwer statt getruckt und da dannen allenthalb in unser statt und landschaft gefürt und getragen wärden». (Ebenda 329, Nr. 943) Vgl. dazu: Fluri, Adolf: Die Beziehungen Berns zu den Buchdruckern in Basel, Zürich und Genf (1480–1536). In: Archiv für Geschichte des deutschen Buchhandels XIX (1897) 1–24.

⁵³ «[...] dass die büchli, so der heiligen geschrift widerwärtig und kätzerisch sind, abgestellt sin, und fürer in unser land und gebiet nit gefürt, sunder der köufer und verköufer darumb umb 10 ℔ ane gnad gestraft und die bücher verbrönnt söllen wärden.» (Ebenda 156, Nr. 510. Mandat vom 22. November 1524). Vgl. auch die Wiederholung des Mandats im folgenden Jahr (ebenda 193, Nr. 610).

⁵⁴ Stürler, M. v.: Urkunden der Bernischen Kirchenreform aus dem Staatsarchive Bern's gesammelt von M. v. Stürler. Hg. vom Historischen Verein des Kantons Bern, Bd. I. Bern 1862, 13.

⁵⁵ Zur historischen Bedeutung des Vorlesens: vgl. Schenda, Rudolf: Vorlesen: Zwischen Analphabetentum und Bücherwissen. Soziale und kulturelle Aspekte einer semiliterarischen Kommunikationsform. In: Bertelsmann Briefe 119 (1986) 5–14.

⁵⁶ Salat, Johannes: Reformationschronik 1517–1534, bearbeitet von Ruth Jörg, Bd. I. Bern 1986, 415f.

⁵⁷ Vögeli, Jörg: Schriften zur Reformation in Konstanz 1519–1538, bearbeitet von Alfred Vögeli. Tübingen / Basel 1972/73, 58.

⁵⁸ R. Scribner 1981a, 66.

[59] E. Götzinger (Hg.) 1885, 188.
[60] Ebenda 189.
[61] R. Steck / G. Tobler (Hg.) I, 1923, 293, Nr. 876.
[62] Ebenda 208f, Nr. 634.
[63] A. Fluri 1900a, 648.
[64] Vgl. R. Scribner 1981a, 70.
[65] M. v. Stürler I, 1862, 46.
[66] R. Scribner 1981a, 71.
[67] Ebenda.
[68] Konkrete Belege für Bern habe ich nicht gefunden. Hingegen verbot zum Beispiel der Nürnberger Rat 1521, «die pildnuss des Lutters mit dem hailigen gaist offenlich fail ze haben». (Hampe, Theodor: Nürnberger Ratsverlässe über Kunst und Künstler im Zeitalter der Spätgotik und Renaissance [1449] 1474–1618 [1633]. Wien / Leipzig 1904, 205, Nr. 1339; vgl. auch ebenda 221, Nr. 1455) Zur Bildpropaganda der Reformationszeit: vgl. R. Scribner 1981b.
[69] R. Scribner 1981a, 69.
[70] Vgl. ebenda 74. Interessant in bezug auf Rezeption und Informationsübermittlung ist eine anonyme Flugschrift aus dem Jahr 1524 mit dem Titel «Ein Tragödia oder Spiel gehalten in dem königlichen Saal zu Paris». (Vgl. dazu Schottenloher, Karl / Binkowski, Johannes: Flugblatt und Zeitung. Ein Wegweiser durch das gedruckte Tagesschrifttum, Bd. I. München 1985 [Reprint der Ausgabe von 1922], 73f.) Die offensichtlich fiktive Aufführung wird nämlich von Johannes Kessler in seinen «Sabbata» nicht nur in aller Ausführlichkeit referiert, sondern als faktische, historisch bezeugte Darbietung präsentiert: «Beschribung aines spil, so in dem königlichen sal zu Paris gehalten und von den studenten daselbst kunstrich erdichtet ist.» (J. Kessler 1902, 133–136)
[71] Josef Schmidt weist zum Beispiel darauf hin, dass nicht nur «das Schriftbild der Flugschriften noch eindeutig auf einen oralen Abnehmer ausgerichtet» ist, sondern auch die «Ungeglättetheit» der Texte die Rückverwandlung in eine Sprechsituation erleichtert. (Schmidt, Josef: Lestern, lesen und lesen hören. Kommunikationsstudien zur deutschen Prosasatire der Reformationszeit. Bern / Frankfurt / Las Vegas 1977, 73f) «Die Aufnahme [von Flugschriften] fand meist unter Umständen statt, die ‹performanzmässig› als orale Situation bezeichnet werden muss.» (Ebenda 68)
[72] Bekanntes Beispiel ist die als Dialog aufgebaute Flugschrift «Karsthans». Vgl. Clemen, Otto (Hg.): Flugschriften aus den ersten Jahren der Reformation, Bd. IV. Leipzig 1910, S. 1–133. Zur Ausrichtung der Syntax von Flugschriften auf eine hörerwirksame Rezeption: vgl. Rössing-Hager, Monika: Wie stark findet der nicht-lesekundige Rezipient Berücksichtigung in den Flugschriften? In: H.-J. Köhler (Hg.) 1981, 77–137.
[73] R. Scribner 1981a, 75. Scribner führt sehr treffend den Begriff der Partitur ein, um sein Modell der reformatorischen Kommunikationsprozesse zu veranschaulichen.
[74] Ebenda 76.
[75] Einen Ansatz zur Beurteilung des Schauspiels als «Nachbargattung» zu den Flugschriften liefert Ukena, Peter: Flugschriften und verwandte Medien im Kommunikationsprozess zwischen Reformation und Frühaufklärung. In: H.-J. Köhler (Hg.) 1981, 163–169.
[76] Siehe oben S. 141.
[77] B. Haller II, 1901, 89.
[78] E. Kleinschmidt 1982, 193.
[79] van Dülmen, Richard: Theater des Schreckens. Gerichtspraxis und Strafrituale in der frühen Neuzeit. München 1985, 182.
[80] Wie spektakulär und schauspielähnlich Ereignisse aus dem Evangelium inszeniert

wurden, ist zum Beispiel in einer Aufzeichnung aus Biberach – verfasst in den dreissiger Jahren des 16. Jahrhunderts – überliefert:
«Von der Auffardt. [...]
Ittem. Nach der Non so sendt die Zwen Helffer vor Unnsern Herrgott Kniet in Zwayen Cormöndteln, sendt roth gesein, haben Unnsern Herrgott in die Handt genommen und edtlich gesang gesungen, und die Schuoler auch einmahl oder drey, und damit den Herrgott uffe zogen, und darnach ahm uffe züehen die Schuoler gesungen, georglet, Trommetet durch einander mit Andechtigen fröden und beschaidenhait alles gahr Löblichen.
Ittem. So man Ihn uffe hat Zogen, so send die Acht Engel ahm Steeren Immerdahr ob Unnserm Herrgott uff und Abgefahren und die anndere Engelin auch, und zue dem Letsten vor dem Loch [in der Decke des Kirchenraums] so sendt die Engel ahn Ihn gefallen und In in den Himmel einhin geführt.
Ittem. Alls Unnser Herrgott in himmel Khommen ist, so hat man den doben gerumplet, oblaten obher geworffen, feür abher gewörffwen, wasser abher geschütt und darauf einn Reimen gesungen.» (Schilling, A. [Hg.]: Die religiösen und kirchlichen Zustände der ehemaligen Reichsstadt Biberach unmittelbar vor Einführung der Reformation. Geschildert von einem Zeitgenossen. In: Freiburger Diöcesan Archiv 19 [1887] 1–191; hier 136) Zur Bedeutung solcher Inszenierungen für die Volksfrömmigkeit: vgl. Scribner, Robert: Ritual and popular religion in catholic Germany at the time of the Reformation. In: Journal of ecclesiastical history 35 (1984) 47–77 [= R. Scribner 1984b]. «‹Folklorised ritual› grew up within that penumbra of the official liturgy known as functiones sacrae or actiones sacrae, best translated as ‹sacred performances›. These dramatised certain major liturgical events of the Herrenjahr in highly visual, near-theatrical form.» (Ebenda 53)

81   R. Steck / G. Tobler (Hg.) I, 1923, 72, Nr. 268.
82   V. Anshelm VI, 1901, 11. Über die enge Verwandtschaft und entwicklungsgeschichtliche Zusammenhänge zwischen Prozession und Schauspiel: vgl. Sengpiel, Oskar: Die Bedeutung der Prozessionen für das geistliche Spiel des Mittelalters in Deutschland. Hildesheim / New York 1977 (Reprint der Ausgabe von 1932).
83   Der Messerschmied Hans Tunower wird gefangengelegt «umb dess willen das er uff die alte fasznacht im spil so die trucker gesellen hatten uff der brügy am kornmerckt gestanden / und do im gebotten wart bim eid dorab zegond oder mornders vor Rot ze erschinen / Sollich bott verachtet und nit hatt wellen gehorsam sin [...].» (Staatsarchiv Basel, Ratsbücher 02,40)
84   Staatsarchiv Basel, Ratsbücher 05, 211.
85   Burckhardt, Paul (Hg.): Das Tagebuch des Johannes Gast. Basel 1945, 271. Lateinisches Original 270: «Absoluta comoedia, cum histriones sub vesperam in urbe deambularent, prout fieri solet, nonnihil incommodi ipsis allatum fuit a pluvia modica. Hinc factum, ut sequenti die, quae fuit serenissima, in urbe fere per totam diem deambularent.»
86   J. Schmidt 1977, 104.
87   Scribner, Robert W.: Reformation, carnival and the world turned upside-down. In: Batory, Ingrid (Hg.): Städtische Gesellschaft und Reformation. Stuttgart 1980, 234–264. (Zuerst veröffentlicht in: Social history 3 [1978] 303–329). Deutsche Übersetzung in: R. van Dülmen / N. Schindler (Hg.) 1984, 117–152. Diesem hervorragenden und originellen Aufsatz verdanke ich die wichtigsten Anregungen für meine Arbeit.
88   R. Scribner 1980, 256.
89   Vgl. ebenda.
90   Vgl. oben S. 125.

[91] R. Scribner 1981b, 68. Scribners Untersuchung umfasst 22 gut dokumentierte Einzelfälle: neben Spottprozessionen, Spottspielen und symbolischen Aktionen auch Schauspielaufführungen im engeren Sinn; dazu gehören unter anderen die Fastnachtspiele von Niklaus Manuel.

[92] R. Scribner 1980, 246–263.

[93] Die Problematik, die Scribner hinsichtlich der zur Verfügung stehenden und von ihm verwendeten Grundlagen der Fastnachtsforschung erwähnt, hoffe ich durch die Konzentration auf einen konkreten Fall von fastnächtlicher Reformationspropaganda und durch eine interdisziplinär ausgerichtete, gründliche Erforschung der zeitgenössischen Fastnacht wenigstens teilweise zu überwinden: «Why should expressions of evangelical feeling be so often linked to carnival? To answer this question we must understand the role of carnival in the collective life of the time, a task which will pose more problems than it solves in the scope of this essay. Research on the meaning of carnival is still in an unformed state, and there are serious questions of method and approach as yet unresolved. In part this is because the lines of investigation cut accross the boundaries of any one discipline, involving questions of folklore, social anthropology, social psychology and philosophy.» (Ebenda 246)

[94] Ebenda 263.

[95] Siehe oben S. 76/77.

[96] Handschriftliches Original im Staatsarchiv Bern, Unnütze Papiere (U.P.) Bd. 70, Nr. 83. Der Spottvers befindet sich in einem Konvolut von Papieren des Jahres 1530.

[97] E. Götzinger (Hg.) 1885, 61. Ebenso wird dem Kleinhöchstetter Kirchherr Jörg Brunner 1522 vorgeworfen: «Item er hat uf der kilchwihe gepredigt wider den gmeinen priesterlichen stat [...].» (V. Anshelm IV, 1893, 472)

[98] Siehe oben S. 79.

[99] Siehe oben S. 92–94.

[100] Siehe oben S. 14–19.

[101] A. Fluri 1900a, 644.

[102] R. Steck / G. Tobler (Hg) I, 1923, 14, Nr. 68.

[103] Ebenda 52, Nr. 191.

[104] Ebenda 91, Nr. 344 (16. Januar): «Zum letsten, so ist der alten vassnacht, unnützer costen halb geordnet, dass hinfüro niemantz zu dem andern gan, noch in überloufen sölle, er werde dann von im berüft und geladen, und welches also darüber das ander überlief und zu im umb ein küchli gienge, der und dieselben, es wärent frouwen oder mannen, söllent darumb einen monat leisten und 10 schilling ze eynung geben, [...]». Einige Tage später, am 29. Januar, erlässt der Rat noch ein Maskenverbot: «Am cantzel das butzenwerk abzustellen by einem monat leistung.» (Ebenda 92, Nr. 349)

[105] A. Fluri 1908, 135. Siehe oben S. 23.

[106] Ebenda. Zum Kaufwert dieser Summe vgl. oben S. 15.

[107] V. Anshelm IV, 1893, 475.

[108] Ukena, Peter: Tagesschrifttum und Öffentlichkeit im 16. und 17. Jahrhundert in Deutschland. In: Presse und Geschichte. Beiträge zur historischen Kommunikationsforschung. München 1977, 35–53; hier 36.

[109] Vgl. die Beispiele ebenda.

[110] Formen der offiziellen Bekanntmachung, die die Bezeichnung ‹öffentlich› verdienen, sind sonst etwa Ausrufe vor dem Rathaus oder durch den Prediger auf der Kanzel (vgl. dazu etwa das zitierte Berner Fastnachtsverbot von 1523). Das Monopol der Obrigkeit auf Veröffentlichungen in diesem Sinn lässt sich ja auch an der Zensurpraxis während der Reformation ablesen (siehe oben S. 145). Vergleichsweise gut dokumentiert ist

beispielsweise die Zensur von Fastnachtspielen in Nürnberg im 15. und 16. Jahrhundert. Vgl. Th. Hampe 1899, 101–110.

[111] Davis, Natalie Zemon: Das Heilige und der gesellschaftliche Körper. Wie widerstreitende Glaubensformen den städtischen Raum im Lyon des sechzehnten Jahrhunderts prägten. In: Dies.: Frauen und Gesellschaft am Beginn der Neuzeit. Berlin 1986, 64–93; hier 74.

[112] Ebenda 82.

[113] Über Zusammenhänge zwischen Prozessionen und städtischer Topographie: vgl. ebenda 74–79.

[114] Davis, Natalie Zemon: Glaube und nachbarliche Beziehungen. In: N. Z. Davis 1986, 52–63. «[...] Sainte Croix hat mit seinen Gefängnissen und seinem schwachen Gerüst für kulturellen Widerstand die höchste Abschwörungsrate [unter den Anhängern der Reformation] aller Kirchspiele von Lyon.» (Ebenda 63)

[115] Denecke, Dietrich: Sozialtopographie und sozialräumliche Gliederung der spätmittelalterlichen Stadt. In: J. Fleckenstein / K. Stackmann (Hg.) 1980, 165–202.

[116] Ebenda 169.

[117] Ebenda 168.

[118] Ebenda 169. Daher werden neben dem Markt auch die markanten, gut sichtbaren und auch fassadenmässig präsentablen Eckgrundstücke hoch bewertet. Es ergibt sich, vereinfacht, folgende Sozialtopographie: «Der Standort am Markt bleibt an erster Stelle in der Rangordnung der sozioökonomischen Raumbewertung. Ihm folgen die Hauptverbindungsstrassen vom Markt zu den Toren, häufig mit wachsender Entfernung vom Markt in der Bewertung abnehmend. Dabei ist auch eine Abstufung nach der Verkehrsbedeutung der Tore zu beobachten. Die nächste Rangstufe nehmen die Eckgrundstücke und -gebäude ein, in sich abgestuft nach Kreuzungen von Haupt- und Nebenstrassen. Weiterhin folgen die Standorte an durchgehenden Nebenstrassen, an Querstrassen, an völlig abseitigen Strassen sowie unmittelbar entlang der Stadtmauer.» Damit korrespondiert in grobem Raster «eine zentral-periphere Abstufung von den Berufen ratsfähiger Gilden oder Zünfte über die Berufe anderer gewerblicher Vereinigungen bis hin zu den unehrlichen Gewerben.» (Ebenda 182)

[119] Konigson, Elie: La place du Weinmarkt à Lucerne. Remarques sur l'organisation d'un espace dramatisé. In: Ders. (ed.): Les voies de la création théatrale, Bd. VIII. Paris 1980, 44–90.

[120] Ebenda 45.

[121] Ebenda 64.

[122] Ebenda 73.

[123] Vgl. ebenda 75–80.

[124] Zur Kreuzgasse und ihrer Umgebung: vgl. Türler, Heinrich: Zur Topographie der Kreuzgasse und der Gerechtigkeitsgasse in Bern. In: Neues Berner Taschenbuch auf das Jahr 1899. Bern 1898, 121–138; ders.: Die Häuser Nr. 80, 78 u.s.w. bis 40 an der Gerechtigkeitsgasse in Bern. In: Neues Berner Taschenbuch auf das Jahr 1900. Bern 1899, 104–144; Hofer, Paul: Die Stadt Bern. Basel 1952, 29–38; ders.: Die Stadt Bern. Gesellschaftshäuser und Wohnbauten. Basel 1959, 66–79 und 242–253.

[125] Vgl. P. Hofer 1959, 68 und 243.

[126] Später verlagert sich dieses Zentrum stadtaufwärts Richtung Zeitglocken. Vgl. P. Hofer 1959, 36.

[127] H. Türler 1898, 121.

[128] V. Anshelm IV, 1893, 390.

[129] Zitiert nach P. Hofer 1952, 302, Anm. 5.

[130] V. Anshelm III, 1888, 445.

[131] H. Türler 1898, 125.
[132] Vgl. R. Feller II, ²1974, 105. Zum Ritual von Prozessen: vgl. auch die Stadtsatzung von 1539 über «Form der lanndtagen, so man an der crützgassen umb todtschlag richtet.» (Rechtsquellen des Kantons Bern I, 1902, 281, Nr. 41)
[133] Vgl. H. Morgenthaler 1924, 56, 129–133. Noch 1698 wurden auch Bücherverbrennungen als demonstrativer Akt der Zensur in der Kreuzgasse ‹inszeniert› (vgl. H. Türler 1898, 125).
[134] R. Steck / G. Tobler (Hg.) I, 1923, 175, Nr. 557. «hinder sich» bedeutet wohl «verkehrt» und entspricht entweder einer moralisch-propagandistischen oder – wenn es wörtlich gemeint ist – einer naiven Verurteilung reformatorischer Absichten.
[135] Vgl. E. Konigson 1980, 75–82.
[136] Vgl. P. Hofer 1952, 30f.
[137] E. Kleinschmidt 1982, 222.
[138] P. Burckhardt (Hg.) 1945, 271. Lateinisches Original ebenda 270.
[139] J. M. Usteri (Hg.) 1847, 238.
[140] E. Gagliardi / H. Müller / F. Büsser (Hg.) II, 1955, 45. Auch bei den Luzerner Osterspielen im 15. und 16. Jahrhundert betreibt die Stadt nach Cysat einen grossen Aufwand, um die «frömbden lütt» (R. Cysat I², 1969, 751) zu bewirten, und als 1571 in Basel «die gross prachtig comedia Saulis» aufgeführt wird, kommt «wider viel adels unnd frömbd volks gehn Basel» (Diarium des Christian Wurstisen. Hg. von R. Luginbühl. In: Basler Zeitschrift für Geschichte und Altertumskunde 1 [1902] 53–145; hier 119).
[141] J. Bächtold 1878, 258, V. 27–32.
[142] Vgl. dazu Johannes Gasts Bericht von der Basler Aufführung 1546, oben S. 153.
[143] A. Fluri 1908, 134.
[144] Ebenda 135.
[145] F. Vetter 1923, 2.
[146] A. Fluri 1908, 136.
[147] A. Lutz 1957, 8. Allerdings: «Der Unverheiratete konnte bis zu seinem siebzigsten Altersjahr als ‹knab› bezeichnet werden.» (Ebenda, Anm. 1) Vgl. auch Schweizerisches Idiotikon III, 1895, Sp. 709, 1.a.
[148] Zitiert nach H. Métraux 1942, 141.
[149] Zitiert nach A. Lutz 1957, 9.
[150] Ebenda 10.
[151] Zum folgenden vgl. vor allem A. Lutz 1957; H. Métraux 1942, 40–51.
[152] A. Lutz 1957, 11.
[153] Ebenda 76; zu den Fastnachtsaktivitäten der Knabenschaften allgemein: vgl. ebenda 76–88.
[154] Auch H. Métraux 1942, 133–140, führt eine Anzahl Belege aus verschiedenen Städten an, welche die Knabenschaften als Akteure von Schauspielen im 16. Jahrhundert ausweisen.
[155] Mitterauer, Michael: Sozialgeschichte der Jugend. Frankfurt am Main 1986, 194f.
[156] Ebenda 196.
[157] Zum Vergleich zwischen Gesellenverbänden und Knabenschaften: vgl. A. Lutz 1957, 2f und 95–139.
[158] Zitiert nach E. Kleinschmidt 1982, 196, Anm 422. Kleinschmidt führt diesen interessanten Beleg an, um zu illustrieren, dass «der Druck notwendig [war] als Spielvorlage, da die nur handschriftliche Verbreitung hierbei Probleme aufwarf.» (Ebenda 196) Diese Folgerung scheint jedoch nicht zwingend, was ja auch daraus ersichtlich ist, dass Spieltexte häufig erst nach der Aufführung gedruckt wurden.

159 Lindow, Wolfgang (Hg.): Ein kurtzweilig Lesen von Dil Ulenspiegel. Nach dem Druck von 1515. Stuttgart 1981, 40 (13. Historie).
160 Ebenda.
161 Beer, Johann: Jucundi Jucundissimi Wunderliche Lebens-Beschreibung. Hg. von Richard Alewyn. Hamburg 1957, 130. Hervorhebung von mir. Allerdings sind schon im 16. Jahrhundert Aufführungen von Landleuten bezeugt, von denen jedoch nicht bekannt ist, ob sie auch lesen konnten. Ulrich Meyer berichtet über zwei Inszenierungen in Wülflingen bei Winterthur 1557 und 1568: «Die Puren hand es suber und wol gspilt» beziehungsweise «Ist semlich spil inen wol angestanden, als vil si puren sind [...] fand aber ietzund an, listiger werden den burger in den stetten.» (Zitiert nach E. Kleinschmidt 1982, 193)
162 Siehe oben S. 153.
163 E. Kleinschmidt 1982, 187.
164 Vgl. dazu Dilcher, Gerhard: Zum Bürgerbegriff im späten Mittelalter. In: J. Fleckenstein / K. Stackmann (Hg.) 1980, 59–105. Über Bürgersöhne ebenda 77–79.
165 Siehe oben S. 31/32.
166 N. Z. Davis 1975, 97–123.
167 Ebenda 98.
168 «[...] these youth groups played certain of the functions that we attribute to adolescence. They gave the youth rituals to help control their sexual instincts and also to allow themselves some limited sphere of jurisdiction or ‹autonomy› in the interval before they were married. They socialized them to the conscience of the community by making them the raucous voice of that conscience.» (Ebenda 108)
169 Ebenda 115. Vgl. zu den wichtigen kulturellen und gesellschaftlichen Aufgaben von Jugendgruppen in den Städten der frühen Neuzeit den Aufsatz von Muchembled, Robert: Die Jugend und die Volkskultur im 15. Jahrhundert. Flandern und Artois. In: Dinzelbacher, Peter / Mück, Hans-Dieter (Hg.): Volkskultur des europäischen Spätmittelalters. Stuttgart 1987, 35–58. «Die Geselligkeit der Jugendlichen, theatralischer, ritualisierter und intensiver als die der Erwachsenen, bildet einen der Bausteine der traditionellen Zivilisation.» (Ebenda 44)
170 Ebenda 120.
171 Vgl. R. Scribner 1980, 246–249. Vgl. auch den von Hans Georg Wackernagel schon früher ausführlich dokumentierten Fall: Die Pfeiferknaben von Boersch im Jahre 1525. In: H. G. Wackernagel 1956, 250–258. Auch das für aufständische Aktivitäten während der Reformation verwendete Symbol des Bundschuhs rückt Wackernagel «in die Nähe von knabenschaftlichen und ähnlichen Vereinigungen.» (H. G. Wackernagel 1958, 151) Die Belege, die Wackernagel vorlegt, führen zur interessanten Vermutung, «dass einst das ‹Bundschuhwappen› auch von knabenschaftlichen und ähnlichen Verbänden als Feldzeichen zu fehdemässigen und karnevalistischen Unternehmungen geführt wurde, zu Unternehmungen, an denen – man darf schon sagen merkwürdigerweise – nicht das bäuerliche, sondern das adelige Element massgebend beteiligt war.» (Ebenda 155)
172 Als Übergangsphase zwischen Kindheit und Integration in die Gesellschaft wird die Jugend aus einer gewissen Distanz mit den Normen und Werten der Erwachsenenwelt konfrontiert. Diese werden gleichsam getestet, was einerseits zu Konservatismus und Überanpassung, anderseits aber auch zu Ablehnung und Revolte führen kann. Vgl. R. Scribner 1980, 248.
173 S. Ozment 1975, 131.
174 R. Scribner 1980, 249.
175 R. Steck / G. Tobler (Hg.) I, 1923, 159, Nr. 518. Freilich muss es sich bei diesen

176 «knaben» um sehr junge Schüler handeln, die nur vom Schulmeister gezüchtigt werden. Aber das Beispiel illustriert einmal mehr, in welcher Weise die Jugend in die reformatorischen Auseinandersetzungen involviert war.
Auch aus diesem Grund scheint es mir gerechtfertigt, bei ihrer Untersuchung weniger vom Autor auszugehen als von den Aufführungen selbst, also von der Synthese aus verschiedenen kulturellen Kräften.

177 V. Anshelm IV, 1893, 475.

178 Vgl. J. Bächtold 1878, CXLf.

179 Keller, Adelbert von (Hg.): Fastnachtspiele aus dem fünfzehnten Jahrhundert, Teil II. Stuttgart 1853, 845, 28.

180 J. Bächtold 1878, 334, V. 865.

181 Vgl. die Beispiele in: Schweizerisches Idiotikon III, 1892, Sp. 1097f. ‹Über's Bohnenlied gehen›: «von Personen und Sachen, über das Mass des Erlaubten, Anständigen (hinaus)»; ‹Einem das Bohnenlied singen›: «ihm sagen, es sei mit ihm zu Ende, man kümmere sich nicht mehr um ihn» beziehungsweise «Einem unfreundlich den Abschied geben»; ‹Neben das Bohnenlied treten›: «unwahre, übertriebene Aussagen machen». (Ebenda Sp. 1097) Vgl. auch Hauser, Albert: Auf der Suche nach dem Bohnenlied. Ursprünge einer Redensart. In: Neue Zürcher Zeitung Nr. 106, 9./10. Mai 1981, 70.

182 Erk, Ludwig / Böhme, Franz M.: Deutscher Liederhort, Bd. III. Leipzig 1894, 97–100. Eine vierte Version erwähnt Kopp, Arthur: Bohnenlieder. In: Zeitschrift des Vereins für Volkskunde 27 (1917) 35–49; hier 37.

183 J. Bächtold 1878, CXL.

184 L. Erk / F. Böhme III, 1894, 99.

185 A. Kopp 1917, 40.

186 L. Erk / F. Böhme III, 1894, 98f, Nr. 1176.

187 Kopp schreibt zu Recht: «[...] es wäre ganz vergeblich, ergründen zu wollen, welches einzelne Bohnenlied gemeint sei. Jene Lieder, sowohl erhaltene wie verlorene von ähnlichem Inhalt und gleicher Form, sind eben das Bohnenlied. Ebenso muss man die vielumstrittene Notiz der Berner Chronik auffassen.» (A. Kopp 1917, 40)

188 Zitiert nach Tobler, Ludwig: Schweizerische Volkslieder, Bd. I. Frauenfeld 1882, CXLI.

189 Haben vielleicht beide mit dem Bohnenkönig-Brauch zu tun? Vgl. dazu J. Heers 1986, 242–246. Auffällig sind überdies die närrischen Konnotationen zur Bohne. Vgl. L. Tobler I, 1882, CXLI.

190 Vgl. L. Tobler I, 1882, CXLI.

191 Schweizerisches Idiotikon III, 1892, Sp. 1097. Obschon der zitierte Beleg als Redensart des 19. Jahrhunderts aufgezeichnet wurde, lassen die Bohnenlied-Redensarten des 16. Jahrhunderts keine signifikante Bedeutungsverschiebung erkennen. Vgl. auch A. Kopp 1917, 41.

192 J. Bächtold 1878, 233.

193 V. Anshelm IV, 1893, 261. «letze» heisst «[...] ende; abschied, abschiedsgeschenk». (M. Lexers[35] 1979, 125)

194 E. Egli 1973, 230, Nr. 530. Das Singen von Liedern war aber auch auf eidgenössischer Ebene ein Politikum, wie verschiedene Einträge in den Eidgenössischen Abschieden beweisen. Vgl. etwa die Schmachlieder betreffenden Verbote von 1525: Eidgenössische Abschiede IV, 1873, 751f, 754, 756.

195 M. v. Stürler I, 1862, 46. Siehe oben S. 148.

196 R. Steck / G. Tobler I, 1923, 569, Nr. 1434.

197 Zitiert nach E. Hoffmann-Krayer 1946, 86. Öffentlicher Erlass «gerufft Sampstags der herren fassnacht obend anno 1526». (Quelle: Basler Rufbuch II, 75)

[198] Am 19. März 1523, also kurz nach Fastnacht, greift beispielsweise der Nürnberger Rat zu folgender Massnahme: «[...] ist verlassen, bey den buchfaylhabern die schenntlichen lieder unnd annder schmachtruckereyen zu nemen [...].» (Th. Hampe 1904, 210, Nr. 1378)
[199] Zitiert nach E. Hoffmann-Krayer 1946, 86f.
[200] Liliencron, Rochus Freiherr von (Hg.): Deutsches Leben im Volkslied um 1530. Stuttgart 1884, 227f, Nr. 75.
[201] Taylor, Archer: «O Du Armer Judas». In: The journal of English and Germanic philology XIX (1920) 1–22.
[202] Zitiert nach A. Taylor 1920, 4.
[203] Ich folge hier der quellenmässig fundierten Beschreibung des Vorfalls bei R. Scribner 1980, 235.
[204] Vgl. ebenda 121.
[205] Vgl. Handwörterbuch des deutschen Aberglaubens II, 1930, Sp. 1261–1263 und VIII, 1937, Sp. 991–993.
[206] [Luther, Martin:] Werke D. Martin Luthers, Briefwechsel Bd. II. Weimar / Graz 1969, 266.
[207] Haupt, Karl: Sagenbuch der Lausitz. Leipzig 1862/63, Teil II, 53f.
[208] O. Clemen (Hg.) I, 1907, 185–209: Von Der rechten Erhebung Bennonis eyn sendbriff. J. N. M.D.XXIIII; hier 204. Clemen vermutet hinter den Initialen (J. N.) Johann Neander aus Zwickau als Verfasser dieser Flugschrift von 1524 (vgl. ebenda 194). Der beschriebene Vorfall beruht auf dem Augenzeugenbericht des Buchholzer Predigers Friedrich Myconius. Vgl. dazu R. Scribner 1980, 239, Anm 15.
[209] Vgl. dazu R. Scribner 1980, 239.
[210] Vgl. Kohler, Erika: Martin Luther und der Festbrauch. Köln / Graz 1959, 97–99.
[211] Ebenda 98.
[212] Vgl. L. Erk / F. Böhme II, 1893, 90.
[213] E. Kohler 1959, 98.
[214] Vgl. L. Erk / F. Böhme II, 1893, 90.
[215] Mathesius, Johann: Historien / Von des Ehrwirdigen inn Gott seligen theuren Manns Gottes / D. Martin Luthers / Anfang / Lere / Leben / Standhafft / bekenntnuss seines Glaubens / und sterben. Nürnberg 1576, 168b.
[216] Frenzel, Walter / Karg, Fritz / Spamer, Adolf: Grundriss der Sächsischen Volkskunde. Leipzig 1932, 270. Die Zuverlässigkeit dieser Angaben konnte ich nicht überprüfen.
[217] Köhler, Walter (Hg.): Huldreich Zwinglis sämtliche Werke, Bd. VIII (= Zwinglis Briefwechsel, Bd. II). Leipzig 1914, 38, Nr. 284.
[218] Ebenda 40, Nr. 285.
[219] Eidgenössische Abschiede IV^2, 1873, 893. Vgl. auch Th. v. Liebenau 1894, 25. Januar, Nr. 19: «Aus Zwinglis Briefwechsel und Fridolin Sichers Chronik vernehmen wir, dass man in Luzern 1523 die von Zwingli projektierte Reform in einem Fastnachtspiele verhöhnte und zum Schlusse Zwingli in effigie verbrannte.» Der Beleg aus Sichers Chronik ist allerdings in der gedruckten Fassung nicht auffindbar. Dazu auch W. Köhler (Hg.) VIII, 1914, 38, Anm. 2.
[220] Weitere Beispiele aus diesem Umfeld bei R. Scribner 1980, 238 (Nürnberg 1525, Ulm 1525) oder etwa bei N. Humburg 1976, 109 (Münster 1534, Hiltrup 1534).
[221] T. Schiess (Hg.) 1902, 319.
[222] K. Haupt 1862/63, Teil II, 53. Selbstverständlich handelt es sich um eine Parodie auf den Ablasshandel. In dieser Absicht trug wohl auch jener Schembartläufer in Nürnberg 1522 ein Kostüm aus lauter Ablassbriefen. Vgl. dazu Sumberg, Samuel: The Nuremberg Schembart Carnival. New York 1941, 107f und 219 (Fig. 20).

223 V. Anshelm IV, 1893, 450. Mit den «gemaleten gilgenknaben» sind wohl die Anhänger Frankreichs gemeint, die sich möglicherweise mit dessen Emblem («gilgen» = Lilien) schmückten. A. Fluri 1908, 153 interpretiert die leere Tasche des Kardinals als Ausdruck für «die schönen aber ‹leeren› Versprechungen des Kaisers», als dessen Bote er auftritt. «Wir wissen, dass in jener Zeit das französische Pensionsgeld überaus reichlich floss; Anshelm erwähnt die französische ‹däsch›, die drei Jahre lang ‹usgetrüllt› wurde (Anshelm IV, 411).» Die zufällige Überlieferung des Vorfalls deutet darauf hin, dass solche Austreibungen üblicherweise nicht zum Stoff gehören, den die Chronisten als chronikwürdig betrachteten. Demnach ist es gut möglich, dass sie in Bern auch in anderen Jahren stattfanden.
224 V. Anshelm I, 1884, 315.
225 Vgl. A. Carlen 1945, 88.
226 Vgl. ebenda 92 und Büchi, Albert: Ein Matzenlied. In: Schweizerisches Archiv für Volkskunde 18 (1914) 193.
227 Vgl. A. Carlen 1945, 108.
228 Brückner, Wolfgang: Bildnis und Brauch. Berlin 1966, 194f.
229 Allerdings können die spielerisch-symbolischen Aktionen sehr wohl eine magische, irrationale Dimension beinhalten. Vgl. dazu auch die reformatorischen Bilderstürmereien oben S. 93/94.
230 Y.-M. Bercé 1976, 47.
231 Ebenda 50f: «On aimait à trouver dans les cortèges et les processions les plus superbes un personnage qui servait de repoussoir et de souffre-douleur, qu'on pouvait à loisir couvrir de sarcasmes et d'insultes.»
232 Vgl. ebenda 52.
233 Vgl. ebenda 47.

Kapitel VI

1 Siehe oben S. 142/143.
2 Von der Untersuchung ausgeschlossen bleibt dagegen das Fastnachtspiel «Elsli Tragdenknaben», dessen Autor nicht genau bekannt ist. Vor allem aber gelten für den Zeitpunkt seiner Aufführung in Bern (1530) völlig veränderte Kontextbedingungen: So ist in dem zwei Jahre nach der offiziellen Einführung der Reformation inszenierten Stück kaum mehr konfessionelle Propaganda erkennbar. Vgl. J. Bächtold 1878, 255–298.
3 Vetter, Ferdinand (Hg.): Niklaus Manuels Spiel evangelischer Freiheit «Die Totenfresser». Leipzig 1923.
4 J. Bächtold 1878, 29–102.
5 Vgl. dazu F. Vetter 1904, 115f und 1923, *15.
6 F. Vetter 1923, *7. Hervorhebung von mir.
7 F. Vetter 1904, 116.
8 Ich bleibe auch in meiner Textanalyse beim Titel, den Anshelm braucht (V. Anshelm IV, 1893, 475) im Gegensatz zu Jakob Bächtolds Titel «Vom Papst und seiner Priesterschaft», der von den Flugschriften abgeleitet ist und nach Vetter «keinerlei Autorität beanspruchen» kann (F. Vetter 1904, 82).
9 Könneker, Barbara: Die deutsche Literatur der Reformationszeit. München 1975, 127.
10 D. van Abbé 1952a, 195: «It will now be clear how wide is the gap which separates

	Manuel from Gengenbach. It is no longer a question of better or worse revuetechnique; Manuel was able to handle incident, human beings in action, in other words, modern drama.» Vgl. auch ebenda 185 und Gengenbach, Pamphilus: Die Totenfresser. Hg. von J. Schmidt. Stuttgart 1978.
11	S. Ozment 1975, 111.
12	F. Vetter 1904, 85. «Ist es Manuel oder den andern Berner reformfreunden zuzutrauen, dass sie in so unkünstlerischer und abschwächender weise ‹den bauern auf den herrn gesetzt› hätten?» (Ebenda 85f)
13	Zur Datierung: F. Vetter 1904, 115f und 1923, 24–27.
14	Vgl. dazu C. A. Beerli 1953, 203, Anm. 1, wo noch andere mögliche Quellen angegeben sind. Es wäre also verfehlt, von der Dramatisierung einer bestimmten Vorlage zu sprechen.
15	Zinsli, Paul (Hg.): Niklaus Manuel: Der Ablasskrämer. Genaue Textwiedergabe nach der Originalhandschift des Dichters. Bern 1960. Auf diese Ausgabe beziehen sich die im Text hinter dem Kurztitel «Ablasskrämer» erscheinenden Versangaben.
16	Diese unklare Politik äussert sich beispielsweise im Vergleich des zweiten Glaubensmandats von 1524, das eher gegen die Reformation gerichtet ist, mit dem dritten Glaubensmandat von 1525, welches den reformatorischen Kräften Vorschub leistet. Vgl. R. Steck / G. Tobler (Hg.) I, 1923, 155, Nr. 510 und 190, Nr. 610.
17	Vgl. V. Anshelm IV, 1893, 259–261.
18	Vgl. Berger, Arnold E.: Die Schaubühne im Dienste der Reformation. Leipzig 1935, 45–96.
19	R. Steck / G. Tobler (Hg.) I, 1923, 154, Nr. 509: «Wir sächen und vernämen, wie die questionierer und der klöster und kilch bettler die unsern allenthalb besuchen und überloufen, und Inen das allmusen, ouch hilf, stür und hantreichung ervordern, alles uf der bäpst und bischoffen [begär], die darumb sundern aplas geben und verheissen, und aber damit der gemein cristenmöntsch merklichen beschwärt und beladen wirt. Daran wir nit gevallens haben, dann wir mögen wissen, dass selbig ir usgeben gelt und gut weder nutz noch frucht bringt, und daby ouch der aplas [...] nit verkouft soll werden.»
20	Vgl. Humbel, Frieda: Ulrich Zwingli und seine Reformation im Spiegel der gleichzeitigen volkstümlichen Literatur. Bern 1912, 76.
21	Diesen kontrastreichen Kern seines Fastnachtspiels hat Manuel denn auch zum Inhalt einer vorzüglichen Illustration gemacht, die sich zwar nicht auf eine konkrete Aufführung bezieht, aber dennoch den Höhepunkt des Spiels charakterisiert. Barbara Könneker schreibt treffend von einem Augenblick, «dass die beinahe vollzogene Exekution des Ablasshändlers, die zudem in sämtlichen krassen Details vorgeführt wird [...], den Höhepunkt eines turbulenten Geschehens bildet, das von Anfang an auf diese Klimax angelegt ist und sie wie ein zwanghaft sich vollziehendes Ereignis erscheinen lässt.» (B. Könneker 1975, 130)
22	D. van Abbé 1952a, 192.
23	Vgl. zum Beispiel Ablasskrämer, V. 253–264 und 301–326.
24	Vgl. Ablasskrämer, V. 59f; 75–84; 96.
25	Schmidlin, Stephan: Frumm byderb lüt. Ästhetische Form und politische Perspektive im Schweizer Schauspiel der Reformationszeit. Bern / Frankfurt am Main / New York 1983, 141.
26	Allerdings kann eine Aufführung auch nicht mit absoluter Sicherheit ausgeschlossen werden; Spielnachrichten sind ja, wie ich schon im Zusammenhang mit anderen Spielen gezeigt habe, oft nur zufällig überliefert.
27	J. Salat II, 1986, 462f.
28	R. Steck / G. Tobler (Hg.) I, 1923, 305, Nr. 876.

[29] Ebenda 429, Nr. 1212.
[30] Vgl. Totenfresser, Anweisung vor V. 1.
[31] E. Egli (Hg.) 1973, 191, Nr. 467. Vgl. das ganze Verbot oben S. 115.
[32] Th. Hampe 1899, 104, Nr. 33. Vgl. zum Missbrauch geistlicher Kostüme an der Fastnacht auch N. Humburg 1976, 70 und 109.
[33] T. Schiess (Hg.) 1902, 331.
[34] V. Anshelm, VI, 1901, 27f: «Wie der Röm. keiser Carl V. uf dem tag siner geburt – was der 24. Hornungs [1530] – vom Röm. Bapst sin keiserliche cron zu Bononia mit überschwenklicher herlikeit empfangen.»
[35] Siehe oben S. 19 und 24.
[36] Nixdorff, Heide / Müller, Heidi: Weisse Westen – Rote Roben. Von den Farbordnungen des Mittelalters zum individuellen Farbgeschmack. Berlin 1983, 46.
[37] Vgl. Lexikon für Theologie und Kirche, Bd. IV. Freiburg 1960, Sp. 23f, Artikel ‹Farben, liturgische› (Th. Schnitzler). Im 5. Laterankonzil (1512–1517) äussert sich der Versuch, die Farben geistlicher Kleidung zu regeln, «ne quis [...] quoquo modo beneficiatus, et sacris ordinibus constitutus, vestes portet versicolores, nec eo habitu utatur, qui ordini ecclesiastico parum conveniat. Quare in presbyteratus ordine constituti vestes colorum, quae clericis a iure non prohibeantur, deferre debeant usque ad talo saltem demissas.» (Zitiert nach Bringemeier, Martha: Priester- und Gelehrtenkleidung. Ein Beitrag zur geistesgeschichtlichen Kostümforschung. Münster 1974, 107) Die Bedeutung von farbigen Kleidern überhaupt kann nur im Rahmen der herrschenden Kleiderordnungen richtig eingeschätzt werden. Da diesbezüglich häufig strikte Vorschriften bestanden, die jedoch an der Fastnacht leicht übertreten werden konnten, liegt die Assoziation von bunten Kleidern des Klerus und fastnächtlichen Verkleidungen nahe.
[38] Zwingli soll ab Herbst 1523, Luther am 9. Oktober 1524 zum erstenmal in der schwarzen Schaube auf die Kanzel gestiegen sein und damit der katholisch-liturgischen Kleidung eine Absage erteilt haben. Vgl. dazu M. Bringemeier 1974, 44.
[39] Vgl. M. Luther XXXII, 1970, 176.
[40] Siehe oben S. 182.
[41] M. Luther, Briefwechsel II, 1969, 266 (Luther an Spalatin, Wittenberg, 17. 2. 1521).
[42] Ebenda 269, Anm. 20.
[43] M. Luther VII, 1966, 679.
[44] M. Luther XII, 1966, 307. Erstaunlich und aufschlussreich als Beleg für die Eingängigkeit der Fastnachtsmetapher ist die Übereinstimmung von Luthers Worten mit denjenigen des Konstanzer Bischofs Hugo von Landenberg, die in einer Flugschrift von Sebastian Meyer (Augsburg 1522/23) so wiedergegeben werden:«[...] so man das prediget, so möcht ein schaff merken, das dise gehürnten götzen nit bischof, sunder vassnacht larven [...].» Schottenloher, Karl (Hg.): Flugschriften aus den ersten Jahren der Reformation, Bd. IV. Leipzig 1911, 27. Vgl. dazu auch M. Luther XI, 1966, 416.
[45] Siehe oben S. 184.
[46] Zitiert nach H. Moser 1985, 123.
[47] Dass zwischen dem Brunnerhandel und den «Totenfressern» ein direkter Zusammenhang besteht, konnte Ferdinand Vetter überzeugend nachweisen. Vgl. F. Vetter 1904, 100.
[48] R. Steck / G. Tobler (Hg.) I, 1923, 34, Nr. 129.
[49] J. Bächtold 1878, 237–254: Klagred der armen Götzen; hier V. 90.
[50] M. Luther XXIX, 1964, 342.
[51] In der Nachschrift heisst es noch deutlicher: «Es ist eyn fastnacht spil, contraria apparent sub larvis. Reges sunt servi, Servi sunt reges sub larva.» (Ebenda 343) Vgl.

auch M. Luther, Tischreden Bd. V, 1967, 616.

[52] Dabei konnte sie sich auf eine bereits vorhandene Polemik berufen, wie sie etwa auf einem anonymen Holzschnitt von 1508 dargestellt ist: In einer verkehrt am Himmel hängenden Kirche stehen Bauern am Altar, während Priester und Mönche den Pflug führen. Vgl. die Abbildung in Piltz, Georg (Hg.): Ein Sack voll Ablass. Bildsatiren der Reformationszeit. Berlin (Ost) 1983, 19. Zur moralisch-didaktischen Verwendung der Verkehrten Welt bei Thomas Murner oder Sebastian Brant siehe oben S. 129.

[53] Vgl. R. Scribner 1981b, 148–179: «Antichrist and the world turned upside-down.»

[54] Ebenda 148.

[55] Ebenda 168f.

[56] Ebenda 184. Zur biblischen Tradition der Verbindung von Verkehrter Welt und Apokalypse: vgl. Boehncke, Heiner: Jüngstes Gericht, Verkehrte Welt. In: Boehncke, Heiner / Stollmann, Rainer / Vinnai, Gerhard: Weltuntergänge. Reinbek 1984, 222–235.

[57] A. v. Keller (Hg.) II, 1853, Nr. 68, 593–608. Zum Antichrist als populärer Fastnachtsfigur: vgl. D.-R. Moser 1986, 226–230; allerdings überzeugt D.-R. Mosers Deutung dieser Fastnachtsfigur im Rahmen des augustinischen Zweistaatenmodells nicht.

[58] J. Bächtold 1878, 133–202: Barbali. (Auf diese – einzige – Ausgabe beziehen sich die im Text erscheinenden Versangaben); hier V. 1473f; vgl. auch V. 1390: «All ir wisheit ist in torheit kert.» Dass bei der Gegenüberstellung von päpstlicher Kirche und Reformation mit den bekannten Bildern der Verkehrten Welt operiert wird, bestätigt der papsttreue Pfarrer Hiltprand Stulgang im Dialog mit Barbali, wenn er seinerseits die Reformation als Verkehrte Welt beschreibt: «Wenn der finger den ars lert schissen, / Und die kinder den vätern verwissen, / Und das ross sitzt uf dem man, / so muss es alles letz zugan!» (Ebenda V. 638–641) Weil aber Barbali siegreich aus dem Disput hervorgeht, erweist sich natürlich am Ende die Optik des Pfarrers als verkehrt. Demnach beweist er unfreiwillig und indirekt, dass von beiden konträren Welten eben doch die päpstliche die Verkehrte Welt ist.

[59] Natalie Zemon Davis hat gezeigt, weshalb das Motiv der Weibermacht («women on top») gerade in der hierarchischen Gesellschaft der frühen Neuzeit sehr beliebt war – vielleicht mehr als andere Bilder der Verkehrten Welt. Vgl. N. Z. Davis 1978. Siehe auch oben S. 111.

[60] Siehe oben S. 110–112. So ergibt sich denn auch für den «Ablasskrämer» eine innere Verbindung mit der Fastnacht.

[61] Vgl. Andersson, Christiane: Dirnen – Krieger – Narren. Ausgewählte Zeichnungen von Urs Graf. Basel 1978, 61–66. Das Motiv spiegelt sich noch in der Redensart «Die Hosen anhaben», womit auf die Vormacht in der Ehe angespielt wird.

[62] Vgl. zum Beispiel die Bilderbogen, die sich mit diesem Thema beschäftigen. Abbildungen in: Bringéus, Nils-Arvid: Rezension zu V. E. Clausen. Det folkelige danske traesnit i etbladstryk 1565–1884. København 1985. In: Ethnologia Scandinavica 1985, 203–210; hier 206f.

[63] Schon van Abbé und Catholy haben eine Verbindung gesehen zwischen Manuels «Ablasskrämer» und dem Motiv der sieben bösen Weiber, ohne jedoch auf bestimmte Vorlagen zu verweisen. Vgl. D. van Abbé 1952a, 192; E. Catholy 1969, 86f, 91.

[64] Zitiert nach Köhler, Reinhold: Das Spiel von den sieben Weibern, die um einen Mann streiten. In: Germania N.R. 10 (1877) 19f; hier 20. Obschon es sich dabei eigentlich um eine parodistische Festbeszene handelt, ist die strukturelle Ähnlichkeit mit dem «Ablasskrämer» unverkennbar.

[65] Vgl. Hoffmann, Konrad: Cranachs Zeichnungen «Frauen überfallen Geistliche». In: Zeitschrift des deutschen Vereins für Kunstwissenschaft XXVI (1972) 3–14.

[66] Ein weiteres Element der Verkehrten Welt im «Ablasskrämer» besteht darin, dass

	nicht mehr die Bauern dem Geistlichen, sondern der Geistliche den Bauern seine Untaten beichten muss. (Ablasskrämer, V. 376–390)
67	Vgl. Nigg, Walter: Der christliche Narr. Zürich / Stuttgart 1956. Die Tradition des christlichen Narren geht zurück auf die Bibel: vgl. Matth. 11,25; 1. Kor. 17–21; 1. Kor. 3,19.
68	Unmissverständlich ist beispielsweise der zwischen Papst und Kaiser stehende Narr in der anonymen Flugschrift «Der warner Narr» (1548), der seine vorwurfsvolle Mahnung an die Mächtigen mit den Worten schliesst: «Wie man denn sagt vor alten tagen / Kinder un Narren oft war sagen.» (Meuche, Hermann [Hg.]: Flugblätter der Reformation und des Bauernkriegs. Leipzig 1975, Nr. 48)
69	M. Luther VI, 1966, 404.
70	Zum Beispiel ebenda 427, 448, 450.
71	Als Fastnachtsnarren werden sie ja auch ausgestattet und sogar auf dem Titelblatt einer späteren Flugschrift abgebildet. Vgl. die bei Froschauer in Zürich gedruckte Ausgabe, Wolfenbüttel Sig. 517.8 Quod. (7).
72	Sowohl Kahlheit als auch Brille gelten der Zeit als Narrenkennzeichen. Vgl. dazu Mezger, Werner: Bemerkungen zum mittelalterlichen Narrentum. In: H. Bausinger et al. (Hg.) 1980, 43–87 [= W. Mezger 1980a]; hier 52; Mezger, Werner et al.: Narren, Schellen und Marotten. Elf Beiträge zur Narrenidee. Remscheid 1984, 32, Anm. 48.
73	Roeder, Anke: Die Gebärde im Drama des Mittelalters. Osterfeiern. Osterspiele. München 1974, 187.
74	Vgl. auch J. Bächtold 1878, 170: «Weltlich gwalt in zitlichen sachen, / Was sie ordinieren und machen, / Dem sol man billich ghorsam sin.» (Barbali, V. 1024–1026)
75	R. Feller II, ^{2}1974, 119.
76	Zitiert nach M. Grinberg 1974, 231.
77	O. Clemen (Hg.) II, 1907, 5–26: Heinrich von Kettenbach: Ein nützliche Predig Zu allen christen Von dem vasten, un feyren. Augsburg 1522; hier 13.
78	P. Burke 1981, 199. Zur Verbreitung solcher Inszenierungen: vgl. Grinberg, Martine / Kinser, Sam: Les combats de Carnaval et de Carême. Trajets d'une métaphore. In: Annales E.S.C. 38 (1983) 65–98. Die Darstellung von Karneval und Fastenzeit war auch ein beliebtes Thema populärer Drucke der frühen Neuzeit. Vgl. zum Beispiel den italienischen Einblattdruck «Il Triomfo del Carnaval», der zwar von ca. 1850 aus Neapel stammt, aber auf ältere, in ganz Europa verbreitete Vorlagen zurückgeht. (In: Toschi, Paolo: Populäre Druckgraphik Europas. Italien vom 15. bis zum 20. Jahrhundert. München 1967, Nr. 56)
79	Vgl. Abbildung in Heffels, Monika: Meister um Dürer. Nürnberger Hozschnitte aus der Zeit um 1500–1540. Ramerding 1981, Nr. 197.
80	Gengenbach, Pamphilus: Diss ist ein iemerliche clag uber die Todten fresser. O.O.o.J. (Augsburg 1522). Abbildung in J. Schmidt (Hg.) 1969, 41.
81	E. Le Roy Ladurie 1982, 181.
82	Ebenda 209.
83	Verschiedene Belege bei R. Scribner 1981b, 89–93. «The feasting and dismemberment themes are rabelaisian, and another version of the carnivalesque theme of crushing», kommentiert Scribner etwa einen Holzschnitt, der den Klerus beim einem kannibalischen Gelage im Rachen des Teufels zeigt. (Ebenda 91) Bei Manuel klingt das Totenfresser-Motiv auch noch im «Barbali» an. Vgl. J. Bächtold 1878, 199, V. 1864.
84	V. Anshelm V, 1896, 44. In einer anonymen Flugschrift, die zu dieser Zeit im Elsass zirkulierte, ist, in erstaunlicher Übereinstimmung mit Aspekten von Manuels Spiel, ebenfalls von Totenfressern die Rede: «In dulci iubilo die Pfaffen synd gar fro wann sie hand ein leyche zu fressen oder zwo / da von sie werden reyche / jn Baurn ghört

haberstro r s m et o / r s m et o. [...] Omnis mundus ist verfüret / durch den bschornen hauffen / jren geyst man gar wolspüret / mit fressen und mit saufen / [...]. Der tag der ist so freüdenreych / aller Münch und Pfaffen / Wan sy hand ein todten leycht / so machens uns zu affen / [...]. Stirbt dann uns ein reycher man / so gat man jm entgegen / Münch und Pfaffen mit procession / die nachbaurn thund sich regen / Jst unser vetter Eberlin gestorben / so wöllen wir jm die seel versorgen / das thund die bschornen buben / [...].» (Lebeau, Jean / Valentin, Jean-Marie: L'Alsace au siècle de la Réforme. Textes et documents. Nancy 1985, 124)

85 Nowotny, Karl Anton: Das Nürnberger Schembartlaufen. Eine neu aufgefundene Handschrift. In: L. Schmidt 1955, 142–190; hier 181. Eva Kimminich deutet karnevalistische Erscheinungen wie den Kinder- oder eben den Narrenfresser als Variationen zum dantesken Motiv des teuflischen Seelenfressers, wodurch die reformatorische Kannibalismus-Metapher eine interessante Dimension erhielte: Die Totenfresser-Pfaffen würden dadurch eindeutig zu Gehilfen des Teufels. Vgl. E. Kimminich 1986, 15–17. Zum Motiv des menschenfressenden Teufels schreibt Jacques Le Goff: «Le Diable qui s'étale dans l'iconographie médiévale à proportion des angoisses constantes qu'il inspirait n'est nulle part plus dramatiquement présent qu'aux chapiteaux de l'église romane de Saint-Pierre de Chauvigny (XIIe siècle). Le Diable monstrueux, qui enserre de ses griffes et s'apprête à avaler sa proie humaine, est proche des dieux-loups dévorants du folklore paysan.» (Le Goff, Jacques: La civilisation de l'occident médiéval. Paris 1964, 232, Legende zu Abb. 74)

86 Robert Muchembled erwähnt eine Redewendung, die diesen Zusammenhang illustrieren könnte, obwohl er sich auf Flandern im 19. Jahrhundert bezieht: Dort sei damals noch der Ausdruck «croquer la tête du mort» für den Leichenschmaus üblich gewesen. Vgl. Muchembled, Robert: Kultur des Volks – Kultur der Eliten. Die Geschichte einer erfolgreichen Verdrängung. Stuttgart 1982, 132.

87 Zitiert nach H. Moser 1985, 117. Obschon es schwierig ist, Aussagen über die Verbreitung dieses Spiels zu machen, so ist es doch auffällig, dass G. Barblan noch zu Beginn des 20. Jahrhunderts dasselbe Spottritual im Unterengadin beobachtet hat: «Da wird um Mitternacht [...] der Fastnachtsmann aus Stroh, mit Männerkleidern und einem Zylinder bekleidet, auf einer Bahre liegend, herein gebracht; er soll den toten ‹schüschaiver› [= Karneval] darstellen. Einer der Jünglinge mit einem Mantel, Amtskragen und Zylinder, als Pfarrer verkleidet, hält die Leichenrede für den Fastnachtsmann. Diese muss immer satirisch sein.» (Barblan, G.: Sitten, Gebräuche und Volksfeste im Unterengadin. In: Schweizerisches Archiv für Volkskunde 18 [1914] 150–169 und 19 [1915] 13–29; 65–84; hier 19 [1915] 69)

88 Im Text selbst nehmen zwar die beutegierigen Priester zu Beginn noch darauf Bezug (V. 11–122), aber mit der Zeit lösen sich ihre Monologe von der Ausgangslage und erörtern grundsätzliche Themen.

89 In der französischen Übersetzung: «le principe matériel et corporel» (M. Bakhtine 1970, 28).

90 N. Z. Davis ^{4}1975, 159.

91 Bakhtine spricht etwa von der «force du ‹bas› matériel et corporel qui donne la mort et régénère.» (M. Bakhtine 1970, 266; vgl. ebenda 302–365; siehe auch oben S. 96)

92 R. Steck / G. Tobler (Hg.) I, 1923, 269, Nr. 819.

93 J. Strickler (Hg.) I, 1878, 246, Nr. 698. Wie ernst die Zürcher Obrigkeit das Gerücht nimmt, ist daran ersichtlich, dass sie sowohl nach Bern als auch nach Konstanz aufklärende Briefe schreibt, um die Ehre der Stadt zu retten. Vgl. ebenda und A. Vögeli (Hg.) 1972/73, 140.

94 M. Luther XV, 1966, 804: «Ain Sermon, von der beschneydung am newen Jars tag», 1524.
95 Siehe oben S. 14.
96 Ähnlich berichtet Johannes Gast in seinem Tagebuch, wie 1531 in Sissach einige Bauern «den Abort des Pfarrers im Garten [zerschlugen] und beschmierten mit dem stinkenden Kot überall das Pfarrhaus, nicht nur dem edlen Mann zum Schimpf, sondern auch der Lehre, die er verkündete.» (P. Burckhardt [Hg.] 1945, 143) Peter Burke hat im Italien des 16. Jahrhunderts ganz ähnliche Ausdrucksformen beobachtet: «Zu diesen Fällen ehrabschneiderischer Anschläge sollten wir vielleicht eine Handvoll nichtverbaler Beleidigungen hinzufügen, bei denen die Haustür des Opfers das Ziel war. Sie gliedern sich in zwei Gruppen. Die erste Gruppe [...] wird in den Akten als ‹deturpazione› oder seltener als ‹lordatura› (Verunstaltung bzw. Besudelung) bezeichnet: die Haustür oder manchmal die Fensterläden des Klägers werden mit Tinte, Exkrementen oder Tierblut besudelt.» (P. Burke 1987, 105)
97 J. Salat II, 1986, 879f. Wackernagel schreibt über den Klostersturm der Pfeiferknaben von Boersch 1525: «In einem Narrenspiel verspottete man die kirchliche Kultübung. Auf den Altären verrichteten die Burschen schamlos ihre Notdurft.» (H. G. Wackernagel 1956, 254)
98 R. Steck / G. Tobler (Hg.) II, 1923, 664, Nr. 1574.
99 R. Scribner 1981b, 83f.

Kapitel VII

1 Ausgehend von der Perspektive des zeitgenössischen Zuschauers verzichte ich bewusst darauf, die Einflüsse auf Manuels Gedankengut zu untersuchen. Was in den Spielen von 1523 an Ideen präsentiert wurde, war – geistesgeschichtlich gesehen – sicher nicht neu und originell; Vorlagen dafür finden sich in zahlreichen Schriften von Vordenkern der Reformation, wobei es nicht ganz einfach sein dürfte, direkte Abhängigkeiten festzustellen. Vgl. dazu: Steck, Rudolf: Zwingli und Bern. In: Blätter für bernische Geschichte, Kunst und Altertumskunde XV (1919) 1–18; Köhler, Walter: Zwinglis Beziehungen zu Bern. In: Zwingliana IV, 15 (1928) 450–455; Huggler, Max: Niklaus Manuel und die Reformatoren. In: C. Menz / H. Wagner (Hg.) 1979, 100–113; Lavater, Hans Rudolf: Zwingli und Bern. In: H. Michel et al. (Hg.) 1980/81, 60–103 [= H. R. Lavater 1980/81b]; G. W. Locher 1980/81.
2 Totenfresser, V. 899.
3 Totenfresser, V. 1654f.
4 Totenfresser, V. 1663f.
5 Totenfresser, V. 97f.
6 Totenfresser, V. 1754.
7 S. Ozment 1975, 74.
8 Totenfresser, V. 350.
9 Vgl. auch Totenfresser, V. 336 und 1690; Barbali, V. 235.
10 Barbali, V. 1698.
11 Barbali, V. 322.
12 Zum Wert der Arbeit: vgl. Ablasskrämer, V. 526; Totenfresser, V. 483–497.
13 Vgl dazu M. Luther VII, 1966, 21 («Von der Freyheit eyniss Christen menschen»).

Kapitel VIII

1. V. Anshelm IV, 1893, 475.
2. Ebenda.
3. J. Bächtold 1878, CXLI-CXLVI.
4. «Als durchschnittliche Auflagenhöhe für diese Art von Drucken am Beginn des 16. Jahrhunderts wird man – bei aller Unsicherheit, die auch in dieser Frage beim jetzigen Forschungsstand noch festzustellen ist – wohl eine Zahl von etwa 1000 Exemplaren annehmen dürfen.» (H.-J. Köhler 1986, 249)
5. Die älteste Berner Ausgabe wurde 1540 bei Apiarius gedruckt, der 1537 die erste Druckerei der Stadt eröffnete. Vgl. J. Bächtold 1878, CXLVI.
6. J. Salat I, 1986, 429f.
7. Brief von Niklaus Manuel an Zwingli, Donnerstag nach St. Lorenz 1529. Staatsarchiv Zürich, Epist. XXVI, 305, zitiert nach J. Bächtold 1878, LI.
8. In den Briefen vom 30. September 1527 und vom 24. Februar 1528 an Anna Adlischwyler stellt Bullinger einen Vergleich mit der Bäuerin «Greti dorffnepper» an, im letztgenannten Brief erwähnt er auch den Dorfpfarrer «Damian lyrennagel». (Bullinger, Heinrich: Werke, 2. Abt.: Briefwechsel, Bd. I. Bearbeitet von Ulrich Gäbler und Endre Zsindely. Zürich 1973, 139, 154f, 160) Zur Rezeption von Manuels Werken durch Bullinger: vgl. ebenda 187 und J. J. Hottinger / H. H. Vögeli (Hg.) I, 1838, 360.
9. Vgl. R. Scribner 1981b, 245–250.
10. S. Ozment 1975, 131. Siehe oben S. 34.

Kapitel IX

1. Turner, Victor: Dramas, fields and metaphors. Symbolic action in human society. Ithaca / London 1974, 37f.
2. Ebenda 39.
3. Eine ausführliche Beschreibung der vier Phasen des «social dramas» ebenda 38–42.
4. Vgl. Turner, Victor: Schism and continuity in an African society. Manchester 1957.
5. Turner, Victor: From ritual to theatre. The human seriousness of play. New York 1982, 11.
6. Vgl. dazu MacAloon, John J.: Cultural performances, culture theory. In: Ders. (ed.): Rite, drama, festival, spectacle. Rehearsals toward a theory of cultural performance. Philadelphia 1984, 1–15. MacAloon schreibt in Anlehnung an Turner über «cultural performances», sie seien «more than entertainment, more than didactic or persuasive formulations, and more than cathartic indulgences. They are occasions in which as a culture or society we reflect upon and define ourselves, dramatize our collective myths and history, present ourselves with alternatives, and eventually change in some ways while remaining the same in others». (Ebenda 1)
7. V. Turner 1982, 11. Den Zusammenhang von ‹social drama› und ‹stage drama› erklärt Turner so: «The stage drama, when it is meant to do more than entertain – though entertainment is always one of its vital aims – is a metacommentary, explicit or implicit, witting or unwitting, on the major social dramas of its social context (wars, revolutions, scandals, institutional changes).» (Ebenda 107)

8 Balz Engler fasst in Anlehnung an Richard Schechner einen Aspekt der anthropologischen Theateranalyse so zusammen: «Für das Publikum beginnt die Theateraufführung nicht – wie die Vorstellung der Aufführung als Text suggeriert – mit dem Abdunkeln der Lichter oder dem Auftritt der Schauspieler. Sie beginnt viel früher, zum Beispiel bei den Vorbereitungen für das ‹Ausgehen› – der Begriff ist bezeichnend. Man duscht; man zieht sich um. Man verlässt das Zuhause und fährt zum besonderen Ort, wo die Aufführung stattfindet [...]. All dies sind Vorgänge, die ein deutliches rituelles Element haben. Die Theatererfahrung hört auch nicht auf, wenn man zu applaudieren beginnt [...], sondern erst, wenn man in die Strukturen des Alltagslebens zurückgekehrt ist.» (Engler, Balz: Theater als Kultur – Kultur als Theater. In: Neue Zürcher Zeitung Nr. 194, 23./24. August 1986, 69f, hier 70)

9 Vgl. vor allem die Einwände von Goody, Jack: Against «Ritual»: Loosely structured thoughts on a loosely defined topic. In: Moore, Sally F. / Myerhoff, Barbara G. (ed.): Secular ritual. Assen / Amsterdam 1977, 25–35; Gluckman, Max and Mary: On drama, games and athletic contests. Ebenda 227–243.

10 Werlen, Iwar: Ritual und Sprache. Zum Verhältnis von Sprechen und Handeln in Ritualen. Tübingen 1984, 49. Vgl. ebenda 21–89 verschiedene Ritual-Definitionen. Werlen geht auch auf die Verwandtschaft der Kategorien ‹Ritual› und ‹Brauch› ein, was gerade für die Konzepte der volkskundlichen Fastnachts- und Fastnachtspielforschung aufschlussreich ist. (Ebenda 53–60)

11 Ebenda 81.

12 S. Moore / B. Myerhoff (ed.) 1977, 7f. Vgl. dazu die hohe Übereinstimmung mit N. Humburgs Fastnachtspiel-Definition oben S. 136.

13 Ebenda 8.

14 Ebenda.

15 Vgl. dazu den Forschungsabriss in H. Bastian 1983, 52–62; hier besonders 55f. Als Vertreter einer ‹Ventiltheorie› wären beispielsweise zu nennen: Merkel, Johannes: Form und Funktion der Komik in den Nürnberger Fastnachtspielen. Freiburg 1971; E. Kleinschmidt 1982, 188; Rosenfeld, Hans-Friedrich / Rosenfeld, Hellmut: Deutsche Kultur im Spätmittelalter 1250–1500. Wiesbaden 1978, 173; Habel, Thomas: Brecht und das Fastnachtspiel. Göttingen 1978, 64. Zur ‹Rebellionstheorie› neigen etwa M. Bakhtine 1970; Krohn, Rüdiger: Der unanständige Bürger. Kronberg / Ts. 1974 und andere Vertreter einer Theorie des Lachens.

16 Nicht uninteressant sind jedoch jene Arbeiten, die sich auf besserer ethnologischer Basis bewegen, allerdings nicht Fastnachtspiele selbst, sondern verwandte Erscheinungen untersuchen. Dazu gehören zum Beispiel die Aufsätze von Peter Weidkuhn über die Basler Fastnacht von 1529 (P. Weidkuhn 1969) oder von Iwar Werlen über die Walliser Mazze als Rebellionsritual (Werlen, Iwar: Die Walliser Mazze – ein Rebellionsritual. In: Zeitschrift für Volkskunde 74 [1978] 167–197). Obschon ihre Schlussfolgerungen anfechtbar sind, so ist beiden Autoren zugutzuhalten, dass sie sich mit den von der angelsächsischen Sozialanthropologie (insbesondere von Max Gluckman) entwickelten Konzepten auch wirklich auseinandersetzen, so dass die jeweils untersuchten Erscheinungen nicht bloss eindimensional entweder als Ventil oder Rebellion beurteilt werden müssen. In sinnvoller Weise und mit Gewinn wenden daneben etwa Charles Phythian-Adams und Mervyn James das ethnologische Ritual-Konzept auf spätmittelalterliche Aufführungen in Europa an, seien es allgemeine städtische Zeremonien und Prozessionen oder eigentliche Schauspiele wie das Fronleichnamsspiel. (Vgl. Phythian-Adams, Charles: Ceremony and the citizen: the communal year at Coventry, 1450–1550. In: Clark, P. [ed.]: The early modern town. A reader. London

1976, 106–120; James, Mervyn: Ritual, drama and social body in the late medieval english town. In: Past & Present 98 [1983] 3–29)

17 Turner, Victor: Liminality and the performative genres. In: J. MacAloon (ed.) 1984, 19–41; hier 21.

18 Zur Unterscheidung von ‹liminal› und ‹liminoid›: Der Begriff ‹liminality› gehört nach Turner zu relativ stabilen, traditionalen Gesellschaftssystemen mit zyklischen und repetitiven Strukturen. «When used of processes, phenomena, and persons in large-scale complex societies, its use must in the main be metaphorical.» (V. Turner 1982, 29) Zur Kennzeichnung dieses metaphorischen Gebrauchs ersetzt Turner ‹liminal› durch ‹liminoid›. «Liminoid phenomena may be collective [...] but are more characteristically individual products though they often have collective or ‹mass› effects. They are not cyclical, but continuously generated, though in the times and places apart from work settings assigned to ‹leisure› activities.» (Ebenda 54, vgl. 53–56 für eine detailliertere Unterscheidung) In diesem Sinn können Manuels Fastnachtspiele ebenfalls als liminoide Phänomene bezeichnet werden.

19 V. Turner 1984, 21.
20 V. Turner 1982, 27.
21 Ebenda 45.
22 Ebenda 28.
23 Vgl. oben S. 111.
24 Vgl. Norbeck, Edward: African rituals of conflict. In: American Anthropologist 65 (1931) 1254–1279.
25 «All of these events share a common characteristic. All are sharp deviations from everyday practice. Following Van Gennep, I suggest that all serve a common function of making memorable and enhancing the importance of the social occasions upon which they are observed. Beyond this, their functional significance is doubtless various» (Ebenda 1269)
26 Ebenda 1256.
27 «Liminality is, of course, an ambiguous state, for social structure, while it inhibits full social satisfaction, gives a measure of finiteness and security; liminality may be for many the acme of insecurity, the breakthrough of chaos into cosmos, of disorder into order, than the milieu of creative interhuman or transhuman satisfactions and achievements. Liminality may be the scene of disease, despair, death, suicide, the breakdown without compensatory replacement of normative, welldefined social ties and bonds. [...] Liminality is both more creative and more destructive than the structural norm. In either case it raises basic problems for social structural man, invites him to speculation and criticism.» (V. Turner 1982, 46f)
28 Zitiert nach V. Turner 1982, 104.
29 Ebenda.
30 Siehe oben S. 252. Vgl. auch Handelman, Don: Reflexivity in festival and other cultural events. In: Douglas, Mary (ed.): Essays in the sociology of perception. London 1982, 162–190. Schon das Fest an sich bietet nach Handelman einen Freiraum für «self-reflexivity of the whole social unit, as it communicates to itself, about itself, through festival». (Ebenda 165) Innerhalb des Festes sind es dann «inversion, reversal, parody, satire, or other plays-upon-form», die herausfordern zu «reflection and re-evaluation of those accepted principles which compose the templates of cosmic and social order». (Ebenda 163)
31 V. Turner 1982, 11.
32 Siehe oben S. 228.
33 Vgl. dazu die Beispiele bei N. Z. Davis [4]1975, 180f. «These episodes disclose to us the

underlying function of the rites of violence. [...] these charades and ceremonies hide from sixteenth-century rioters a full knowledge of what they are doing. Like the legitimation for religious riot [...] they are part of the ‹conditions for guilt-free massacre›, to use a phrase from a recent study of violence in our own day. The crucial fact that the killers must forget is that their victims are human beings.» (Ebenda 181)

[34] V. Turner 1982, 109.
[35] Ebenda 72.
[36] Ebenda 74.

Bildnachweise

Umschlag: Doppelkopf Kardinal/Narr.
Holzschnitt 16. Jahrhundert.
Staatliche Graphische Sammlung München.
S. 17: C. Menz / H. Wagner (Hg.) 1979, Abb. 114.
S. 163: H. Morgenthaler 1924, Faltblatt vor 65.
S. 164: H. Morgenthaler 1924, 80.
S. 165: H. Morgenthaler 1924, 80.
S. 195: C. Menz / H. Wagner (Hg.) 1979, Abb. 186/187.
S. 197: G. Piltz (Hg.) 1983, 78, Nr. 58.
S. 210: G. Piltz (Hg.) 1983, 19, Nr. 5.
S. 212: N.-A. Bringéus 1985, 207.
S. 213: H. Koegler 1947, Tafel 58.
S. 214: H. Meuche (Hg.) 1975, Nr. 48.
S. 216: N. Manuel 1525, Titelholzschnitt.
S. 222: P. Toschi 1967, Nr. 56.
S. 224/225: M. Heffels 1981, Nr. 197.
S. 226: P. Gengenbach 1522, Titelholzschnitt.

Bibliographie

Abrahams, Roger: Play. In: Newall, Venetia J. (ed.): Folklore studies in the twentieth century. Suffolk 1980, 119–122.
Allgemeine Deutsche Biographie. Berlin 1967–1971 (Reprint der 1. Ausgabe von 1875–1912).
Altendorf, Hans-Dietrich / Jezler, Peter (Hg.): Bilderstreit. Kulturwandel in Zwinglis Reformation. Zürich 1984.
Andersson, Christiane: Dirnen – Krieger – Narren. Ausgewählte Zeichnungen von Urs Graf. Basel 1978.
Angermeier, Heinz: Säkulare Aspekte der Reformationszeit. München / Wien 1983.
[Anshelm, Valerius:] Die Berner-Chronik des Valerius Anshelm. Hg. vom Historischen Verein des Kantons Bern. Band I-VI. Bern 1884–1901.
Arbenz, Emil (Hg.): Die Vadianische Briefsammlung der Stadtbibliothek St. Gallen. Band I-VII. St. Gallen 1888–1913.
Aubailly, Jean-Claude: Carnaval et théâtre populaire à la fin du moyen-âge. In: Le Carnaval, la fête et la communication. Nice 1985, 311–322.
Aufzeichnungen eines Basler Karthäusers aus der Reformationszeit. In: Vischer, Wilhelm / Stern, Alfred (Hg.): Basler Chroniken. Band I. Leipzig 1872, 427–491.

Babcock, Barbara (ed.): The reversible world. Symbolic inversion in art and society. Ithaca / London 1978.
Bächtiger, Franz: Bern zur Zeit von Niklaus Manuel. In: Menz, Cäsar / Wagner, Hugo (Hg.): Niklaus Manuel Deutsch – Maler, Dichter, Staatsmann. Ausstellungskatalog. Bern 1979, 1–16.
Bächtold, Jakob (Hg.): Niklaus Manuel. Frauenfeld 1878.
Bächtold, Jakob: Geschichte der deutschen Literatur in der Schweiz. Frauenfeld 1892.
Baeumer, Max L.: Gesellschaftliche Aspekte der ‹Volks-›Literatur im 15. und 16. Jahrhundert. In: Grimm, Reinhold / Hermand, Jost (Hg.): Popularität und Trivialität. Frankfurt am Main 1974, 7–50.
Baeumer, Max L.: Sozialkritische und revolutionäre Literatur der Reformationszeit. In: Internationales Archiv für Sozialgeschichte der deutschen Literatur 5 (1980) 169–233.
Bakhtine, Mikhaïl: L'œuvre de François Rabelais et la culture populaire au Moyen Age et sous la Renaissance. Paris 1970.
Balzer, Bernd: Bürgerliche Reformationspropaganda. Die Flugschriften des Hans Sachs in den Jahren 1523–1525. Stuttgart 1973.

Barack, Karl August (Hg.): Zimmerische Chronik. Band I–IV. Freiburg / Tübingen 1881/82.
Barblan, G.: Sitten, Gebräuche und Volksfeste im Unterengadin. In: Schweizerisches Archiv für Volkskunde 18 (1914) 150–169 und 19 (1915) 13–29.
Bastian, Hagen: Mummenschanz. Sinneslust und Gefühlsbeherrschung im Fastnachtspiel des 15. Jahrhunderts. Frankfurt 1983.
Batory, Ingrid (Hg.): Städtische Gesellschaft und Reformation. Stuttgart 1980.
Bausinger, Hermann et al. (Hg.): Fasnacht. Beiträge des Tübinger Arbeitskreises für Fasnachtsforschung. Tübingen 1964.
Bausinger, Hermann: Fasnacht und Fasnachtsforschung. In: Bausinger, Hermann et al. (Hg.): Fasnacht. Beiträge des Tübinger Arbeitskreises für Fasnachtsforschung. Tübingen 1964, 5–14.
Bausinger, Hermann et al. (Hg.): Masken zwischen Spiel und Ernst. Beiträge des Tübinger Arbeitskreises für Fasnachtsforschung. Tübingen 1967.
Bausinger, Hermann: Formen der «Volkspoesie». Berlin ²1980. [= H. Bausinger 1980a]
Bausinger, Hermann: Hintergründe der Fasnacht. In: Bausinger, Hermann et al. (Hg.): Narrenfreiheit. Beiträge zur Fastnachtsforschung. Tübingen 1980, 13–27. [= H. Bausinger 1980b]
Bausinger, Hermann et al. (Hg.): Narrenfreiheit. Beiträge zur Fastnachtsforschung. Tübingen 1980.
Bausinger, Hermann: Für eine komplexere Fastnachtstheorie. In: Jahrbuch für Volkskunde NF 6 (1983) 101–106.
Beer, Johannes: Jucundi Jucundissimi Wunderliche Lebens-Beschreibung. Hg. von Richard Alewyn. Hamburg 1957.
Beerli, Conrad André: Le peintre poète Nicolas Manuel et l'évolution social de son temps. Genève 1953.
Beerli, Conrad-André: Quelques aspects des jeux, fêtes et danses à Berne pendant la première moitié du XVIe siècle. In: Jacquot, Jean (ed.): Les fêtes de la Renaissance. Tome I. Paris 1956, 347–370.
Benz, Walther (Hg.): Die eidgenössische Chronik des Wernher Schodoler um 1510 bis 1530. Band I–III. Luzern 1983.
Bercé, Yves-Marie: Fête et révolte. Des mentalités populaires du XVIe au XVIIIe siècle. Paris 1976.
Berger, Arnold E.: Die Schaubühne im Dienste der Reformation. 1. Teil. Leipzig 1935.
Berner, Herbert: Fasnacht und Historie. In: Bausinger, Hermann et al. (Hg.): Fasnacht. Beiträge des Tübinger Arbeitskreises für Fasnachtsforschung. Tübingen 1964, 42–71.
Bernische Jahrzeitbücher. Mitgeteilt von H. Türler und A. Plüss. In: Archiv des Historischen Vereins Bern 16 (1900) 403–473.
Blatter, A.: Schmähungen, Scheltreden, Drohungen. Ein Beitrag zur Geschichte der Volksstimmung zur Zeit der schweizerischen Reformation. Basel 1911 (Wissenschaftliche Beilage zu den Jahresberichten des Gymnasiums, der Realschule und der Töchterschule).
Blum, Paul Richard (Hg.): Studien zur Thematik des Todes im 16. Jahrhundert. Wolfenbüttel 1983.
Boehncke, Heiner: Jüngstes Gericht, Verkehrte Welt. In: Boehncke, Heiner / Stollmann, Rainer / Vinnai, Gerhard: Weltuntergänge. Reinbek 1984, 222–235.
Boehncke, Heiner / Stollmann, Rainer / Vinnai, Gerhard: Weltuntergänge. Reinbek 1984.
Boemus, Johann: Repertorium librorum trium Ioannis Boemi de omnium gentium ritibus. O. O. 1520.
Boglioni, Pierre (ed.): La culture populaire au moyen âge. Etudes présentées au quatrième

colloque de l'institut d'études médiévales de l'Université de Montréal 2–3 Avril 1977. Paris 1979.

Brant, Sebastian: Das Narrenschiff. Hg. von Manfred Lemmer. Tübingen 1962.

[Briefer, Niklaus:] Des Dekans Niklaus Brieffer [sic] Chronik der Basler Bischöfe 741–1529. In: Bernoulli, August (Hg.): Basler Chroniken. Band VII. Leipzig 1915, 357–435.

Bringemeier, Martha: Priester- und Gelehrtenkleidung. Ein Beitrag zur geistesgeschichtlichen Kostümforschung. Münster 1974 (Rheinisch-westfälische Zeitschrift für Volkskunde, Beiheft 1).

Bringéus, Nils-Arvid: Rezension zu V. E. Clausen. Det folkelige danske traesnit i etbladstryk 1565–1884. København 1985. In: Ethnologia Scandinavica 1985, 203–210.

Brückner, Wolfgang: Bildnis und Brauch. Studien zur Bildfunktion der Effigies. Berlin 1966.

Brunner, Horst / Hirschmann, Gerhard / Schnellbögl, Fritz (Hg.): Hans Sachs und Nürnberg. Bedingungen und Probleme reichsstädtischer Literatur. Nürnberg 1976.

Büchi, Albert: Die Mazze. In: Schweizerischer Anzeiger für Altertumskunde NF XI (1909) 309–317.

Büchi, Albert: Ein Matzenlied. In: Schweizerisches Archiv für Volkskunde 18 (1914) 193.

Bullinger, Heinrich: Werke. 2. Abteilung: Briefwechsel. Band I. Bearbeitet von Ulrich Gäbler und Endre Zsindely. Zürich 1973.

Burckhardt, L. August: Geschichte der dramatischen Kunst zu Basel. In: Beiträge zur Geschichte Basels 1 (1839) 169–211.

Burckhardt, Paul (Hg.): Das Tagebuch des Johannes Gast. Basel 1945.

Burg, Fritz: Dichtungen des Niclaus Manuel. In: Berner Taschenbuch auf das Jahr 1897. Bern 1896, 1–136.

Burke, Peter: Helden, Schurken und Narren. Europäische Volkskultur in der frühen Neuzeit. Stuttgart 1981.

Burke, Peter: Städtische Kultur in Italien zwischen Hochrenaissance und Barock. Eine historische Anthropologie. Berlin 1986.

Carlen, Albert: Das Oberwalliser Theater im Mittelalter. In: Schweizerisches Archiv für Volkskunde 42 (1945) 65–111.

Le Carnaval, la fête et la communication. Actes des premières rencontres internationales. Nice, 8 au 10 mars 1984. Nice 1985.

Catholy, Eckehard: Das Fastnachtspiel des Spätmittelalters. Gestalt und Funktion. Tübingen 1961.

Catholy, Eckehard: Fastnachtspiel. Stuttgart 1966.

Catholy, Eckehard: Das deutsche Lustspiel. Vom Mittelalter bis zum Ende der Barockzeit. Stuttgart / Berlin 1969.

Chartier, Roger: Phantasie und Disziplin. Das Fest in Frankreich vom 15. bis 18. Jahrhundert. In: van Dülmen, Richard / Schindler, Norbert (Hg.): Volkskultur. Zur Wiederentdeckung des vergessenen Alltags (16.-20. Jahrhundert). Frankfurt am Main 1984, 153–176.

Clark, P. (ed.): The early modern town. A reader. London 1976.

Clark, Stuart: Inversion, misrule, and the meaning of witchcraft. In: Past & Present 87 (1980) 98–127.

Clemen, Carl: Der Ursprung des Karnevals. In: Archiv für Religionswissenschaft 17 (1914) 139–158.

Clemen, Otto (Hg.): Flugschriften aus den ersten Jahren der Reformation. Band I–IV. Leipzig / New York 1907–1910.

Cole, Richard: The Reformation pamphlet and communication processes. In: Köhler, Hans-Joachim (Hg.): Flugschriften als Massenmedium der Reformationszeit. Stuttgart 1981, 139–161.

Cysat, Renward: Collectanea chronica und denkwürdige sachen pro chronica Lucernensi et Helvetiae. Bearbeitet von Josef Schmid. Band I–II. Luzern 1969.

Davis, Natalie Zemon: The reasons of misrule. In: Davis, Natalie Zemon: Society and culture in early modern France. Stanford ^{4}1975, 97–123.

Davis, Natalie Zemon: Society and culture in early modern France. Eight Essays by N. Z. Davis. Stanford ^{4}1975.

Davis, Natalie Zemon: Women on top: symbolic sexual inversion and political disorder in early modern Europe. In: Babcock, Barbara (ed.): The reversible world. Ithaca / London 1978, 147–190.

Davis, Natalie Zemon: Die wahrhaftige Geschichte von der Wiederkehr des Martin Guerre. München / Zürich 1984.

Davis, Natalie Zemon: Frauen und Gesellschaft am Beginn der Neuzeit. Berlin 1986.

Davis, Natalie Zemon: Die Gaben des Michel de Montaigne. Ein Renaissancetext, mit historischem Blick gelesen. In: Davis, Natalie Zemon: Frauen und Gesellschaft am Beginn der Neuzeit. Berlin 1986, 108–116.

Davis, Natalie Zemon: Glaube und nachbarliche Beziehungen. Die Steine von Sainte-Croix. In: Davis, Natalie Zemon: Frauen und Gesellschaft am Beginn der Neuzeit. Berlin 1986, 52–63.

Davis, Natalie Zemon: Das Heilige und der gesellschaftliche Körper. Wie widerstreitende Glaubensformen den städtischen Raum im Lyon des sechzehnten Jahrhunderts prägten. In: Davis, Natalie Zemon: Frauen und Gesellschaft am Beginn der Neuzeit. Berlin 1986, 64–93.

De Capitani, François: Adel, Bürger und Zünfte im Bern des 15. Jahrhunderts. Bern 1982.

Dellsperger, Rudolf: Zehn Jahre bernischer Reformationsgeschichte. Eine Einführung. In: Michel, Hans A. et al. (Hg.): 450 Jahre Berner Reformation. Beiträge zur Geschichte der Berner Reformation und zu Niklaus Manuel. Bern 1980/81, 25–59 (Archiv des Historischen Vereins des Kantons Bern. Band 64/65).

Denecke, Dietrich: Sozialtopographie und sozialräumliche Gliederung der spätmittelalterlichen Stadt. In: Fleckenstein, Josef / Stackmann, Karl (Hg.): Über Bürger, Stadt und städtische Literatur im Spätmittelalter. Göttingen 1980, 165–202.

Dilcher, Gerhard: Zum Bürgerbegriff im späten Mittelalter. In: Fleckenstein, Josef / Stackmann, Karl (Hg.): Über Bürger, Stadt und städtische Literatur im Spätmittelalter. Göttingen 1980, 59–105.

Dinzelbacher, Peter / Mück, Hans-Dieter (Hg.): Volkskultur des europäischen Spätmittelalters. Stuttgart 1987.

Douglas, Mary (ed.): Essays in the sociology of perception. London 1982.

Douglas, Mary: Ritual, Tabu und Körpersymbolik. Sozialanthropologische Studien in Industriegesellschaft und Stammeskultur. Frankfurt ^{2}1986 (zuerst englisch: Natural Symbols. Explorations in Cosmology. London 1970).

Dubler, Anne-Marie: Handwerk, Gewerbe und Zunft in Stadt und Landschaft Luzern. Luzern / Stuttgart 1982.

Dürr, Emil (Hg.): Aktensammlung zur Geschichte der Basler Reformation in den Jahren 1519 bis 1534. Band I. Basel 1921.

Eco, Umberto / Ivanov, V. V. / Rector, M.: Carnival! (ed. Th. A. Sebeok). Berlin / New York / Amsterdam 1984.

Eco, Umberto: The frames of comic ‹freedom›. In: Eco, Umberto / Ivanov, V. V. / Rector, M.: Carnival! (ed. Th. A. Sebeok). Berlin / New York / Amsterdam 1984, 1–9.

Egli, Emil (Hg.): Aktensammlung zur Geschichte der Zürcher Reformation in den Jahren 1519–1533. Zürich 1879.

Eidgenössische Abschiede. Band III, Abt. 1. Zürich 1858; Band III, Abt. 2. Luzern 1869; Band IV, Abt. 1a und 2. Brugg 1873.

Elias, Norbert: Über den Prozess der Zivilisation. Soziogenetische und psychogenetische Untersuchungen. Band I und II. Frankfurt am Main [8]1981.

Engelsing, Rolf: Analphabetentum und Lektüre. Zur Sozialgeschichte des Lesens in Deutschland zwischen feudaler und industrieller Gesellschaft. Stuttgart 1973.

Engler, Balz: Theater als Kultur – Kultur als Theater. In: Neue Zürcher Zeitung Nr. 94, 23./24. August 1986, 69f.

Enzyklopädie des Märchens. Handwörterbuch zur historischen und vergleichenden Erzählforschung. Berlin / New York 1977ff.

Erk, Ludwig / Böhme, Franz M.: Deutscher Liederhort. Band I–III. Leipzig 1893/94.

Erzgräber, Willi (Hg.): Neues Handbuch der Literaturwissenschaft. Band VIII: Europäisches Spätmittelalter. Wiesbaden 1978.

Feller, Richard: Geschichte Berns. Band I–IV. Bern / Frankfurt am Main [2]1974.

Fischer, Thomas: Städtische Armut und Armenfürsorge im 15. und 16. Jahrhundert. Göttingen 1979.

Fischer, Thomas: Armut, Bettler, Almosen. Die Anfänge städtischer Fürsorge im ausgehenden Mittelalter. In: Meckseper, Cord (Hg.): Stadt im Wandel. Kunst und Kultur des Bürgertums in Norddeutschland 1150–1650. Ausstellungskatalog. Band IV. Stuttgart / Bad Cannstatt 1985, 271–286.

Fleckenstein, Josef / Stackmann, Karl (Hg.): Über Bürger, Stadt und städtische Literatur im Spätmittelalter. Göttingen 1980.

Fluri, Adolf: Kulturgeschichtliche Mitteilungen aus den bernischen Staatsrechnungen des 16. Jahrhunderts. Bern 1891.

Fluri, Adolf: Die Beziehungen Berns zu den Buchdruckern in Basel, Zürich und Genf (1480–1536). In: Archiv für Geschichte des deutschen Buchhandels XIX (1897) 1–24.

Fluri, Adolf: Beschreibung der deutschen Schulen zu Bern. Aufzeichnungen der deutschen Lehrmeister Gabriel Hermann (1556–1632) und Wilhelm Lutz (1625–1708). Mit einer Einleitung und Anmerkungen von A. Fluri. In: Archiv des Historischen Vereins des Kantons Bern 16 (1900) 492–651. [= A. Fluri 1900a]

Fluri, Adolf: Niklaus Manuels Totentanz in Bild und Wort. In: Berner Taschenbuch auf das Jahr 1901. Bern 1900, 119–266. [= A. Fluri 1900b]

Fluri, Adolf: Dramatische Aufführungen in Bern im XVI. Jahrhundert. In: Neues Berner Taschenbuch auf das Jahr 1909. Bern 1908, 133–159.

Franck, Sebastian: Weltbuch-spiegel und bildtniss dess gantzen erdtbodens. Tübingen 1534.

Frenzel, Walter / Karg, Fritz / Spamer, Adolf: Grundriss der Sächsischen Volkskunde. Leipzig 1932.

Gagliardi, Ernst / Müller, Hans / Büsser, Fritz (Hg.): Johannes Stumpfs Schweizer- und Reformationschronik. Band I und II. Basel 1952/55.

Geertz, Clifford: Dichte Beschreibung. Beiträge zum Verstehen kultureller Systeme. Frankfurt 1987.

Gengenbach, Pamphilus: Diss ist ein iemerliche clag uber die Todten fresser. O.O.o.J. (Augsburg 1522). Zentralbibliothek Zürich, Sig. XXV 1396.4

Gengenbach, Pamphilus: Die Totenfresser. In: Schmidt, Josef (Hg.): Das Zürcher Spiel vom reichen Mann und vom armen Lazarus / Pamphilus Gegenbach: Die Totenfresser. Stuttgart 1969, 41–53.

Ginzburg, Carlo: Il formaggio e i vermi. Il cosmo di un mugnaio del '500. Torino 1976.

Ginzburg, Carlo: Beweise und Möglichkeiten. Randbemerkungen zur «Wahrhaftigen Geschichte von der Wiederkehr des Martin Guerre». In: Davis, Natalie Zemon: Die wahrhaftige Geschichte von der Wiederkehr des Martin Guerre. München / Zürich 1984, 185–217.

Gluckman, Max and Mary: On drama, games and athletic contests. In: Moore, Sally F. / Myerhoff, Barbara G. (ed.): Secular ritual. Assen / Amsterdam 1977, 227–243.

Götzinger, Ernst (Hg.): Fridolin Sichers Chronik. St. Gallen 1885 (Mittheilungen zur Vaterländischen Geschichte NF 10).

Goody, Jack: Against «Ritual». Loosely structured thoughts on a loosely defined topic. In: Moore, Sally F. / Myerhoff, Barbara G. (ed.): Secular ritual. Assen / Amsterdam 1977, 25–35.

Gränicher, Th. G.: Die Stadtrechnungen von Zofingen (16. Jahrhundert). In: Blätter für Bernische Geschichte und Altertumskunde XII (1916) 177–233.

Grass, Nikolaus: Das Widum- und Kloster-«Stürmen» sowie verwandte Faschingsbräuche in Süddeutschland, Österreich und der Schweiz. In: Zeitschrift der Savigny-Stiftung für Rechtsgeschichte 71, Kan. Abt. (1954) 159–200.

Grass, Nikolaus: Der Kampf gegen die Fasnachtsveranstaltungen in der Fastenzeit. In: Zeitschrift für Volkskunde 53 (1956/57) 204–237.

Graus, František: Randgruppen der städtischen Gesellschaft im Spätmittelalter. In: Zeitschrift für historische Forschung 8 (1981) 385–437.

Grenzmann, Ludger / Stackmann, Karl (Hg.): Literatur und Laienbildung im Spätmittelalter und in der Reformationszeit. Symposion Wolfenbüttel 1981. Stuttgart 1984.

Grether, Rosmarie: Frauen an der Basler Fasnacht. In: Schweizer Volkskunde 62 (1972) 1–5.

Greyerz, Hans von: Studien zur Kulturgeschichte der Stadt Bern am Ende des Mittelalters. In: Archiv des Historischen Vereins des Kantons Bern. Band XXXV. Bern 1940, 173–491.

Greyerz, Kaspar von (ed.): Religion and society in early modern Europe 1500–1800. London 1984.

Grimm, Jacob und Wilhelm: Deutsches Wörterbuch. Leipzig 1854–1971.

Grimm, Reinhold / Hermand, Jost (Hg.): Popularität und Trivialität. Frankfurt am Main 1974.

Grinberg, Martine: Carnaval et société urbaine XIVe-XVIe siècles: le royaume dans la ville. In: Ethnologie française, nouvelle série 4 (1974) 215–244.

Grinberg, Martine / Kinser, Sam: Les combats de Carnaval et de Carême. Trajets d'une métaphore. In: Annales E. S. C. 38 (1983) 65–98.

Grotefend, Hermann: Taschenbuch der Zeitrechnung des deutschen Mittelalters und der Neuzeit. Hannover [11]1971.

Grubmüller, Klaus et al. (Hg.): Befund und Deutung. Zum Verhältnis von Empirie und Literaturwissenschaft. Festschrift für Hans Fromm. Tübingen 1979.

Grüneisen, Karl von: Niclaus Manuel. Leben und Werk eines Malers und Dichters, Kriegers, Staatsmannes und Reformators im sechzehnten Jahrhundert. Stuttgart / Tübingen 1837.

Habel, Thomas: Brecht und das Fastnachtspiel. Studien zur nicht-aristotelischen Dramatik. Göttingen 1978.

Habel, Thomas: Der Tod im Fastnachtspiel. Beobachtungen zum Verhältnis von Stoff und Medium. In: Blum, Paul Richard (Hg.): Studien zur Thematik des Todes im 16. Jahrhundert. Wolfenbüttel 1983, 63–95.

Habel, Thomas: ‹Fastnachtspiel›. In: Enzyklopädie des Märchens. Handwörterbuch zur historischen und vergleichenden Erzählforschung. Band IV. Berlin / New York 1984, Sp. 886–900.

Haller, Berchtold: Bern in seinen Rathsmanualen 1465–1565. Hg. vom Historischen Verein des Kantons Bern. Band I–III. Bern 1900–1902.

Hampe, Theodor: Die Entwicklung des Theaterwesens in Nürnberg von der zweiten Hälfte des 15. Jahrhunderts bis 1806. In: Mitteilungen des Vereins für Geschichte der Stadt Nürnberg 12 (1898) 87–306; 13 (1899) 98–237.

Hampe, Theodor: Nürnberger Ratsverlässe über Kunst und Künstler im Zeitalter der Spätgotik und Renaissance [1449] 1474–1618 [1633]. Wien / Leipzig 1904.

Hampe, Theodor: Archivalische Miszellen zur Nürnberger Literaturgeschichte. In: Mitteilungen des Vereins für Geschichte der Stadt Nürnberg 27 (1928) 251–278.

Handbuch der europäischen Wirtschafts- und Sozialgeschichte. Hg. von Wolfram Fischer et al. Band III. Stuttgart 1986.

Handbuch der Schweizer Geschichte. Band I. Zürich 1972.

Handelman, Don: Reflexivity in festival and other cultural events. In: Douglas, Mary (ed.): Essays in the sociology of perception. London 1982, 162–190.

Handwörterbuch des deutschen Aberglaubens. Berlin / Leipzig 1927–1942.

Harvolk, Edgar: Zur Intentionalität von Fastnachtsbräuchen. In: Jahrbuch für Volkskunde NF 6 (1983) 85–87.

Haupt, Karl: Sagenbuch der Lausitz. Leipzig 1862/63.

Hauser, Albert: Vom Essen und Trinken im alten Zürich. Tafelsitten, Kochkunst und Lebenshaltung vom Mittelalter bis in die Neuzeit. Zürich ^{3}1975.

Hauser, Albert: Auf der Suche nach dem Bohnenlied. Ursprünge einer Redensart. In: Neue Zürcher Zeitung Nr. 106, 9./10. Mai 1981, 70.

Hauser, Kaspar (Hg.): Die Chronik des Laurencius Bosshart von Winterthur 1185–1532. Basel 1905.

Heers, Jacques: Fêtes, jeux et joutes dans les sociétés d'occident à la fin du moyen âge. Montréal 1971.

Heers, Jacques: Vom Mummenschanz zum Machttheater. Europäische Festkultur im Mittelalter. Frankfurt 1986.

Heffels, Monika: Meister um Dürer. Nürnberger Holzschnitte aus der Zeit um 1500–1540. Ramerding 1981.

Herrmann, Max: Forschungen zur deutschen Theatergeschichte des Mittelalters und der Renaissance. Berlin 1914.

Hofer, Paul: Die Stadt Bern. Basel 1952 (Die Kunstdenkmäler des Kt. Bern. Band I).

Hofer, Paul: Die Stadt Bern. Gesellschaftshäuser und Wohnbauten. Basel 1959 (Die Kunstdenkmäler des Kt. Bern. Band II).

Hoffmann, Konrad: Cranachs Zeichnungen «Frauen überfallen Geistliche». In: Zeitschrift des deutschen Vereins für Kunstwissenschaft XXVI (1972) 3–14.

Hoffmann-Krayer, Eduard: Bilder aus dem Fastnachtsleben im alten Basel. Zürich 1896.

Hoffmann-Krayer, Eduard: Die Fastnachtsgebräuche in der Schweiz. In: Schweizerisches Archiv für Volkskunde 1 (1897) 47–57, 126–142, 177–194, 257–283.

Hoffmann-Krayer, Eduard: Knabenschaften und Volksjustiz in der Schweiz. In: Schweizerisches Archiv für Volkskunde 8 (1905) 81–99 und 161–178.

Hoffmann-Krayer, Eduard: Fruchtbarkeitsriten im schweizerischen Volksbrauch. In: Schweizerisches Archiv für Volkskunde 11 (1907) 238–269.

Hoffmann-Krayer, Eduard: Die Walliser Mazze. In: Schweizerisches Archiv für Volkskunde 16 (1912) 53–55.

Hoffmann-Krayer, Eduard: Kleine Schriften zur Volkskunde. Hg. von Paul Geiger. Basel 1946.

Holtorf, Arne: Markttag – Gerichtstag – Zinstermin. Formen von Realität im frühen Nürnberger Fastnachtspiel. In: Grubmüller, Klaus et al. (Hg.): Befund und Deutung. Zum Verhältnis von Empirie und Literaturwissenschaft. Festschrift für Hans Fromm. Tübingen 1979, 428–450.

Hottinger, Johann Jakob / Vögeli, Hans Heinrich (Hg.): Heinrich Bullingers Reformationsgeschichte. Band I–III. Zürich 1985 (Reprint der Ausgabe von 1838).

Hoyer, Siegfried (Hg.): Reform, Reformation, Revolution. Leipzig 1980.

Hugger, Paul: Bruder Fritschi von Luzern. Zur Deutung einer fasnächtlichen Integrationsfigur. In: Schweizerisches Archiv für Volkskunde 79 (1983) 113–128.

Huggler, Max: Niklaus Manuel und die Reformatoren. In: Menz, Cäsar / Wagner, Hugo (Hg.): Niklaus Manuel Deutsch – Maler, Dichter, Staatsmann. Ausstellungskatalog. Bern 1979, 100–113.

Huizinga, Johan: Homo ludens. Vom Ursprung der Kultur im Spiel. Hamburg 1956.

Humbel, Frieda: Ulrich Zwingli und seine Reformation im Spiegel der gleichzeitigen schweizerischen volkstümlichen Literatur. Bern 1912.

Humburg, Norbert: Städtisches Fastnachtsbrauchtum in West- und Ostfalen. Münster 1976.

Imhof, Arthur E. (Hg.): Leib und Leben in der Geschichte der Neuzeit. Berlin 1983.

Im Hof, Ulrich: Niklaus Manuel als Politiker und Förderer der Reformation. In: Menz, Cäsar / Wagner, Hugo (Hg.): Niklaus Manuel Deutsch – Maler, Dichter, Staatsmann. Ausstellungskatalog. Bern 1979, 92–99.

Im Hof, Ulrich et al.: Geschichte der Schweiz – und der Schweizer. Band I–III. Basel / Frankfurt am Main 1983.

Im-Thurn, Eduard / Harder, Hans W. (Hg.): Chronik der Stadt Schaffhausen. Schaffhausen 1844.

Jacquot, Jean (ed.): Les fêtes de la Renaissance. (Journées internationales d'études, Abbaye de Royaumont, 8–13 Juillet 1955). Tome I. Paris 1956.

James, Mervyn: Ritual, drama and social body in the late medieval English town. In: Past & Present 98 (1983) 3–29.

Jezler, Peter (Hg.): Gerold Edlibachs Aufzeichnungen über die Zürcher Reformation 1520–1526. In: Altendorf, Hans-Dietrich / Jezler, Peter (Hg.): Bilderstreit. Kulturwandel in Zwinglis Reformation. Zürich 1984, 41–74.

Jezler, Peter / Jezler, Elke / Göttler, Christine: Warum ein Bilderstreit? Der Kampf gegen die «Götzen» in Zürich als Beispiel. In: Unsere Kunstdenkmäler 35 (1984) 276–296.

Kälin, Hans: Von der Basler Fasnacht im Mittelalter. In: Schweizer Volkskunde 62 (1972) 6–8.

Kaiser, Adolf: Die Fastnachtspiele von der «Actio de sponsu». Göttingen 1899.

Kellenbenz, Hermann / Walter, Rolf: Das Deutsche Reich 1350–1650. In: Handbuch der europäischen Wirtschafts- und Sozialgeschichte. Hg. von Wolfram Fischer et al. Band III. Stuttgart 1986, 822–893.

Keller, Adelbert von (Hg.): Fastnachtspiele aus dem fünfzehnten Jahrhundert. Teil I–III und Nachlese. Stuttgart 1853/58.

Kessler, Johannes: Sabbata. Mit kleineren Schriften und Briefen. Herausgegeben vom historischen Verein des Kantons St. Gallen. St. Gallen 1902.

Kimminich, Eva: Des Teufels Werber. Mittelalterliche Lasterdarstellung und Gestaltungsformen der Fastnacht. Frankfurt am Main / Bern / New York 1986.
Kindermann, Heinz: Das Theaterpublikum des Mittelalters. Salzburg 1980.
Kleinschmidt, Erich: Stadt und Literatur in der frühen Neuzeit. Voraussetzungen und Entfaltung im südwestdeutschen, elsässischen und schweizerischen Städteraum. Köln / Wien 1982.
Koegler, Hans: Hundert Tafeln aus dem Gesamtwerk des Urs Graf. Basel 1947.
Köhler, Hans-Joachim (Hg.): Flugschriften als Massenmedium der Reformationszeit. Stuttgart 1981.
Köhler, Hans-Joachim: Erste Schritte zu einem Meinungsprofil der frühen Reformationszeit. In: Press, Volker / Stievermann, Dieter (Hg.): Martin Luther. Probleme seiner Zeit. Stuttgart 1986, 244–281.
Köhler, Hans-Joachim: Die Erforschung der Flugschriften des frühen 16. Jahrhunderts als Beitrag zur Presse- und Kommunikationsgeschichte. In: Presse und Geschichte II. Neue Beiträge zur historischen Kommunikationsforschung. München / London / New York / Oxford / Paris 1987, 21–55.
Köhler, Reinhold: Das Spiel von den sieben Weibern, die um einen Mann streiten. In: Germania N.R. 10 (1887) 19f.
Köhler, Walter (Hg.): Huldreich Zwinglis sämtliche Werke. Band VIII (= Zwinglis Briefwechsel. Band II). Leipzig 1914.
Köhler, Walter: Zwinglis Beziehungen zu Bern. In: Zwingliana IV, 15 (1928) 450–455.
Könneker, Barbara: Wesen und Wandlung der Narrenidee im Zeitalter des Humanismus. Wiesbaden 1966.
Könneker, Barbara: Die deutsche Literatur der Reformationszeit. Kommentar zu einer Epoche. München 1975.
Körner, Martin: Solidarités financières suisses au XVIe siècle. Lausanne 1980.
Körner, Martin: Glaubensspaltung und Wirtschaftssolidarität (1515–1648). In: Im Hof, Ulrich et al.: Geschichte der Schweiz – und der Schweizer. Band II. Basel / Frankfurt am Main 1983, 7–96.
Kohler, Erika: Martin Luther und der Festbrauch. Köln / Graz 1959.
Konigson, Elie: La place du Weinmarkt à Lucerne. Remarques sur l'organisation d'un espace dramatisé. In: Konigson, Elie (ed.): Les voies de la création théatrale. Band VIII. Paris 1980, 44–90.
Konigson, Elie (ed.): Les voies de la création théatrale. Band VIII. Paris 1980.
Konigson, Elie: Le masque du démon. Phantasmes et métamorphoses sur la scène médiévale. In: Le masque. Du rite au théatre. Paris 1985, 103–117 (Editions du CNRS).
Kopp, Arthur: Bohnenlieder! In: Zeitschrift des Vereins für Volkskunde 27 (1917) 35–49.
Krohn, Rüdiger: Der unanständige Bürger. Kronberg / Ts. 1974.
Kühnel, Harry: Die städtische Fasnacht im 15. Jahrhundert. In: Dinzelbacher, Peter / Mück, Hans-Dieter (Hg.): Volkskultur des europäischen Spätmittelalters. Stuttgart 1987, 109–127.
Kümmel, Juliane: Alltag und Festtag spätmittelalterlicher Handwerker. In: Meckseper, Cord / Schraut, Elisabeth (Hg.): Mentalität und Alltag im Spätmittelalter. Göttingen 1985, 76–96.
Küster, Jürgen: Fastnachtsgebote als Quellen. Zur Interpretation archivalischer Zeugnisse. In: Jahrbuch für Volkskunde NF 6 (1983) 53–74. [= J. Küster 1983a]
Küster, Jürgen: Spectaculum Vitiorum. Studien zur Intentionalität und Geschichte des Nürnberger Schembartlaufes. Remscheid 1983. [= J. Küster 1983b]
Kuhn, G. J.: Die Reformatoren Berns im XVI. Jahrhundert. Bern 1828.

Kully, Rolf Max: Le drame religieux en Allemagne: une fête populaire. In: Boglioni, Pierre (ed.): La culture populaire au moyen âge. Etudes présentées au quatrième colloque de l'institut d'études médiévales de l'Université de Montréal 2–3 Avril 1977. Paris 1979, 203–230.

Kurrus, Theodor: Theologische Aspekte der Fastnacht. In: Bausinger, Hermann et al. (Hg.): Fasnacht. Beiträge des Tübinger Arbeitskreises für Fasnachtsforschung. Tübingen 1964, 80–98.

Lavater, Hans Rudolf: Niklaus Manuel Deutsch – Themen und Tendenzen. In: Michel, Hans A. et al. (Hg.): 450 Jahre Berner Reformation. Beiträge zur Geschichte der Berner Reformation und zu Niklaus Manuel. Bern 1980/81, 289–312 (Archiv des Historischen Vereins des Kantons Bern. Band 64/65). [= H. R. Lavater 1980/81a]

Lavater, Hans Rudolf: Zwingli und Bern. In: Michel, Hans A. et al. (Hg.): 450 Jahre Berner Reformation. Beiträge zur Geschichte der Berner Reformation und zu Niklaus Manuel. Bern 1980/81, 60–103 (Archiv des Historischen Vereins des Kantons Bern. Band 64/65). [= H. R. Lavater 1980/81b]

Lebeau, Jean / Valentin, Jean-Marie: L'Alsace au siècle de la Réforme. Textes et documents. Nancy 1985.

Lefebvre, Joël: Les fols et la folie. Etude sur les genres du comique et la création littéraire en Allemagne pendant la Renaissance. Paris 1968.

Le Goff, Jacques: La civilisation de l'occident médiéval. Paris 1964.

Le masque. Du rite au théatre. Paris 1985 (Editions du CNRS).

Le Roy Ladurie, Emmanuel: Karneval in Romans. Von Lichtmess bis Aschermittwoch 1579–1580. Stuttgart 1982 (zuerst französisch: Le Carnaval de Romans. De la Chandeleur au mercredi des Cendres, 1579–1580. Paris 1979).

Lexers, Matthias: Mittelhochdeutsches Taschenwörterbuch. Stuttgart ^{35}1979.

Lexikon für Theologie und Kirche. Freiburg 1957–1968.

Liebenau, Theodor von: Fastnacht im alten Luzern. In: Vaterland, Nr. 8–21. 24.–27. Januar 1894.

Liebenau, Theodor von: Fastnacht in Bern 1465. In: Anzeiger für Schweizerische Geschichte 28 (1897) NF 7, 533f.

Liliencron, Rochus Freiherr von: Die historischen Volkslieder der Deutschen vom 13. bis 16. Jahrhundert. Band I–IV. Leipzig 1865–1869.

Liliencron, Rochus Freiherr von (Hg.): Deutsches Leben im Volkslied um 1530. Stuttgart 1884.

Lindow, Wolfgang (Hg.): Ein kurtzweilig Lesen von Dil Ulenspiegel. Nach dem Druck von 1515. Stuttgart 1981.

Linke, Hansjürgen: Das volkssprachige Drama und Theater im deutschen und niederländischen Sprachbereich. In: Erzgräber, Willi (Hg.): Neues Handbuch der Literaturwissenschaft. Band VIII. Wiesbaden 1978, 733–763.

Locher, Gottfried W.: Niklaus Manuel als Reformator. In: Michel, Hans A. et al. (Hg.): 450 Jahre Berner Reformation. Beiträge zur Geschichte der Berner Reformation und zu Niklaus Manuel. Bern 1980/81, 383–404 (Archiv des Historischen Vereins des Kantons Bern. Band 64/65).

[Luther, Martin:] D. Martin Luthers Werke. Kritische Gesamtausgabe (Weimarer Ausgabe). Weimar / Graz 1964ff (Reprint der Ausgabe von 1883ff).

Lutz, Albert: Jünglings- und Gesellenverbände im alten Zürich und im alten Winterthur. Affoltern am Albis 1957.

MacAloon, John J.: Cultural performances, culture theory. In: MacAloon, John J. (ed.): Rite, drama, festival, spectacle. Rehearsals toward a theory of cultural performance. Philadelphia 1984, 1–15.

MacAloon, John J. (ed.): Rite, drama, festival, spectacle. Rehearsals toward a theory of cultural performance. Philadelphia 1984.

Mandrou, Robert: Introduction à la France moderne 1500–1640. Essai de psychologie historique. Paris 1961.

Manuel, Niklaus: Ein Fassnacht spyl, so zu Bern uff / der Herren Fassnacht in dem M.D.XXII. / jar, von burgerss sünen offentlich gemacht ist. / Darinn die warheyt in schimpffs wyss / vom Babst un siner priester- / schafft gemeldet wirt. o.O. [Zürich] 1525. Herzog-August-Bibliothek, Wolfenbüttel, Sig 517.8 Quodl. (7).

Maschke, Erich: Soziale Gruppen in der deutschen Stadt des späten Mittelalters. In: Fleckenstein, Josef / Stackmann, Karl (Hg.): Über Bürger, Stadt und städtische Literatur im Spätmittelalter. Göttingen 1980, 127–145.

Mathesius, Johann: Historien / Von des Ehrwirdigen inn Gott seligen theuren Manns Gottes / D. Martin Luthers / Anfang / Lere / Leben / Standhafft / bekenntnuss seines Glaubens / und sterben. Nürnberg 1576.

Mayer, J. G. (Hg.): Chronik des Fridolin Bäldi in Glarus. In: Zeitschrift für schweizerische Kirchengeschichte 1 (1907) 43–52, 112–127.

Meckseper, Cord (Hg.): Stadt im Wandel. Kunst und Kultur des Bürgertums in Norddeutschland 1150–1650. Ausstellungskatalog. Band IV. Stuttgart / Bad Cannstatt 1985.

Meckseper, Cord / Schraut, Elisabeth (Hg.): Mentalität und Alltag im Spätmittelalter. Göttingen 1985.

Meier, Gabriel (Hg.): Bericht über das Frauenkloster St. Leonhard in St. Gallen von der Frau Mutter Wiborada Fluri [=Mörli] 1524–1538. In: Anzeiger für Schweizerische Geschichte 44 (1914) NF 12, 14–44.

Meier, Gabriel: Phrasen, Schlag- und Scheltwörter der schweizerischen Reformationszeit. In: Zeitschrift für schweizerische Kirchengeschichte 11 (1917) 81–102 und 221–236.

Meisen, Karl: Namen und Ursprung der Fastnacht. In: Rheinisches Jahrbuch für Volkskunde 17/18 (1967) 7–47.

Mennell, Stephen: All manners of food. Eating and taste in England and France from the middle ages to the present. Oxford 1985.

Mennell, Stephen: Über die Zivilisierung der Esslust. In: Zeitschrift für Soziologie 15 (1986) 406–421.

Menz, Cäsar / Wagner, Hugo (Hg.): Niklaus Manuel Deutsch – Maler, Dichter, Staatsmann. Ausstellungskatalog. Bern 1979.

Merkel, Johannes. Form und Funktion der Komik in den Nürnberger Fastnachtspielen. Freiburg 1971.

Métraux, Hans: Schweizer Jugendleben in fünf Jahrhunderten. Geschichte und Eigenart der Jugend und ihrer Bünde im Gebiet der protestantischen deutschen Schweiz. Zürich 1942.

Meuche, Hermann (Hg.): Flugblätter der Reformation und des Bauernkriegs. 50 Blätter aus der Sammlung des Schlossmuseums Gotha. Leipzig 1975.

Meuli, Karl: Artikel ‹Maske, Maskereien›. In: Handwörterbuch des deutschen Aberglaubens. Band V. Berlin / Leipzig 1933, Sp. 1744–1852.

Meuli, Karl: Der Ursprung der Fastnacht. In: Meuli, Karl: Gesammelte Schriften. Band I. Basel / Stuttgart 1975, 238–299.

Meuli, Karl: Gesammelte Schriften. Band I. Basel / Stuttgart 1975.

Mezger, Werner: Bemerkungen zum mittelalterlichen Narrentum. In: Bausinger, Hermann et al. (Hg.): Narrenfreiheit. Beiträge zur Fastnachtsforschung. Tübingen 1980, 43–87. [= W. Mezger 1980a]

Mezger, Werner: Fasnacht, Fasching und Karneval als soziales Rollenexperiment. In: Bausinger, Hermann et al. (Hg.): Narrenfreiheit. Beiträge zur Fastnachtsforschung. Tübingen 1980, 203–226. [= W. Mezger 1980b]

Mezger, Werner: Denkanstösse zur Bedeutungsforschung. Die Narrenfigur in der Fastnacht. In: Jahrbuch für Volkskunde NF 6 (1983) 78–84.

Mezger, Werner et al.: Narren, Schellen und Marotten. Elf Beiträge zur Narrenidee. Remscheid 1984.

Michel, Hans A. et al. (Hg.): 450 Jahre Berner Reformation. Beiträge zur Geschichte der Berner Reformation und zu Niklaus Manuel. Bern 1980/81 (Archiv des Historischen Vereins des Kantons Bern. Band 64/65).

Mitterauer, Michael: Sozialgeschichte der Jugend. Frankfurt am Main 1986.

Moeller, Bernd: Reichsstadt und Reformation. Gütersloh 1962.

Moeller, Bernd: Probleme der Reformationsgeschichtsforschung. In: Zeitschrift für Kirchengeschichte 14 (1965) 246–257.

Moeller, Bernd (Hg.): Stadt und Kirche im 16. Jahrhundert. Gütersloh 1978.

Moeller, Bernd: Stadt und Buch. Bemerkungen zur Struktur der reformatorischen Bewegung in Deutschland. In: Mommsen, Wolfgang J. (Hg.): Stadtbürgertum und Adel in der Reformation. Stuttgart 1979, 25–39.

Mommsen, Wolfgang J. (Hg.): Stadtbürgertum und Adel in der Reformation. Stuttgart 1979.

Moore, Sally F. / Myerhoff, Barbara G. (ed.): Secular ritual. Assen / Amsterdam 1977.

Morgenthaler, Hans: Zur Fastnachtfahrt der Schwyzer 1486. In: Anzeiger für Schweizerische Geschichte 48 (1917) NF 15, 94–99.

Morgenthaler, Hans: Kulturgeschichtliche Notizen aus den solothurnischen Seckelmeisterrechnungen des XV. Jahrhunderts. In: Anzeiger für Schweizerische Altertumskunde NF XX (1918) 187–189 und XXI (1919) 57–60.

Morgenthaler, Hans: Bilder aus der älteren Geschichte der Stadt Bern. Bern 1924.

Moser, Dietz-Rüdiger: Fastnacht und Fastnachtspiel. Zur Säkularisierung geistlicher Volksschauspiele bei Hans Sachs und ihrer Vorgeschichte. In: Brunner, Horst / Hirschmann, Gerhard / Schnellbögl, Fritz (Hg.): Hans Sachs und Nürnberg. Bedingungen und Probleme reichsstädtischer Literatur. Nürnberg 1976, 182–218.

Moser, Dietz-Rüdiger: Nationalsozialistische Fastnachtsdeutung. Die Bestreitung der Christlichkeit des Fastnachtsfestes als zeitgeschichtliches Phänomen. In: Zeitschrift für Volkskunde 78 (1982) 200–219.

Moser, Dietz-Rüdiger: Elf Thesen zur Fastnacht. In: Jahrbuch für Volkskunde NF 6 (1983) 75–77. [= D.-R. Moser 1983a]

Moser, Dietz-Rüdiger: Perikopenforschung und Volkskunde. In: Jahrbuch für Volkskunde 6 (1983) 7–52. [= D.-R. Moser 1983b]

Moser, Dietz-Rüdiger: Fastnacht – Fasching – Karneval. Das Fest der «Verkehrten Welt». Graz / Wien / Köln 1986.

Moser, Hans: Zur Geschichte der Maske in Bayern. In: Schmidt, Leopold (Hg.): Masken in Mitteleuropa. Wien 1955, 93–141.

Moser, Hans: Die Geschichte der Fasnacht im Spiegel von Archivforschungen. In: Bausinger et al. (Hg.): Fasnacht. Beiträge des Tübinger Arbeitskreises für Fasnachtsforschung. Tübingen 1964, 15–41.

Moser, Hans: Städtische Fasnacht des Mittelalters. In: Bausinger, Hermann et al. (Hg.): Masken zwischen Spiel und Ernst. Beiträge des Tübinger Arbeitskreises für Fasnachtsforschung. Tübingen 1967, 135–202 (jetzt auch in: Moser, Hans: Volksbräuche im geschichtlichen Wandel. Ergebnisse aus fünfzig Jahren Quellenforschung. München 1985, 98–140).

Moser, Hans: Fasnacht, Fassnacht, Faschang. In: Schweizerisches Archiv für Volkskunde 68/69 (1972/73) 433–453.
Moser, Hans: Kritisches zu neuen Hypothesen der Fastnachtforschung. In: Jahrbuch für Volkskunde NF 5 (1982) 9–50.
Moser, Hans: Zu Problematik und Methodik neuester Fastnachtforschung. In: Zeitschrift für Volkskunde 80 (1984) 2–22.
Moser, Hans: Volksbräuche im geschichtlichen Wandel. Ergebnisse aus fünfzig Jahren Quellenforschung. München 1985.
Muchembled, Robert: Kultur des Volkes – Kultur der Eliten. Die Geschichte einer erfolgreichen Verdrängung. Stuttgart 1982 (zuerst französisch: Culture populaire et culture des élites [XVe-XVIIIe siècles]. Paris 1978).
Muchembled, Robert: Die Jugend und die Volkskultur im 15. Jahrhundert. Flandern und Artois. In: Dinzelbacher, Peter / Mück, Hans-Dieter (Hg.): Volkskultur des europäischen Spätmittelalters. Stuttgart 1987, 35–58.
Murner, Thomas: Narrenbeschwörung. Halle 1967.

Neumann, Bernd: Spätmittelalterliches Drama und Theater im deutschen Sprachgebiet: Grundlagen und Editionen (1978–1984). In: Jahrbuch der Oswald von Wolkenstein Gesellschaft 3 (1984/85) 387–419.
Neumann, Bernd: Geistliches Schauspiel als Paradigma städtebürgerlicher Literatur im ausgehenden Mittelalter. In: Germanistik – Forschungsstand und Perspektiven. 2. Teil: Ältere Deutsche Literatur / Neuere Deutsche Literatur. Berlin / New York 1985, 123–135.
Newall, Venetia J. (ed.): Folklore studies in the twentieth century. Suffolk 1980.
Nigg, Walter: Der christliche Narr. Zürich / Stuttgart 1956.
Nixdorff, Heide / Müller, Heidi: Weisse Westen – Rote Roben. Von den Farbordnungen des Mittelalters zum individuellen Farbgeschmack. Berlin 1983.
Norbeck, Edward: African rituals of conflict. In: American Anthropologist 65 (1931) 1254–1279.
Nowotny, Karl Anton: Das Nürnberger Schembartlaufen. Eine neu aufgefundene Handschrift. In: Schmidt, Leopold (Hg.): Masken in Mitteleuropa. Wien 1955, 142–190.

O[chsner], C.: Wider die Fassnacht / Drey in H. Geschrifft wolgegründete Predigen. Zürich [?]1600.
Oelhafen, Christian (Hg.): Chronik der Stadt Aarau, von deren Ursprung bis 1798. Aarau 1840.
Ozment, Steven E.: The Reformation in the cities. The appeal of protestantism to sixteenth-century Germany and Switzerland. New York / London 1975.
Ozment, Steven E. (ed.): Reformation Europe: A Guide to research. St. Louis 1982.

Patry, H.: La réforme et le théâtre en Guyenne au XVIe siècle. In: Bulletin de la Société de l'histoire du protestantisme français 50 (1901) 523–528; 51 (1902) 141–151.
Pfrunder, Peter: Rezension zu Kimminich, Eva: Des Teufels Werber. In: Schweizerisches Archiv für Volkskunde 83 (1987) 112–114.
Phythian-Adams, Charles: Ceremony and the citizen: the communal year at Coventry, 1450–1550. In: Clark, P. (ed.): The early modern town. A reader. London 1976, 106–120.
Piltz, Georg (Hg.): Ein Sack voll Ablass. Bildsatiren der Reformationszeit. Berlin (Ost) 1983.
Press, Volker / Stievermann, Dieter (Hg.): Martin Luther. Probleme seiner Zeit. Stuttgart 1986.

Presse und Geschichte. Beiträge zur historischen Kommunikationsforschung. München 1977.
Presse und Geschichte II. Neue Beiträge zur historischen Kommunikationsforschung. München / London / New York / Oxford / Paris 1987.
Ragotzky, Hedda: Der Bauer in der Narrenrolle. Zur Funktion «verkehrter Welt» im frühen Nürnberger Fastnachtspiel. In: Wenzel, Horst (Hg.): Typus und Individualität im Mittelalter. München 1983, 77–101.
Rechtsquellen des Kantons Bern. Band I: Hg. von Friedrich Emil Welti. Band VII: Hg. von Hermann Rennefahrt. Aarau 1902/1960.
Religion in Geschichte und Gegenwart. Handwörterbuch für Theologie und Religionswissenschaft. Tübingen ^{3}1957–1965.
Richter, Dieter: Schlaraffenland. Geschichte einer populären Phantasie. Köln 1984.
Roeder, Anke: Die Gebärde im Drama des Mittelalters. Osterfeiern. Osterspiele. München 1974.
Röllin, Werner: Fastnachtsforschung in der Schweiz. In: Jahrbuch für Volkskunde NF 8 (1985) 203–226.
Rössing-Hager, Monika: Wie stark findet der nicht-lesekundige Rezipient Berücksichtigung in den Flugschriften? In: Köhler, Hans-Joachim (Hg.): Flugschriften als Massenmedium der Reformationszeit. Stuttgart 1981, 77–131.
Roller, Hans-Ulrich: Der Nürnberger Schembartlauf. Tübingen 1965.
Rosenfeld, Hans-Friedrich / Rosenfeld, Hellmut: Deutsche Kultur im Spätmittelalter 1250–1500. Wiesbaden 1978.
Rosenfeld, Hellmut: Fastnacht und Karneval. Name, Geschichte, Wirklichkeit. In: Archiv für Kulturgeschichte 51 (1969) 175–181.
Roth, Paul (Hg.): Aktensammlung zur Geschichte der Basler Reformation in den Jahren 1519 bis Anfang 1534. Band IV. Basel 1941.
Russell, Paul A.: Lay theology in the Reformation. Popular pamphleteers in southwest Germany 1521–1525. Cambridge / London / New York / New Rochelle / Melbourne / Sydney 1986.
[Ryff, Fridolin:] Die Chronik des Fridolin Ryff 1514–1541 mit der Fortsetzung des Peter Ryff 1543–1586. In: Vischer, Wilhelm / Stern, Alfred (Hg.): Basler Chroniken. Band I. Leipzig 1872, 1–229.

Salat, Johannes: Reformationschronik 1517–1534, bearbeitet von Ruth Jörg. Band I, II und Kommentarband. Bern 1986.
Schaufelberger, Walter: Altschweizerisches und altbernisches Kriegsvolk, wie es nicht im Geschichtsbuch steht. In: Archiv des Historischen Vereins des Kantons Bern. Band 46 (1961/62) 323–348.
Schaufelberger, Walter: Der Wettkampf in der alten Eidgenossenschaft. Mit Anmerkungsband. Bern 1972 (Schweiz. Heimatbücher. Bd 156–158). [= W. Schaufelberger 1972a]
Schaufelberger, Walter: Spätmittelalter. In: Handbuch der Schweizer Geschichte. Band I. Zürich 1972, 239–388. [= W. Schaufelberger 1972b]
Schenda, Rudolf: Volk ohne Buch. Studien zur Sozialgeschichte der populären Lesestoffe 1770–1910. München 1977.
Schenda, Rudolf: Vorlesen: Zwischen Analphabetentum und Bücherwissen. Soziale und kulturelle Aspekte einer semiliterarischen Kommunikationsform. In: Bertelsmann Briefe 119 (1986) 5–14.
Scheurer, Samuel: Bernerisches Mausoleum. Bern 1742.
Schib, Karl (Hg.): Hans Stockars Jerusalemfahrt 1519 und Chronik 1520–1529. Basel 1949.

Schiess, Traugott (Hg.): Die Chronik des Hermann Miles. In: Mitteilungen zur vaterländischen Geschichte 28 (1902) 275–385.
Schilling, A. (Hg.): Die religiösen und kirchlichen Zustände der ehemaligen Reichsstadt Biberach unmittelbar vor Einführung der Reformation. Geschildert von einem Zeitgenossen. In: Freiburger Diöcesan Archiv 19 (1887) 1–191.
Schindler, Norbert: Karneval, Kirche und die verkehrte Welt. Zur Funktion der Lachkultur im 16. Jahrhundert. In: Jahrbuch für Volkskunde NF 7 (1984) 9–57.
Schmid, Alfred A.: Die Schweizer Bilderchronik des Luzerners Diebold Schilling 1513. Sonderausgabe des Kommentarbandes zum Faksimile der Handschrift S 23 fol in der Zentralbibliothek Luzern. Luzern 1981.
Schmidlin, Stephan: Frumm byderb lüt. Ästhetische Form und politische Perspektive im Schweizer Schauspiel der Reformationszeit. Bern / Frankfurt am Main / New York 1983.
Schmidt, Josef (Hg.): Das Zürcher Spiel vom reichen Mann und vom armen Lazarus / Pamphilus Gegenbach: Die Totenfresser. Stuttgart 1969.
Schmidt, Josef: Lestern, lesen und lesen hören. Kommunikationstudien zur deutschen Prosasatire der Reformationszeit. Bern / Frankfurt / Las Vegas 1977.
Schmidt, Leopold: Das deutsche Volksschauspiel in zeitgenössischen Zeugnissen vom Humanismus bis zur Gegenwart. Berlin 1954.
Schmidt, Leopold (Hg.): Masken in Mitteleuropa. Wien 1955.
[Schnitt, Konrad:] Die Chronik Konrad Schnitts 1518–1533 sammt Fortsetzung bis 1537. In: Bernoulli, August (Hg.): Basler Chroniken. Band VI. Leipzig 1902, 87–184.
Schottenloher, Karl (Hg.): Flugschriften aus den ersten Jahren der Reformation. Band IV. Leipzig 1911.
Schottenloher, Karl / Binkowski, Johannes: Flugblatt und Zeitung. Ein Wegweiser durch das gedruckte Tagesschrifttum. Band I und II. München 1985 (Reprint der Ausgabe von 1922).
Schuhladen, Hans: Rezension zu Küster, Jürgen: Spectaculum Vitiorum. In: Zeitschrift für Volkskunde 82 (1986) 109–113.
Schutte, Jürgen: «Schympff red». Frühformen bürgerlicher Agitation in Thomas Murners «Grossem Lutherischen Narren». Stuttgart 1973.
Schweizerisches Idiotikon. Wörterbuch der schweizerdeutschen Sprache. Frauenfeld 1881ff.
Scribner, Robert: Is there a social history of the Reformation? In: Social History 2 (1977) 483–505.
Scribner, Robert: How many could read? Comments on Bernd Moellers «Stadt und Buch». In: Mommsen, Wolfgang J. (Hg.): Stadtbürgertum und Adel in der Reformation. Stuttgart 1979, 44f. [= R. Scribner 1979a]
Scribner, Robert: The Reformation as a social movement. In: Mommsen, Wolfgang J. (Hg.): Stadtbürgertum und Adel in der Reformation. Stuttgart 1979, 49–79. [= R. Scribner 1979b]
Scribner, Robert: Reformation, carnival and the world turned upside-down. In: Batory, Ingrid (Hg.): Städtische Gesellschaft und Reformation. Stuttgart 1980, 234–264 (zuerst in: Social history 3 [1978] 303–329; deutsche Übersetzung in: van Dülmen, Richard / Schindler, Norbert [Hg.]: Volkskultur. Zur Wiederentdeckung des vergessenen Alltags [16.-20. Jahrhundert]. Frankfurt am Main 1984, 117–152).
Scribner, Robert: Flugblatt und Analphabetentum. Wie kam der gemeine Mann zu reformatorischen Ideen? In: Köhler, Hans-Joachim (Hg.): Flugschriften als Massenmedium der Reformationszeit. Stuttgart 1981, 65–76. [= R. Scribner 1981a]
Scribner, Robert: For the sake of simple folk. Popular propaganda for the German Reformation. Cambridge / London / New York / New Rochelle / Melbourne / Sydney 1981. [= R. Scribner 1981b]

Scribner, Robert: Demons, Defecation and Monsters. Popular Propaganda for the German Reformation. In: History Today. Oct. 1982, 10–15.

Scribner, Robert: Cosmic order and daily life: sacred and secular in pre-industrial German society. In: Greyerz, Kaspar von (ed.): Religion and society in early modern Europe 1500–1800. London 1984, 17–32. [= R. Scribner 1984a]

Scribner, Robert: Ritual and popular religion in catholic Germany at the time of the Reformation. In: Journal of ecclesiastical history 35 (1984) 47–77. [= R. Scribner 1984b]

Scribner, Robert: Oral culture and the diffusion of Reformation ideas. In: History of European ideas 5 (1984) 237–256. [= R. Scribner 1984c]

Scribner, Robert: The German Reformation. Cambridge 1986.

Sengpiel, Oskar: Die Bedeutung der Prozessionen für das geistliche Spiel des Mittelalters in Deutschland. Hildesheim / New York 1977 (Reprint der Ausgabe von 1932).

Sidler, Victor: Wechselwirkungen zwischen Theater und Geschichte, untersucht anhand des Schweizer Theaters vor Beginn der Reformation. Zürich 1973.

Singer, Samuel: Sprache und Werke des Niklaus Manuel. In: Zeitschrift für hochdeutsche Mundarten 2 (1901) 5–13.

Singer, Samuel: Niklaus Manuels Ablasskrämer. In: Blätter für Bernische Geschichte und Altertumskunde 24 (1928) 54–60.

Spamer, Adolf: Deutsche Fastnachtsbräuche. Jena 1935.

Stadler, Peter: Eidgenossenschaft und Reformation. In: Angermeier, Heinz (Hg.): Säkulare Aspekte der Reformationszeit. München / Wien 1983, 91–111.

Steck, Rudolf: Zwingli und Bern. In: Blätter für bernische Geschichte, Kunst und Altertumskunde XV (1919) 1–18.

Steck, Rudolf / Tobler, Gustav (Hg.): Aktensammlung zur Geschichte der Berner-Reformation 1521–1532. Band I und II. Bern 1923.

Stolz, Dieter H.: Die Fastnacht in Überlingen. In: Bausinger, Hermann et al. (Hg.): Masken zwischen Spiel und Ernst. Beiträge des Tübinger Arbeitskreises für Fasnachtsforschung. Tübingen 1967, 65–105.

Streit, Armand: Geschichte des bernischen Bühnenwesens vom 15. Jahrhundert bis auf unsere Zeit. Bern 1873.

Stricker, Hans: Die Selbstdarstellung des Schweizers im Drama des 16. Jahrhunderts. Bern 1961.

Strickler, Johann: Actensammlung zur Schweizerischen Reformationsgeschichte in den Jahren 1521–1532. Band I–IV. Zürich 1878–1881.

Studer-Trechsel, F.: Georg Brunner, Kirchherr zu Klein-Höchstetten. Ein Bild aus der Vorgeschichte der bern[ischen] Reformation. In: Berner Taschenbuch auf das Jahr 1885. Bern 1884, 224–250.

Stürler, M. v.: Urkunden der Bernischen Kirchenreform aus dem Staatsarchive Bern's gesammelt von M. v. Stürler. Hg. vom Historischen Verein des Kantons Bern. Band I und II. Bern 1862/63.

Stumpfl, Robert: Kultspiele der Germanen als Ursprung des mittelalterlichen Dramas. Berlin 1936.

Süss, Rudolf: Zur Geschichte und Gegenwart der Freiburger Fasnacht. In: Bausinger, Hermann et al. (Hg.): Masken zwischen Spiel und Ernst. Beiträge des Tübinger Arbeitskreises für Fasnachtsforschung. Tübingen 1967, 107–133.

Sumberg, Samuel: The Nuremberg Schembart Carnival. New York 1941.

Tardent, Jean-Paul: Niklaus Manuel als Staatsmann. Bern 1967 (Archiv des Historischen Vereins des Kantons Bern. Band 51).

Tardent, Jean-Paul: Niklaus Manuel als Politiker. In: Michel, Hans A. et al. (Hg.): 450

Jahre Berner Reformation. Beiträge zur Geschichte der Berner Reformation und zu Niklaus Manuel. Bern 1980/81, 405–431 (Archiv des Historischen Vereins des Kantons Bern. Band 64/65).

Taylor, Archer: «O Du Armer Judas». In: The journal of English and Germanic philology XIX (1920) 1–22.

[Tegerfeld, Anton:] Chronik des Anton Tegerfeld von Mellingen. Geschrieben in den Jahren 1512–1525. In: Argovia. Jahresschrift der Historischen Gesellschaft des Kantons Aargau XII (1881) 209–309.

Theologische Realenzyklopädie. Berlin / New York 1976ff.

Tobler, Ludwig: Schweizerische Volkslieder. Band I und II. Frauenfeld 1882/84.

Toschi, Paolo: Populäre Druckgraphik Europas. Italien vom 15. bis zum 20. Jahrhundert. München 1967.

Trümpy, Hans: Die Fasti des Baptista Mantuanus von 1516 als volkskundliche Quelle. Nieuwkoop 1979.

Trümpy, Hans: Kirchlicher Einfluss oder christliches System? In: Jahrbuch für Volkskunde NF 6 (1983) 88–90.

Türler, Heinrich: Zur Topographie der Kreuzgasse und der Gerechtigkeitsgasse in Bern. In: Neues Berner Taschenbuch auf das Jahr 1899. Bern 1898, 121–138.

Türler, Heinrich: Die Häuser Nr. 80, 78 u.s.w. bis 40 an der Gerechtigkeitsgasse in Bern. In: Neues Berner Taschenbuch auf das Jahr 1900. Bern 1899, 104–144.

Türler, Heinrich: Kirchliche Verhältnisse in Biel vor der Reformation. In: Neues Berner Taschenbuch auf das Jahr 1902. Bern 1901, 136–189.

Turner, Victor: Schism and continuity in an African society. Manchester 1957.

Turner, Victor: Dramas, fields and metaphors. Symbolic action in human society. Ithaca / London 1974.

Turner, Victor: From ritual to theatre. The human seriousness of play. New York 1982.

Turner, Victor: Liminality and the performative genres. In: MacAloon, John J. (ed.): Rite, drama, festival, spectacle. Rehearsals toward a theory of cultural performance. Philadelphia 1984, 19–41.

Ukena, Peter: Tagesschrifttum und Öffentlichkeit im 16. und 17. Jahrhundert in Deutschland. In: Presse und Geschichte. Beiträge zur historischen Kommunikationsforschung. München 1977, 35–53.

Ukena, Peter: Flugschriften und verwandte Medien im Kommunikationsprozess zwischen Reformation und Frühaufklärung. In: Köhler, Hans-Joachim (Hg.): Flugschriften als Massenmedium der Reformationszeit. Stuttgart 1981, 163–169.

Usteri, Joh. Martin (Hg.): Gerold Edlibach's Chronik. Zürich 1847.

van Abbé, Derek: Change and tradition in the work of Niklaus Manuel of Berne (1484–1531). In: Modern Language Review 47 (1952) 181–198. [= D. van Abbé 1952a]

van Abbé, Derek: Niklaus Manuel of Berne and his interest in the Reformation. In: Journal of Modern History XXIV (1952) 287–300. [= D. van Abbé 1952b]

van Abbé, Derek: Was ist Fastnachtspiel? In: Maske und Kothurn 6 (1960) 53–72.

van Dülmen, Richard / Schindler, Norbert (Hg.): Volkskultur. Zur Wiederentdeckung des vergessenen Alltags (16.-20. Jahrhundert). Frankfurt am Main 1984.

van Dülmen, Richard: Theater des Schreckens. Gerichtspraxis und Strafrituale in der frühen Neuzeit. München 1985.

Varnhagen, Hermann: Der Mailänder Feldzug vom Jahre 1522 (Bicocca-Schlacht). In: Mitteilungen der antiquarischen Gesellschaft in Zürich XXIX (1923) 83–145.

Vetter, Ferdinand: Über die zwei angeblich 1522 aufgeführten Fastnachtspiele Niklaus Manuels. In: Beiträge zur Geschichte der deutschen Sprache und Literatur 29 (1904) 80–117.

Vetter, Ferdinand: Schwert und Feder. Niklaus Manuel als Kriegsmann und Dichter. In: Sonntagsblatt des «Bund», Nr. 2, 17. Jan 1915, 28–32; Nr. 3, 24. Jan. 1915, 42–46; Nr. 4, 31. Jan. 1915, 57–60; Nr. 5, 7. Feb. 1915, 71–73.

Vetter, Ferdinand: Ein Traum. Gesicht vom Weltkrieg und von Papst und Kardinal. In: Blätter für bernische Geschichte, Kunst und Altertumskunde 12 (1916) 295–331.

Vetter, Ferdinand: Der Mailänderkrieg von 1516 und Niklaus Manuel. In: Archiv des Historischen Vereins des Kantons Bern. Band 23. Bern 1917, 141–237. [= F. Vetter 1917a]

Vetter, Ferdinand: Ein Rufer im Streit. Niklaus Manuels erste reformatorische Dichtungen. Bern 1917. [= F. Vetter 1917b]

Vetter, Ferdinand: Die Todtenfresser («Vom Papst und seiner Priesterschaft»). In: Blätter für bernische Geschichte, Kunst und Altertumskunde 13 (1917) 233–262. [= F. Vetter 1917c]

Vetter, Ferdinand (Hg.): Niklaus Manuels Spiel evangelischer Freiheit «Die Totenfresser». Leipzig 1923.

Vischer, Wilhelm: Aktenstücke zur Geschichte der Reformation in Basel, aus dem Staatsarchiv in Bern. In: Beiträge zur vaterländischen Geschichte V (1854) 297–318.

Vischer, Wilhelm / Stern, Alfred (Hg.): Basler Chroniken. Band I. Leipzig 1872.

Vögeli, Jörg: Schriften zur Reformation in Konstanz 1519–1538, bearbeitet von Alfred Vögeli. Tübingen / Basel 1972/73.

Vogt, Friedrich: Beiträge zur deutschen Volkskunde aus älteren Quellen. In: Zeitschrift des Vereins für Volkskunde 3 (1893) 349–372 und 4 (1894) 195–197.

von Muralt, Leonhard: Stadtgemeinde und Reformation in der Schweiz. In: Zeitschrift für schweizerische Geschichte 10 (1930) 349–384.

Wackernagel, Hans Georg: Altes Volkstum in der Schweiz. Gesammelte Schriften zur historischen Volkskunde. Basel 1956.

Wackernagel, Hans Georg: Einige Hinweise auf die ursprüngliche Bedeutung des «Bundschuhs». In: Schweizerisches Archiv für Volkskunde 54 (1958) 150–155.

Wackernagel, Hans Georg: Fehdewesen, Volksjustiz und staatlicher Zusammenhalt in der alten Eidgenossenschaft. In: Schweizerische Zeitschrift für Geschichte 15 (1965) 289–313.

Wagner, Hugo: Niklaus Manuel in den Dokumenten. In: Menz, Cäsar / Wagner, Hugo (Hg.): Niklaus Manuel Deutsch – Maler, Dichter, Staatsmann. Ausstellungskatalog. Bern 1979, 121–137. [= H. Wagner 1979a]

Wagner, Hugo: Niklaus Manuel – Leben und künstlerisches Werk. In: Menz, Cäsar / Wagner, Hugo (Hg.): Niklaus Manuel Deutsch – Maler, Dichter, Staatsmann. Ausstellungskatalog. Bern 1979, 17–41. [= H. Wagner 1979b]

Wais, Richard: Die Fastnacht auf der Baar. In: Bausinger, Hermann et al. (Hg.): Fasnacht. Beiträge des Tübinger Arbeitskreises für Fasnachtsforschung. Tübingen 1964, 72–79.

Walter, Emil J.: Soziologie der alten Eidgenossenschaft. Eine Analyse ihrer Sozial- und Berufsstruktur von der Reformation bis zur Französischen Revolution. Bern 1966.

Watt, Joachim von [Vadian]: Deutsche Historische Schriften. Hg. von Ernst Götzinger. Band I–III. St. Gallen 1875–1879.

Wehrli, Max: Geschichte der deutschen Literatur. Band I: Vom frühen Mittelalter bis zum Ende des 16. Jahrhunderts. Stuttgart 1980.

Weidkuhn, Peter: Fastnacht – Revolte – Revolution. In: Zeitschrift für Religions- und Geistesgeschichte 21 (1969) 289–306.
Weiss, Richard: Volkskunde der Schweiz. Erlenbach / Zürich 1946.
Welti, Friedrich Emil (Hg.): Die Stadtrechnungen von Bern aus den Jahren MCCCCXXX–MCCCCLII. Bern 1904.
Wenzel, Horst (Hg.): Typus und Individualität im Mittelalter. München 1983.
Werlen, Iwar: Die Walliser Mazze – ein Rebellionsritual. In: Zeitschrift für Volkskunde 74 (1978) 167–197.
Werlen, Iwar: Ritual und Sprache. Zum Verhältnis von Sprechen und Handeln in Ritualen. Tübingen 1984.
Wermelinger, Hugo: Lebensmittelteuerungen, ihre Bekämpfung und ihre politischen Rückwirkungen in Bern vom ausgehenden 15. Jahrhundert bis in die Zeit der Kappelerkriege. Bern 1971 (Archiv des Historischen Vereins des Kantons Bern. Band 55).
Weyrauch, Erdmann: Mahl-Zeiten. Beobachtungen zur sozialen Kultur des Essens in der Ständegesellschaft. In: Imhof, Arthur E. (Hg.): Leib und Leben in der Geschichte der Neuzeit. Berlin 1983, 103–118.
Wohlfeil, Rainer: Reformation in sozialgeschichtlicher Betrachtungsweise. In: Hoyer, Siegfried (Hg.): Reform, Reformation, Revolution. Leipzig 1980, 95–104.
Wohlfeil, Rainer: Einführung in die Geschichte der deutschen Reformation. München 1982.
Wohlfeil, Rainer: ‹Reformatorische Öffentlichkeit›. In: Grenzmann, Ludger / Stackmann, Karl (Hg.): Literatur und Laienbildung im Spätmittelalter und in der Reformationszeit. Stuttgart 1984, 41–52.
Wolfram, Richard: Studien zur älteren Schweizer Volkskultur. Mythos, Sozialordnung, Brauchbewusstsein. Wien 1980.
Wunder, Heide: Der dumme und der schlaue Bauer. In: Meckseper, Cord / Schraut, Elisabeth (Hg.): Mentalität und Alltag im Spätmittelalter. Göttingen 1985, 34–52.
[Wurstisen, Christian:] Diarium des Christian Wurstisen. Hg. von R. Luginbühl. In: Basler Zeitschrift für Geschichte und Altertumskunde 1 (1902) 53–145.
Wustmann, Rudolf: Briefe Niklaus Manuels. In: Zeitschrift fü Kulturgeschichte. Neue (4.) Folge 3 (1896) 145–159.
Wuttke, Dieter (Hg.): Fastnachtspiele des 15. und 16. Jahrhunderts. Stuttgart ²1978.
Wyss, Heinz: Der Narr im schweizerischen Drama des 16. Jahrhunderts. Bern 1959.

Zehnder, Leo: Volkskundliches in der älteren schweizerischen Chronistik. Basel 1976.
Zesiger, Paul: Das bernische Zunftwesen. Bern 1910.
Zinsli, Paul: Ein unveröffentlichter Brief Niklaus Manuels. In: Berner Zeitschrift für Geschichte und Heimatkunde. Bern 1948, 6–10.
Zinsli, Paul: Niklaus Manuel in Erlach. In: Hochwächter 5 (1949) 207–218.
Zinsli, Paul: Ein unbekannter Brief Niklaus Manuels. In: Hochwächter 6 (1950) 211–218.
Zinsli, Paul: Zwei Briefe Niklaus Manuels aus gefahrvollen Zeiten. In: Der kleine Bund. Literatur- und Kunstbeilage des «Bund», Nr. 50, 1. Juni 1951.
Zinsli, Paul (Hg.): Niklaus Manuel: Der Ablasskrämer. Genaue Textwiedergabe nach der Originalhandschrift des Dichters. Bern 1960 (Altdeutsche Übungstexte. Band 17).
Zinsli, Paul: Zwielichtiges und Erhelltes um Niklaus Manuel. In: Reformatio XII (1963) 213–224.
Zinsli, Paul (Hg.): Der Berner Totentanz des Niklaus Manuel. Bern ²1979 (Berner Heimatbücher. Band 54/55).
Zinsli, Paul: Niklaus Manuel der Schriftsteller. In: Menz, Cäsar / Wagner, Hugo (Hg.): Niklaus Manuel Deutsch – Maler, Dichter, Staatsmann. Ausstellungskatalog. Bern 1979, 75–91.

Zinsli, Paul: Niklaus Manuel als Schriftsteller. In: Michel, Hans A. et al. (Hg.): 450 Jahre Berner Reformation. Beiträge zur Geschichte der Berner Reformation und zu Niklaus Manuel. Bern 1980/81, 104–137 (Archiv des Historischen Vereins des Kantons Bern. Band 64/65).

Zinsli, Paul: Der «seltsame wunderschöne Traum» – ein Werk Niklaus Manuels? In: Michel, Hans A. et al. (Hg.): 450 Jahre Berner Reformation. Beiträge zur Geschichte der Berner Reformation und zu Niklaus Manuel. Bern 1980/81, 350–379 (Archiv des Historischen Vereins des Kantons Bern. Band 64/65).

Züricher, Gertrud: Festliche Anlässe im alten Thun. Nach der handschriftlichen ‹Chronik von Thun› von C. F. L. Lohner in der Stadtbibliothek Thun zusammengestellt von G. Z. In: Schweizerisches Archiv für Volkskunde 33 (1934) 45–62.

Kurzfassung

Dass die Reformation zu den einschneidendsten Umbrüchen in der Geschichte Europas gehört, ist kaum zu bestreiten. Die Literatur, die sich mit diesem historischen Einschnitt beschäftigt, füllt denn auch ganze Bibliotheken. Allerdings interessierte sich die Reformationsforschung lange Zeit hauptsächlich für die theologischen Aspekte, die grossen Umwälzungen in der Gesellschaft und ihrem Weltbild und generell für die intellektuelle Ebene der Reformation. Selten widmete man sich mit gebührendem Aufwand der Frage, wie die Reformation im Alltag der Zeitgenossen in Erscheinung trat. Erst in jüngerer Zeit haben Historiker Perspektiven einer Sozial- und Alltagsgeschichte der Reformation entwickelt und, insbesondere durch die stark vorangetriebene Flugschriftenforschung, das Thema der Vermittlung und Popularisierung reformatorischer Botschaften behandelt.

Wie hat sich die enorme, von weitreichenden Kommunikationsprozessen abhängige Umwälzung konkret abgespielt, wie wurde sie ermöglicht, welcher Kanäle bedurfte sie? Wie konnte sie überhaupt jene Breite und Tiefe erlangen, die so nachhaltige Wirkungen zeitigte? Vor allem angesichts der Tatsache, dass wir es zu Beginn des 16. Jahrhunderts mit einer vorwiegend mündlichen Kultur und einer verschwindend kleinen Zahl von Lesefähigen zu tun haben, ist die Lösung solcher Probleme vordringlich für eine Sozialgeschichte der Reformation. Auch die Flugschriftenforschung, die zwar schon einen wesentlichen Beitrag zum Verständnis reformatorischer Kommunikationsprozesse leisten konnte, stösst vor diesem Hintergrund an Grenzen. So scheint es sinnvoll, sich den spezifischen Mitteilungsformen zuzuwenden, die in der Kultur der nichtalphabetisierten Bevölkerung zur Zeit der Reformation eine wichtige Rolle spielten. Kaum zu überschätzen ist dabei die Bedeutung der Kommunikation durch symbolische und ritualisierte Handlungen; die Ergebnisse einer noch jungen historischen Anthropologie zeigen, dass deren Erforschung auch generelle Einsichten in das Funktionieren geschichtlicher und gesellschaftlicher Vorgänge ermöglicht.

Für Spätmittelalter und frühe Neuzeit liegt es nahe, solche Mitteilungsformen im Bereich einer hochentwickelten Fastnachtskultur zu suchen, die eine Fülle von symbolischen Ausdrucksmitteln, Ritualen und Spielen zur Verfügung stellt. Tatsächlich konnte der englische Sozialhistoriker Robert Scribner nachweisen, dass die reformatorischen Bewegungen zum Erreichen ihrer Ziele sehr gerne karnevalistische ‹Aufführungen› verschiedenster Art einsetzten. Allerdings mangelte es bisher an Detailstudien mit mikroskopischer Perspektive, um die Natur der fast widersprüchlich scheinenden Verbindung von Fastnacht und Reformation zu erhellen.

2 Kurzfassung

Zu den bekannten Beispielen fastnächtlicher Propaganda für die Reformation zählen die Fastnachtspiele von Niklaus Manuel, die im Februar 1523 im Zentrum der Stadt Bern zur Aufführung gelangten. Als Ausdrucksmittel jener von mündlichen und visuellen Mitteilungsformen geprägten Kultur nehmen sie einen ausserordentlich hohen Stellenwert im städtischen Alltag ein; ihr kommunikatives Potential ist enorm. Indem sie überdies einen bestimmten historischen Moment symbolisch verdichten und überhöhen, liefern sie gleichsam ein mikrosoziales Modell, an dem das Zusammenwirken von kulturellen, gesellschaftlichen, politischen und religiösen Kräften sichtbar wird. Auf welche Weise Fastnachtspiele als Elemente einer traditionellen Festkultur mit revolutionären Ideen eine Verbindung eingehen konnten und welche Funktion sie dabei ausübten, wird freilich erst verständlich vor dem Hintergrund der Fastnachtskultur in der alten Eidgenossenschaft.

Den bisher nur teilweise ausgewerteten Quellen zufolge muss die Fastnacht ein Höhepunkt im städtischen Jahreslauf gewesen sein; als Anlass für gegenseitige Besuche zwischen den eidgenössischen Orten war sie ein wichtiger, auf informellen Kontakten beruhender Faktor für die Bündnispolitik; festliche Umzüge und Bankette dienten der städtischen Selbstdarstellung und der innenpolitischen Integration; Essen und Trinken, Maskierung und Verkleidung sowie andere Formen betonter Körperlichkeit vermittelten vielfältige soziale Botschaften, die Solidarität und Identität stifteten, aber auch klaren Fronten zum Ausdruck verhalfen; auf verschiedenen sozialen Ebenen des Festes – neben der offiziellen, repräsentativen Seite scheint es immer auch die spontane Fastnacht der Nicht-Eliten oder gar der Randgruppen gegeben zu haben – konnten gleichzeitig stabilisierende wie auch rebellierende Aktionen nebeneinander stattfinden; und Aufführungen im weitesten Sinn boten Gelegenheit für Kritik und Spott, die oftmals an der Grenze zwischen Spiel und Ernst standen.

Es ist klar, dass die Reformation in dieses gesamtgesellschaftlich bedeutende Kommunikations- und Konfliktlösungsforum hineingetragen werden *musste*. Ebenso leuchtet es vor diesem Hintergrund ein, dass sich die Befürworter der Reformation fastnächtlicher Schau-Spiele bedienten, um ihre Ideen in die politische und gesellschaftliche Realität umzusetzen. Bei näherer Betrachtung verblüffen jedoch Vielschichtigkeit und Intensität der reformatorisch-karnevalistischen Propaganda, die auf einer engen Verschränkung zwischen den Aufführungen und ihrem Fastnachtskontext beruhen. Interpretiert man die symbolischen Aktionen von 1523 nicht als losgelöste literarische Werke, sondern als einmalige Ereignisse im Leben einer Stadt, deren Botschaft durch

Kurzfassung

das konkrete topographische, kulturelle, kommunikative oder politische Umfeld mitbestimmt wird, so kommen plötzlich Bezüge und Anspielungen zum Vorschein, die die Wirkungsweise karnevalistischer Schau-Spiele und ihren Stellenwert innerhalb der reformatorischen Bewegungen erklären. Freilich wird dabei die Unterscheidung von literarischen und anderen Spielen hinfällig.

Die Darbietungen, die 1523 in Bern zu sehen waren, setzten aus verschiedenen Gründen die Fastnacht als Rahmenhandlung voraus. Sie lieferte einerseits einen auch auf populärer Ebene verständlichen Code, bestehend aus vertrauten karnevalistischen Ritualen und Symbolen. Dazu gehören etwa Scherzbegräbnisse, Spottprozessionen, Schmährituale oder traditionelle Bilder von Totenfressern, Narren und einer Verkehrten Welt, die mit klar proreformatorischer Ausrichtung in den Aufführungen eingesetzt wurden. Anderseits bot die Fastnacht den Freiraum, den die Spieler für ihre Manifestationen benötigten. Denn sie gehörten vermutlich zu einer jener organisierten Gruppen von ledigen jungen Bürgern, die in der städtischen Gesellschaft der frühen Neuzeit eine bedeutende Rolle spielten und eine ambivalente Funktion zwischen Stabilisierung der herrschenden Normen und Kritik an Missständen erfüllten; sie genossen traditionsgemäss zur Fastnachtszeit besondere Privilegien. Die Berner «burgerss söne» durften sich – sogar mit Unterstützung der Obrigkeit – die Kritik an der alten Kirche und das klare Bekenntnis zur Reformation leisten, ohne dass sich das offizielle Bern zu exponieren brauchte. So konnte Bern noch bis 1528 eine taktisch vorteilhafte, unverbindlich-diffuse Politik zwischen konservativen und progressiven Kräften im Innern und zwischen katholischen und reformierten Orten der Eidgenossenschaft verfolgen; dadurch wurde der gewaltsame Ausbruch von konfessionellen und politischen Konflikten vermieden. Eine Vereinigung von jungen, unverheirateten Männern übernahm also die Aufgabe, anstelle einer mehrheitlich proreformatorisch gesinnten Elite das ‹reformatorische Gewissen› der Stadt zu artikulieren und zu inszenieren. Wie andernorts bildete diese Bevölkerungsgruppe eine wichtige Schnittstelle zwischen der Reformation und der Fastnachtskultur.

Die Fastnacht lieferte aber auch den geeigneten Rahmen für die propagandistische Absicht, die hinter den Aufführungen stand. Sie garantierte nicht nur einen hohen Grad an Publizität, sondern ermöglichte es, das Publikum bei der Vermittlung der Botschaft aktiv einzubeziehen und nachhaltige Kommunikationsprozesse in der Festgemeinschaft auszulösen. Für die Verbreitung und Popularisierung reformatorischer Ideen ist die Wirkung eines einmaligen,

Kurzfassung

aber ‹multimedialen› Spektakels während der Fastnacht nicht zu unterschätzen, zumal es den zeitgenössischen Kommunikationsverhältnissen besser angepasst war als etwa die in diesem Zusammenhang meist zuerst genannten Flugschriften.

Schliesslich lässt sich die Bindung der Berner Aufführungen an die Fastnacht sowie überhaupt der enge Zusammenhang zwischen Fastnacht und Reformation auch sozialanthropologisch erklären. Deutet man die Reformation in erster Linie als sozialen und kulturellen Wandel, der von einer vorreformatorischen zu einer reformierten Gesellschaft, von einem alten zu einem neuen Weltbild führte, so sind für diesen gewaltigen Umwandlungsprozess kollektive Übergangsriten zu erwarten. Nur sie erlauben es, die dabei auftretenden Spannungen, Konflikte und Brüche zu bewältigen. Solche ‹rites de passage› enthalten einen hohen Grad an Selbstdarstellung und Metakommunikation, sind also Aufführungen, in denen eine Gesellschaft letztlich sich selbst inszeniert, kommentiert und interpretiert; sie setzen ihrerseits eine Zeit der sozialen und räumlichen Ausgrenzung aus dem Strom alltäglicher Ereignisse voraus, so dass sich die Gesellschaft ihre eigenen Werte und Normen überhaupt bewusst machen kann.

Im Jahreszyklus der frühneuzeitlichen Stadt bildete die Fastnacht eine solche Grenzzeit, die eine spielerische Bewältigung und Verarbeitung der aktuellen Konflikte erlaubte. Während der Reformation dienten Fastnachtspiele gewissermassen als Konfliktrituale, die in der gefährlichen, instabilen Phase des Übergangs sinnstiftend wirkten und die gesellschaftliche Ordnung (im Sinne der Reformation) wiederherstellten; sie waren unentbehrlich für soziale Erfahrung und soziales Bewusstsein überhaupt und damit für die Überwindung der Krise. In bezug auf die Breitenwirkung der Reformation ist es ausserdem von Bedeutung, dass die sozialen, politischen und religiösen Innovationen während der Fastnachtszeit zunächst spielerisch eingeführt werden konnten und dass traditionelle Handlungsmuster die Aufnahmebereitschaft der Bevölkerung steigerten. Auch in Bern konnte der mit der Reformation verbundene soziokulturelle Wandel wohl nicht zuletzt dank den Aufführungen von 1523 ohne allzu grosse Brüche und bedrohliche Konflikte vollzogen werden.